蔣介石、汪精衛的大恩怨

田聞一 著

目錄

楔子

一九三八年，在中國現代史上，是民族命運繫於一髮之際，是動盪不寧的嚴峻時日。作者首次以翔實的史料、生動的筆觸，在廣闊的時代背景下，以高屋建瓴之勢，全方位多側面地展示了這段鮮爲人知的歷史。就是在這一年，中華民族同日本侵略者進行生死搏鬥時，國民黨副總裁、國民參政會主席、中央政治會議主席汪精衛逃離陪都重慶，公開降日，在南京另組中央政府，寫下了中國現代史上最詭譎的一頁。

本書生動翔實地展示了這個事件的發端、發展及終結。歷史上的恩恩怨怨、錯綜複雜的利害關係和人際關係，國際國內各種政治力量的制約、較量、激化，促使自抗戰開始以來就抱「一面抵抗，一面交涉」態度的蔣介石同汪精衛公開決裂。繼而汪精衛重慶出逃、蔣介石命戴笠河內追殺；以及兩人後來的上海較量、金陵夕照、梟雄末日……作者通過一系列大開大闔、驚心動魄的故事情節，在生動地描述事件全過程的同時，洞燭幽微地刻劃出了蔣介石、汪精衛、宋美齡、陳璧君、陳公博、周佛海及兩方特務頭子戴笠、李士群、影佐還有日本首相近衛等人獨特的個性、心理特徵、音容笑貌——這些似乎已經遠離我們卻幾乎改變了我們命運的神秘人物，第一次卓立於紙上，呼之欲出。

本書具有很高的史料價值和文學感染力，給人以多方面的享受和啓迪，是紀實文學領域內的一枝奇葩，不能不讀。

第一部　重慶出逃

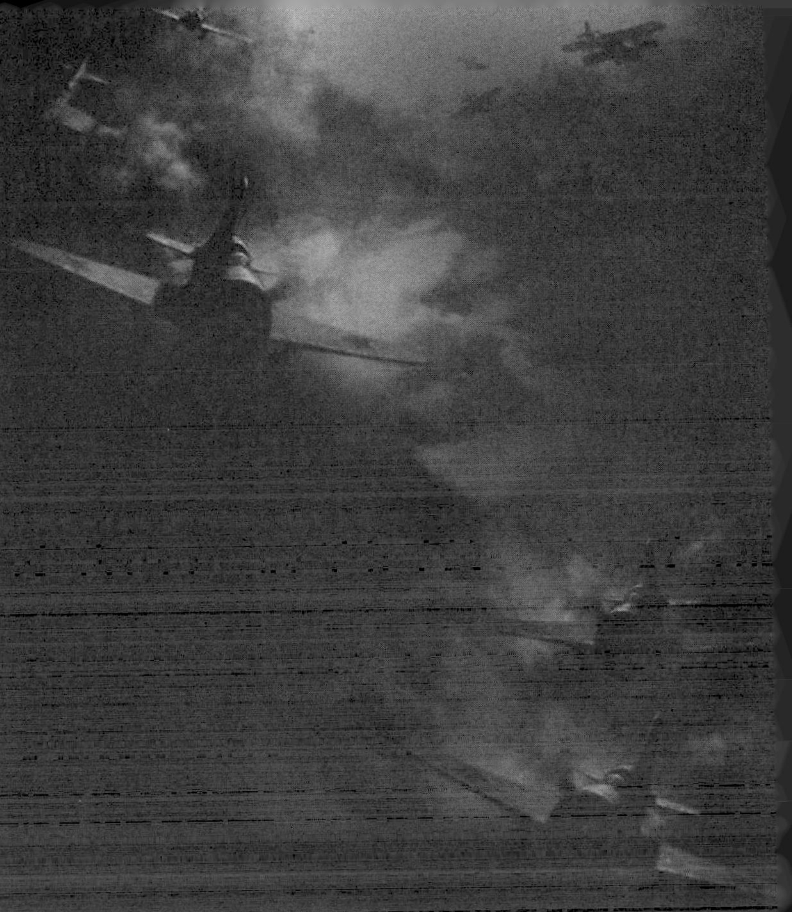

第一章　蔣介石的敏感並非空穴來風

一九三八年十二月六日夜。從上午起，桂林就下起大雨。入夜以後，更是雷閃雷鳴，狂風猛烈地抽打起雨鞭。漆黑的夜幕、金蛇似的閃電、嘩嘩的雨聲、摧枯拉朽的大風……交織起來，將天地縫合在了一起。

偌大的一座行營沉浸其中，寂無聲息。隆隆的雷聲中，暴雨在窗外那些肥大的蕉葉上、疏枝垂柳間急促地敲打著，啪啪的脆響機關槍似地響個不停，悲愴、淒涼而又帶著某種緊張。借著天空中不時劃出的閃電，可以看見，庭院中、假山後、竹梢下、幽篁翠柏中不時有鋼盔、槍刺閃著寒光。不用說，委員長的桂林行營是明鬆暗緊，戒備森嚴。

庭院深處那幢法式小樓，在黏稠的夜幕中經受著冷雨沖刷。四周一遍漆黑，唯有二樓正中的一扇窗戶中瀉出的一縷暈黃的燈光，剛剛斜斜怯怯地從樓上投下來，便立刻為黑暗所吞噬了。

差五分鐘廿二點。國民黨中央政府秘書長兼委員長侍從室第二處主任，時年四十八歲的陳布雷提前來到委員長辦公室門前。門沒有關，委員長在等他。陳布雷卻沒有立即進屋，而是不聲不響地佇立門前，透過掛在門楣上的編織精巧的竹簾往裏看。因為電壓不穩而忽明忽暗的燈光下，一身戎裝、身肢瘦削而筆挺的委員長背對著門，像枚蒼灰色的鐵釘，一動不動地在窗前沉思著什麼。

如果不是陳布雷，任何人見到這個場面，要麼嚇一大跳，要麼不知所措。但是，他不。作為委員長的同鄉，作為蔣介石在一九二七年二月親自介紹加入國民黨的黨員，作為深為委員長信任、被倚為文膽，長期為蔣介石草擬一系列重要文件的陳布雷，對此早已司空見慣，應付裕如了。

委員長的這間辦公室兼臥室，是個套二房間，相當簡潔。外間是辦公室，裏間是臥室。辦公室裏地板上沒有鋪地毯，也沒有一件多餘的擺設。引人注目的是屋子正中那張辦公桌，相當的闊大明亮。桌上左面擺有一架紅色載波電話。桌面很乾淨，看不見堆積如山的卷宗文件。當中擺著一隻盛著清花亮色白開水的玻璃杯，旁邊是一本翻開來的線裝書——不用說，那是《曾文正公全集》。蔣介石為人有種骨子裏的傲慢，但卻對曾國藩十分崇拜，把《曾文正公全集》奉為經典，視為治國平天下的法寶，一日三讀，須臾不離，即使是在這軍情如火，形勢險惡，瞬息萬變的非常時候。

屋裏順牆擺著兩排沙發，兩個茶几，一個書櫃……戰時的委員長行營一切從簡。最引人注目的是，正面牆壁上掛了一幅幾乎占了整面牆壁的軍用二十萬分之一比例的地圖。在這幅「敵我作戰態勢圖」上，紅線黑線犬牙交錯，形勢非常嚴峻。代表日軍的黑線，在中國疆域極為廣闊的版圖上，正氣勢洶洶由北向南逼壓而來。已過了黃河，過了長江，近乎占了中國半壁河山。抗戰經年，蔣介石手中的兩百四十個精銳師，幾乎損失過半。幸而中國軍隊的頑強英勇的抵抗，打破了日本軍部三個月內滅亡中國的夢想。中國——一個弱小的大國，面對來自東瀛的一個強大小國——日本的侵略，雙方百萬大軍對峙的拉鋸戰，正在中國廣袤的村莊田野高山峻嶺江河湖海……夜以繼日地緊張廝殺！

陳布雷太了解蔣介石的憂慮了。委員長就這麼點本錢，打光了怎麼辦？剿共十年，好不容易才在年前將萬里長征後，元氣大傷，所剩不過三萬餘人，人均只有五顆子彈的紅軍及其首腦機關悉數圍困在了地瘠人貧的陝北延安。正是千載難逢之際，一九三六年，時年五十歲的蔣介石，飛赴西安督戰時暫停洛陽，在自己五十大壽的當晚，得意洋洋地向國人宣佈，揚言：「十年內戰，這是消滅共黨最好時機」，「本委員長向全國人民保證，此次要牛刀殺雞，在一個星期內消滅共黨。」

北伐剛剛勝利之時，蔣介石拋出了「一個國家，一個政黨，一個領袖」綱領。對同他一起完成了北伐的二、三、四集團軍司令長官馮玉祥、閻錫山、李宗仁下手，要將他們手中的軍權剝奪，這就引發了蔣、馮、閻中原大戰。戰爭的天平一開始是半斤對八兩，不分勝負，甚至有次蔣介石差點被馮玉祥的部下鄭大章抓獲。那是一個夜晚，蔣介石將他的指揮部設在鄭州火車站的一列火車上，誰知鄭大章竟率騎兵突襲了過來，若不是蔣介石的衛隊急中生智，引開了鄭大章，事情就大了，好險！

爲了在真正意義上打倒蔣介石，閻錫山等在北京成立了中央，閻錫山被選爲主席，而在背後搧鵝毛扇的卻是汪精衛。戰爭的雙方最後都把期望的目光，對準了剛剛被他們驅逐到關外的奉系少帥張學良身上。

然而，深明大義的張學良把祖國統一、民族復興的希望寄託在蔣介石身上。關鍵時刻，張學良率裝備精良的二十萬東北軍入關助蔣，戰爭勝利的天平立刻傾斜到了蔣介石身上。閻錫山等人在北京建立的「四九」短命小朝廷轟然倒塌。

閻錫山、馮玉祥、李宗仁等被蔣介石下令通緝後逃亡海外。蔣介石十分感謝張學良，稱少帥是千古功臣；張學良去到南京時，蔣介石親自到機場迎接；他們同車去南京的路上，沿途都是歡迎張學良的大標語：「我們爲什麼熱烈歡迎中華民國海陸空三軍副總司令張學良將軍？因爲張學良將軍是千古功臣」云云，這些熱情似火的大標語，都是由陳布雷親自擬定，受到委員長高度肯定的。

委員長也投桃報李，讓剛過而立之年的張學良成了全國一人之下，萬人之上的中華民國海陸空三軍副總司令。在南京，有次委員長親自陪同張學良去看汪精衛，恰逢汪精衛不在家；蔣介石親自下車告訴汪公館的管家說：「等會汪主席回來，你告訴他，張副總司令來看過他。」可見，蔣介石對張學良是處處照顧、另眼相看的。

爲了給千古功臣添彩，當紅軍被最終包圍在陝北時，蔣介石特意讓張學良去西安駐鎮，統一指揮他的東北軍和楊虎城的西北軍，欲將紅軍一鼓蕩平，還少帥一個人情。

可是，蔣介石萬萬沒有想到，少帥張學良在率部吃了幾次敗仗後，在一直同情共產黨的西北軍主將楊虎城的影響下，特別是受了周恩來等中央紅軍領導提出的「中國人不打中國人」的感召，思想發生了根本的轉變。張學良的父親張作霖被日本人炸死，二十多萬東北軍卻奉行不抵抗主義，離鄉背井，廣大東北軍將士厭煩反共和內戰，抗日情緒高漲，這些都影響著張學良。張學良不打紅軍了。

蔣介石萬分著急，趕到西安，直截了當對張學良說：「少卿啦，你如果不願打共產黨，就將你的部隊拉到福建修整，讓我的中央軍上。」張學良知道，由蔣介石的親信陳誠指揮的衛立煌等九個精銳師，正在向西安方向逼近。

少帥張學良苦勸蔣介石停止內戰，聯共抗日。蔣介石拒絕接受，暴跳如雷，罵少帥是中了赤禍，是「少不更事」……兩個人第一次翻臉了。就在同一天，也就是一九三六年十二月十二日晚上，張學良發動了震驚世界的「西安事變」。

事變期間，夫人宋美齡攜顧問端納乘專機來到西安。下機伊始，夫人親自將一隻小巧玲瓏的手槍交給端納，囑咐：「如果張學良派兵逮捕我，你就開槍打死我。」在陪伴蔣介石在押期間，夫人埋怨蔣介石：「你心中有什麼話，也不好好對部下說，總是急燥，引起了西安事變……」西安事變最終以滿足張學良的要求而和平解決，停止內戰結成了全民族的統一戰線。可是，少帥張學良卻付出了讓蔣介石、蔣經國父子幾乎軟禁終生的代價。爲了打破蔣介石在宣傳媒體方面的被動，西安事變後，宋美齡親手組建了一個主要針對國際的宣傳機構，讓畢業於美國哥倫比亞大學的董顯光主持。這個機構的建立，讓蔣介石很快嘗到了甜頭，他曾經多次在公開和私下場合讚美宋美齡：「夫人的作用，足當六個精銳師！」

而事到如今，委員長手中就這麼點力量。要抗戰就不能剿共，已經開始的抗戰又不能停，也停不下來。真是進也難，退也難，打也難，和也難，委員長能不憂心如焚嗎？

作爲心腹文膽的陳布雷太了解此時此刻的委員長了。因此，他每次奉命來見，總是提前五分鐘到。委員長一見到他，清癯的臉上總是泛起一絲難得的笑容，連連點頭，「布雷，喀，快請坐！」委員長對他總是客氣的。蔣介石是個職業軍人，像陳布雷這樣站在外面，雖然不聲不響，他不會不知道。以往，他提前來到，委員長總是立刻讓他進去，像今夜這樣長時間地站在外面是絕無僅有的。可見，委員長憂慮之深！

「布雷！」站在屋裏的蔣介石說話了，卻並不轉過身來，聲音遲緩有力：「你來了，怎麼不進來？」陳布雷抬起手腕看錶，戴在手腕上的那隻瓦斯針手錶上，兩根綠瑩瑩的長短針正好剛剛指在廿二點上。

「委座，我來了。」陳布雷說著進了門。

蔣介石霍然轉過身來，用一雙明亮如錐的鷹眼關注地打量了一下站在自己面前的陳布雷。時年五十一歲的國民黨中央總裁兼中央軍事委員會委員長蔣介石，著一身黃呢軍便服，剃著光頭，腰上紮著武裝帶，武裝帶一邊吊一把中正劍，一邊挎一把小巧的手槍，馬褲紮在馬靴裏。委員長難得著此裝束——委員長平素喜著中國傳統寬袍大袖的、穿著舒適的長袍。這一身裝束，使他顯得格外瘦削高挺而精神。他的上唇，有些神經質地微顫，他明亮的眼睛，閃爍著一種捉摸不定的光芒。

望著陳布雷，蔣介石的眼光柔和了些。時年四十八歲的陳布雷，不高不矮不胖不瘦的身上穿一套藏青色中山服，連風紀扣都扣得巴巴實實，腳上一雙黑皮鞋擦得發亮，衣著雖然樸素，但給人一種簡潔、儒雅、嚴謹感；加上他恰到好處的言談舉止和那張微黑清癯的臉上一雙很亮的眼睛，自然而然地流露出只有成熟、博學的知識份子才有的莊重、博學，讓人一望而生敬意。

「布雷，你臉色不太好，嗯，要注意休息。」對陳布雷，素常總是嚴厲的蔣介石，總是客氣的。

「我的身體很好，委座才要注意休息。」陳布雷臉上滿是感激之情。

「布雷，你坐。」蔣介石說時，他們隔著茶几坐在了沙發上。

「布雷，你注意到日前日本首相近衛發表的對華聲明了嗎？」蔣介石的談話直入主題。

「注意到了。」陳布雷這位畢業於浙江高等學校，記者出身，曾任《商報》主筆，一九一二年三月加入同盟會，一九二七年二月由蔣介石介紹加入國民黨，因長期為委員長起草重要文件而聲名鵲起的筆桿子記憶力驚人。他幾乎一字不漏地將近衛聲明的要點背了出來：「……我不以國民政府為對手，而期望真能與帝國合作的中國新政權建立與發展……」

「嗯，『期望真能與帝國合作的中國新政權建立與發展』？」蔣介石特別念叨著「新政權」一句，倏然間，臉色變得青石一般，鷹眼閃爍著狐疑，他問陳布雷：「布雷，你不覺得日相近衛這段話，好像是拍給誰的密電碼嗎？」

「啊？是，是！」陳布雷聞此言不禁驚愕，繼而連連點頭。他萬萬沒有想到過這樣深的層次，他一邊在思想上推論著，一邊怔怔地望著近在咫尺的委員長，似乎希望得到某種求證。蔣介石薄薄的嘴唇抿得緊緊的，眉宇間隱含著肅殺之氣。

「日本人這是拍給華北臨時政府漢奸頭子王克敏的嗎？」陳布雷用討教的語氣小心翼翼地問。

可是，委員長沒有說話，只是昂著頭，清瘦的臉上肌肉牽動了一下，算是笑，那笑裏有幾分輕蔑，似乎在嘲笑陳布雷太書生氣了、看人看事太膚淺了。那麼，日本人這密電碼又是拍給誰的呢？陳布雷在心中迅速演繹、推翻，再演繹、再推翻。日本人的這個密電碼是拍給南方梁鴻志漢奸小朝廷的嗎？不會。梁鴻志漢奸小朝廷的實力還不如王克敏。那麼，是拍給延安共產黨的嗎？在中國，蔣介石真正的對手只有延安，只有共產黨，毛澤東！但這更是萬萬不可能的。共產黨是日本人眼中的洪水猛獸，兩者之間可謂水火不容。

電光石火般，陳布雷心中不禁猛跳出一個人：他相貌英俊，在國民黨內資格很老，有相當的影響力，是先總理孫中山生前賴以倚重的左膀右臂，才華卓絕。當年，孫中山為國家民族大局計，不怕袁世凱設下的陷阱，北上為國，積勞成疾，在北京病逝前，他是先總理孫中山遺囑執筆人。這個人的衣著無比的典雅，儀表堂堂、風度翩翩、極擅言辭，俊美的臉上始終堆著「中國拜倫」一般的微笑——他，就是鼎鼎大名的國民黨元老級人物汪精衛。

長期以來，汪精衛與蔣介石面和心不和，明爭暗鬥不斷。當年，在那場震驚世界的蔣、馮、閻中原大戰中，汪精衛是反對派中的靈魂人物。而抗戰一開始，汪精衛更是表現得態度曖昧、首鼠兩端，對委員長若即若離，並在公開和私下場合散佈對日妥協言論……林林總總的印象頃刻間匯聚攏來，陳布雷心中一亮，他知道委員長指的是誰了。

「委座指的是汪精衛副總裁？」

「是。」蔣介石的話說得斬釘截鐵，「剛才，我接到孔（祥熙）院長打來的載波電話，說是據他的秘書喬輔三得到的可靠情報，汪精衛最近有公開投敵的可能。」蔣介石說時，站了起來，踱到窗前，目光平視窗外，身肢筆挺，保持著標準的職業軍人姿勢。陳布雷順著蔣介石的目光望出去，不知什麼時候，雨已經停了。窗外，月光如銀。這個時刻，在北方是水瘦山寒，而在南國桂林，縱然是在這樣的冬夜，也僅僅是有點微微的寒意而已。如銀的月光下，濕漉漉的草木、風中搖曳的肥大蕉葉全都在幽靜而幽深的庭院裏，投下朦朧斑駁的陰影，一切顯得那麼富有詩意。

「嗚——」突然，夜襲的防空警報拉響了，哨音綿長而又淒厲，屋裏的電燈也瞬間熄滅。

「委座，要不要下地下室？」陳布雷條件反射似地站起來問，聲音有幾分驚慌。

蔣介石凝望夜空，也不說話，只是沉著地擺了擺手。作為秘書，陳布雷跟上前去。就在這時，窗外有幾束高強度的探照燈突然升起，像幾柄閃閃發光的利劍劈開夜幕，刺向夜空，縱橫交錯，織成了一張明亮的網，逮著了四架日本轟炸機。

「嗡嗡嗡！」探照燈中出現的日軍轟炸機，像是就要產仔的長了翅膀的肥魚，尾巴和機翼上的紅燈一閃一閃的。

「唰——」一顆信號彈在夜幕中緩緩升起，劃出一條弧線後落垂。顯而易見，這是地上的特務漢奸在給天上的日本轟炸機指示投彈目標。

天上的「肥魚」根本沒有把地上的中國軍隊放在眼裏，肆無忌憚地俯衝、投彈。

「咚、咚、咚！」地上的高射炮開火了，密集的炮彈在夜幕中劃出道道交錯的紅色軌跡。

「轟！轟！」敵機扔下的重磅炸彈爆炸了，有幾顆就在離主樓不遠處爆炸，腳下震動，連窗戶都在格格地響。

「砰——」高射炮擊中了一架敵機。隨著一聲巨響，一條「肥魚」倏地變成了一團金黃的火球，像是一顆流星橫掠天際，在遠處猛烈地爆炸開來。另外的幾條「肥魚」，趕緊拉起機頭，溜之大吉。窗外還是月光如水，周圍又恢復了寧靜，似乎剛才什麼事也沒有發生。

屋裏的電燈又亮了。

蔣介石激動了，顯得有些躁動不安，他在屋裏快速地來回踱步，連連說：「布雷，看到了吧？我們的防空部隊打得好，打得好，我要給他們記功、發獎。」委員長上唇的口髭在急速抖動，他那雙明亮的鷹眼中露出了欣慰的微笑。

「是的。」陳布雷高興地說，「像這樣打下去，我們是很有希望的。」

蔣介石的情緒穩定了下來，他在陳布雷面前突然住步，思緒又回到了剛才的話題上：「布雷！你可知道，你我的同鄉高宗武已背叛了黨國，一頭栽進了汪精衛的圈子裏？」這又是陳布雷始料不及的一件事。他注意到，委員長臉上的一絲笑意凝固了，話也說得聲色俱厲的。

一個年輕的外交家恍若就在眼前，對高宗武，陳布雷是太熟悉了。時年三十二歲的外交部亞洲司司長高宗武是溫州人，委員長的老鄉，離他陳布雷的家鄉慈溪也並不很遠。高宗武從小在日本讀書、長大，畢業於日本九州大學，在外交部有「日本通」之稱。這個人身材頎長，愛穿一套考究的西服，白淨臉上戴一副秀琅眼鏡；滿頭烏髮梳得油光光地往兩邊分開。高宗武看人時很專注，閃動在眼鏡後的一雙小眼睛顯出幾分狡黠。抗戰一開始，在抗戰上留有一手的委員長就指定高宗武去香港同日本人秘密商談議和的條件。行動極爲秘密，連高宗武的頂頭上司、外交部部長王寵惠都不知情，也不准過問。蔣介石親自批准，要中央銀行每月從軍事機密費中撥出六千元（折美金兩千元）給高宗武作活動經費。

當高宗武同日本人議和有了一些眉目，從香港返回，欲向委員長彙報談判情況時，蔣介石在全國人民一浪高過一浪的抗日高潮中猶豫了，對高宗武避而不見。這就正好給了汪精衛一個機會，汪精衛趁虛而入，都是親日派的二人立馬一拍即合。高宗武未經蔣介石允許，返回香港同日本人繼續談判。蔣介石大怒，命高宗武停止談判，立即返回，並停發活動經費。然而，有了汪精衛作後台，高宗武對於蔣介石的命令置之不理。無奈，蔣介石只好起動第二條對日談判秘密管道——讓孔祥熙的秘書喬輔三出面同日本人談……

蔣介石沉思著在地上踱了兩步，轉身看著陳布雷，很堅定地說：「看來，這回汪兆銘（**汪精衛字兆銘**）是真不願再坐冷板凳了，我們需要回重慶去看看他了。不然，我們在前方拚命打仗，同日本人爭城奪地，人家在後方把家當給我們賣光了我們都不知道。家賊難防！有多大的家當也會被家賊賣光的。」

陳布雷完全明白了委員長找他來的目的。

「委座！」陳布雷說時站了起來，胸脯一挺，目光炯炯：「我明天一早就飛回重慶，去看看汪精衛究竟在家裏搞些什麼名堂。」

「唔，好的。你回去，我就放心了。只是辛苦你了，布雷。」蔣介石說時，明亮的鷹眼中，目光又變得柔和起來。

陳布雷適時告辭，委員長親自把他送到門外，握手時，語重心長地囑咐道：「布雷，你要記住，千萬不要打草驚蛇，要秘密，秘密！秘密就是政治，政治就是秘密，秘密以外無政治。政治家左手做的事，不必讓右手知道。」

那天晚上，蔣介石辦公室裏那盞燈，一直亮到天明。

桂林的天，娃娃臉，說變就變。晚上還是狂風大作，雷雨交加，早晨一起來卻是風和日麗，藍天白雲。

在綠草茵茵的桂林機場上，上午十時。一架雙引擎的油綠色美製小型運輸機在跑道上跑了一段後，倏然飛起，像是從草地上飛起了一隻綠色蜻蜓。飛機很快飛入正常高度，從弦窗裏望出去，機翼下，在團團翻卷的白雲之上，陽光朗照，巨大的蒼穹像面透明的鏡子——這是委員長爲陳布雷調撥的一架專機，駕駛員是美軍，技術不錯，飛機飛得很平穩。在輕微的馬達轟鳴聲中，陳布雷端坐在弦窗前，好像很有興致地在打量窗外的景致，其實他在反覆思慮著馬上就要進入的鬥爭，深怕有什麼閃失。委員長雖然已對他面授機宜；雖然他是一隻鐵筆，寫文章是行家裏手，但面對汪精衛這樣赫赫有名的大黨棍、職業外交家，他不能不特別小心，心中不由地產生了些許怯意。

汪精衛原籍浙江紹興，祖父汪雲曾中過舉人；至父親汪瑎時，舉家遷往廣東番禺，汪瑎先後在三水、曲江、英德等縣做過幕僚。汪精衛雖然年長蔣介石四歲，但看起來遠比蔣介石年輕。他皮膚白皙，眉毛漆黑，風度翩翩，是個舉世公認的才子加美男子。汪精衛在歷史上大起大落，是個性格複雜多變的人。日本軍部有「中國通」之稱的大特務影佐，曾對中國最高層幾個領導人有過這樣一段近乎箴言似的評價：「蔣介石令人一見便有強者威嚴之威，胡漢民令人感到嚴肅，嚴肅到令人不能呼吸。唯有汪精衛像一條蚯蚓，是一條沒有骨頭的肉蟲。他的聲音像貓一樣嬌嫩。他寫的字也像女人的手筆——總之，是一個極柔和而女性的男人。」也許，因爲影佐是個職業日本軍人，從本質上瞧不起汪精衛，話說得不無偏頗，但不能不說在一定意義上道出了汪精衛的某些本質和特徵。

汪精衛身世坎坷。他五歲啓蒙，在一家私塾讀書，九歲隨父寄居陸豐縣署，開始攻讀《王陽明傳習錄》和陶淵明、陸放翁詩詞。他強學博記，從小就打下了深厚的國學根基，自稱「一生國學根基，得庭訓之益爲多」。十五歲前，父母相繼病故。以後，他克勤克儉，「致力文史」，並習「應制文字」。一九〇一年，他應番禺縣試，考中秀才並列榜首。這個時候，他的兩個哥哥又先後病故。寡嫂孤侄無以爲生，他便挑起家庭重擔，去廣東水師提督李准之家作了家庭教師。時值「辛丑」和約之後，民族危機日益深重。初具憂患意識的汪精衛同古應芬、朱執信、胡毅生等一幫志同道合者，在廣州組織了群益學社，「講求實學，相互策勵」。一九〇三年，吳稚暉在廣東挑選八十名才子出洋留學，經過筆試面試，裁定汪兆銘（汪精衛）爲第一名。汪精衛在日本法政大學學習期間，受到孫中山「驅逐韃虜，恢復中華」的感召，遂於一九〇三年七月往見孫中山，雙方一見如故。汪精衛加入了孫中山領導的同盟會，並很快成爲同盟會中的主將之一。他鼓吹革命，對康有爲、梁啓超等人的保皇論予以痛斥，因而聲名日增，深受孫中山先生的信任、器重。

一九〇六年，汪精衛在日本法政大學畢業後，成了職業革命家。作爲孫中山重要的助手，他多次赴南洋、走河內，積極從事反清鬥爭。他擅長演講，「出詞氣，動容貌，聽者任其擒縱。」有次，他在吉隆坡大學演講，教授、名人和學生都來聽他演講，擁擠的人們坐在門外驕陽下，一兩個小時竟連動都不動一下身子……

一九〇七年至一九〇九年間，孫中山領導的革命黨人對氣息奄奄的清廷發動多次武裝起義，均遭失敗。一九〇九年三月，時年二十歲的汪精衛邀集黃復生、陳璧君、曾醒等人潛入北京，決心「與虜酋拚命」。一九一〇年三月，汪精衛謀刺清攝政王載灃失敗被捕。在獄中，他寫下了慷慨激昂、膾炙人口、傳頌一時的《就義詩》：

慷慨歌燕市
從容作楚囚
引刀成一快
不負少年頭

清廷為了軟化他，將他移入一處裱糊一新，配有傢俱的精舍優待有加，民政部肅親王親自出面，投其所好，「復贈以圖史百尺帙」，並多次請他赴宴、密談，對他的才華表示傾慕。汪精衛很快軟化了，表示懺悔，並寫下《有感》一詩：

憂來如病亦綿綿
一讀黃書一泫然
瓜蔓已都無可摘
豆萁何苦更相煎

在另一首《述懷》詩中，他譴責自己道：

平生慕慷慨

養氣殊非學
哀樂過劇烈
精氣潛摧剝

在寫給未婚妻陳璧君的《賀新郎發》一詞中，則更是柔情萬端：

別後平安否？便相逢，淒涼萬事，不堪回首！國破家亡無窮恨，禁得此生消受！又添了離愁萬斗。眼底心頭如昨日，訴心期夜夜攜手。

一腔血，為君剖！淚痕料漬雲箋透。倚寒衾，循環細讀，殘燈如豆。留此餘生成底事？空令故人孱愁！愧戴卻頭顱如舊。跋涉頭河知不易，願孤魂繚繞護車前後。腸已斷，歌難已！

前後相較，汪精衛判若兩人。

自認是孫中山接班人的汪精衛，從一九二七年起，在同黨內對手、握有軍權的後起之秀蔣介石的明爭暗鬥中，始終處於下風，每次較量都以失敗告終。因此，向來不甘居人下的汪精衛在這個時候跳出來，是太自然不過的事了……

就在陳布雷沉思默想時，機身劇烈地抖動了一下。陳布雷收住神思，掉頭往窗外看去。不知什麼時候，天氣忽然大變了。團團烏雲翻卷著逼來，像是一隻巨大的烏賊纏緊了飛機。瞬時，機艙內一片黑暗，電燈開了。馬達發出駭人的轟鳴，機身抖動得越發劇烈。

「秘書長。」這時，一位頭戴船形帽，曲線豐美，穿一身美式卡克黃嗶嘰服裝的中國女兵，趔趔趄趄走到他面前，敬了個禮，向他報告：「現飛機已飛臨重慶上空，突遭雷電層襲擊，能見度很低，飛機無法在重慶降落，是否返回桂林？」看得出來，這位身材苗條，年輕漂亮的女兵很緊張。

「機上汽油充足嗎？」陳布雷竭力沉著氣問。

「按原線返回沒有問題。」

「通知駕駛員，」陳布雷略爲沉吟，「飛機向成都方向飛，爭取沿線就近降落。」

當天下午二時，陳布雷乘坐的專機在涪陵機場平安降落。休息一會後，得知重慶氣象條件好轉，陳布雷即令機組人員告知重慶有關方面後，直飛重慶。當帶著委員長特殊使命的陳布雷乘坐的這架不起眼的專機，平穩降落在重慶珊瑚壩機場時，已是群山隱去，暮靄四合時分。

陳布雷剛下舷梯，只聽一聲「布雷——」循聲望去，只見儀態萬方，身著海虎絨大衣的夫人王允默正焦急地快步迎上來。王允默在機場等了他整整一天，憂心如焚。

「允默！」陳布雷快步走下舷梯，緊緊握著夫人冰涼的小手，看著夫人一雙美麗的大眼睛裏，正在消褪的緊張神情，連連說：「我不該告訴你我要回來，讓你替我擔心。」這時，一輛「克拉克」黑色轎車緩緩駛到他們面前，無聲地停了下來。副官下車，拉開車門，手一比，輕聲一句：「秘書長，夫人，請上車。」

陳布雷夫婦上了車，副官替他們關好車門，緊跑兩步上了前面車門。轎車開動時，陳布雷輕聲問坐在旁邊的夫人：「我這次回來，沒有別的人知道吧？」得到夫人肯定的回答後，他才放了心。這時，「克拉克」轎車頂著如水的夜幕，沿著山路，向遠處燈光閃爍的重慶市區風馳電掣而去。

第二章　陳布雷突然返渝，汪精衛膽顫心驚

每臨大事，汪精衛都喜歡把自己單獨關在書房裏瞻前顧後地思考一番。這會兒，華燈初上，趁「他們」還未到，他將「他們」在腦海中又細細過了一遍，像在仔細地挑撿什麼東西。

即將跟著自己逃離重慶的曾仲鳴，是由他一手撫養、培育的心腹，名爲同志，情同父子，沒有什麼不放心的。

梅思平，畢業於北京大學，做過大學教授，戰前曾任南京近郊縣——江寧縣縣長，在任上「政績顯著」。其人辦事認真堅決，在任何時候，任何情況下都能保持頭腦冷靜，與高宗武是溫州老鄉，往來密切。日前，因高宗武肺病復發，吐血不止，經他批准，由梅思平代替高宗武在香港繼續同日本人和談。梅思平回來了，等一會他也要來。

陶希聖，原籍湖北黃崗，北京大學畢業，堅決反共，是他身邊的政治謀士。

周佛海，是幾位中職務最高，也是蔣介石歷來最爲器重的人物。湖南人。早年留學日本，曾是中共一大代表。時任國民黨中央宣傳部部長兼委員長侍從室第二處副主任。這個人的情況要複雜些。他不由得想起歷史上曾經與這個人幾度交手，現在卻又「捆」在一起的種種。

一九三五年，重新同蔣介石言歸於好的他——汪精衛，任行政院院長兼外交部長。在出席國民

黨四屆六中全會時，他同張學良等人在議會大廈門前準備合影時，原十九路軍的一個排長，時任《晨光》通訊室記者的孫鳳鳴衝了出來，想利用這個機會暗殺蔣介石。不知爲什麼，那天，蔣介石恰恰不在，孫鳳鳴只得臨時改變主意，暗殺汪精衛——汪精衛一連中了孫鳳鳴三槍。左臂一槍較輕；右頰一槍傷及骨頭，彈片落入左眼中，彈頭留在了左頰；背部一槍最重，彈頭至今夾在第五、六根肋骨間，傷及脊骨，不時隱隱作痛。

當他應聲倒在血泊中時，少帥張學良飛身上前，一腳踢飛刺客手中之槍；與此同時，衛士槍響，刺客孫鳳鳴立斃。

「要留活口！」這時，蔣介石不知從哪裏箭似地竄了出來，一邊下著命令，一邊左腿跪下，將汪精衛抱在右膝上，關切地問：「汪先生，你不要緊吧？」神情很是痛切。與會的陳璧君氣得黝黑的面孔漲得通紅，豎起眉毛，指著蔣介石大罵：「你不要汪先生做官，你就明說，汪先生不做好了，何必下此毒手?!」蔣介石應聲抬頭怒喝：「璧君，你不要亂說！」

「蔣先生，你大概今天明白了吧？」汪精衛表現得很理智，在蔣介石懷中抬起頭說：「我死以後，你要單獨負責了……」

他沒有死去。養了一段時間後，他辭去黨內一切職務，攜妻陳璧君和心腹秘書曾仲鳴等一行去歐洲治療休養。在德國，世界著名的「戰傷」外科大夫諾爾治癒了他的左眼左頰，但對他的背傷卻不敢輕舉妄動。

蔣介石借此機會解除了他的一切職務。作爲「吃政治飯」的他，有一種被剝光的感覺，他沒有想到，這是他今生最後一次漫遊歐洲。

「道不行，乘桴浮於海。」以往，他一遇到挫折便漫遊歐洲。一九二五年三月，先總理孫中山在北京病逝，他是總理遺囑執筆人。七月，廣東國民政府成立，他被選爲國民政府常務委員長主席兼軍事委員會主席，可謂登上了權力頂峰。可惜好景不長。八月，國民黨左派中堅人物廖仲愷被刺身亡後，形勢急轉直下。到一九二六年三月二十日，軍權在手的蔣介石根本不把他汪精衛看在眼裏，策動了「中山艦事件」等一系列的反共奪權事件，在打擊共產黨的同時也動搖了他的地位。一怒之下，他憤而辭職出走法國，他不相信中國的事情能離得開他汪精衛。他的估計很快就應驗了。

在他出走法國三個月後，身任北伐軍總司令兼國民黨中央軍部長的蔣介石，攻下武昌並在那裏成立司令部，同當時的國民黨左派——有共產黨人參加的武漢國民政府分庭抗禮。蔣介石因爲威望不夠，電邀他回國「共商大計」。武漢國民政府也竭力拉攏他，發表了「迎汪復職」宣言。兩方一抬，他頓時身價百倍。

一九二七年四月九日，他做夠過場後回到了武漢，擺出一副左面孔，調子唱得一齣比一齣高。就在蔣介石發動「四．一二」政變前的一天，他還在說，「中國革命已到了一個嚴重時期，革命的往左來，不革命的快走開去。」他的講話理所當然地受到了工農大眾、共產黨和國民黨左派的熱烈歡迎。「四．一二」政變發生後，他義憤填膺地譴責蔣介石對共產黨人「見著就捉，捉著就殺」，「每日得著各地屠殺的消息，真使我們流淚」云云。

蔣介石接連使出殺手鐧：封鎖武漢國民政府，同時以軍艦在長江上游弋威脅，地主流亡分子乘機造謠惑眾，工商業主閉廠怠工……在黑雲壓城城欲摧的險惡形勢下，頭一天還信誓旦旦的汪精衛搖身一變，將六月一日共產國際代表羅易要求武漢國民政府迅速武裝兩萬共產黨人和五萬工農分子的「絕密」文件拱手送給了蔣介石，爲蔣介石提供了大肆鎮壓共產黨人的證據，以換取蔣介石對他的諒解。同時，他發佈命令，限制工農運動，強迫總工會制裁工人，解散農民協會；他還得到共產黨總書記陳獨秀的配合，收繳了工人糾察隊的武器……

接著，在同蔣介石再次爭奪國民黨領導權的鬥爭中，他又失敗，一九二七年十二月，他再度出走法國。他留在國內的心腹大將陳公博、顧孟餘等粵籍國民黨二屆中執委和監委們不甘失敗，聚集在上海進行反蔣活動，成立了「中國國民黨改組同志會」（史稱「改組派」），並擁戴汪精衛爲領袖。

一九二九年三月，蔣介石在國民黨第三次全國代表大會上通過了警告汪精衛和將陳公博等永遠開除出黨的決議。隨即，一九三〇年爆發了蔣桂馮閻中原大戰，蔣介石取得勝利，汪精衛逃往香港。旋即，蔣介石宣佈解散「改組同志會」，並開除汪精衛黨籍。一九三一年初，在國民黨中央內，蔣介石與另一元老人物胡漢民圍繞約法問題展開了激烈鬥爭。鬥爭的結果是，二月，胡漢民遭到軟禁。緊接著，「九一八」事變爆發，日本佔領了東三省，在全國人民抗日浪潮的強烈推動下，國民黨內部出現了暫時的「和平統一」。

就在旅居法國的汪精衛以爲自己的政治生命就此完結時，「西安事變」發生了，國內政局產生了劇烈動盪。留在南京靜觀其變的國民黨中常委陳璧君，當天晚上向遠在法國的汪精衛連發三電，謂：「……兄應即歸……除我及中央外，勿爲他人言」。時值胡漢民在南京病逝，最高當局一時群龍無首。汪精衛認爲執掌最高權的機會到了，他在給陳璧君回電時稱：「不問中央有電否，我必歸。」次日又電：「事變突起，至爲痛心，遵即立即起程。」並在登舟離法時，發表公開聲明：「……以後當與諸同志一致努力，繼續剿共」云云。

一九三七年一月十二日，汪精衛回到上海，蔣介石以中央名義派去迎接他的首席代表就是小他十四歲的周佛海。兩人親熱握手時，周佛海特意對汪精衛解釋，「蔣先生本來是要親自來接你的，因臨時有事無法脫身……」

「哪位蔣先生？」他聞言不由一愣，他不知道「西安事變」已經和平解決，蔣介石獲釋，並重新執掌了大權。

「就是蔣介石蔣委員長啊！」

汪精衛一聽，頓時頭都大了……

「噹、噹、噹！」桌上的自鳴鐘敲響了七下，將沉浸在往事中的汪精衛拉回到了現實。鐘聲剛剛停下，時年四十七歲的夫人陳璧君就驚風扯火地進屋來了。陳璧君是個性格偏向男性化的女人，她本沒有什麼好的相貌，又好吃，已經發胖，卻又偏愛穿緊俏衣服；一身黑絨旗袍穿在她身上，身材越發顯得矮胖，圓圓的一張臉像湯圓似的，皮膚也黑。不管什麼時候，她與大她八歲的美男子丈夫站在一起，顯得很不般配，而且在年齡上倒顯得她大些。陳璧君的外貌是平庸的，唯有那雙很像馬來族人的微凹的眼睛又大又黑又亮，透露出她辦事果斷而又暴躁的性格特徵。表面上，她比丈夫厲害，高聲大嗓，有時說話對丈夫近乎呵斥，但內心卻是始終愛著他護著他，而且終生如一。

陳璧君同汪精衛的結合，既有傳奇色彩，又有膾炙人口的浪漫情調。

陳璧君原籍廣東新會，出生於馬來西亞檳城，家庭富裕。一九〇八年，汪精衛和胡漢民隨同孫中山去馬來西亞從事反清宣傳活動時，年僅十七歲的陳璧君很爲汪精衛的儀表、才情吸引，遂勇敢地向汪精衛表達了她的愛慕之情。開始，汪精衛謝絕了陳家小姐的追求，不意陳家小姐卻緊追不捨。汪精衛回到日本後，陳璧君背著父親，找母親要了些錢，追到日本，跟隨在汪精衛左右。是汪精衛吸引她參加了同盟會，又是汪精衛讓她想方設法在經濟上接濟同盟會。不久，陳璧君同何香凝、秋瑾成爲了同盟會中三位女傑。當汪精衛赴北京刺殺滿清攝政王時，陳璧君亦隨同前往。當汪精衛被捕後，她又全力營救，用光了自己的錢，還動員母親拿出了全部私房錢……終於，「金誠所致，金石爲開」，汪精衛被釋放後，於一九一二年民國成立前夕同她結了婚。婚後的陳璧君，在汪精衛的政治生涯中發揮了重要作用。對此，對他們最爲知根知底的陳公博說得很中肯：「沒有陳璧君，汪精衛成不了事，但也壞不了事。」

陳璧君說話的聲音與其個性不同，很柔和。人面前，她管汪精衛叫「主席」而且從不帶副字；人背後，她管他叫「四哥」；發怒時，她大聲管他叫「兆銘」。

這會兒，夫婦倆剛說了幾句話，陳璧君耳朵尖，對他說：「他們來了。」於是，他們手挽著手出了書房，進了客廳。

因爲時間緊急，汪精衛招呼大家坐下後，模樣精明的梅思平當即打開一個大黑皮包，從中取出一疊公文，送呈到汪精衛面前，畢恭畢敬地說：「汪先生，這是日方御前會議上通過的『重光堂協議』。我按照你的指示，已同日方簽訂了協定，詳情已經電呈，這是副本，其他沒有什麼要特別報告的。」汪精衛接過副本，認真地一字一句閱讀。在座的都清楚這個密約，汪精衛在緊要處提高聲調：「日華兩國簽訂防共協定，中國承認滿洲國。中國承認日僑在中國境內有居住、營業等權利，日本則考慮廢除治外法權和交還租界，實現互惠平等，進行經濟提攜。承認日本有開發華北資源優先權；貼償日僑損失，日軍擬在二年內撤退完畢……」

汪精衛念完了，沒有說什麼。在座的眾人都看著汪精衛。梅思平想了想又補充了一句：「日本內閣專門爲我成立了一個『梅機關』，機關長影佐少將在我離開香港回國時，讓我轉告汪先生，說汪先生一旦出走河內成功，近衛內閣將再次發表對華聲明，以作回應。」

汪精衛聽到這裏，高興地揮了一下手說：「好，萬事齊備，只欠東風。」並對在座的進行了佈署：「璧君日前對雲南王龍雲做了許多工作，收到了成效。龍雲答應，我若假道昆明赴河內，他願助我一臂之力。機不可失，我看，就是明天——十二月八日，大家按原計劃分頭出走，我們在昆明會聚。」見大家沒有表示異議，他又確定了各自的行動方式：

周佛海以赴雲南宣傳抗日爲名，先期抵達昆明與龍雲聯絡，佈置一切，靜候汪精衛的到來。

陶希聖因爲家眷在成都，趕緊回成都由蓉轉滇。梅思平還是回香港，不在此次逃離之列……

「汪先生！」汪精衛佈置完後，周佛海說話了，滿口的湖南口音。時年四十一歲的周佛海，身材高大勻稱，穿件很中式的絲棉長袍，頭髮往後梳得整整齊齊，雙鬢染霜，高高的鼻子上架副近視眼鏡，鏡片後有雙睿智的眼睛。畢竟是國民黨的宣傳部長，周佛海爲人乖巧。他與汪精衛的心腹大將、這時貶在成都，屈居於四川省黨部的陳公博一樣，都是當年中共的一大代表，後又雙雙退出共產黨，成了國民黨要員。但周佛海與陳公博在歷史上就是生冤家死對頭。這時，也許他是有意討好汪精衛，便提醒了一句：「我看，我們還是得趕快通知在成都的陳公博吧？」陳公博時任四川省黨部主任。

「那是當然的。」陳璧君插上一句，「未來的和平運動，沒有公博是不行的！」

「可是，」陶希聖卻陰沉著臉說，「公博從一開始就反對和平運動，他能跟我們一起走嗎？」

「我了解他。」汪精衛微微一笑，「公博雖然從一開始就反對我們的和平運動，也只是政見不同而已。他是如今唯一有君子遺風的人，爲朋友肯兩肋插刀。你們要相信，無論他怎樣唱反調，最終還是要跟我走的。」看陶希聖連連點頭，汪精衛笑了一下，掉頭對周佛海吩咐：「今晚你就電告公博，就說我請他來重慶，有要事相商。」見周佛海點頭，西裝革履的梅思平把皮包一挾，看著汪精衛說：「汪先生，如果沒有其他的事，我就先告辭了！我今晚還得乘飛機趕回香港！」

「好！」汪精衛說時站了起來，「就這樣定了。我們分頭行動，在昆明勝利會師！」說時，臉上滿是激情。他把部屬部送到門邊，一一握手作別。

屋裏只剩下他們夫妻二人時，汪精衛從褲包裏掏出一張潔白的手帕，擦了擦他那保養得又白又嫩的女人似的手，往屋角紙簍裏一扔。

「璧君！」汪精衛是個慈父，他問妻子，「兒女們是怎樣安排的？」

「我讓侄兒陳春圃明天一早以旅遊名義送文悌、文恂先去昆明。大女他們隨我們一起走，機票彭學沛已派人送來了，是明天下午的班機。」

「好。」汪精衛邊說邊搓著手，在屋裏踱來踱去。突然，他站下來，疑慮重重地問夫人，「這個時候，蔣介石該不會回來吧？」

「怎麼會呢？」陳璧君對丈夫不無挖苦地一笑，「哲人有言，『每臨大事有靜氣』，你怎麼做事總是這麼前怕狼後怕虎的？蔣介石正一心在桂林組織他的抗戰行營，我們的行動萬分機密，他怎麼會在這個時候回來？」

「嘀鈴鈴！」夫人的話還未說完，桌上的電話鈴聲驟然響起，陳璧君上前一步拿起話筒，大聲問：「喂，你找誰？」就這一問，她的臉色大變，用手捫著電話筒，調頭看著汪精衛，神情緊張地說，「陳布雷找你。」

「誰？他在哪裏？」汪精衛大吃一驚，本能地向後一退。

「陳布雷回重慶了。」陳璧君瞪了丈夫一眼，將話筒遞到他手裏。

當天晚上九時半。

按照約定的時間，陳布雷準時來到汪精衛中西合璧、暗香浮動的書房，身著一套銀灰色西服的汪精衛，滿臉漾笑地迎上前來，一把握住陳布雷的手，無限關切地說，「辛苦了，布雷！委員長好嗎？」在待人接物方面，汪精衛最爲圓滑，而蔣介石就差多了。汪精衛的特點是對人熱，蔣介石則對人冷。在重慶國民黨上層，流傳著這樣一段話：「同胡漢民說話，只有他說的，沒有你說的。同蔣介石談話，只有你說的，沒有他說的。同孫科談話，兩個人都沒有說的。同汪精衛談話，兩人各說一半。」可見，在待人接物上，最有技巧的，還是數汪精衛。

「好好好。」陳布雷按他想好的路子演繹下去，「委員長還專門問汪先生好。」

「這次回重慶，有什麼要緊的事嗎？」這會兒，他們坐在了沙發上，汪精衛問時，把話題恰到好處地一宕，他指著茶几上擺在陳布雷面前的那杯茶，滿懷關切地說：「這是剛給你泡好的茶，我知道，你愛喝你們家鄉的西湖龍井。」說著，又知冷知熱地拿起擺在茶几上的美國煙罐，從中拈出一根三五牌香煙遞給陳布雷。汪精衛不抽煙，但他知道，陳布雷是要抽煙的。

陳布雷欠了欠身子，從汪精衛手中接過香煙，坐下來，再用打火機點燃，用勁地吸了一口，緩緩吐出時，借著嫋嫋升起的煙圈，細細打量著坐在茶几對面的汪精衛的神情，試探性地說：「委員長近日要趕回重慶，他請汪主席等他回來，有國是相商。」

「好。」汪精衛答應得很乾脆，他將身體舒舒服服地靠在金絲絨沙發上，含著笑問，「不知委員長有什麼國是要同我相商？」

「這就不好問了。」陳布雷這又端起茶杯喝茶。

「委員長什麼時候回來？」

「可能就這兩天吧。」準備以不變應萬變的陳布雷，這時有些沉不著氣，又試探著問了一句：「汪先生，我想請教你一些問題。」

「請講。」

「抗戰已進入第二個年頭，戰局維艱。」陳布雷說著故意皺起眉頭，「我們要如何應對才能走出低谷？不知汪先生對局勢如何看？」

「布雷，你太客氣了。你是委員長身邊的紅人，問我這樣的問題，真是爲難我了。」汪精衛說著一笑，「不過在我看來，愈是國難當頭，全黨全軍全國人民愈是要服膺於蔣委員長的領導，精誠團結，共赴國難，而不是其他。」汪精衛的話說得滴水不漏，態度也表現得溫馴、謙虛、恭謹，卓有見識，無懈可擊。

隨後，是一陣短暫的沉默。雙方都借著喝茶、抽煙的功夫打量著對方，觀察著對方。

陳布雷當然知道這段史實：孫中山逝世後，國民黨內兩位元老——汪精衛和胡漢民在同蔣介石的鬥爭中，屢屢敗北，態度卻迥然不同。胡漢民雖然從一九三一年二月就被蔣介石軟禁，但直至一九三六年六月病逝從來沒有在精神上垮過，始終對蔣介石表現得桀驁不馴，開口閉口直呼介石如何如何；而汪精衛自一九三二年一月同蔣介石「諒解」，組成「統一合作政府」，出任行政院院長兼外交部長以來，對蔣介石表面上表現得很溫馴，動輒是「委員長」如何，言必稱「報告」云云，自認矮一頭。一九三六年「西安事變」後，他急匆匆從歐洲趕回國內奪權，誰知蔣介石又被少帥張學良放虎歸山。沒有辦法，他只好硬著頭皮去浙江奉化溪口拜望在家休養的蔣介石。蔣介石卻對他十分冷淡，雖給他了幾個虛銜，可他從此手中再沒有了實權，一直坐冷板凳。

陳布雷非常清楚汪精衛的虛僞，他越是在蔣介石面前表現得順從，內心就越是不滿。

「不知汪先生注意到日前日相近衛發表的對華聲明沒有？」陳布雷又開始了進攻，「在這篇聲明中，近衛稱『國民政府只要放棄以往的政策，更換人事組織，取得新生的成果，參加新秩序的建設，我方並不拒之門外』……」他說著看了看全神貫注的汪精衛，「不知副總裁對此有何評論？」

汪精衛笑了一下，以攻為守：「我正想就此請教委員長呢，布雷先生作為委員長的秘書長，一定是了解委員長胸中之韜略的，怎麼倒問起我來了？」

「這個……」陳布雷語塞。他知道自己不是汪精衛的對手，便搪塞道：「委員長很快就要回來了，這個問題，還是請汪先生屆時同委員長商討吧。時間不早了，布雷是遵照委員長囑咐特意來看看副總裁的，布雷告辭了。」說著站了起來。

汪精衛親自送陳布雷下樓，再到公館二門。臨別時，他握著陳布雷的手，很關切地說：「布雷先生，你要注意休息，我看你臉色不太好。」

看陳布雷的身影消失在花徑盡頭，汪精衛轉過身來，恨聲低低罵了一句：「混蛋！」

汪精衛剛剛返回樓上書房，陳璧君就從屋裏衝了出來，滿面驚惶地看著丈夫，連聲問：「他們看來是發現了，怎麼辦，怎麼辦？」

「沒有什麼大不了的。」汪精衛雖說內心也緊張，但畢竟宦海沉浮多年，他竭力沉著氣安慰夫人，「現在情況還不清楚。但我可以肯定，老蔣還沒有發現我們的行動，只是，」他一邊分析著一邊在屋裏踱起步來，「很可能老蔣從近衛的聲明中嗅到了什麼味，所以派陳布雷回來探探虛實。老蔣這個人向來疑心很重，嗅覺也靈。再說，即使老蔣嗅到了什麼，只要沒有抓到我們的真實把柄，以我汪兆銘的威望、影響，他蔣某人又能把我怎麼的？」他這話，一半是說給陳璧君聽，一半是說給自己聽，猶如夜晚吹著口哨過墳場——給自己壯膽。

「那我們明天下午飛昆明的幾張機票還退不退？」陳璧君問。

「還退什麼機票，夫人怎麼聰明一世，糊塗一時？」汪精衛的臉上閃過一絲不易察覺的輕蔑神情。他這話的意思分明是，在這非常時期——戴笠的軍統負責對航空進行嚴格的管理，凡是飛離重慶的要員，買票都得先行登記。他們這幾張飛昆明的票，還是通過他的人——改組派交通部部長彭學沛直接送來的，費了好大的勁。爲省幾個錢，去退票，豈不是自投羅網嗎，還會把彭學沛也拉進去，壞了大事！他在心中嗟歎，畢竟是女人，辮子長，見識短！不過這幾句話他可沒有敢說出口，惹惱了夫人，那可不是好玩的。

第二天一整天，汪精衛夫婦哪兒都沒有去，一整天都擔心吊膽地待在家裏，爲陳春圃帶著女兒他們去昆明擔心。到了下午，得到女兒和陳春圃他們從昆明打來的電話，報告一切平安。他們懸起的心，才咚地一聲落進了胸腔子裏。

「好，我得給他們打個招呼了。」汪精衛精神大振，走到寫字台前坐下，旋開派克金筆的筆蓋，在一行素箋上飛快寫下了這樣一行字：「蘭姊因事不能如期來，秀妹出閣佳期不必等候。」寫完遞給旁邊的夫人：「你交給仲鳴，讓他趕快用密電發給已去昆明的周佛海。」陳璧君接過細看，不解地問：「這是什麼意思，怎麼又是姊又是妹的？」

「蘭姊是我的代號。」汪精衛指著寫在素垂上的幾行字對夫人解釋，「秀妹指的是日本首相近衛。我要周佛海通過梅思平、高宗武轉告日本人，假如我不能如期趕到昆明轉去河內，日本人可按既定計劃開展和平運動，不必等。同時，我也是要周佛海、春圃他們在昆明安心等候我們。」

「好，我馬上讓仲鳴用密電發出。」陳璧君明白後，風風火火走了。她出書房時，輕輕掩上書房門，好讓她的「四哥」靜心思謀對策。

第三章　警惕，在這裏打了個盹

時近黃昏。

周佛海穿件風衣，戴副墨鏡，坐在候機廳一個不引人注目的角落裏，耐心等候今天由重慶來昆明的最後一架班機。前天，他剛到昆明，就接到汪精衛密電，情知有變，他立刻通過可靠情報系統問詢曾仲鳴。曾仲鳴告訴他：「汪主席定於本月十號來昆明，如果十號來不了，就不要來電詢問了，只是在昆明安心等候好了。」在載波電話中，曾仲鳴的話很簡短，說完就完了，顯得神秘兮兮的。重慶肯定出了事，但究竟出了什麼事，曾仲鳴在電話中沒有說，他也不好問。為此，他心中著急，十號一早，就來機場坐等，這一等就是一天。

周佛海竭力保持鎮靜，透過一副近視墨鏡打量著昆明機場黃昏時分的景致。放眼看去，遠處黛青色的山巒連綿起伏。下午四點過了，太陽仍然耀眼，藍天一碧如洗。他不由得想起重慶。這個時節的重慶，天氣又冷又陰。這裏卻是椰林婆娑，一派亞熱帶風情。太陽還未下山，一輪皎皎圓月已性急地走了出來，彎彎地掛在第一線暮色蕩漾起的高原鋼藍色的天際……

機場分為兩個部分。這邊民用機場，冷冷清清；那邊軍用機場，熱鬧非凡，一架架美軍的大型運輸機在跑道上不停地起落著。

他不由得想起前天剛來昆明的情景。午後，他以中宣部部長的身分去省府拜會了有「雲南王」之稱的雲南省政府主席龍雲。龍雲是彝族人，原籍四川大涼山，身材矮篤，臉色黑紅，目光犀利，穿件中式排扣褂的綢緞服，乍看像個發了的馬幫頭領。龍雲是在一間極富東南亞民族風情的小客廳裏會見中宣部長的，態度不冷不熱。周佛海知道「烏龜有肉在肚子頭」，可不能小覷這個人！龍雲同蔣介石一樣，看重槍桿子勝過自己的生命。多年以來，他將雲南經營成了一個外人休想插足的獨立王國。爲了排斥蔣介石「中央」勢力的滲入，他同四川的劉湘、廣東的張發奎等地方實力派人物暗中結成了一張網。然而，龍雲又是一個強烈的愛國主義者。抗戰軍興，在蔣介石召開的有共產黨人周恩來、朱德出席的南京最高國防會議上，他慷慨激昂地表態堅決抗日，表示「代表雲南一千三百萬民眾愛國護國之赤誠願將全部人力物力貢獻國家，決心爲國家神聖抗戰奮鬥犧牲到底」，並自報雲南可出兵二十萬抗日。在威震世界的台兒莊大戰中，就有一萬多滇軍將士犧牲。

此前，因爲陳璧君給龍雲弄到兩筆數額很大的南洋華僑捐款，還送過他一批極爲需要的藥品。因此龍雲很感謝陳璧君，加上爲人義氣，數月前，陳璧君由廣州飛赴昆明，在龍雲面前一把鼻涕一把淚地訴說「汪主席」如何受到蔣介石的壓制、排擠；而汪主席又是如何爲體面結束中日戰爭努力時，龍雲當場把胸口一拍，說：「夫人，你有什麼事用得著我龍雲的地方，儘管說。雲南什麼時候都歡迎你們……」現在，汪精衛要逃離重慶赴河內，有兩條道路可以選擇，一是走香港轉河內，二是走昆明轉河內。汪精衛在同周佛海等人反覆分析權衡後，決定走昆明。

前天，周佛海去拜訪時，龍雲問：「周先生這次來昆明，有什麼事需要我們幫忙嗎？」說話間態度顯出一些狐疑。在龍雲看來，這個周佛海，現在是汪精衛的紅人，當初卻又是蔣介石一手提撥起來的很受重用的人。對這個有相當才能，卻又變來變去的人，龍雲心存警惕。

「我來雲南是來看看貴地民眾抗日情緒如何。」周佛海沒說實話。

「啊，周先生是來檢查抗日宣傳工作的？」龍雲順勢下坡，「正好，十二日雲南省黨部要在昆明舉行一場抗日周年紀念大會，請周先生到會演講、指示。」

「不敢，不敢。」周佛海滿臉是笑，連連點頭，「我一定屆時參加。」

「周先生準備下榻何處？」接著，龍雲很關心地問，「需不需要我們出面安排？」

「不要，不要。」周佛海手兩擺，「龍主席公務忙，就不麻煩了。我下榻在金城銀行，行長是我的朋友。」

「那好，恭敬不如從命。」龍雲說，「周先生在滇期間有什麼需要我們的地方，儘管說。」

「好的，好的。」周佛海禮節性地拜訪龍雲後，告辭了。

周佛海坐在候機廳裏，點了一支煙，心想，此行儘量避免拋頭露面引人注意，一切以安全到達河內為目的。

這時，西邊天上響起飛機馬達聲。周佛海站了起來，他知道，這是今天由重慶到昆明的最後一架飛機了。他步出候機廳，站在機場邊上，手搭涼棚循聲望去。倏忽間，機場上空出現了一架四引擎的美製運輸機——那是客機。客機降落在跑道上，停止滑行，艙門打開，搭上舷梯，乘客絡繹而下。他仔細地挨個看去，最後還是失望了，哪有汪精衛夫婦的影子！

他快快地轉過身，向候在廳外的那輛由金城銀行銀長派給他自由支配的「福特」牌轎車走去。司機看他來了，趕緊下車，替他拉開車門。周佛海不聲不響地鑽進車，關上車門，「福特」牌小轎車頂著濃重的暮色向昆明市內駛去。

回到住所，周佛海神情沮喪地脫下身上的米黃色風衣，扔在沙發上。燈光下，他高大勻稱的身材已微微有些發福了。接著，他將自己扔在席夢思床上，彈了幾下，感到一陣舒適。

「篤、篤、篤！」有人敲門，很輕，似乎有些猶豫。

「進來。」周佛海用他那口帶濃郁湖南味的北平官話大聲說，「門沒有鎖。」門輕輕開了，進來的是一位身材高挑，豐滿合度，身穿暗花鵝黃旗袍，長相甜美的十八、九歲的年輕姑娘──她是行長專門調來爲他服務的女招待。周佛海的眼睛一下亮了，半天來的不快一下丟進爪哇國去了。周佛海是個好色的人，而且四十一歲的他，正當盛年。他上下打量著進來的女招待，她長得不算頂漂亮，但身材很好，很性感。合體的暗花鵝黃緊身旗袍，將她全身起伏有致的豐滿曲線勾勒得淋漓盡致。這時，她爲客人送來一盤水果。當她將那盤裝滿香蕉、芒果的高腳玻璃盤放到茶几上時，因爲微微彎下腰去，開叉很高的旗袍處露出了雪白渾圓的大腿。立刻，周佛海就像中了電擊一般，周身血液沸騰，心跳如鼓。

「先生，請用水果。」她轉過身來，對周佛海微微一笑，他半個身子立時酥了。女招待有張好看的小圓臉，笑起來露出滿口小白牙，特別是絨絨睫毛下的那雙眼睛又黑又亮，顯得既有情又天真──她雖然弄不清眼前這位身材魁梧，氣概不凡的先生究竟是何人物，但從他住在這套銀行唯一的高級套房裏，黃行長對這人很巴結，又特別對她打過招呼，專門安排她來照顧、服伺這位先生這點上，想必這位先生不是一個普通人。她不能不用心伺候。

「嗯，嗯。」周佛海一時走了神，只是怔怔地看她。

她覺得這位先生好笑，又是抿嘴一笑，丟下一句「先生有什麼吩咐，請隨時按鈴。」去了，周佛海仍是聽而不聞，直到姑娘輕步出了房間，他才回過神來。

「她委實同當年的楊淑惠太像了。」周佛海情不自禁地喃喃自語。

出生於湖南沅陵一個破落地主家庭的周佛海，二十歲讀高中時，已是一子一女的父親。他讀書刻苦，成績也好。一九一七年，他考取了官費留學日本，就讀於日本京都帝國大學。在校時，他受日本著名馬列主義理論家河上肇博士的影響，迷上了馬列主義。後來參加了共產黨但動機不純，他一心想在黨內做列寧、托那茨基那樣叱吒風雲的領袖人物。一九二一年七月一日，中國共產黨在上海召開第一次共產主義小組代表會時，周佛海作爲旅日共產主義代表回國參會。他同陳公博一樣，都是與會十二名正式代表之一。會議期間，他擔任秘書工作。

也就是在上海逗留期間，有次他應邀出席一個宴會，恰好同上海富商留學美國的楊卓茂的千金小姐楊淑惠相遇，雙方一見鍾情。楊淑惠愛周佛海儀表堂堂，博學多才。周佛海愛楊淑惠，經濟上的考慮還在其次，首先吸引他的是楊淑惠的性感。她有一張容長臉兒，算不上漂亮，但絕不難看。她身材很好，高挑的個子很豐滿。深受西方美學觀念影響的他，不愛古典的傳統美人、小家碧玉。他覺得好些中國女人，雖然臉蛋長得好看，但像是發育不全似的，要屁股沒屁股，要胸脯沒胸脯，他私心喜愛東方面孔西方身材的女人，他覺得，這樣的女人才夠味。楊淑惠恰好夠他的標準。二人乾柴遇烈火，愛得死去活來，最後楊淑惠不顧家庭強烈反對，同周佛海一起私奔日本。周佛海一邊繼續完成他的學業，一邊同楊淑惠同居。生活沒有來源，他便拚命抽時間翻譯社會主義、無政府主義的理論文章寄回國內發表，換取稿費。時值「五四」之後，這些文章在國內很受歡迎。

一九二四年他學成歸國，正值國共合作時期。應國民黨宣傳部部長戴季陶邀請，他去廣州國民政府擔任秘書一職兼廣東大學教授。這個時候，國共兩黨矛盾越發尖銳，原來加入共產黨只爲投機的他，因每月要向黨組織交納黨費，楊淑惠不喜，國民黨勢大，他即以共產主義不適合中國為由，登報宣傳退黨。之後，搖身一變，成了攻擊共產主義學說的猛士。他寫的《三民主義之理論體系》，成為國民黨員的必讀書，並引起蔣介石注意，漸漸受到重視。抗戰一開始，周佛海大唱低調，認為「抗戰必敗」，成為「低調俱樂部」的主要人物，最終滑向了曾與之相互攻擊、敵對，此時大搞「和平運動」的汪精衛營壘。

「食，色，性也。」這是周佛海的信條，他深信這是人之本能。無論是頭戴金冠身披龍袍的皇帝，還是手提小籃撿煤渣的跛子、沿街賣唱的瞎子……凡是人，都概莫能外。有句俗話叫「何以解憂，惟有杜康」，但對周佛海來說，卻是「何以解憂，唯有女人」。時日難捱，他決心施展手段，擒著眼前這個佳人。他睡在床上，雙手抱頭，眼望天花板，打起了主意。

第二天，太陽升起老高了，周佛海還賴在床上不起來。

「篤——篤——篤！」熟悉的敲門聲響了，周佛海精神一震，「請進！門沒有鎖。」

門輕輕開了，他想了一夜的佳人進來了，手裏端著一個黑漆托盤，看周佛海還沒有起床，一時有些手腳無措，進退兩難。

「張小姐！」周佛海將頭靠在床檔頭，笑瞇瞇地看著她說話了。

「先生，你怎麼知道我姓張？」姑娘的一雙眼睛瞪得老大。

「哈哈哈！」周佛海大笑起來，「你可能不知道我是幹啥的吧？我是中央的宣傳部部長……」

周佛海開始「老王賣瓜，自賣自誇」時，張姑娘正將托盤中的一大碗過橋米線和幾樣精美點心往擺在屋中的小圓桌上放。聽到賴在床上的人是這麼大一個官，張姑娘不由一驚，手一抖，滾燙的雞湯濺出來，濺到了她的手上。

「哎喲！」她將手一縮，痛得直咧嘴。

「燙著沒有，燙著沒有？」身穿睡衣的周佛海趕緊將蓋在身上的一床薄薄的鴨絨被一掀，一骨碌翻身而下，趿了拖鞋衝過來，一把握著張姑娘的手，使勁吹。

「先生，不用！」張姑娘漲紅了臉，將手往後縮。周佛海放手坐在沙發上，張姑娘給他送上洗臉帕，他接在手上，一邊擦臉一邊說：「你不知道，我一個堂堂的中宣部部長，之所以肯住在你們金城銀行，完全因爲你們黃行長是我的好朋友，盛情難卻。昨天晚上，你們黃行長來拜會我時，我們還說到你。」

「說我什麼？」姑娘一雙黑眼仁放光，將重新絞來的溫熱洗臉帕抖成雙層，雙手遞給周佛海時，態度更顯恭敬溫馴。

「我對你們行長說你很不錯，應該提拔加薪。」見張姑娘一副凝神屏息的樣子，他知道，要征服這個姑娘，說一千道一萬，最好的辦法莫如給她一點實惠。官再大現在有什麼用，俗話說得好，現官不如現管——借黃行長的力量就可以事半功倍，達到目的。

看著姑娘急欲知道下文的樣子，周佛海一笑，適時炫耀：「我的話你們行長還能不聽嗎？他平時想巴結我都巴結不上。你們行長同意，從下月起，升你爲庶務科長，給你升職加薪。」

「這是真的嗎？」姑娘的驚喜表現在了臉上。

「真的，難道我還哄你嗎？」周佛海說著又握住了姑娘的手。姑娘這次沒有將手抽出去，看著姑娘一雙發光的黑眼睛，他問：「你拿什麼謝我呢？」

姑娘一怔，從周佛海的眼神中似乎明白了什麼。她兩頰飛紅，低下頭去，想了想說：「先生，你請先用飯吧，不然米線就涼了！」就在這時，金城銀行行長黃鈺的聲音在門外響起：「周先生起來了嗎？」

「起來了，起來了，請進！」周佛海不情願地說，黃鈺進來時也只是欠了欠身子。行長五十來歲，穿西裝打領帶，人瘦得竹杆似的，五官緊湊的臉上戴副厚似瓶底的近視眼鏡，體形神態像隻耗子。

「請坐，請坐！」黃鈺看出來了，周佛海雖然客氣，但心裏對他這時來打擾很不高興，看這副情景，黃鈺心中明白，周佛海快得手了。寡人有疾！黃鈺還能不知道周佛海好色的毛病？他之所以挑張姑娘專門服伺周佛海，就是摸準了周佛海喜歡這一口，投其所好。昨天晚上，他來拜會時，周佛海在他面前似乎無意間談到張姑娘，作爲過來人，他自然心知肚明。一心想巴結中宣部長的行長，之所以這時過來，就是來爲周佛海火上澆油，促成好事的。

小圓桌上擺得琳琅滿目，早餐是豐盛的。昆明的過橋米線很有名，吃法也有些講究。只見一個景德鎭大花碗裏是一大碗雞湯，湯上浮著厚厚一層黃澄澄的雞油。花碗周圍還擺著好多杯盤碗碟，裏面分別盛著切得薄如紙片的豬肉片、羊肉片、魚片，亮晶晶的米線，白生生的豆腐，水嫩的各色時鮮蔬菜……黃鈺裝作不明究裏的樣子，責怪張姑娘：「雞湯都快涼了，你怎麼還不服伺周先生吃過橋米線？」

周佛海似乎深怕張姑娘挨行長的訓斥，趕緊解釋：「我這是第一次吃你們雲南的過橋米線，正在請張小姐爲我示範呢！」

張姑娘感激地看了周佛海一眼，當著行長的面，畢恭畢敬地站在周佛海面前，一邊講解一邊示範。

「先生面前這碗雞湯，表面上看不出一絲熱氣，實際上，在雞油下面，雞湯大開。」說著，姑娘伸出那隻藕荷般的手，將擺在桌上盤碟中的生肉切片、時鮮疏菜一指，「先生你想吃什麼，只須用筷子將這些挾起，放進湯裏涮一涮就行了。隨涮隨吃。想吃嫩點，時間涮短點，想吃老點，時間涮長點……」

「唷，精彩，還有這樣的吃法！」周佛海聽得高興，拿起筷子，挾了一塊生魚片，放到大花碗裏涮了涮，挾起來一看，連呼「妙！」吃進嘴裏，讚不絕口，接著大吃起來。見周佛海高興，黃行長不動聲色，大拍馬屁：「周先生，這過橋米線，源於一個優美的傳說。我們張小姐口才很好，要不要她給你說說？」

「好呀，好呀！」聽行長這樣說，周佛海越發高興，一邊津津有味地吃著過橋米線，一邊調過頭來，色眯眯地看著候在身邊的張姑娘。

「說是古時候有位秀才在離家約二里地的書齋攻書，」張姑娘口齒清亮，吐字如珠，「秀才娘子每天中午都得從家裏給丈夫送飯去。時值冬天，娘子不管怎樣將飯、菜捂在飯罐裏，走那麼遠一段路後飯菜都涼了。娘子心疼丈夫，爲了給丈夫補身體，有次她殺了一隻母雞燉在砂鍋裏，煨了一夜，雞肉煨得稀爛。第二天中午，娘子給丈夫送飯去時，爲了保暖，她乾脆將飯菜倒進雞湯，結果，丈夫吃了熱乎乎的一頓。以後，娘子依法炮製，無意間竟形成了一種吃法。後來，這位書生當了官，官放我們雲南，職務相當於現在的省長。我們雲南人愛吃米線，這位官員對當年的吃法念念不忘，將我們的雲南米線作了改進，形成了雲南米線的固有吃法。這位官員，可以說是我們雲南米線的創始人。這就是過橋米線的由來。」

張姑娘的故事講完了，周佛海的過橋米線也吃完了。他拍著手對黃行長連聲讚歎道：「張小姐的講解真是精彩，精彩絕倫！你們這過橋米線，真是天下美味！」看周佛海興致很高，黃行長馬上回應：「張小姐，我來就是特意通知你，從下月起，我決定提拔你爲庶務科長，負責交際方面的工作。工資由現在的每月五十，漲到大洋兩百元。」

「謝謝行長。」張姑娘給黃鈺鞠了一躬，高興得眼睛都亮了。

「不用謝我。」黃行長看著張小姐說，「你要謝就謝周先生，這都是周先生的美意。你可能還不知道吧，周先生是中央政府的宣傳部部長，官職不比我們省的龍省長小。這樣大的官看得起我們銀行，住在我們這裏，是給了我們天大的面子，我們怎麼招待都不過分。而我讓你接待周部長，更是對你的信任，現在我按周部長的美意給你這麼大的提拔、恩慧！」說著頗有含意地笑笑，「張小姐，你更要好生服伺好周先生啊！有句話說得好，滴水之恩也當湧泉相報，何況這麼大的恩！」黃行長說著站起身來，對周佛海點點頭，彎彎腰，臉上堆起一絲笑，「周先生，你休息，休息，有事吩咐。我俗務在身，這就告辭了。」

「你是大忙人，我就不留你了。」周佛海心領神會，站起身來，送黃鈺出門。回來時，張姑娘在收拾桌子。看得出來，經過剛才黃鈺一抬，張姑娘神態大變，充滿了對他的感激；而且似乎明白了行長的暗示，動作稍微有些扭怩。看著眼前這個欲露還藏，正當妙齡，豐滿成熟，令他垂涎的尤物，他相信，她跑不過今夜。

張姑娘臨出門時，紅著臉對周佛海說：「周先生，我真該好好謝謝你。」

「你老是說謝我，怎麼謝我呢？」

她低著頭，雙頰飛紅，低聲一句：「不曉得。」隨即響起銀鈴似的笑聲，跑出了門。望著她的俏影，周佛海笑了。

中午之前，周佛海一直按捺著性子沒有按鈴叫張姑娘進來。他現在要讓她慢慢品味行長那番意味深長的話，思想上有些準備。他想像著美妙的今夜。

中午，當張姑娘給周佛海送午飯進來時，不由驚訝得睜大了眼睛。時年四十一歲的周佛海精心修飾了自己，剃光了鬍子，大背頭往後梳得溜光，身上穿一件質地考究的雪白襯衣，打一條桃紅領帶，配一條筆挺的西裝褲，腳上一雙黑皮鞋發亮。常言道「士爲知己者死，女爲悅己者容」，周佛海這是「男爲悅己者容」，當然，人家張姑娘不一定悅他。但她不悅也得悅，這是必須的。

「你，請用飯。」張姑娘將飯菜擺上時，省略了「先生」等客氣話和用語，顯得兩人關係貼近了些。周佛海從她的言談舉動中捕捉到了她與早上微妙的區別，心中暗暗高興。

周佛海不說話也不動，怔怔地望著她。將她從上看到下，又從下看到上，最後頑固地盯著她的眼睛。她機械地將飯菜一一擺在桌上後，就像被釘子釘著似的，一動不動，紅著臉低著頭，臉上掛著微笑。微笑中含著一份不期而至的驚喜和惶惑。

是時候了。

周佛海大步走上前，閂死了門，拉上窗簾；再走到她身邊，將她的一隻小手捧在自己的一雙大手中，輕輕地摩娑著說：「我喜歡你。」

這話聲音雖小，但對張姑娘卻如同雷擊。她用一雙滾燙的手回握著周佛海的手，兩雙手慢慢握緊。忽然，像是受了什麼驚駭，她又猛地抬起頭來，用那雙黑眼睛看定眼前這個人，似乎要透過他眼鏡上的鏡片看穿他的心。她放開了他的手，不無擔心地輕輕說：「等幾天，你倒是走了，我怎麼辦？」

「你是怕黃鈺說的話不兌現？」周佛海這個反問算是對張姑娘的擔心的回答，「他敢！」本來，他還想說一句「以後我還可以帶你走。」但是，這話他沒有說，只要有第一句就足夠了。對這個姑娘，他確實有些喜歡，如果在和平年月，將她金屋藏嬌又何嘗不可！但現在是非常時期。他連自己的命運都很難預料，所以不想用空話來欺騙這位姑娘。他玩過許多女人，但對眼前這位姑娘，確實有點動心，既然「愛」她、卻在玩了她後又不能將她帶走，是不是有點殘酷？不，他已經給了她足夠的彌補。他周佛海——作爲一個年僅四十一歲的國民政府堂堂的中宣部部長，未來汪精衛中央政府中舉足輕重的人物，佔有這樣一個姑娘又有什麼不應該的？這樣一想，他心裏坦然了。他按捺著心中的欲望，說：「讓我先吃飯。有些事，我們晚上談。」

在下午至晚上的幾個小時裏，周佛海竟像初戀時等待戀人一樣焦急不安，把一切該想的都想到了。剛六點，按了鈴，讓她進來。

「開飯。」一見她，周佛海如此吩咐。

飯送來了，他坐到飯桌旁，大口大口地往嘴裏扒進飯菜，簡直就沒有吃出什麼味來。「人是鐵，飯是鋼」——他不過是爲自己加油而已。吃過飯，張姑娘收拾碗筷時，周佛海以命令的口吻對她說：「晚上七時來，我等你。」她什麼也沒有說，端起托盤，雲一般飄了出去。

蒼茫暮色水一般漫進屋來。時間差不多了，他拉上窗簾，屋裏沒有開燈，他只是將席夢思床頭櫃上的那盞小台燈扭燃。一束黯淡的燈光中，屋裏的物件若隱若現。差一刻七點，周佛海換上睡衣，打開門鎖，坐在金絲絨沙發上，凝神屏息等著走道上那熟悉的腳步聲響起。

「嚓、嚓、嚓！」是她的腳步聲，從早晨起，她就穿著一雙繡花鞋，周佛海頓時熱血沸騰。

她走到門前，似乎猶豫了一下。接著，門無聲地開了，她影子似地閃進身來，順手門上門，站在門邊低著頭。周佛海也不說話，站起身來，走上前去，輕輕握著她的手，她的一雙小手在微微顫抖。借著黯淡的燈光細看，她今晚沒有穿旗袍，而是穿一件淺桃色的有三顆布扣攀的短衣，僅及高聳的乳下。一條大褲腿的黑軟緞褲長及腳背，頭上拖根辮子，鬢髮上別朵鮮紅的山茶花，左手腕上戴一隻玻璃翠手鐲，新嫁娘似的，周身散發著一種體香。

周佛海忍著心跳，抹下了她左手腕上那只玉鐲，放到桌上，從一早準備好的黑絨匣子裏拿出一隻純金鑲邊鑽戒，戴在她左手食指上。頓時，鑽戒在燈光映照下耀金溢彩。

「喜歡嗎？」他拿起她的左手問。

她看著他，脈脈含情地點了點頭。那神情，溫柔靦腆，美極了。他由此不禁想到了長煙一空、碧波浩淼的滇池，似乎聞到了高原上特有的醉人的花香……他再也不能自持，「啪」地熄了燈，抱起她的玉體，走向那張寬大的席夢思床……

重慶，上清寺。

當周佛海在昆明沉醉於女色中時，汪精衛卻處於極度的緊張、惶惑中。蔣介石回來了！一九三八年十二月十日夜，委員長官邸會議室裏準備召開一個小型會議，氣氛很怪異——這是一間不大的長方形的屋子，傍花園一面是落地長窗，此時落地長窗的窗簾拉得嚴嚴的。一屋子寒霜似的燈光中，正中那面雪白的牆壁上掛一副很大的蔣介石戎裝畫像，畫像的下面是兩面交叉的青天白日旗。屋子正中擺一張長長的桌子，桌上鋪著雪白的桌布。整間屋子很簡潔，沒有一件多餘的擺設。

出席會議的人不多，依次數過來，長桌兩邊分別坐著行政院院長孔祥熙、大本營秘書長張群、國民黨中央秘書長葉楚傖、國民黨中央政府秘書長陳布雷、外交部長王寵惠、組織部長CC頭子陳果夫、軍統局局長戴笠。正中那把高靠背椅子空著，顯然那是今晚的主角委員長蔣介石的坐位。出席會議的大員們，個個伸長耳朵凝神屏息地靜聽著隔壁房間裏傳來的聲音——汪精衛正同委員長大聲爭論著什麼，不，是在爭吵！

隔壁屋裏，蔣介石穿一身藍袍黑馬褂，茶几上擺一杯清花亮色的白開水。畢竟是軍人出身，他坐姿筆挺，透出一種威勢。手中拄根拐棍，那不過是做樣子的，顯得很紳士。坐在他對面的汪精衛穿一身麻灰色中山服，臉上素常的微笑，這會兒蕩然無存。他們在爭論今晚將要討論的主題——對日方略問題。看來，他們的爭論已有一段時間了，且非常激烈，汪精衛額上幾根青筋突起。

「汪先生，」蔣介石說，「作爲一個領導全民抗戰的民族領袖，我何嘗不知中日力量對比殊懸？何嘗不知『鷸蚌相爭，漁人得利』的道理？我們的力量大量消耗了就會讓共產黨坐大，赤禍橫行？」委員長一連串反擊，讓剛才主動進攻的國民黨副總裁汪精衛處於防守地位。

「但是！」蔣介石鷹眼閃亮，氣勢逼人，「雖我再三退讓且昭告日本人，只要他們肯停戰，只要他們承認長城以南我主權完整，滿蒙的問題以後再說，我就答應與他們實現和平。日本人卻是步步進逼，過了黃河，過了長江，逼我與他們草簽城下之盟，這怎麼行？如果這樣，不要說共產黨會趁機興風作浪，全國各族人民焉能答應？抗戰年餘，猶如一輛已然啓動了的巨型車輛，陡然去剎車，是要翻車出車禍的，嗯？」

「那麼，」汪精衛大不以爲然地搖了搖頭，臉上帶著一絲不屑的笑，「年前德國大使陶德曼居間調停中日和平，日本要價比現在還高，條件比現在還要苛刻，你卻能答應。若不是要簽字時，你在河南前線往來奔波捉拿韓複榘，孔（祥熙）院長做不了主不敢簽字，錯過了時機，中日早在那時就達成協議，實現了和平。現在，日本人接二連三地攻下我南京、徐州、廣州等大片土地之時，日本首相近衛的聲明反而比以往溫和。我不明白，在最應該與日本人達成諒解、實現和平之時，委員長爲何反而不能接受呢？」說著語氣又加重了些，「國家是人民的。當領袖的不能憑個人的喜怒哀樂、情緒變化來決定國家民族命運吧？」

「唔，我蔣某人用不著你來教訓！」蔣介石被激怒了，不由得提高了聲音：「汪先生，你太過分了！你說這些話是什麼意思，難道日本人要我下台，你也跟著起哄逼宮嗎？」

「這不叫逼宮！」向來在蔣介石面前態度柔馴的汪精衛，今晚態度出人意料地強硬，「事到如今，你蔣先生不辭職無以對天下，更無以對先總理在天之靈。」

「要我辭職，誰來坐我這個位置？」蔣介石近乎咆哮起來，「是你嗎？」

不意汪精衛回答：「我同你連袂辭職。」

「那你去隔壁問問諸君答不答應。我這個委員長是大家選的，下不下台，得讓大家同意。」說著，蔣介石憤怒地站起身來，手中拐棍在地板上一敲，「你去問問，問問他們同不同意！」說完氣呼呼地轉入內室，汪精衛也氣呼呼地衝出來，將門一甩，走了。

陳布雷見狀對大家說：「請稍安勿躁，我進去看看委員長，問今晚這個會還開不開。」陳布雷很快便回來宣佈：「今晚的會不開了，具體哪天開，請各位等候通知。」一場高層會議，因爲國民黨總裁與副總裁的爭吵，就這樣不歡而散了。

汪精衛負氣回到上清寺的官邸，將一肚子氣向陳璧君傾訴後，原希望得到夫人的安慰，不意得到的卻是好一陣埋怨：「四哥，你真是昏了頭。」陳璧君說，「在這節骨眼上，你何必去惹姓蔣的？他本來就是嗅到了什麼回來的，你再這樣一惹他，他還不派人盯緊咱們？這樣，我們還能離開重慶？你這樣做，豈不是惹火燒身？」

「夫人，這你就不懂了！」汪精衛大有深意地一笑，「蔣介石先派陳布雷回來穩住我，接著，又從桂林行營趕回，今晚開這個高層會議，很明顯是聽到了什麼風聲。如果我順著他的意，做出一副溫馴的樣子，他反而要多心。反之，我這時跳出來同他對著幹，他反而會放心。這叫作『虛則實之，實則虛之』。」看自己這番莫測高深的話，鎮住了夫人，汪精衛不禁吁了口氣，說：「其實，我汪兆銘之所以要帶著你們出離重慶，除不再受老蔣的氣外，主要的目的還是為了國家民族的利益。」繼續以眾人皆醉我獨醒的語氣說，「夫人，你要知道，抗戰以來，日益高漲的民族情緒已被共產黨完全利用了。老蔣他知道什麼，在政治上他歷來短視。如果老蔣被這股民族情緒架著一直胡鬧下去，不久以後，老蔣不僅抗不了日，而且連共產黨也駕馭不住了。抗戰至今，老蔣手中兩百四十個精銳師已打掉了一半，而原先只有三萬多人、人均五顆子彈的共產黨發展得有多快？簡直就是星火燎原。我們不能跟著老蔣這樣瞎折騰。今晚我這也算是對老蔣作最後一次爭取吧，可惜，悲哀呀！」說到這裏，那張善於表情達意的臉上愁眉緊鎖，汪精衛長長地歎了口氣，走到窗前，拉開窗簾，憑窗眺望重慶的夜景，久久不語。

丈夫這一席話，這番舉動，陳璧君看在眼裏，是別有一番滋味在心間。她覺得，丈夫確實是比老蔣高明百倍。再看丈夫的舉動，多麼瀟灑、典雅、有學問。她不禁循著丈夫的目光看去。

儘管是戰時，陪都的夜景還是很美。

漆黑的夜幕將山城白日那些隨處可見的破敗的、依著山勢修建起來的重重疊疊的木板房、吊腳樓都遮掩了起來。無數的燈光在山環水繞、迴旋起伏的山城間閃爍，像是天上落到人間的星星。陳璧君站起身來，緩緩上前，將頭倚在丈夫肩上凝視著窗外景致。大江上，有一束雪亮的探照燈光利劍一般劈開黑夜，照著一艘艘運兵船緩緩離開碼頭，向下江方向駛去。遠遠地，一盞接一盞紅色的標燈，在江中抖動著萬千條紅色光波……

「四哥！」一面對此情此景，伏在汪精衛肩上的陳璧君思緒沉浸在了一種綿綿的遐想中。

「你還記得嗎？四個月前，我們撤離漢口時，蔣介石要你做中央南下的先行官？」說著她一字不差地背出一首七律，那是四個月前的八月一日，他們從宜昌乘「永綏號」軍艦到重慶途中，汪精衛的即興之作：

峽掩重門靜不棼
檥舟猶及未斜曛
月牙影浸玻璃水
日腳光融琥珀雲
沙際雁鵝方聚宿
天中牛女又離群
川流東下人西上
惆悵濤聲枕畔聞

陳璧君背完了，汪精衛也不說話，只是拍拍夫人的手，似乎沉浸在那種哀婉、悽楚的意境中。

「四哥！」陳璧君又是深情地喚了他一聲，似乎在爲自己剛才說的那番無知的話表示歉意。

汪精衛這才回過頭來。作爲回應，個子高高的他低下頭來，在夫人的額上印下了一個法國式的吻。陳璧君幸福地閉上了眼睛，等著丈夫進一步的動作。可是，丈夫卻再無聲息。她睜眼看時，丈夫已經轉身走了；她感到，丈夫這難得的一吻，也毫無激情。

一九三八年十二月十八日早晨，重慶珊瑚壩機場。

原軍統局北平站站長，時珊瑚壩機場稽查處處長陳恭澍在機場內作例行的巡視。他看來三十多歲，身材高大勻稱，穿件風衣，戴副墨鏡，乍看像個機械師。他不聲不響地站在機場邊上一棵麻柳樹下，一雙敏銳的眼睛透過墨鏡，對機場上的情景作著掃描。停機坪上，有兩三架銀灰色的客機。跑道線上，停著一架美製大肚子四引擎運輸機，即將於上午九時飛往昆明。機械師對這架客機作完檢查，加油車加完油後，檢票開始，旅客準備登機了。就在這時，一輛美製中型吉普車風一般駛進機場，停在候機室前。陳恭澍大步走上前，車門開處，下來的竟是身穿海虎絨大衣的陳璧君。陳恭澍心一跳，眼睛一亮，不禁停下步來。接著下來的是手中提一個公文皮包、長得又高又大的汪精衛的機要秘書曾仲鳴，還有汪精衛的大女兒汪文惺和其未婚夫何文傑。他們手中提著簡單的行李，有說有笑地簇擁著陳璧君步上階梯，進入了候機室大廳。

不用說，陳璧君一行是來趕去昆明的飛機。但不對呀！瞬間，一系列疑點從這個職業特務陳恭澍的頭腦中湧過。按理，像陳璧君這樣的人物去昆明，該乘專機，怎麼會混在一批旅客中？他們又是怎麼買到機票的？但是，這些疑點僅僅是在陳恭澍腦海中一閃而逝，他不能也不敢深想下去，因爲有組織訓令：「對領袖應絕對忠誠」——雖然陳璧君不過是汪精衛副總裁的夫人。作爲陳恭澍這樣訓練有素的高級特務，既有職業的敏感，也戴著職業的枷鎖。他不敢上前詢問，也不敢去相關途徑打聽，只能把這不正常的情況偷偷記錄在筆記本上。

候機廳裏，陳璧君顯然在等什麼人，不時地看看戴在腕上的金錶，顯得有些著急，在窗前一直朝重慶方向引頸凝望。

「爸爸還沒有來，怎麼辦？」汪文惺走到母親身邊，著急地低聲問。

陳璧君向曾仲鳴招了招手。

「仲鳴，」陳璧君對走到身前的心腹說，「你是不是去找一下這架飛機的機長，告訴他，汪主席要乘這架客機去昆明。現在，汪主席沒有來，飛機還不能起飛。汪主席什麼時候來，飛機什麼時候起飛。」

「這樣，這樣好嗎？」曾仲鳴面有難色。

「只有這樣了。」陳璧君話剛說完，一位氣宇軒昂的中年軍人健步來到陳璧君面前，「啪！」地立正，向她行了一個標準的軍禮，還向她打招呼說：「汪夫人好！」陳璧君聞聲調頭一看，嚇得心臟幾乎停止了跳動。來人竟是空軍總司令兼國民黨航空委員會主任周至柔！這個人大有來頭，他是蔣介石的老鄉和絕對心腹。雖年僅四十歲，卻是個戰功卓著的老資格軍人，早年畢業於保定陸軍軍官學校，後被蔣介石重用，參與籌建黃埔軍官學校。周至柔個子中等偏上，體格魁梧勻稱，作風樸實，抗戰積極，時爲中將軍銜，是個勢力看漲的人物。

「啊，是周司令！」陳璧君強作笑臉，對身邊的曾仲鳴說，「正好，那就請周總司令下命令，要這架飛機推遲起飛。」

「汪夫人要去哪裏？」周至柔有些莫名其妙。

「我們要乘這架飛機去昆明。」陳璧君用手指了指機坪上乘客正在上的那架客機。

「夫人怎麼不事先打聲招呼？」周至柔問，「我也好爲夫人調一架專機去昆明。」

陳璧君搖了搖頭，「抗戰時期，一切從簡。」說著反問，「周總司令要去哪裏？」

「我也乘這趟班機去昆明。」

「你是空軍總司令，怎麼也乘這架普通客機？」陳璧君驚駭不已，卻強作鎮靜問。

「順便了。」周至柔輕輕鬆鬆地說，「也沒有什麼要緊事，我是去昆明檢查防空情況的。」

「我們去昆明也沒有什麼要緊事。」陳璧君接著解釋，「志盤（龍雲的號）將軍多次盛情邀請我們去昆明玩玩，恰這段時間重慶天氣糟透了，又冷又陰又潮，我感冒了一段時間，腳關節也有些痛。昆明四季如春，聽說這段時間天氣特別好，因而昨晚上同志盤將軍通了電話。這不，今天我帶文惺他們一起去昆明玩玩。」陳璧君同龍雲的關係好，周至柔是知道的，只是又問一句，「夫人沒有帶行李？」

「沒有。」陳璧君正要囉嗦什麼，周至柔把手一比說，「那就請夫人上飛機吧！」

「汪主席還未到，我們得等汪主席。」

「誰？」周至柔看來吃驚不小，眼鏡後面的眼睛瞪得大大的。正在這時，一輛「林肯」牌高級小轎車風馳電掣而來，停在候機室前。車門開處，下來的正是西裝革履、儀表軒昂的汪精衛。汪精衛剛進候機廳，周至柔跑步來到他面前，「啪！」地立正，行了個軍禮，大聲問候，「汪主席好！」

汪精衛嚇了一跳，及至看清站在面前的是空軍總司令周至柔時頭都大了，以爲他們南逃重慶的陰謀爲蔣介石發覺，特別派周至柔來抓捕他們的。但他竭力假裝鎮靜，陳璧君走上前來解釋，「巧得很，周總司令也要去昆明檢查空防情況，同我們一路。」

「好，好！」汪精衛伸出手來，同周至柔握了握；頭暈目眩地等待著事態發展。握過手後，周至柔和陳璧君等人一起，簇擁著汪精衛下了候機室，步入停機坪，上了飛機。

飛機起飛了。坐在舷窗邊的汪精衛，因爲周至柔坐在後面，覺得有如芒刺在背，忐忑不安。昨天晚上，他弄清楚了今天一天蔣介石的日程安排：上午，去中執委辦公廳對年輕中央委員們訓話。然後，飛離重慶去陝西武功主持一個軍會事會議。他當機立斷，決定和陳璧君等一行人趁機搭乘去昆明的飛機離開重慶。

晨八時。當夫人一行驅車離開上清寺官邸去珊瑚壩機場時，他已穩坐在中執委辦公廳禮堂上會議廳裏的主席台上。蔣介石對禮堂裏年輕的中央委員們的訓話，前來捧場的只有寥寥幾人，除了他汪精衛，只有大本營秘書長張群和陳布雷，連王寵惠、孔祥熙這些蔣介石的心腹大將都沒有來。禮堂裏坐的人倒是滿滿的，蔣介石老調重彈，毫無新意，汪精衛直聽得心中火起。若是平時，比這重要的會議他都懶得參加，而今天他之所以早早來，老老實實坐在主席台上，目的是打消蔣介石的顧慮，讓他安心去陝西。

而蔣介石今早講話似乎上了癮，他不禁心中暗暗著急起來。裝作不介意地抬腕看了看手錶，時間已經不早了。他喝了口茶，把茶杯留在桌上，假裝去解手。出去時碰見張群，對張群說他有事要先走一步。之後，便趕緊上了那輛候在會場邊的「林肯」牌高級小轎車。他連秘書也沒有帶，要司機開車直奔珊瑚壩機場。

真是「魔高一尺，道高一丈」！滿以為今天瞞過了蔣介石，可以順利逃出重慶，結果還是中了計。空軍總司令周至柔就坐在後面，監視著自己，糟了，糟透了！想到這裏，汪精衛不寒而慄，冷汗直流。

「汪主席！」周至柔走上前來問，「汪主席你是怎麼了，有什麼地方不舒服嗎？」

在汪精衛看來，周至柔的關切，是貓哭老鼠的假惺惺。但他還是故意皺著眉，抬起頭來做出一副痛苦的樣子回答：「是有些不舒服，背上的槍傷又發作了，隱隱作痛。」當坐在身邊的夫人陳璧君掏出手絹爲他揩汗時，空軍總司令的一番話，更是讓汪精衛、陳璧君聽來如晴天霹靂，五內俱焚，「這架飛機開得不平穩，想來是這架飛機的駕駛員技術不行，讓我來開吧。」周至柔說著就要往駕駛室去。

「別，別！」汪精衛慌了，情不自禁站起身來，似乎想伸手拉住周至柔。

「汪主席盡可放心。」周至柔一笑，「我是空軍出身，飛行技術很好。再說，元首出巡，我這個空軍總司令爲元首駕機也是應該的。」說著，不管三七二十一，大步進了駕駛艙。汪精衛頓時兩眼一黑，頹然癱倒在座位上，嘴裏喃喃自語：「完了，完了。」他呼吸急促，臉色蒼白，痛苦地閉上眼睛，想像著飛機重新降落在重慶珊瑚壩機場時出現的可怕一幕……

「四哥，四哥，你睡著了嗎？」一會，耳邊響起夫人陳璧君溫柔的聲音。汪精衛睜開眼睛，只見飛機正在平穩地下降。舷窗外，出現了雲貴高原特有的赭色連綿的山巒，浩淼無垠的八百里滇池。啊，竟是一場虛驚?!汪精衛心裏長長地吁了口氣，如釋重負地坐直了腰身。

汪精衛夫婦在昆明機場下機伊始，就受到龍雲熱烈的歡迎。

當汪精衛夫婦走下舷梯時，機場上鼓樂齊鳴，上萬名由機關職員、學生隊伍、民眾團體組成的歡迎隊伍向他們揮舞起手中的花束，喊起歡迎的口號。汪精衛夫婦滿臉堆笑，向歡迎的人群揮了揮手。快步走下舷梯時，佩上將勳章、戎裝筆挺的雲南省主席龍雲大步走了出來，「啪！」地一個立正，向汪精衛夫婦敬了個軍禮，熱情地說：「歡迎汪主席、汪夫人蒞臨昆明！」

汪精衛同龍雲握了握手，然後夫婦二人躬身鑽進了來接他們的那輛「克拉克」高級轎車，等汪文惺、曾仲鳴也都上了轎車後，車隊立刻向昆明城內駛去。

第四章 抗戰驚雷衝擊「和平」夢

四川省省會，成都。

冬天的夜來得早。還不到下午六點鐘，濃重的暮色就潮水一般彌漫了九里三分的成都城。雖是抗戰時期，這座地處內陸的西南名城，夜市還是熱鬧的。城守東大街、鹽市口……這些繁華路段上，高高電杆上挑起的街燈依次亮了。因爲電壓不足，一盞盞電燈像是一雙雙熬紅的眼睛。長街兩邊鱗次櫛比的店鋪一律熱氣騰騰。打鍋魁的、賣湯圓的、賣纏絲兔的、開紅鍋館子的，店小二站在店鋪前面，長聲吆喝招呼客人入內。

掛中央民眾訓練部部長虛銜的國民黨四川省黨部主任委員陳公博，坐「福特」牌轎車，駛離了他在紅照壁的公館，行駛在東城根街上。臨別成都前，已在電話上約好，他要去拜會剛從抗日前線歸來的前二十二集團軍總司令，剛回川上任的川康綏靖公署主任兼四川省政府主席鄧錫侯將軍。鄧錫侯將軍這是明升暗降。他在山西率部抗日時，與共產黨八路軍總指揮、鄉人朱德和八路軍一二九師師長劉伯承、政治委員鄧小平走得太近，且不時將他們請到自己的部隊中講授遊擊戰術，並暗中資助了他們一些軍火，這犯了蔣介石的大忌，於是剝奪了他的軍權，將他弄回盆地「關起」。陳公博和鄧錫侯將軍早就認識，雖然彼此接觸不多，但彼此印象不錯。

他去拜訪鄧錫侯，是想盡可能詳盡地了解前線的情況。下午，當他在電話中對鄧錫侯將軍說去康莊拜訪時，話筒中立刻傳來鄧錫侯那川音濃郁的滾雷似的爽朗笑聲：「你哥子是稀客，歡迎，歡迎！本來是我該來拜訪你的嘛……」客氣兩句之後，鄧錫侯當即在電話中拍定，「今晚黑，我請你吃飯，一定，一定！」陳公博到成都的時間不長，但對四川的飲食文化特別感興趣，作爲美食家的他曾感歎過：「走遍天下，咱們中國的吃最好。然而在中國，又是四川爲最好，在四川又是成都最好。」他知道，鄧錫侯是個美食家，講究美食美器，爲人也大方，家中養著幾個川中名廚。

距約定的時間還早，陳公博讓司機開著車先去街市轉轉。沿提督東街、總府街這些路段比較寬闊整齊的街市看去，燈光朦朧中，好些階上簷下都擺起了攤肆。賣舊書、花卉、各種舶來品、字畫的，可謂應有盡有。遊人熙熙攘攘，摩肩接踵，熱鬧程度竟勝過白日。但從一盞盞光線微弱的油壺燈、電石燈上，讓人覺出戰時內陸這座名城的幾分無奈和虛浮。

陳公博雖然留過洋，是美國哥倫比亞研究生院畢業生，平時西裝革履，其實骨子裏是很中國的。他喜愛中國傳統文化且很有造詣。時年四十六歲的他，個子不高，皮膚黑黑，個性倔強，有學問，書生氣很重，被汪精衛稱爲「文人中當今唯一有俠士氣的人。」他原籍福建，後移居廣東省乳源縣。青年時代同父親陳致美一起，積極反清，在當地發動了樂昌起義。起義失敗後，陳致美被清廷判處終身監禁，陳公博隻身逃往韶關。期間，他寫了一首感時抒懷的詩，名噪一時：

匹馬渡韶水，寒風吹峽門。
疏星點浮石，殘月照孤村。
亡命窮投止，餘生恥苟存。

十年須記取，橫劍躍中原。

他寫這首詩時，比汪精衛寫那首《慷慨歌燕市》還要早三年。早年還在北京大學讀書時，陳公博因爲受共產黨思潮和李大釗教授的影響，對共產主義產生了濃厚興趣，加入了中國共產黨。大學畢業後，他同著名共產黨人譚平山一起，最早在廣州地區開始了共產主義的宣傳和組織活動。可是，參加了共黨的一大後，他卻在一九二二年宣佈共產主義不適合中國國情而退出了中國共產黨。一九二四年，他在美國哥倫比亞大學研究生院畢業，獲得文學碩士的學位論文竟是一篇《論中國的共產主義運動》。一九二五年，他回國後，因受廖仲愷、汪精衛的賞識，不僅加入了國民黨而且在國民黨政府內地位提升很快。同時，他因爲成了汪精衛的心腹和密友，多次受到蔣介石打擊並曾經開除出黨。一九三五年，汪精衛遇刺受重傷去歐洲修養，陳公博失去了靠山，在國民黨內地位一落千丈，失去實業部長一職，被貶到成都。然而，「塞翁失馬，安知非福」。陳公博到成都兩年，深深愛上了這個歷史悠久、人文薈萃的溫柔富貴之鄉。從政之餘，他寫了好些抗日的、富有遠見卓識的文章，其才氣橫溢，富於創見，很爲人稱道。

月前，汪精衛召他去到重慶，在上清寺汪精衛官邸內，副總裁吞吞吐吐地徵求他對和平運動的看法。

「和平運動不可以搞。」陳公博明確表示反對，「黨不可分，國家要保持團結。目前非常時期，戰由蔣先生，和亦由蔣先生，不應政出多門。」坐在一邊的周佛海轉彎抹角反駁道：「蔣先生抗戰之意，既然無法一時動搖，則如其最後勝利仍屬我，則國家一切，自有蔣先生。如不幸而抗戰迫作城下之盟，則汪先生與日本媾和在先，日本自難反訐，今後一切，有汪先生來擔當周旋的大任。和戰並進，爲國家打算，不能不說是一條萬全的計謀。」陶希聖也在一邊幫腔。當時，陳公博很生氣，真想罵周、陶二人居心叵測，是「狗頭軍師，推汪先生下崖」，但見汪精衛對二人說的話頻頻點頭，表示贊成，只有咽下這口氣，拂袖而去。

然而，他擔心的事終於發生了。日前，他接到汪精衛從昆明發來的密電，要他火速趕去越南河內會師。與此同時，他又接到了蔣介石要他去重慶的電話。

他去了重慶。

「委員長！」陳公博站在蔣介石的書房門口，小心翼翼。

「是公博嗎？」身著一襲長衫的蔣介石顯然正在生氣，背對著門，面窗而立。

「是。」

委員長聞聲轉過身來，用他那雙犀利的眼睛看了陳公博好一會，似乎想看穿陳公博的內心似的。

「坐。」身姿筆挺的委員長讓陳公博進去，並指了指對面的沙發，率先坐了下來。

陳公博落坐後，蔣介石單刀直入地問他：「汪精衛帶著周佛海一幫人跑到河內去了，你知道嗎？」

雖然一切盡在陳公博的意料之中，但聞言還是不由渾身一震，略爲沉吟，回答道：「不知道。」

蔣介石沒有再說話，只是將置放在茶几上的一份密電遞給陳公博。陳公博接過一看，是龍雲本年十二月十九日拍來的：「重慶。委員長鈞鑒，僭密。汪副總裁於昨日到滇，本日自感不適，午後二時半已離滇飛往河內。職龍雲。效秘印。」

看陳公博久久地望著這份密電不吭聲，蔣介石又冷冰冰地問：「汪副總裁要你跟他去河內嗎？」

「是。」陳公博承認，抬起頭來看著委員長，「但我不知汪先生要我去河內何爲！」

「那還用問嗎？」蔣介石冷冷一笑，「投降，汪精衛要你去同他們一道投降日本人。」

「我向來對和平運動是反對的。」陳公博表明了態度，「我也向來不贊成汪先生代表黨和政府同日本人言和。汪先生之所以如此，是受了周佛海、陶希聖、高宗武這些人的蠱惑。」

「在這個問題上，你的態度我是清楚的。」蔣介石說，「不過，汪先生對你有知遇之恩，提拔之恩。現在你知道了事情原委，還去河內嗎？」說時，蔣介石那雙鷹眼中閃過一絲不易覺察的狡黠。

「不去。」陳公博的語氣很堅定。

「你可以去、也應該去。」不意蔣介石如此說，「你去河內，勸勸汪先生。就說，我請他回來，有什麼事，都好商量。嗯？這樣下去，做出什麼使親者痛仇者快的事就不好了！」蔣介石說到這裏，霍地一下直起身來，走到窗前，雙手在身後背起。

至此，陳公博完全明白了蔣介石讓他到重慶的目的。

「好吧！」陳公博這就起身，拿起博士帽適時告辭了，他同蔣介石的談話前後不過幾分鐘。

想到明天就要離開成都，經由昆明去越南河內；想到此行肩負的重任；想到在重慶時蔣介石威而不露的神情；想到去了河內見到汪精衛、周佛海等人，因言語不合引致的尷尬，陳公博不由深深地歎了口氣。

抬起頭來，這才發現，車已入少城。他的目光透過車窗，往外看去。少城在辛亥革命前居住的都是滿人，是成都市的城中城。隨著辛亥革命的炮聲，清廷轟然塌圮，少城的城牆被拆除了，但稱謂仍然沿襲下來。這一帶環境幽靜，街道寬闊乾淨，條條胡同裏大都是粉壁磚牆的公館，住的也都是有錢人。

小轎車賓士在祠堂街上。這是一條文化氛圍很濃的街道，街道兩邊綠樹成蔭，夜間有多家書店在營業。街燈連成一片，濃密如雲翳的桉樹枝葉灑在街面上，像是片片搖曳多姿的銀箔，街道上顯得非常安靜。視線左前方出現了一座很有名氣的飯店——「努力餐」。這是一幢毗鄰少城公園的一樓一底，古色古香的中式建築。飯店主人車耀先以古詩十九首中的「棄捐勿複道，努力加餐飯」和孫中山遺囑「革命尚未成功，同志仍需努力」意給飯店取名。「努力餐」注重將四川名菜口味和品質大眾化，因而深受上層人士和老百姓歡迎。這家餐廳以「生燒什錦」等菜著稱，民間有歌謠贊道，「燒什錦，名滿川，味道好，努力餐……」車耀先是大邑縣人，當過川軍團長，思想追求進步，人亦很風趣，後來加入共產黨，投身革命直至犧牲。他在店裏醒目處掛一方正黑漆木匾，匾上鐫刻著他自撰的一段話：「如果我的菜不好，請君向我說；如果我的菜好，請君向君的朋友說。」這話不脛而走，後來竟成為民間流傳的一段名言。

「努力餐」背後是一條碧波粼粼的金河，金河對面就是著名的少城公園了。公園裏一年四季濃蔭漫漫，花香鳥語，是成都人休閒品茶會友的好地方。此時公園在夜幕中沉睡，只是隱約可見園中那座劍一般直指夜空的「辛亥秋保路死事紀念碑」的雄姿。

忽然，車速慢了下來。陳公博這才注意到，前面出現了一支遊行隊伍。兩個身穿排扣短褂服裝的年輕工人，手中高舉著一副「成都人民抗日遊行」的橫幅走在前面。後面跟著工人隊伍、學生隊伍、郊區農民隊伍，還有商人、市民……他們手中揮舞著五色小旗，高喊著「擁護蔣委員長抗日！」

「各黨各派團結一致共同抗日！」「抗日必勝！」「抵制日貨，不買日貨，燒毀日貨！」等口號，沿途散發傳單。頃刻間，幽靜的少城內萬人空巷，祠堂街、小南街、陝西街口都擠滿了前來歡迎和鼓掌的市民……

陳公博的轎車好容易才開出了城，沿著浣花溪飛馳。夜幕中，出現了一片黑壓壓的莊院——康莊，鄧錫侯的官邸已遙遙在望。車到青羊宮，由於街道狹窄，司機只好再次放慢車速，讓轎車在石板道上緩行。陳公博注意到，兩邊的一排排破房亂舍，沉浸在寒夜中，蕭索而淒涼。特別是有些做小生意的，比如賣炒花生的、賣炒胡豆的人攤子上點起的燈籠，稀疏黯淡，像是遠海中飄弋的漁火。

車在康莊深處一幢考究的法式小樓前停了下來。聽到汽車聲，主人鄧錫侯下樓相迎。時年四十九歲的陸軍上將鄧晉公（鄧錫侯字晉康）西裝革履，方面大耳，眉目疏朗，中等身材。他上前握著客人的手，川音濃郁地說，「陳先生稀客，請！」

剛在中西合璧、寬大舒適、溫暖如春的客廳裏坐下來，鄧晉公高聲呼道：「上茶，上真資格的名山頂上茶。」

「來咧！」隨著這一聲，只見一個中年摻茶師如飛而來，他右手執一把尖嘴大銅壺，左手執泡四川蓋碗茶的三件頭。說話間，叮叮噹噹聲中，三件頭在面前茶几上開了花，像變魔術一樣，一個描龍戲鳳的景德鎮青花細瓷碗騎在了一個黃銅高底茶船上。手中尖嘴大銅壺隨著摻茶師的手漸漸升起，一道熱氣騰騰的鮮開水像一道白色的弧線，端端注入茶碗中，將雪白茶碗中的茶葉沖得旋了幾圈，茶水剛到恰好位置時，摻茶師伸出左手，用小指輕輕一扣，「叭嗒！」一聲，茶蓋翻上來蓋住了茶碗。整個動作一氣呵成，滴水不漏，乾淨俐落，可作單獨的藝術品欣賞。摻茶師提著大銅壺又風一般去了。

「請茶！」鄧晉公說著端起了蓋碗茶。

陳公博也端起茶船，向主人舉舉。二人同時用手拈起茶蓋，輕刮兩下茶湯，彈花，飲茶。

「真是不錯！」陳公博喝了口，嘖嘖嘴，「你們四川名山頂上的雨露茶真是蓋世無雙。」

鄧晉公對陳公博比了比大拇指：「陳先生是真正的文人，到我們四川不過兩三年，就完全領會了四川蓋碗茶的神韻。」

陳公博沒有心思談論茶經，直奔主題：「本來。」他說，「晉康兄這次回川主持川康政務軍務，爲我提供了一個請教的機會，我從心眼裏高興。可惜呀，我又要走了。」

「哪裏，哪裏。」鄧錫侯說，「陳先生是大才，從中央到四川，這是屈才。這次上調，是喜事一樁嘛！」

「晉康兄有所不知。」陳公博說著歎了口氣。在爲人爽直，且沒有利害關係的鄧錫侯面前，陳公博無需隱藏，便把日前汪精衛等出走河內，蔣介石又要他去河內勸汪精衛回來的內情說了，言畢感歎道：「借你們四川話說一句，這哪裏叫上調，分明是叫我去捏一塊紅炭圓啊！」爲表示對鄧錫侯的信任，他還囑鄧錫侯保密。

「放心！這等大事，非經過你的同意，我不會告訴第三人。」鄧錫侯說著激憤起來，在桌上拍了一掌，「汪先生也真是昏了頭！值此民族生死存亡的關頭，我抗日健兒在前線同武裝到牙齒的日寇浴血苦戰，作爲黨國副總裁的汪先生卻因爲同蔣委員長打肚皮官司，竟幹出這樣的事情，對得起哪個?!」說著聲音有些哽咽，「我剛從前線回來，晚上我只要一閉上眼睛，就回到烽火連天的前線，看到那些腳穿草鞋裝備極差，甚至在這寒冬臘月天還穿著單衣，手上連杆槍也沒得，拿著梭標大刀的川軍兄弟在同日寇拚命，在日寇的洋槍大炮下一排排倒下去的情景，何其慘烈！而我們川軍因爲是『小媽』生的，是『雜牌』！抗戰最高統帥部也不把我們當人，簡直是陪著日寇整我們川軍，而現在汪先生又跑到河內去了，安逸！」

看鄧錫侯聽到這個消息動了感情。陳公博怕鄧錫侯一直罵下去會出事，趕緊截住說：「鄧將軍，我今夜來，就是想聽聽你這個抗日英雄講講前線的事。」

「好，我講給你聽。」於是，鄧錫侯接著講下去，越講越生動具體。講到激昂處，情緒不能自抑，講到傷心處，淚如雨下。於是，一幕幕驚天動地的抗日畫面在陳公博眼前亮了起來。

一九三七年九月，時年四十八歲的四川省政府主席兼川康綏靖公署主任劉湘上將，在成都督院街省府內，就準備赴京參加最高國防會議向中央請求帶兵出川抗日事徵求謀士們的意見。手下第一謀士張斯可進言道：「此事，請主席三思。多年來，蔣介石一直覬覦四川。若是這樣，四川就算是送給他了。」省府總參議鐘體乾等人亦都附議。劉湘卻不以爲然。他極富民族大義地說了這樣一番話：「我劉甫澄（劉湘的號）過去打了二十多年內戰，現在想起來都報不出盤，慚愧。現在是大敵當前，『國家興亡，匹夫有責』。我若再爲個人謀私利，貓在四川，就不是人生父母養的！」

劉湘在南京最高國防會議上，向中央強烈請戰，表示：四川可以立即出正規軍三十萬，還可提供五百萬後備壯丁……總之，願竭四川所有人力物力爲抗戰作出貢獻！消息傳出，全國振奮。最高統戰部准其所請，並將全國劃分爲十個戰區，全民動員，展開抗戰，劉湘被任命爲第七戰區司令長官。九月，川軍火速出川。劉湘親率所部唐式遵、潘文華、王纘緒三個軍乘船順江東下出川；時任二十二集團軍總司令的鄧錫侯率李家鈺、陳鼎勳、孫震三個軍出北道，經西安到山西，會同八路軍共同作戰。楊森率部由貴州直出湘鄂開赴上海……然而，三十萬英勇善戰的「草鞋兵」剛剛出川，就立刻爲最高統帥蔣介石分割得七零八落，像是一群沒有了娘的孩子。於是，抗日正面戰場出現了這樣一種奇怪的現象：越是裝備好的「中央軍」蔣介石的嫡系部隊越是躲在後方。其中裝備最好、人數最多的胡宗南集團軍，始終沒有上抗日前線，而是在西北磨刀霍霍地監視著八路軍。越是裝備差的「雜牌」軍越是能打，越是被統帥部安排在抗日最前線拚命。

到十一月底。南下的日軍繼攻克上海後又連占嘉定、常熟、蘇州，再兵分兩路沿京滬鐵路，太湖南下，對首都南京形成了包圍態勢。危急關頭，第七戰區總司令長官、陸軍上將劉湘挺身而出要求保衛南京。他只有一個要求：「把現存的二十萬川軍還我，要死，我二十萬川軍死在一起！」然而，劉湘這個起碼的要求卻被大本營無理拒絕。

劉湘忍辱負重，率臨時七拼八湊、大部由川軍組成的二十三集團軍趕赴太湖前線，從中央軍手中接過陣地，萬分倉促中同日軍三個精銳師團在太湖展開了血戰。日本人天上有飛機，地上有大炮、坦克，優勢占盡。而二十三集團軍沒有飛機，沒有大炮，沒有坦克，連機槍都少得可憐，部隊根本形不成火力建制。寒冬臘月，滴水成冰，好些川兵還身著單衣，背著斗笠，腳穿草鞋，手持性能低劣的步槍同敵人作殊死戰。

在這一場無異於大屠殺的戰爭中，川軍表現出的英雄氣概和英勇善戰，讓敵人感到震驚甚至欽佩。

在廣德、泗安大會戰中，川軍師長郭勳祺、旅長黃伯光身先士卒。饒國華師長率部堅守城池，在外援無望，城將淪陷前，置生死於度外，咬破手指寫下血書：「本部扼守廣德，掩護友軍後撤，已達成任務。我官兵均不惜犧牲為國效力……余不忍視陷入敵手，故決與城共存亡……今後深望我部官兵，奮勇殺敵，驅寇出境，還我國魂，完成我未竟之志，余死無恨矣！」

日軍攻陷南京，並用屠刀血洗我南京三十萬人後，擬分兵兩路夾擊軍事重鎭徐州。鄧錫侯屬下師長王銘章時爲四十一軍前方總指揮，率一二二師師部、三六四旅旅部堅守藤縣，以解徐州之圍。王師長臨危受命慷慨表示：「以川軍薄弱的兵力和窳敗的武器，擔當津浦線保衛徐州第一線的重大任務，力量不夠是不言而喻的。我們身爲軍人，犧牲原爲天職，現在只有犧牲一切以完成任務，雖不剩一兵一卒，亦無怨尤。不如此，則無以對國家，更不足以贖二十年川軍內戰的罪愆了！」

激烈的戰鬥從十四日展開。敵人以兩個師團兵力，配以飛機、大炮、坦克向藤縣展開夜以繼日的瘋狂攻擊。翌日，王銘章僅有守城部隊八個連，一個衛生隊，總兵力不足三千，實際戰鬥部隊只近兩千人。自十六日黎明開始，敵人以密集炮火作地毯式轟炸，發射炮彈在萬發以上。敵機從早到晚對藤縣狂轟濫炸。王師長率部以血肉之軀作干城，竟讓占盡優勢的日軍機械化部隊不能越雷池一步。當晚，日軍出動三萬多兵力，配七十多門大炮，三十餘輛戰車瘋狂攻城。十七日，北風淒厲，陰霾滿天，藤縣保衛戰到了最後關頭。從拂曉開始，敵以每分鐘十發以上炮彈的密集火力猛轟縣城，全城被炸成一片焦土。敵步兵在坦克掩護下，向突破口衝鋒。我守城官兵用手榴彈、大刀頑強抵抗，血濺長街。情知已到最後關頭，王銘章對協同作戰的周縣長說：「周縣長，你應該走了，現在立刻就走。」周縣長卻說：「抗戰以來，只有殉職的將領，沒有殉職的地方官，請以我始。我決不苟生，決以守城將士共存亡！」他們相互凝視後握別，奔向陣地指揮作戰。王銘章派出最後一支突擊隊後，就著身邊一棵正在燃燒的大樹，向友軍連續發出三電：

「四十一軍軍長孫（震），現十七日黎明。敵以大炮向城猛轟，東南角城牆被衝塌數處。王團長麟身負重傷。現督各部死力堵塞，斃敵甚多。」

「敵以炮兵猛轟我城內及東南城牆，東門附近又被衝毀數段。敵步兵登城，經我軍衝擊，斃敵無數，已將其擊退。若友軍（湯恩伯部）再無消息，則孤城危矣！」「獨立山（藤縣東南十餘里，湯恩伯部預定到達地）友軍本日無槍聲，想是被敵所阻。目前敵用野炮、飛機，從晨至午，不斷猛轟，城牆缺口數處。敵步兵屢登城，屢被擊退，斃敵甚多。職每憶委座成仁之訓及面諭嘉慰之詞，決心死拚，以報國家知遇……」

大批如狼似虎的日軍最終還是湧進了藤縣縣城。王銘章師長率隨身參、副人員數十人，被氣勢洶洶的日軍逼向死角而堅不投降。敵人一陣冰雹似的槍彈掃過，王師長用雙手護著打得蜂眼似的胸，怒視敵人緩緩倒下，時年僅四十五歲。這場血戰，除王銘章身邊衛士李少昆急中生智倒在死人堆中，倖免於難外，守城萬餘將士全部以身殉國。面對這壯烈的場景，連嗜殺成性的日寇也感到震驚。是的，當一個民族有了這樣一群為保衛國家而視死如歸的勇士和民眾，世界上還有什麼暴力能征服這個民族呢！

英勇的藤縣保衛戰極大地延緩了敵人的進攻速度，為我軍贏得了寶貴的時間，從根本上保證了台兒莊大戰的完成和勝利。事後，第五戰區司令長官李宗仁向蔣委員長報告電稱：「此一戰役我官兵傷亡不下萬人。陣亡師長王銘章、參謀長趙渭濱、鄒親陶，團長王麟……查該集團軍以劣勢之裝備與兵力，與絕對優勢之頑敵獨能奮勇抗戰，官兵浴血苦鬥三日半以上，挫敵銳進，使我援軍得以適時趕到，戰役中心之徐州得以轉危為安。此種為國犧牲之精神，實不可泯滅。」

川軍接著在江蘇、浙江、山西、湖南、湖北、安徽、河南等九省同日軍激戰。在前線督戰的第七戰區司令長官劉湘因辛勞過度，竟於十一月廿八日吐血，旋即送至武漢萬國醫院醫治。一九三八年一月十三日病情惡化，延至二十三日逝世，時年四十八歲。臨終時，劉湘寫下遺囑：「余此次奉命出師抗日，志在驅赴前線殺敵，為民族求生存，為四川爭榮光，以盡軍人之天職。不意夙病復發，未盡所願，今後希我全國軍民在中央政府暨最高領袖蔣委員長領導之下，繼續抗戰到底，尤望我川中袍澤，一本此志，終始不渝，即敵軍一日不退出國境，川軍則一日誓不還鄉，以爭取抗戰最後勝利，以求達到我中華民族獨立自主之目的，此囑。」劉湘的遺囑在川軍中引起巨大回響，每天升旗時，官兵都要同聲誦讀一遍，以效法抗日精神。委員長特派軍政部長何應欽代表他到漢口，向劉湘的靈柩致哀，並送上他親筆撰寫的輓聯：「板蕩識堅貞心力竟時期盡瘁；鼓鼙思將帥封疆危日見才難。」同是川人，時任大本營第三廳廳長的郭沫若，送給劉湘的輓聯是：「治蜀是豐臯以後一人，功高德懋，細靜不躅，更覺良工獨苦；征倭出夔門而東千里，志決身殲，大星忽墜，長使英雄淚滿襟。」

一領「故上將劉湘之靈」的白布黃字橫幅似在陳公博眼前飄拂。那是他到成都後親眼所見的場面——一九三八年二月的一個春寒料峭的早晨，天色陰沉，空中飄著霏霏細雨，九里三分的成都城沉浸在一種深沉肅穆的悲哀中。沿街比戶擺香帛點紅燭上供果，簷下懸掛三角紙旗，上印劉湘遺像。皇城壩上的三個城門洞內，「爲國求賢」的石牌坊和門前的一對石獅子披素戴白花……

哀樂聲由遠而近。軍樂隊後，長長的靈柩行列緩緩而來，最令人觸目驚心的是，走在前面的素車上支根高杆，挑起一架黃呢軍服，衣領上一副陸軍上將銜金板上鑲三顆金星。在寒風中翩躚的半舊軍服右背上赫然有個小彈孔——看著劉湘的遺物，全城人大慟失聲。之後，在台兒莊大戰、徐州大捷中居功至偉的王銘章將軍的遺體運回成都時，也是同樣的悲壯情景。

門簾一掀，一位管事模樣的人輕步而進，走到鄧錫侯身邊屈身請示：「總司令，是不是現在請客人入席？」

「啊！」鄧錫侯這才從悲壯的情緒中回到現實，看看擺在牆邊的大座鐘已指到了八點，對陳公博說：「陳先生，時間不早了。你看，我光顧著和你擺龍門陣，沖殼子，把吃飯的時間都忘記了。怕是把先生的肚皮都餓得貼到肋巴骨上了？」鄧晉康又恢復了幽默恢諧的川人本色。

「哪裏，哪裏，我是深受感動！」陳公博真誠地說，「我還想聽聽你率部在山西同日軍作戰的情況呢！」

「那我們就邊吃邊擺。」鄧錫侯站起身來，以手示意。陳公博跟著鄧錫侯進了隔壁的小餐廳，這是一間很闊氣的小餐廳，中西合璧，暗香浮動，地上鋪著紅地毯，吊在天花板正中的一盞枝子形燈，散發著柔和的燈光，處處顯得富麗堂皇。一張做工考究的中式餐桌擺在正中，桌上鋪著雪白的桌布，賓主二人各踞一方，相對坐下。主人將手一比，示意傭人上菜。

先上的是下酒的冷盤，有椒麻雞、王胖鴨、纏絲兔……擺了滿滿一桌，魚香味、荔枝味、蔥油味，味道各異，上的酒是陳公博愛喝的綿州大麯。爲免他人打攪，酒菜上齊後，鄧錫侯不要傭人在一邊伺候，說是要時再喊。傭人連連點頭，輕步而去，並隨手帶上了門。

鄧錫侯親自替客人斟上酒，舉杯說：「公博先生，我們連飲三杯。這第一杯，我爲你洗塵。」陳公博舉起杯來，「噹！」二人碰杯，一飲而盡，並照了空杯。當陳公博爭著往主人的酒杯裏斟酒，再給自己倒酒時，才注意到，兩隻酒杯都比一般酒杯高，而且杯底凸起一塊，像是一個小燈泡。酒斟上後，酒面上浮起一個笑靨如花的佳人。

見多識廣的陳公博好奇地問：「晉康兄，你這是什麼杯子？」

「這是美人杯。」鄧錫侯笑道，「實不相瞞，這對美人杯是清宮寶物。當年，八國聯軍攻佔北京後大肆搶掠，這對美人杯流落民間，我是偶然發現後用巨金買來的，平時不輕易示人。」

言畢，主人爭著敬客人第二杯，敬陳公博此行去河內，不負委員長重望。

第三杯，客人站了起來，端起酒杯，情緒有些激動，說：「這杯酒，我是借花獻佛，獻給為抗日壯烈捐軀的王銘章等川中諸烈士！」

鄧錫侯也舉杯站起身來，二人同時把杯中酒灑在地上，一時，氣氛又顯得沉重。直到主人喊傭人撤去涼菜，換上熱菜，氣氛才又活躍起來。

湯端上來後，鄧錫侯指著一成窯藍花大品碗說：「陳先生，不怕你吃遍世界。這湯和湯裏的肉，我敢保證是你從未嘗到的美味。」

陳公博用手中烏木包金筷子，好奇地從湯裏夾出一塊肉看。只見這肉白生生的，細嫩，什麼肉，看不明白。及至放進嘴裏一嚼，不禁連聲問，「這是什麼肉，這麼細嫩好吃？」

鄧錫侯哈哈大笑：「這是果子狸，又名花面狸，只有本省漢源縣泥巴山下皇木村才有。」

陳公博很好奇，連連催促道：「快請講來聽聽。」

「這是一種極為珍貴的小動物，只有四、五寸長，大的也就斤把重，一般也就是幾兩，外形似鼠又似貓。人說，『天上的天鵝肉，地上的狸子肉』，屬於山珍。吃的時候，只能燙毛不能煮。一煮，肉就漲，肥肉鼓起。你嘗了，是不是瘦肉也細？」

「是是是。」陳公博讚歎不已，「人說吃在四川，真是名不虛傳。」

酒席間，陳公博還委託鄧錫侯幫助照顧他的家眷一段時間。鄧錫侯連聲答應，要他放心。鄧錫侯知道，表面上守舊的陳公博其實生活很浪漫。除了北師大畢業的太太李麗莊外，他在外面還有兩個小妾——何大小姐和何三小姐姊妹。姊妹兩個都長得美，但性情卻是截然不同。何大小姐性情溫柔隨和，同李麗莊和陳家人都相處很好，而何三小姐則很有個性，同李麗莊形同水火，陳公博只好在外面給何三小姐置了套小公館另住。

當晚兩人盡飲而散。當陳公博驅車回到他在紅照壁的公館時，更夫已打起二更。「各家各戶，小心火燭——」更夫蒼老沙啞的嗓音和銅鑼的沙沙聲混和起來，在靜夜裏傳得很遠很遠，給人一種說不盡道不出的淒迷感。

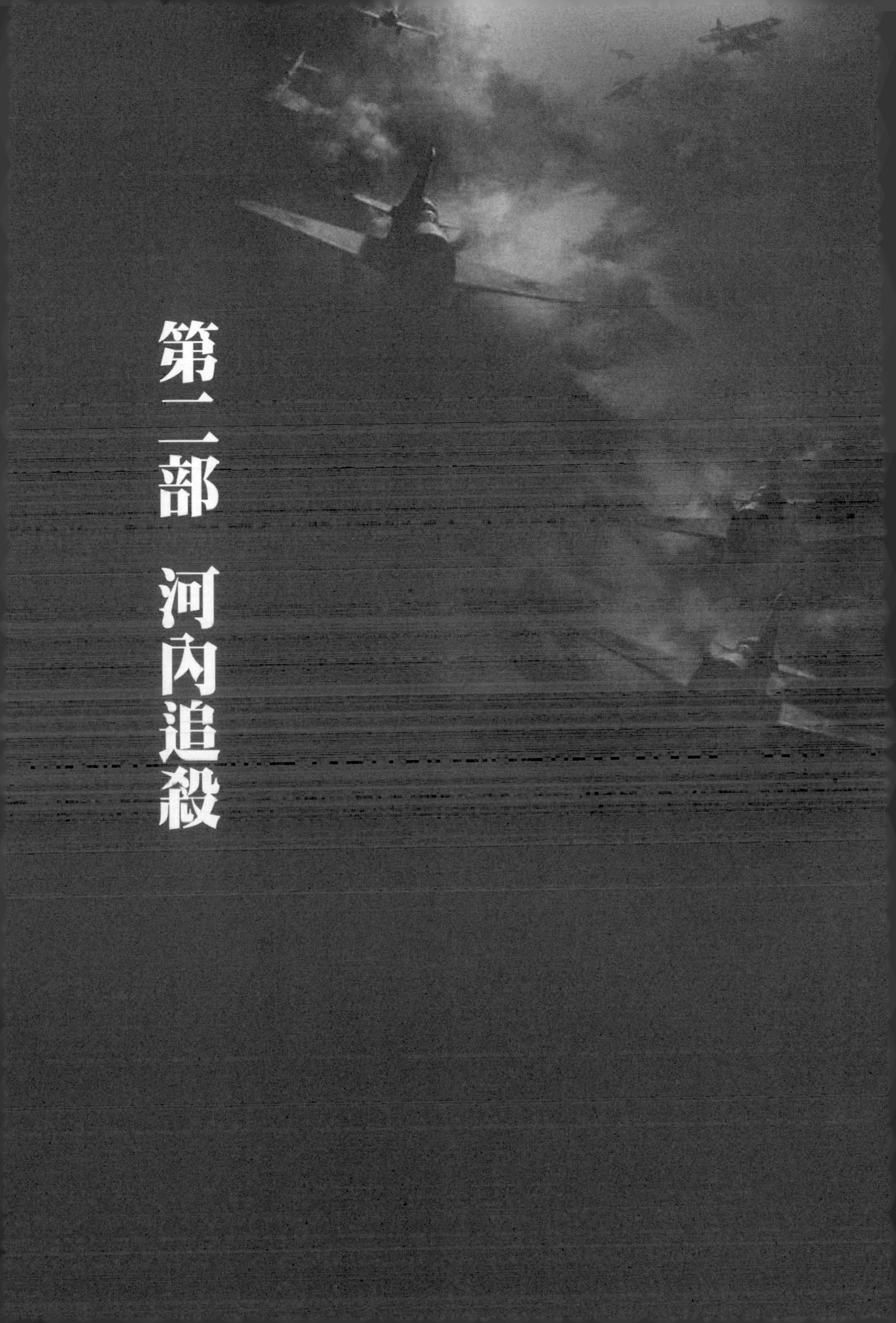

第二部　河內追殺

第五章 河內，高朗街廿七號

河內，是越南北部最大的城市。

午飯後，從成都經昆明一路輾轉而來的陳公博步出河內大飯店，到高朗街去找汪精衛。他昨天買了一張河內市區地圖，知道高朗街並不遠。他一邊按圖索驥，一邊打量起這座極富亞熱帶風情的越北名城。歷史上，越南爲中國的附屬國，深受漢文化影響，直到清朝後期，法國人的勢力才伸向這裏。因此，這座城市的建築、風俗民情、居民外貌都與中國的嶺南，特別是與廣州十分相似。一路看去，街上店面的招牌幾乎一律都是用中文書寫。

他順便去看了一下劍湖。劍湖是河內的名勝，椰林婆娑，亭台如畫，湖中畫舫如雲。湖的四周濃蔭中掩隱著幢幢或乳白色或乳黃色的尖頂闊窗法式小樓。岸邊綠草如茵，湛藍的湖水一碧萬頃，鋪向天際。如此人間仙境，遊人卻不多，向來鍾情於山水的陳公博因心中有事，只在劍湖稍作停留後便調頭向高朗街走去。

河內的街道因爲人少，顯得寬闊整潔，兩邊都是亞熱帶的闊葉林和花草。街上大都是一樓一底的木板房，具有中國漢唐風韻。也有些法式小樓，掩隱於花木叢中。街上偶爾有車輛駛過，一陣汽車馬達聲後，很快便又恢復寧靜。

時年四十六歲的陳公博不管到哪裏，都喜歡看女人，他認爲，女人是一座城市的另一道風景。

這裏的姑娘大都膚黑，凸額，眼凹，體瘦，黑黑的頭髮在腦後綰成一個又歪又大的髻，顯得別有風情；她們上身著白色緊身短衫，下面或是穿大花綢筒裙，或著大褲腿黑色綢褲，頭戴一頂小小的斗笠。可能是因爲紫外線太強烈的緣故吧，有的嘴上還圍著一條白毛巾，一直圍到眼睛。這裏的美女很少，但美就美得驚人。

拐一個彎，高朗街到了。

這是一片高級住宅區，一片片濃蔭中矗立著一座座花園洋房。風過處，闊葉林嘩嘩作響，整條街越發顯得寧靜。陳公博一路找去，終於找到了廿七號。這是一幢占地面積很大的中西合璧的花園洋房，粉壁高牆鐵門，庭院深深。這是曾經作過中國國民黨軍委代理參謀總長朱培德在河內的別墅。

陳公博按響了門鈴。稍頃，門內石板甬道上響起腳步聲。鐵門上的一扇小窗戶「吧嗒」一聲開了，一個瘦骨嶙峋的中年男人，用警惕的目光盯著門外的不速之客，用流利的中國話問：「先生，你找誰？」

「我找汪先生，汪精衛。」

男子的小眼睛突然睜大，似乎驚了一下，神情更爲警惕，冷冰冰地盯著來人問：「你是誰？」

「我是陳公博。」

「啊，是陳先生！」立刻，中年男子冷若冰霜的臉上泛起一絲微笑，口氣也變了，「久仰，陳先生，請稍候，我立即去爲先生通報。」說著，鞠了一躬，卻又毫不客氣地關上鐵門上的小窗戶。

過了一會，裏面甬道上響起了雜遝急促的腳步聲。

「匡啷！」一聲，沉重的大鐵門開了一扇。站在陳公博面前的竟是西裝革履、笑容可掬的陶希聖。

「啊呀，公博兄，我們終於把你盼來了。」陶希聖熱情地說，「汪先生剛才還和我們在念叨你。真是說曹操曹操到。」說著，伸出雙手，要同遠道而來的陳公博握手。

陳公博卻毫無熱情，只是說：「希聖，走吧，帶我去見汪先生。」

「好，好！」陶希聖打量了一下滿臉不快的陳公博，手上做出「請」的姿勢，「公博兄，請！」

二人前後相跟，過了花園，繞過一處假山，陳璧君帶著曾仲鳴、周佛海已站在主樓下的階前相迎了。

「辛苦，辛苦！」陳璧君帶著真誠的笑意，率先一步迎上，握住陳公博的手。周佛海、曾仲鳴也上前寒喧一番後，一行人簇擁著陳公博進到底樓客廳。眾人剛剛坐定，只聽樓梯上傳來一頓一頓「篤——篤——篤！」的聲響。陳公博循聲望去，見汪精衛手執拐杖，正一瘸一拐地走下樓來。

「公博，你終於來了。」沒容陳公博開口問候，汪精衛先開口說話了。他因爲穿套雪白的薄西裝，越發顯得典雅英俊，只是因爲腳痛，一絲微笑剛剛浮上臉頰便凝住了。

「汪先生，你這是？」陳公博一驚站起。

陳璧君趕緊上前扶住汪精衛，扶他在沙發上坐定。

「倒楣透頂，倒楣透頂！」汪精衛看著陳公博露出一絲苦笑，「昨天，我經不起大家勸，驅車去河內近郊風景勝地桃山遊玩。我爬山時不當心，把腳崴了一下。俗話說，傷筋動骨一百天。這下，哪裏也別想去了。公博，你是什麼時候到河內的？怎麼也不事先來個信？」

「昨天。」陳公博冷著臉說，「我按你們留在龍雲那裏的地址，一到河內就去河內大飯店找你們。可是，哪裏有你們的人影！」汪精衛注意到陳公博滿臉的不高興，問坐在旁邊的陳春圃等人：

「昨晚你們不是還住在河內飯店，今天一早過來的嗎？怎麼公博會找不到你們？」

周佛海敷衍道：「不巧得很，我昨晚有個應酬。」

陳春圃、陶希聖卻聽而不聞。

還是曾仲鳴老實，有些不好意思地說：「昨晚我們到紅燈區去了。」

陳公博一聽，臉上頓時一黑。陳璧君是知道陳公博的脾氣的，趕緊叫了女傭來，吩咐：「帶陳先生去他的臥室休息。」

陳公博由於前一天晚上輾轉反側沒有睡好，這就跟著女傭去了。

午飯很豐盛，是汪精衛專門爲陳公博洗塵的。

飯後，汪精衛在客廳裏召開了第一次非正式會議。坐在當中環視了一下陳公博、陳璧君、周佛海、陶希聖、陳春圃，汪精衛開口說：「現在公博來了。我們從事和平運動的『首義』九人，現在除高宗武、梅思平、林柏生在香港同日本人打交道外，該到的都到了。爲了挑起歷史賦予我們的重擔，我意立即成立政治、軍事、財政三個委員會開始工作。政治、軍事兩個委員會由我當掛名主任，公博實際負責。佛海任財政委員長會主任並開始籌集活動資金。不知大家意下如何？」

因爲在座的人中除陳公博外，都經汪精衛事前吹過風，因此都表示首肯，只有陳公博反對。他開誠佈公地說：「我來河內之前，蔣委員長讓我去了一趟重慶。」

「啊！」周佛海急切地問，「老蔣沒有把你扣起來？你是汪先生的股肱！你是怎麼到河內的，老蔣對我們出走河內有何評論？」

「蔣先生要我去重慶時，已經知道我得到了汪先生要我來河內的信。」陳公博說，「他不僅沒有將我扣起來，反而爲我赴河內提供了一切支援。蔣先生要我給汪先生帶來一個口信，對汪先生和諸位不辭而別赴河內一事，他已對重慶方方面面打了招呼，要求務必口徑一致，即：汪先生等去河內純屬休養性質。外間所傳汪先生出走河內，是爲了與日本人議和等等，純屬謠言。他請汪先生等在河內休養一段時間後回重慶。」陳公博說時，客廳裏一片肅靜，大家你看我，我看你，面面相覷。只聽陳公博繼續說下去，「蔣先生要我代話：一，請汪先生速回重慶，和他一起繼續領導抗日；二，若汪先生想去歐洲休養一段時間，他提供一切費用……

「總之，蔣先生一再強調，請汪先生以大局爲重，提高警惕，不要上日本人和賣國求榮者的當！」

「胡說！」陳公博話剛說完，氣得滿臉通紅的陶希聖就激動地說，「汪先生和我們從事的和平運動，是挽救民族危亡的明智之舉，根本不是爲一己一小團體之利。開弓沒有回頭箭！他老蔣現在想通過你讓我們回去，簡直就是白日做夢！」

陳公博怒視陶希聖回應道：「日本首相近衛發表的對華聲明就那麼誘人，就那麼靠著住？」說著，嗤笑一聲，「我看蔣先生並無惡意，他的話值得考慮。現在全國民眾抗日呼聲日益高漲。若你們堅持這樣，不僅會害了汪先生，害了你們自己，也對不起抗戰以來爲國捐軀的先烈們……」想起臨別成都之夜，鄧錫侯將軍講的那許多可歌可泣事，不禁喉頭也有些哽咽了。

「公博的看法我不敢苟同！」從事「和平運動」的幹將周佛海出馬了。他以慣有的閃爍其詞說：「問題是，我們負有救國救民的歷史重任，不能沉浸於一種民族情緒中。現在，國家民族命運繫於一髮之際。事情很清楚，戰則亡。不亡在日本人手中，就是將來亡在共產黨手中！只能一條路可走，就是和，同日本人和。」在場的人都亮了牌，都公開站出來反對陳公博，連向來偏袒陳公博的汪夫人陳璧君也站出來，反對陳公博。

陳公博絕對孤立。

陳公博看了看汪精衛的神情，激憤地說：「汪先生，既然如此，我就不說什麼了。但是，汪先生對公博的期望，公博只有愧對了。公博家中尚有八十高齡老母獨居香港，我得去盡孝道，請恕公博不能爲汪先生效命，告辭了！」說完，向汪精衛曲身一揖，拂袖而去。

「公博——」背後傳來陳璧君慍怒的呼聲，可是，性情執拗的陳公博頭也不回，轉瞬不見了蹤影。

「哎！」汪精衛什麼也沒有說，只是皺起眉頭，長長地歎了口氣。

「是嫌怠慢他了。」陶希聖滿臉都是刻薄的神情。

「陳公博怎麼翻臉不認人，忘恩負義！」陳璧君氣呼呼地道。看大家還要繼續發洩對陳公博的不滿，汪精衛神情沮喪地揮了揮手，大家都不好再說什麼了。汪精衛站起身來，拄著拐杖，又一瘸一拐地往樓上走去。大家看得很清楚，他轉身時，那張俊美的臉上竟流下了淚。

第六章　日本人的口風怎麼忽然變了

一九三八年十二月廿二日早晨。

周佛海等人正在飯廳吃飯，先吃完飯去街上散步的陶希聖這時瘋了似地衝進來，手裏揚著一張剛出爐的，還散發著油墨香的中文版《河內日報》，大聲嚷嚷：「登出來了，近衛第三次對華聲明發表了！」大家忙丟下飯碗，上去看。

「別搶，別搶！」陳璧君說，「讓佛海念。」大家安靜了下來，只聽周佛海用他那湖南音濃郁的北平官話大聲念了起來：「……帝國政府始終依照今年以來屢次聲明之方針，徹底擊滅抗日之國民政府，與新生之政權相提攜，建設東亞新秩序。中國新政府之基礎，已趨鞏固，支那各地擁護新政府之運動，亦澎湃不已，新中國建立之時機已成熟……」周佛海念著念著，聲音卻是由高漸低。念完了，大家好半天都沒有說話，面面相覷。

「不對呀！」過了好一會，陳春圃像剛從噩夢中醒過來似地說，「近衛的口氣怎麼變了呢？他原來只要我們承認滿洲國，承認華北爲中日反共協作區，就保證在兩年之內將在華日軍全部撤走。怎麼這次避而不談撤軍，反而給我們增添了許多和談的苛刻條件？如此一來，我們還有什麼主權可言，我們未來的國民黨中央政府豈不是成了日本人刺刀下的傀儡政權？早知如此，我們何必冒險出離重慶，來到河內？現在弄得我們是上不沾天，下不著地！」

「這近衛葫蘆裏賣的究竟是什麼藥？」連一向號稱「和平運動中流砥柱」的周佛海也發怒了，一把扔下手中報紙，在地上踱來踱去，一副愁眉苦臉的樣子。大家亦都大罵近衛，唏噓不已。

其實，不能怪日本首相近衛說話不算話，這是他們自作自受。日本國內各派政治力量向來鬥爭激烈，政局異常複雜，並不穩定。近年來在日本，激進好戰的陸軍少壯派異軍突起，大有獨霸政壇之勢。他們不知道，二十多天前，在一次天皇召開的御前會議上，專門負責對中國誘降的特務機構「梅機關」機關長影佐禎昭少佐，提議通過在香港同梅思平、高宗武簽訂的《調整日華新關係方針》時，遭到陸軍鷹派人物的指責。鷹派認爲這份《調整日華新關係方針》過於溫和，要求修正。會上，以東條英機爲代表的鷹派和以近衛爲代表的鴿派進行了激烈的爭論，結果是，鷹派占了上風。因而，近衛文職內閣發表的第三次對華聲明，口徑語氣與以往大不一樣，有一種咄咄逼人的架勢。

汪精衛一瘸一拐下樓來了，詳情他已知悉。原以爲他會拿出什麼主意，不意卻像霜打了似的，頹然坐在沙發上，雙手捧著頭，一副無可奈何的樣子。

大家議論紛紛。有的說：「乾脆依了蔣先生的，現在既然已成騎虎之勢，不如到海外當寓公算了。」

有的說：「還是陳公博聰明，不像我們脫鞋下水，他說『日本人就那麼靠得住麼？』看得真準。」

「不行，不行！此時散夥，豈不是前功盡棄，功虧一簣？」

雖然也有人反對，但「散夥論」還是占了上風。

這場景讓陳璧君實在看不下去了，她眉毛一挑，當眾向汪精衛吼喝道：「兆銘，大丈夫遇事哪能這樣垂頭喪氣？船載千斤，掌舵一人，你得拿出主見來！」

經夫人一喝，汪精衛清醒了。他挺直了腰板，環視眾人，開口說：「和戰大計，事關國家民族之生死存亡。現在我們是棋盤上過河的兵——只能進不能退。」頓了頓，繼續說下去，「我等為和平運動冒險出離重慶，輾轉赴河內，決非是為個人私利。現日相近衛第三次聲明雖較前言論有所偏離，然我等可與之協商，決不能退。退，能退到哪裏去？決不能亂了陣腳，功虧一簣，貽笑大方。此刻，我擬發表一個公開聲明，將我等為國是之一腔赤誠昭告國人，也給重慶政府一個反省的機會，不知各位以為如何？」

汪精衛雖然平素看似陰柔，但畢竟是一個在宦海沉浮多年的老黨棍，不僅資歷聲望在此，再加上他伶牙俐齒、咄咄逼人的言論，猶如獸王出山一吼，大家立時表示贊成，再無雜音。

「這份事關重大的聲明誰寫呀？」汪精衛笑著問。在座的都是些鐵筆御吏，都能寫卻都不願寫。周佛海滑頭地說：「這樣的大事，自然非汪先生莫屬。那份聲名遠播的《總理遺囑》是由汪先生執筆；當年日本辛亥同志著名的『丙午七人』討胡書也是汪先生的妙筆，連孫先生反覆推敲後也只改一字。這份事關重大的聲明，當然是汪先生寫！」

在座的人都深怕這件苦差事落到自己頭上，因此，除陳璧君外，紛紛附和。見推不脫，汪精衛抱著「跳火坑」的心情，苦笑一下，一瘸一拐地走到桌邊，展紙提筆，頃刻間擬就一篇著名的、公開降日的文章。寫完之後，半是欣賞自己的文采，半是讓在場的大將們都知道內容，他念了起來：

重慶，中央黨部、蔣總裁暨中央執委諸同志鈞鑒：

今年四月，臨時全國代表大會宣言，說明此次抗戰之原因，曰：「自塘沽協定以來吾人忍辱負重與日本周旋，非欲停止軍事行動，採用和平方法，先謀北方各省之保全，再進而謀東北四省之合理解決，在政治上以保持主權及行政之完整為最底限度。在經濟上以互惠平等為合作原則」。自去年七月盧溝橋事變突發，中國認為此種希望不能實現，始迫而於抗戰，頃讀日本政府本月廿二日關於調整中日邦交根本方針的闡明：

第一點、為善鄰友好。並鄭重聲明日本對於中國無領土要求，無賠償軍費之要求，日本不但尊重中國之主權，且將仿明治維新前例，以允許內地營業之自由為條件，交還租界，廢除治外法權，俾中國能完成其獨立。日本政府既有此鄭重聲明，則吾人依於和平方法，不但北方各省可以保全，即抗戰以來淪陷各地亦可收復，而主權及行政之獨立完整亦得以保持，如此則吾人遵照宣言謀東北四省問題之合理解決，實為應有之決心與步驟。

第二點、為共同防共。前此數年，日本政府屢曾提議，吾人顧慮以致之故，干涉吾國之軍事內政。今日本政府既以闡明，當以日德意防共協定之精神締造中日防共協定，則此種顧慮，可以消除。防共目的在防止共產國際之擾亂與陰謀，對蘇邦交不生影響。中國共產黨人既聲明願為三民主義之實現而奮鬥，則應徹底拋棄其組織及宣傳，並取消邊區政府及軍隊之特殊組織，完全遵守中華民國之法律制度。三民主義為中華民國之最高原則，一切違背此最高原則之組織與宣傳，吾人必積極地加以制裁，以盡其維護中華民國之責任。

第三點、為經濟提攜。此亦數年以來，日本政府屢曾提議者，吾人以政治糾紛尚未解決，則經濟提攜無從說起。今者日本政府既以鄭重闡明尊重中國之主權及行政之獨立完整，並闡明非欲在中國實行經濟上之獨立，亦非欲要求中國限制第三國之利益，惟欲按照中日平等之原則，以謀經濟提攜之實現，則對此主張應在原則上予以贊同，並應本此原則，以商定各種具體方案。

以上三點，兆銘經深思熟慮以後，以為國民政府應即以此為根據，與日本政府交換誠意，以期恢復和平。日本政府十一月三日之聲明，已改變以往聲明之態度，如國民政府根據以上三點，為和平之談判，則交涉之途徑已開。中國抗戰之目的，在求國家之生存獨立，抗戰年餘，創巨痛深，倘猶能以合於正義之和平而結束戰爭，則國家之獨立生存可保，既抗戰之目的已達。以上三點，為和平之原則，至其條例，不可不悉上商榷，以求適當。其尤要者，日本軍隊全部應由中國撤去，必須普遍而迅速。所謂在防共協定期間內，在特定地點允許駐兵，至多以內蒙附近之地點為限，此為中國主權及行政之獨立完整所關，必須如此，中國始能努力於戰後之休養，努力於現代國家之建設，中日兩國壤地相接，善鄰友好有其自然與必要，歷年以來，所以背道而馳，不可不深求其故，而各自明瞭其責任。今後中國固應以善鄰友好為教育方針，日本尤應令其國民放棄侵華侮華之傳統思想，而在教育上確立親華之方針，以奠定兩國永久和平之基礎，此為吾人對於東亞幸福應有之努力。同時吾人對於太平洋安寧秩序及世界之和平之保障，亦必須與關係各國一致努力，以維持其友誼及共同利益也。謹此提議，伏祈採納，汪兆銘。豔。

（注釋：因發明此聲明的時間為廿九日，故而依據其韻目代日而稱為「豔電」。）

汪精衛念完了，周佛海、曾仲鳴、陳春圃、陳璧君等不約而同地鼓起掌來。

「好。既然大家都同意這篇文字，就事不宜遲！」汪精衛看了看大家激動的表情，開始點將，「這篇文字就請希聖帶去香港，讓顧孟餘看後，交林柏生在廿九日的《南華日報》上全文發表。」

陶希聖很敏感，總覺得在河內要出點什麼大事。正想離開河內，聽此如蒙大赦，趕緊從汪精衛手上接過這篇文字。

向來奸滑，遇事總是先行一步的周佛海對汪精衛說：「汪先生，看來我也得到香港去。」

「周先生怎麼能走？」陶希聖深怕周佛海把他的美差搶了，趕緊說，「你是汪先生的首席輔佐，你走了，汪先生有事找你商量怎麼辦？」

「現在的大問題是兵馬未動，糧草先行。」周佛海振振有詞，「汪先生要我當財政委員會主任，我得到香港籌款。」看這句話說到汪精衛心上去了，周佛海笑著繼續說：「有什麼辦法呢，開門七件事——柴米油鹽醬醋茶，總不能讓大家餓著肚子去救國吧！」

汪精衛點點頭：「對的，佛海應該去。」

香港，是當年英國人仗著船堅炮利，從清政府手中搶去的一塊寶地，號稱「東方之珠」。維多利亞海灣，如同一隻溫柔而有力的臂膀環繞著它，使其成爲南中國海一塊不可多得的珍寶，無論戰略地位和經濟地位都十分重要。香港由新界、九龍、港島三部分組成，總面積一千平方公里左右，新界同深圳相接。那裏一年四季天高雲淡，有金色的沙灘、綿長的海岸線，而且一律都是深水港。萬噸巨輪鱗次櫛比地停靠在港灣內，猶如寶寶睡在母親甜美的搖籃裏。香港是在二十世紀最先進入現代化都會和世界著名金融中心的亞洲城市。麗日藍天下，港島上幢幢華美的大廈，都是世界上著名的大銀行、大商行。而隔著維多利亞海灣與港島相望的九龍則保持著繁華中的寧靜，新界更是一派田園風光。香港，既是世界名港、金融中心，又是旅遊勝地。

一九三八年十二月廿八日早晨。一輪紅日披著霞光，剛剛從維多利亞海灣上升起，在銅鑼灣顧孟餘那間闊氣的花園洋房裏，西裝革履的周佛海、陶希聖已坐在主人豪華的客廳裏高談闊論了。

顧孟餘同陳公博一樣，也是汪精衛器重、信任的人，是國民黨內的改組派重要人物；與陳公博一起，被視爲汪精衛的左膀右臂。汪精衛做行政院長時，顧孟餘做鐵道部長，後做國民黨宣傳部部長。蔣介石獨攬國民黨大權後，雖然沒有將顧孟餘解職，但因其長期留駐香港，其職由周佛海代行後正式繼任。

顧孟餘是個自恃有才、性情傲慢的人，他皮膚白皙，身姿頎長。這會兒，衣著考究的他戴副金邊眼鏡，坐在沙發上，架起二郎腿，背對著落地玻璃窗，一邊品著咖啡，一邊細細看著陶希聖帶給他的那篇由汪精衛親筆撰寫的重要文章。看到第二遍時，他眉毛不禁皺了起來，因爲激憤，細長的手指也有些抖動。

「汪先生這分豔電不能發！」他「啪！」地將文稿拍在玻璃茶几上，看著周佛海、陶希聖說，「汪先生怎麼這樣說呢！我堅決反對汪先生這樣說。一句話，我是決不當漢奸的！」話很刺耳。坐在一邊的《南華日報》社社長、西裝革履的矮胖子林柏生當即將顧孟餘的話打回去。

「顧先生！」他針鋒相對，「汪先生要我們把這篇豔電給你看，是看得起你。你有不同看法是你的事，汪先生指定我將這份文稿在廿九日的《南華日報》上全文發表，那是板上釘釘的事情。文稿上署了汪先生的名，你我都無權反對！」

「好吧！」看了看周佛海、陶希聖的神情，顧孟餘站了起來，做出一副送客的架勢，火氣很大地說，「既然如此，我同汪先生的緣就算盡了。」林柏生收起文稿，同周佛海、陶希聖氣鼓鼓地走了。從此，顧孟餘同汪精衛斷絕了一切關係。

汪精衛的文稿——豔電，如期在廿九日的《南華日報》上以頭版頭條的顯要位置刊登了出來。國內國際輿論譁然。《路透社》評論員的文章以其西方人的幽默筆調，一針見血地評論道：「這位時常犯規而又屢次踏回正途的政界頑童（汪精衛），這回終於永不回頭了……」

朝陽漫過窗外一株肥大的蕉葉，從淺網窗簾上瀉進室內。無數金色的斑點在地板上閃爍遊移，風吹過，編織出一個個好看的波浪狀圖案。

晨九時，習慣晚睡晚起的汪精衛起床了。陳璧君穿著休閒服走出臥室，到隔壁將一個描金漆盤——女傭已經端來放在外間的早點端進臥室，放在床頭櫃上。盤裏，有一杯正在冒熱氣的牛奶，兩個牛角麵包，旁邊一隻小碟裏裝有一隻烤雞腿。此外，還有一張還散發著油墨香的剛出版的中文版《河內日報》。汪精衛穿一身寬大睡袍，腳上穿著一雙拖鞋，去隔壁盥洗間洗漱後，又將身子歪在床上，頭靠在床檔頭上，將那杯加糖牛奶從托盤裏拿起來，一邊慢慢喝著，一邊看報。

這時，陳璧君也開始做她的早課——坐到梳粧檯前，一邊對著那面瑩澈的義大利進口鏡梳妝，一邊用渾圓得像小香腸似的手，扭開放在梳粧檯上的美國短波收音機，收音機裏開始傳出一陣輕微的沙沙聲。她調了調，雜音消失。

「美國之音、美國之音！」收音機裏傳出一位女人軟綿綿、嬌滴滴的聲音，接著是一陣輕快的廣東音樂。樂聲過後，那女人用北平官話開始播音：

「據重慶電台廣播。昨日，國民黨中常委發佈文告：『汪兆銘承本黨付託之重，值此抗日緊急之際，擅離職守，匿跡異地，散發違背國策之主張。豔日來電，竟主張以敵相近衛根本滅亡我國之狂悍聲明為名逞搖惑人心之技，而其電文內尤處處為敵人要求曲意文飾，不惜顛倒是非，為敵張目；更復變本加厲，助售其欺。就其行而言，實為通敵求降。據此，中常委決定，撤銷汪精衛一切職務，永遠開除其黨籍，以儆效尤！』」

在插入一段輕快的音樂「良宵」之後，女播音員繼續播送：「另據重慶中央社訊，中國國民黨第一、第四、第五、第九戰區高級將領以及他們所轄的各省政府機關，還有廣東、山西、廣西、山東、江西、四川、甘肅、河南、湖南、湖北、浙江、新疆等省的政府官員、民眾團體都堅決表示與蔣委員長一致的態度，紛紛通電，要求國民政府明令通緝汪精衛。

「此次反對汪兆銘氏的浪潮，似乎來得比人們預料的激烈。據悉，從延安激進的共產黨人到素來親汪的粵軍將領，如張發奎、余漢謀等，也對汪持批判態度，而且用了『明正典刑，以肅紀綱』等激烈的措詞……」

聽到這裏，陳璧君再也沉不住氣了，「叭嗒！」一聲關了收音機，氣呼呼地轉過身來，見斜倚在床鋪上的丈夫早已停止了喝牛奶，神情緊張，臉色蒼白。看著夫人，汪精衛用竭力沉著的語氣對夫人說：「其實，我的豔電發表後，重慶的反應早在意料之中。可是，萬萬沒有想到，連川、滇、粵這些向來由軍閥盤踞的地方也跟著重慶跑了，真是匪夷所思！」他很失意地仰起頭來望著天花板，「這樣一來，我的全盤計畫就被打亂了。本來，我已同日本人講好，他們不進攻川、滇、粵三地，我可以從中選中一地建立國民黨中央政府同重慶抗衡的。這樣一來，」他霍地站起身，焦燥地踱起步來，「我們該到哪裏建立我們的中央政權呢？我們只好將中央政府建在日占區，但這樣豈不是授人以柄?!」說著，他大步上前，將放在床上的《河內日報》一把扔到了地上。

「車到山前必有路，船到橋頭自然直。」陳璧君一邊安慰著丈夫，一邊彎腰拾起報紙。無意中瞥了一眼後，臉色大變，將報紙在手上幾抖，睜大眼睛問，「四哥，這張報，你看了沒有？」

「沒有！」汪精衛轉過身來，看著夫人的臉色，煩燥不安地吼了一聲：「我不是在聽『美國之音』嗎？你看到了報紙上的什麼東西？」

「你看，你看！」陳璧君指著報紙上的一段文字念，「日本內閣改組，首相近衛宣佈辭職，平沼騏一郎組閣……」

「什麼？什麼？我怎麼沒有注意到呢！」汪精衛快步上前，一把從夫人手中搶過報紙，一看，頭都大了。兩夫婦正在屋內窮思對策，女傭送上一份香港急電。陳璧君接過，一邊看一邊說：「是香港周佛海來的。」汪精衛接過來一看，讓他亦喜亦憂。周佛海在來電中報告了他目前最感興趣的消息：「雖然近衛辭職，然上屆實力人物陸相板垣留任……」這讓他喜。但是電文中的「新相平沼與支持我的『梅機關』機關長影佐等人關係不深，對我態度冷淡，新的密切關係正在尋求之中……」又讓他平添憂煩。

但是，汪精衛很快就冷靜下來了。他將周佛海從香港來的密電放入抽屜中，坐到桌前提筆給周佛海回電指示：「設法尋求同平沼新內閣的密切關係……」電文寫好了，他對夫人說：「等一下，你將電報交由仲鳴發給周佛海。另外，我想同你商量一下，我們是不是在河內把文惺、文傑他們的婚事辦了？」

「你真是昏了頭！」陳璧君睜大了眼睛，滿面慍怒，「這是什麼時候什麼地方，你竟要嫁女？你有這個心情？」

「夫人，這你就沒有想到了！」汪精衛慢慢解釋，「這接二連三的消息，對我們很不利。前天，就在近衛發表第三次對華聲明後，我們首義九人中，有的人不就產生了動搖？今天這個消息更比近衛的第三次對華聲明還要震撼。許多人都在看著我們。這個時候，我們倘若有一點動搖慌亂，那就非坍台不可。爲穩定軍心，我想——」

「四哥，我懂了，就照你說的辦。」陳璧君轉過身去，看著鏡中的自己，說，「我馬上叫仲鳴給周佛海發電。文惺、文傑他們的婚事，你就不要費心了，一切由我來操辦。」

第七章　強作鎮靜，汪精衛河內嫁女

劍湖大飯店是河內數一數二的豪華飯店，既有越南民族特色，又很有些法式風格。進出這座大飯店的不是中東巨富、西洋大亨，就是越南顯貴。

中午，一輛接一輛的小轎車，披著金燦燦的陽光，陸陸續續地駛進了劍湖大飯店，站在盤龍金柱前的紅衣侍者趕緊下階相迎。首先來到的是一輛「林肯」牌高級小轎車，下來的是汪精衛、陳璧君夫婦。

汪精衛今天穿一套雪白筆挺的西服，有些蒼白的臉上掛著一絲微笑。按照習慣，下車後，他摘下戴在頭上的一頂白色盔式禮帽，向四處看了看。乳白色的主建築樓下花木茂盛，雀鳥啁啾。幾步之外有個噴水池，池中有座假山。假山上有個長著兩隻翅膀的可愛小天使。無數的水柱從小天使的翅膀裏噴湧而出，沖向半空，帶給人一種涼爽的舒適感。

這天，汪精衛夫婦包了這座主樓。陳璧君也是第一次來，她打量著映入眼簾中的一切。陽光過於強烈，雖然置身在陽光曬不到的巴亭式廊簷下，她仍抬手遮擋陽光。她無名指上的大克拉南非鑽戒和頸項上的一串翡翠珍珠項璉，在陽光下格外耀眼。陳璧君雖然從小生長在有錢的南洋華人家庭，但並不講究穿戴，今天她顯然是著意打扮的：身著金線滾邊黑色緞面旗袍，腳蹬一雙奶黃色高跟皮鞋。很明顯，她並不擅長此道，她身材本來就不高，又發福了。這樣一穿，顯得越發矮胖，種種缺點暴露無遺。

風度翩翩的汪精衛顯然對夫人的安排很滿意，他微笑著，側過頭恭維陳璧君：「夫人真是會辦事，有眼力。這飯店確實是第一流的。」陳璧君也笑了，得到丈夫的稱讚，她很高興。

這會兒，一輛輛小轎車魚貫而來。

「客人們來了。」汪精衛說著把手伸給夫人，「我們進去吧。」夫婦手挽手進了大門，去往宴會廳。

具有中式色彩的宴會廳裏張燈結綵，喜氣洋洋，地上鋪著大紅地毯，處處溢滿了歡快的廣東音樂。身穿大紅綢緞旗袍的服務小姐們，手端托盤，身姿婀娜地在三十餘張排列有序的大圓桌間穿梭往來，擺設杯筷，做著宴會正式開始前的最後準備。圓桌上都鋪著雪白的桌布，擺著鮮花。來的都是達官貴人，汪精衛夫婦站在宴會廳前，向來賓一一握手點頭微笑。該來的客人都來了，細心的記者發現，座中獨缺在邀之列的中華民國駐河內總領事許念曾。

汪文惺和何文傑的婚禮完全是西化的，程序很簡單。客人到齊後，一對臉上帶著甜甜微笑的新人，手拉著手走了出來，在來賓們面前揮手致意；像是一對男女演員從後台走到了前台。兩個粉妝玉琢的花童，跑上前去，向一對新人獻上鮮花。場上響起了一陣熱烈的掌聲，一陣鎂光燈閃爍，記者們在忙著拍照。

站在來賓們面前的汪文惺是汪精衛夫婦的長女，剛在國外一所教會大學畢業。她長得不算漂亮，有一張同母親陳璧君很相似的橢圓形的臉，皮膚也不算白淨。不過身材和風度都很好，這方面酷似其父。她個子高高的，四肢修長勻稱。嘴唇很好看，下巴不太尖也不太圓，一頭燙成波浪形的豐茂黑髮，鬆鬆地垂到頸上，顯得活力十足。她的眼睛不大，但很黑很亮，穿一件淡黃色暗花旗袍，開叉高，走路時，不時閃露出豐腴修長的大腿，和那又高又硬、封著頸子撐著下頦的衣領形成明顯的對照。她身上不著一點首飾，顯出一派大家氣。

汪文惺的夫婿何文傑是她的大學同學，身材瘦高，五官清晰，穿一身筆挺的咖啡色西服，雪白的襯衣，打一根桃紅領帶。汪文惺、何文傑兩人，一個用中文一個用帶牛津腔的流利英文，向來賓們發表了簡短的歡迎詞。待來賓代表致詞完畢後，婚禮儀式也就宣佈完畢。僕役們魚貫而入開始給各桌上菜。菜是中式法式越式混雜，很是精美豐盛。

觥籌交錯間，來了一位不速之客：中年人，西裝革履，儀表不凡，神情幹練，從一張張圓桌間繞過來，徑直走向汪精衛。

那是誰？莫不是自己喝醉了？汪精衛好生驚訝，他看清楚了，笑吟吟地向自己走來的，正是重慶蔣介石手下大員谷正鼎！

「夫人，你看，那向我們走來的是不是谷正鼎？」汪精衛用手輕輕碰了碰坐在身邊的陳璧君。胃口向來很好的她，正在津津有味地吃一條夾到盤子裏的紅河魚。

「啊！」陳璧君抬起頭來，看見來人果真是谷正鼎。

「小谷！」陳璧君高聲招呼道，「你是從天上掉下來的嗎？快坐。」他們身邊正好有一個空位，她示意谷正鼎坐在身邊。

谷正鼎儘量不引人注意地在他們身邊坐了下來，小聲說：「在報紙上看到汪先生大女公子結婚之喜，蔣先生特派我趕來河內道喜。」汪精衛注意到，谷正鼎說這些話時，那雙細長的眼睛裏充滿內容。

谷氏三兄弟可是鼎鼎有名的人物。他們是貴州人。老大谷正倫原是貴州軍閥，後來跟了蔣介石，抗戰前任首都南京警備總司令兼中央憲兵司令。十年反共中，雙手沾滿了共產黨人的鮮血，深受蔣介石器重。

谷正鼎是老三，他和二哥谷正綱原先都是汪精衛營壘中人，是改組派重要成員。一九三五年，蔣、汪合作期間，蔣介石通過老大谷正倫，將老二老三都「挖」了過去。谷正鼎在汪精衛作行政院長時，很受汪精衛器重，當過鐵道部部長顧孟餘的下屬——鐵道部總務司長。

情知他這個時候找來，必有重慶的重要使命，汪精衛向陳璧君使了個眼色，二人離座，同谷正鼎去隔壁小客廳談話。

「蔣先生要我代表他專程來河內，向你們——汪先生、汪夫人致意。」一坐下，谷正鼎當即表明來意，並開門見山地說，「蔣先生的意思是，若汪先生對國是有不同見解，若要在報刊上發表文章，或是直接向他發電表示意見，蔣先生任何時候都表示歡迎。如果汪先生夫婦需要赴法國等地療養，經費由中央財政部負責供給。這裏，我代表蔣先生先向汪先生送上五十萬元，請笑納。」谷正鼎說時，將一張可以在河內提取的巨額支票和兩張去法國的官方護照放在汪氏夫婦面前。看陳璧君拿起護照、支票細看，谷正鼎又補充說，「如果汪先生同意去法國，以後你們所需經費當由財政部隨時籌寄。蔣先生還說，希望汪先生不要去南京、上海另組中央政府，以免為日本人利用，造成嚴重後果！」谷正鼎說到這裏戛然而止，同時仔細地打量汪精衛的神情。

汪精衛臉色鐵青，看著谷正鼎問：「你的話說完了？」

「說完了。」

「那你可以走了。」汪精衛說，「你回去對蔣先生說，我汪兆銘所做的一切，不是為了我自己，完全是為了國家民族的利益。因而，他的種種好意、勸告甚至是警告，兆銘斷斷不能接受。你代表蔣先生送來的厚禮，我們拒收，請你帶回去！」說完，帶著陳璧君站起身來，也不管谷正鼎神情如何尷尬，憤然拂袖而去。

重慶上清寺委員長官邸。

晨九時，時年四十二歲的軍統局局長戴笠準時出現在蔣介石書房門前。透過掛在門楣上那副精緻的富有四川特色的竹簾望進去，身著藍袍黑馬褂的委員長背對著門，身姿筆挺地站在窗前沉思。寬大明亮的書桌上，委員長百讀不厭的線裝書《曾文正公全集》翻開著。正面牆壁上有幅委員長手書的橫匾「寓理帥氣」，字如其人，瘦而硬。另外一面牆壁上掛的是一幅裱過的張靜江書法，是被蔣介石視爲座右銘的《孟子》裏的一段話：「居天下之廣居，立天下之正位，行天下之大道；得志，與民由之；不得志，獨行其道。」張靜江和戴笠一樣，都是委員長的老鄉。張靜江不僅極善理財，而且極有政治頭腦，先後同孫中山、蔣介石過從甚密，且對他們財政支持頗多，一九一四年，張靜江應孫中山之邀，去廣州作過國民政府財政部部長。

一九二六年，時任北伐軍總司令的蔣介石，面對國共聯合的武漢革命政府的挑戰，因爲資歷淺、威望低、號召力不夠，而一籌莫展。正當此時，一個秋雨濛濛的黃昏，一乘裝飾豪華的馬車翩然來到總司令部門前。從車上下來的就是骨瘦如柴，一隻腿行走不便，但點子極多、手中又有錢的張靜江。蔣介石聞訊大喜，趕緊迎出門來。結果，張靜江幫助蔣介石轉危爲安，度過難關，從此，兩人關係更進一層。

凝神屏息站在門外的軍統局局長戴笠心中清楚，委員長之所以過了時間還不理他，顯然是發脾氣。蔣介石有個特點，遇到什麼不順心的事，總愛在他喜愛的下屬面前發作；在不喜歡或是心中有過節的人面前，反而會假裝熱情。

佩少將軍銜的戴笠，今天沒有著軍裝，而是穿一套藏青呢中山服，不明就裏的人還以爲他是委員長的侍衛官——委員長的侍衛官們一律身著藏青呢中山服，軍銜大都是少校。

屋內，雖然委員長還是沒有調過身來，但戴笠始終在門前站得端端正正，保持著一個職業軍人在長官面前應有的姿勢。

作爲委員長的學生，戴笠在黃埔軍校畢業後，曾做過一段時間的校長副官。因爲身上有種與生俱來的特務才幹，校長讓他單獨組織了一個諜報科。戴笠完全是白手起家，條件相當艱苦，在南京雞鵝巷「開業」時，人沒有幾個，槍沒有幾支，在好友胡宗南等人的支持下，諜報科很快就取得了不凡的成績，引起委員長極大的重視，並很快成了直接爲委員長服務，直接受委員長指揮的軍統局。

戴笠功勳卓著，但委員長只是在軍統局成立時封過他一個少將，對他說話時還時常叫他「戴科長」。這一點，時常讓戴笠心中暗暗抱怨，但又自傲，自己雖然只是一個少將，但若干中將、上將都不在眼裏。俗話說：「宰相門人四品官」，他一個堂堂的軍統局局長，又是委員長的心腹幹將，權傾一時。現在，他的軍統局已發展到十多萬人，在世界各地都有下設的機構，人多勢強，財政上也特別富裕。他同胡宗南、何應欽等軍政大員抱成一團，其力量，在一定程度上甚至可以左右中央。不要說一般中央大員，就是陳誠這樣的一品大員，平時也不得不讓他三分。

蔣介石重用的人需要有兩個條件：一是浙江老鄉，二是黃埔軍校畢業生。這兩個條件，戴笠都具備，而且隨著時間的推移、時局的演變，他的軍統局越來越重要，深受委員長器重，這一點他心中有數。表面上，委員長幾乎從來沒有給過他好臉色。對這一點，他不僅不惱，反而沾沾自喜。委員長對他越打越罵，他心中越歡喜，因爲這表明，委員長不把他當外人。

「是戴科長嗎？」委員長背著身子發問了，聲音有些低沉。

「是！」戴笠趕緊將胸脯一挺，腳上皮鞋一碰，「啪！」地一個立正。

「報告校長！」戴笠愛稱蔣介石爲校長。他私心認爲，這樣稱呼可以喚起曾經創辦黃埔軍校並任黃埔軍校校長的委員長對他——黃埔軍校畢業生戴笠的一種特殊的回憶和感情。

委員長霍然轉過身來，看著他，鷹眼閃亮，低喝一聲：「進來！」

「是。」戴笠應聲邁著軍人的武步進了門，面向委員長仍然站得端端正正。校長不讓他坐，他不敢坐，就是校長讓他坐，他也不敢貿然坐。

「戴雨農（戴笠字雨農）！」蔣介石看著他，忽然發怒，「你活得不錯，你這個軍統局長當得不錯，嗯！」

戴笠一時摸不清這話的來由，不敢回話，只是挺了挺胸脯，做出一副只要委員長吩咐，我戴雨農隨時赴湯蹈火的姿態。

「唔！」蔣介石背著手在地上氣呼呼地轉圈子，「日本人，現在又加上一個逃到了河內去的汪精衛！你是要看著他們聯手組成另一個『中央政府』，危害黨國是不是？」

「不是！」戴笠又將頭一昂，胸一挺，喊操似地大聲回答。這會兒，他才明白委員長找他來，並大發脾氣的緣由。

「對汪兆銘，我蔣某人已經是仁至義盡，他卻是要對抗到底。對這樣的人，我只好格殺勿論。嗯?!」蔣介石說到這裏，猛地停下來看著戴笠，眼神冷酷如冰、鋒利如刀。

「是。」戴笠反應很快，趕緊立正領命，「我立即派骨幹去河內，務必近期內誅除汪精衛等人！儘快爲校長摘除黨國身上長出的毒瘤，請校長放心！」

蔣介石將手一揮，示意談話就此結束，以訓代命，前後不到五分鐘。
「是。」戴笠給委員長敬了禮後，唯唯諾諾退了出來。

第八章　月黑風高夜，刺殺汪精衛

一九三九年春節過後，地處亞熱帶的河內一派蔥郁的景象。時值越南的旱季，多日無雨。在北部灣登陸的濕潤海風，掠過廣袤的紅河三角洲，到達河內時已變得像一隻溫柔的手，輕輕撫摸著成群結隊去郊外踏青的人們。

天氣很好。從早晨起，河內天空如洗，像是一塊乾淨的藍玻璃的天上，不時飄過幾朵薄雲。上午十時，高朗街廿七號兩扇平日總是關閉著的黑漆鐵門突然打開，駛出三輛黑色小轎車首尾銜接，風馳電掣，往城外開去。汪精衛、陳璧君夫婦就坐在中間那輛防彈「林肯」牌高級轎車上。

就在這時，高朗街廿七號對面一幢高層建築物上，由河內國民黨軍統局組成的「暗殺汪精衛行動小組」組長陳恭澍緩緩放下手中的高倍望遠鏡，棱角分明四方臉上浮起一絲殺氣騰騰的微笑。

「好，蛇終於出洞了！」陳恭澍說著，對身邊的四五個便衣特務將手一揮，「走，斬蛇捕蛇，今天是個好日子！」幾個特務跟著陳恭澍小跑下樓，分頭鑽進已經發動起來的兩部大功率美式中吉普車裏，閃電般追了上去。

日前，戴笠在蔣介石那裏領了暗殺汪精衛的指令後，立即指定陳恭澍帶精幹力量奔赴河內，組織「暗殺汪精衛行動小組」；同時親自飛去香港，協調指揮各方面力量配合陳恭澍行動，以保萬無一失。戴笠爲人向來機警、考慮周密。他知道，河內是法國人的勢力範圍，如果他親自去河內，容易暴露。而香港離河內並不太遠，乘輪船去只需一個晝夜。同時，香港是國際商港，容易掩護，且交通和電訊業都非常發達，去香港指揮此次重大的暗殺活動，相對理想。

陳恭澍在河內組建的「暗殺汪精衛行動小組」一共是十八個人，個個身懷絕技。他們秘密到達河內近半個月的時間裏，在許念曾總領事的密切配合下，設法在汪精衛居住的寓所對面的高層樓房裏，租到了一間帶頂的房間，他們用高倍望遠鏡對汪精衛一行進行廿四小時不間斷的監視，並且動用特工手段，設法在汪家電話線上安裝了竊聽器。今天以前，他們有多次下手機會，無奈鬼使神差，都讓汪精衛逃過了。汪精衛有愛吃法國牛角麵包的習慣，每天早晨都要「法蘭西」麵包房派一越傭送麵包去。那天早晨，經陳恭澍重金買通的越傭在給汪精衛送的麵包中下了劇毒，偏那天早晨汪精衛沒吃，把麵包原封不動退了回去……

汪精衛很愛乾淨，每天一早一晚都要洗澡。那天早上，他浴室的水龍頭壞了，打電話找修理部派工人去修理。陳恭澍知悉後，派特務化裝混了進去。事情計畫得天衣無縫：水龍頭修好後，「工人」會打開煤氣，關閉窗子，只要汪精衛一走進浴室立斃。不料，從那天早晨起，汪精衛竟一連三天沒進那間浴室……

本想繼續尋找機會暗殺汪精衛，不料在香港的「戴老闆」不斷打電話來催，限期完成任務，並告訴陳恭澍一個驚人的消息：日本本部爲確保汪精衛安全，決計近日派人去河內，保護汪精衛一行出走。電話上，「戴老闆」聲色俱厲，責令陳恭澍「克日誅除汪逆！否則，軍法從事」。

正當陳恭澍一籌莫展之際，機會自己找上門來了。坐在第一輛美式中吉普車裏的「暗殺汪精衛行動小組」組長陳恭澍，透過前窗緊緊盯著前面汪精衛那輛車，並通過對講機對後面車上的副手唐英傑下達命令：「你的車超過去，提前一步到德莫橋，隱匿於橋邊那塊巨石後面。他們的車到時，放過前面一輛車，對中間汪精衛那輛『林肯』牌轎車用特殊槍彈猛烈射擊。我跟在後面，前後夾擊。」

「明白了。」隨著對講機中唐英傑清亮的應答，跟在陳恭澍身後的那輛美式吉普，呼地一聲從他們旁邊躥了上去。可是，就在陳恭澍心中暗喜時，只聽後面一陣馬達轟響。陳恭澍一驚，調頭一看，不由連聲叫苦，後面跟上來的是一輛河內警察局的大功率警備車。他們好像是有備而來，車廂兩邊堆滿沙袋，沙袋後埋伏著十多名越南員警，架著機槍、衝鋒槍，作好了戰鬥的準備。顯然，是汪精衛一行發覺了危險，用車上無線電報警，找來了救兵。陳恭澍不得不臨時改變作戰方案，用對講機通知了已趕到前面的唐英傑。

前面汪精衛的三輛轎車突然停了下來，調轉車頭，在警車保護下，向市區飛馳。陳恭澍率領的小分隊不甘心就此放棄，兩輛車緊咬著「蛇尾」不放。追到河內十字街口時，「匡啷啷！」一輛有軌電車拉長汽笛，由北向南駛來。這當兒，只見汪精衛乘坐的那輛「林肯」牌轎車在電車駛過的瞬間衝過了鐵軌。陳恭澍、唐英傑的車卻都被電車擋住了。當那輛有軌電車好容易慢慢搖過去後，哪裏還有汪精衛的影子！這次在郊外處決汪精衛的行動計畫，又失敗了。

一九三九年三月廿一日深夜，有風無月，樹葉沙沙，一切已經在夜幕中沉睡。唯有高朗街廿七號汪精衛一行居住的庭院深處的主樓上——三層法式小樓二層中間的一間房子裏，還亮著乳白色的燈光，從窗簾縫隙間瀉出的燈光灑在夜幕中，顯得特別溫馨。這是一間舒適華麗的臥室，自去年底汪精衛夫婦來河內後，就一直住在這個房間裏。

然而，今夜，這間屋子換了主人。柔和的燈光下，門窗緊閉，淺綠色窗簾拉得嚴嚴的。迎窗右邊牆角放著一張淡綠色梳粧檯，一面瑩澈無比的義大利梳妝鏡裏反射出台上置放著的大大小小、高高低低的進口化妝品。迎窗左邊有張淡綠色寫字台，牆角立著一張淡綠色大衣櫥。房子中央是一張碩大的席夢思床，床上鋪著薄薄的天藍色緞被。一對並排的枕頭上，繡著色彩斑斕的鴛鴦戲水。離床稍遠，靠牆壁處擺有一張淡綠色小圓桌，桌的兩邊是淡綠色竹編矮背靠椅，桌子當中擺有一隻翡翠色高頸鼓肚花瓶，細細的瓶頸中插了兩束花，都是康乃馨：一束水紅，一束雪白，散發著淡淡的幽香。從整個房間的佈置看去，清爽、舒適、溫馨，像一對新人的房間。

汪精衛的心腹秘書曾仲鳴，臉上堆著幸福的微笑，穿一身寬大的白紡綢中式褲褂，坐在竹編矮背靠椅上，含情脈脈地看著久別重逢的妻子方君璧。久別勝新婚，這一對情深意篤的夫妻，今天一見面就如膠似漆，有說不完的話。偏愛曾仲鳴的汪夫人陳璧君特意囑咐，任何人都不要去打擾他們，連飯都是女傭給他們送進去吃的。

曾仲鳴、方君璧夫婦和汪精衛、陳璧君夫婦的關係可謂源遠流長。方君璧的哥哥是辛亥革命中在黃花崗戰役中犧牲的著名烈士方聲洞，嫂嫂是曾仲鳴的姐姐曾醒。

一九一二年，還是小姑娘的方君璧隨寡嫂曾醒、姐姐君瑛，還有曾仲鳴跟著到法國去留學的汪精衛夫婦到了巴黎。在汪精衛的悉心栽培下，曾仲鳴在里昂大學畢業，獲文學博士學位，後又到波鐸大學理科學習了一段時間。一九二一年，曾仲鳴因汪精衛推薦，任里昂中法大學秘書長。一九二五年，曾仲鳴應汪精衛召喚回國，長期做汪精衛的心腹機要秘書並曾任國民黨中央候補委員、中央政治委員會副秘書長。

方君璧是位女畫家，長留法國。曾仲鳴自一九三八年十二月隨汪精衛夫婦潛赴河內以來，這是他們夫婦第一次見面。本來，方君璧這次專門從法國回來看望夫君，陳璧君想在河內大飯店給他們租一間套房的，汪精衛卻說：「仲鳴、君璧夫婦同我們關係不一般，連文惺的名字都是他們給取的，讓他們住在外面就太見外了，既不安全又不方便，就把我們那間臥室讓給他們住吧！」陳璧君便同意了。

這會兒，曾仲鳴將心中要對妻子說的話都說完了，取了眼鏡，滿臉漾笑，久久打量著坐在對面的妻子。此時，方君璧也用她那雙又大又黑又亮的眼睛，深情地凝視著夫君。燈光下，方君璧容長臉，三十多歲，看起來比實際年齡輕，很有風韻。身姿頎長豐滿，穿一身法國最流行的晚裝——寬鬆閃光白色綢緞衫裙。她剛洗完澡，周身散發著只有成熟豐腴女人身上才有的體香；像是一枚樹上熟透了的紅果子，只要輕輕一碰，就會落下地來。在法國巴黎住久了，她的舉手投足間自然而然地流露出一種藝術家的灑脫和洋氣。

曾仲鳴也許因爲妻子久不在身邊，精力又特別充沛，因而愛嫖妓。但那僅是一種生理需要，並不是真情別移。他們一行人跟著汪精衛到了河內後，因家眷都不在身邊，夜晚都去紅燈區嫖妓，但自那次陳公博來到河內埋怨他們，把他們夜晚出去嫖妓的事都抖了出來後，「管家婆」陳璧君爲了安全，也爲了面子，便不准他們晚上出去，並定下「家法」：「從此後天一黑就關門，任何人，未經我的允許，不准出去。」陶希聖、周佛海去了香港，只是苦了他和陳春圃。曾仲鳴只老實了兩天，終於還是憋不住，深夜架梯子翻牆出去。陳璧君知道了也佯作不知，對他網開一面。這以後，每天晚上，曾仲鳴都做賊一樣，躡手躡腳地架上梯子，越牆而出。嫖完妓，快天亮時再翻牆而回。

「璧！」曾仲鳴看著妻子說，「汪先生告訴我們，河內住不久了，也許是去香港，也許是去上海。一旦我們安定下來，你可要儘快回到我的身邊啊！」

已同丈夫倚坐在床邊上的方君璧，聽話地點了點頭，用一雙手勾著丈夫的肩，撒嬌似地一笑：「嗚！」她用一隻塗了寇丹的手，輕輕梳理著丈夫頭上濃密的黑髮，星眼發亮，雙頰潮紅，柔聲輕問，「我問你，我不在你身邊時，你想不想我？」

「想！」曾仲鳴用手輕輕拍了拍妻子勾在自己頸上那雙又白又嫩蓮藕似的小手，老老實實地承認，「想，怎麼不想，我做夢都在想你。」

「我不在你身邊，你出去浪漫過沒有？」方君璧瞇起眼睛看著丈夫，「你老老實實告訴我。」

曾仲鳴說了假話，矢口否認：「沒有。」

「我不信。」方君璧閉上了眼睛，「你們男人，在這方面沒有一個是老實的。何況，你在這方面的要求，又是如此強烈。」

「那你呢？」曾仲鳴既不承認，也不否認，來了個反問。俗話說，「三十如狼，四十如虎」。方君璧在這方面同樣要求強烈，而且也快到「如虎」的年齡，況且，她的身體是如此健康！儘管他不是一個將女人的貞操看得多麼重的男人，但經妻子這一提醒，他想到了這一層，也想探探妻子，有沒有這方面的隱秘。

「我是一個身體健康、生理正常的女人。」方君璧大大方方地回答丈夫的問題，「但是，我極熱愛我的繪畫事業。我的情趣、注意力完全爲我的事業所轉移，根本無暇顧及別的。我只有在同我最熱愛的丈夫——你在一起的時候，才會喚起我身上火一樣的激情。」方君璧善於言詞，這一番詩一般的語言，不僅打掉了他剛剛湧上來的一絲疑慮，而且讓他陡然間感到周身熱血沸騰。

「那好！讓我現在就來喚起你火一般的激情！」說著，他一手將她香軟的胴體摟緊，「啪！」地關了床頭燈。很快，床上響起了他們忘情的喘息聲、呻吟聲。借著夜幕的掩護，他們愛得昏天黑地，欲生欲死。靈與肉結合在一起，情感如決堤洪水，隨著身體的大動而激越飛迸。方君璧是個成熟透了的女人，深受西方文明的洗禮，沒有半點加在中國女人身上的傳統約束，很放得開。對於丈夫的進攻，她配合默契，熱心引導、呼應。於是，他們飄飄欲仙，無休無止。

就在這夜正深、情正濃時，有十來個身影在高朗街廿七號後園大牆下閃動著——這是「暗殺汪精衛行動小組」副組長唐英傑帶著他的手下，正要逾牆而入誅殺汪精衛。為了這次行動，陳恭澍事前作了充分的準備。他用重金收買了高朗街警局，今夜一切行動更是經過精心策劃的。參加今夜行動的都是特務中的精英，副組長唐英傑是四川人，有攀房登高、倒卷珠簾的絕技；組員山東人王魯翹是百步穿楊的神槍手。除此，還有爆破專家余樂醒、擒拿格鬥高手陳步雲，方炳西、岑家焯、曹師昂這些人也都不是等閒之輩。為了確保行動萬無一失，陳恭澍臨時又增派了譚天塹、魏春風、王鐘岳、余鑒聲、張逢義、陳邦國等人。

當唐英傑帶領一幫人，神不知鬼不覺地摸到汪精衛一行人住的主樓時，發現大門是關上的。特務中的開鎖專家輕易地打開了主樓的大門。唐英傑對人員一一作了安排後，帶領王魯翹等三人執槍輕步上了二樓和三樓。走到二、三樓轉角處時，恰好遇到不知是解手，還是聽到了什麼動靜出來探頭探腦的汪精衛女婿何文傑。王魯翹當即用手槍指著他，將他喝到樓梯處，用繩子綁在樓角轉彎處，再用毛巾塞住他的口。這時，余鑒聲上了三樓。唐英傑、王魯翹尋到二樓汪精衛那間臥室，準備動手時，王魯翹輕聲問唐英傑：「這間不會錯吧？」

唐英傑肯定地說：「沒有錯，就是這間。」

王魯翹先是推了推門，門是鎖死的，推不動。兩個職業特務從身上掏出匕首輕輕撬門。當門板撬出一大塊，露出一尺見方的窟窿時，屋裏的人顯然被驚醒了，響起一陣雜遝的腳步聲。他們透過窟窿看進去，依稀可見一個身穿白色衣褲的男人藏到了床底下，像只顧頭不顧屁股的大狗熊。這不是汪精衛還有誰？通過他們連日二十四小時不間斷的嚴密監視，斷定這間臥室是汪精衛夫婦的。而且，汪精衛睡覺時，總是穿一身寬大的白色真絲衣褲。

唐英傑咬了咬牙，果斷地對伏在身邊的神槍手王魯翹點頭示意。王魯翹使的是一支德國造二十響駁殼槍，人稱手提機關槍。對準目標，一按槍鈕，子彈連珠發射打中目標。

可惜被打中的是替死鬼曾仲鳴。他的腰部連中數彈，哼了一聲，便倒臥在血泊中。床上睡著的方君璧被當作了陳璧君，連中三彈，一在右腿，一在左臂，一在右胸，幸好都不致命。

睡在曾仲鳴夫婦對面房中的汪精衛夫婦，被一陣密集的槍聲驚醒。汪精衛一骨碌坐起來，說聲有刺客，就要開門衝出去，被陳璧君死死拉著不放。倘若汪精衛衝了出去，必死無疑。假如在門外的唐英傑、王魯翹知道了今晚汪精衛夫婦是睡在曾仲鳴房裏，汪精衛也必死無疑。

槍聲響時，滿院子的人都醒了。膽子大的，或是沉不著氣探出頭，或是嚇得跑了出來，特務們見一個打一個。汪精衛的隨從戴芸手臂中了一彈，廚子何就腿、臂各中一彈。嚇慌了的陳國星糊裏糊塗衝到院子中，一頭鑽到小汽車底下。特務一槍打來，濺起地上水泥碎片使他胸部受輕傷。陳璧君內侄陳國琦腿部受輕傷……

一陣槍聲過後，驟然止息。特務們逃遁了，大家這才紛紛走出房間，給被綁在樓梯轉角處的何文傑鬆了綁。何文傑、汪文惺趕緊帶著人去看父母親。推開門，只見汪精衛、陳璧君坐在床上周身顫慄不已，但完好無損。

「你們看著我們幹什麼，還不趕緊報案！」經陳璧君這一聲猛喝，大家才清醒過來，但苦於沒有一個人懂法語。陳春圃猛然想起，原汪精衛故友、曾擔任過孫中山大元帥府機要秘書的朱執信之女朱徽這晚正好住在汪家，她精通法語，便留下何文傑、汪文惺守在父母處，下樓去找朱徽。嚇得渾身哆嗦的朱徽被帶進客廳，陳春圃讓她用法語向高朗街警局報警。他們哪裏知道，就是打電話這一步，無意中又救了汪精衛一次。這時，唐英傑、王魯翹等特務還沒有撤離，正躲在大門外的黑暗中，確認汪精衛究竟有沒有死。當特務們聽到朱徽用哭泣的聲音向警局報案，才信汪精衛已死，目的達到，這才從容撤離。

「嗚——」一輛敞篷警車閃著警燈開到了高朗街廿七號。從車上跳下的幾名員警，頭子是一名法國人，其餘的越南人都是新手。長得又白又胖的法國警司，帶著幾名越南新手查看了謀殺現場，向幾名越南警探交代了警戒任務後，竟揚長而去。

陳璧君看在眼裏，對那名法國警司恨得要死，卻又無可奈何。她要陳春圃火速與河內法軍軍部醫院聯繫，派人將重傷在身的曾仲鳴送去救治。其他受輕傷的人，則就近請來醫生一一作了包紮。忙完這些，天就亮了。

三月廿二日整個上午，汪精衛不吃不喝，一直坐在客廳裏，不時用電話詢問曾仲鳴的傷情。汪精衛不時用流利的法語同醫生爭論著什麼，商量著什麼，乞求著什麼。漸漸，他放下電話，什麼都不說了，慘白的嘴唇不時抖動。一夜的過度驚嚇，使他素常英俊光鮮的面容突然變得憔悴不堪。平時總是亮著光彩的黑眼睛裏儘是悲涼。捱到下午二時，汪精衛從電話中獲知，曾仲鳴的生命已處於彌留之際。

「不行！」汪精衛霍地站了起來，淚如泉湧，「無論如何我要去醫院看看仲鳴！」

「兆銘！」陳璧君死死抓著汪精衛，指著窗外說，「兇手現在知道你還活著，正愁找不到下手的機會。你這一出去，豈不是去尋死？」

「他們要我的命！」汪精衛怒吼道，「就讓他們拿去好了，是我害了仲鳴。我無論如何要去醫院看看他。」

「兆銘！」陳璧君也提高了聲音，「你的生命不是屬於你自己的！」她星目圓睜，「你要知道，你擔當著何等重要的責任！」經夫人這一喝，汪精衛才止住了哭泣，也冷靜了些。他焦燥地在屋裏踱來踱去，說：「我不見仲鳴一面，於心何忍？於心何忍！」突然止步，調頭望著夫人，「有了。」他說，「文惺、文傑夫婦不是也要去醫院看望仲鳴嗎？他們夫婦，還有春圃坐在車位上，我躺在他們腳下，身上再用衣物遮蓋，這樣不就行了。兇手要的是我汪精衛的命，不會對其他人怎樣的。這樣準行！」

陳璧君想了想，只好同意。

午後，高朗街廿七號的兩扇鐵門突然洞開，一輛福特牌轎車緩緩駛出。

汪寓對面高樓上，狙擊手王魯翹的高倍望遠鏡裏清晰地看到了駛出門來的轎車和車中的人。他當即通過電話向陳恭澍作了報告。

「車內有無汪精衛？」陳恭澍在電話中問。

「沒有。只有汪文惺、何文傑、陳春圃三人，看樣子是去醫院看望曾仲鳴。」

略爲沉吟後，電話中傳出陳恭澍冷峻的聲音：「放過他們。」

汪精衛一進入曾仲鳴那間特護病房就淚流不止。曾仲鳴睡在病床上，蓋著一床薄薄的白被子，臉色蒼白，呼吸急促，閉著眼睛。他鼻裏插著的鼻管在輸氧，旁邊一個鐵架上掛著一個玻璃瓶，在滴靜脈。

「仲鳴、仲鳴！」汪精衛俯身輕輕呼喚。

「曾叔叔、曾叔叔！」汪文惺跪在地上，雙手趴在床沿上，啜泣不已。

曾仲鳴好不容易睜開了眼睛，看見汪精衛，他竭力想掙扎著起身，被守護在側的法國醫生制止——事實上，他也起不來。

「汪先生！」曾仲鳴看著汪精衛，氣喘吁吁地說，「你不該……來！」點點清淚從他那雙有些凝滯了的眼睛裏流出來，順著雙頰落在了潔白的枕巾上。

「我怎麼能不來，仲鳴！」汪精衛緊緊地握著曾仲鳴的手。他發現，曾仲鳴的手冰冷且伴著陣陣痙攣。看著從幼年起一直追隨左右的革命遺孤，也是他最親密的視同骨肉的同志加兄弟的生命正在不可阻遏地逝去，汪精衛傷心極了。

「汪先生，我……好多了。」曾仲鳴竭力裝出笑臉。

「不要叫我先生，叫我兆銘，這樣親熱一點。」汪精衛坐在女兒抬來的一把椅子上，目不轉睛地看著生命垂危的曾仲鳴，竭力安慰，「仲鳴，你要挺住呀！」

「兆銘兄！」曾仲鳴灰白的臉上泛起一絲欣慰的笑，眼中閃過一絲神往的表情，「兆銘兄，你知道我現在看見什麼了嗎？」

「你看見了什麼，仲鳴？」汪精衛心中駭然，他看出，曾仲鳴已處於迴光返照階段。

「我看見了巴黎的艾菲爾鐵塔和旁邊的茵茵草地。」曾仲鳴神往地閉上了眼睛，「我還記得你第一次帶我去巴黎的情景。我們在草地上追蜻蜓……我看見了綠蔭如幔的街中森林公園，還有碧波蕩漾的塞納河和河中一艘艘天鵝般飄弋的遊艇……嗯，還有那些熱情似火的漂亮法國女郎豐腴雪白修長的腿、高聳的乳峰……」曾仲鳴開始囈語，「想起了我剛跟你到巴黎時的快樂，想起了法蘭西如火的熱情……」說著說著，曾仲鳴猛地睜開了眼睛！

「主席！」曾仲鳴又清醒了些，神情轉為嚴峻，「以防萬一，趁現在神志清醒，我得趕緊給汪先生你辦一個支票轉手簽字手續」——他是汪精衛的心腹秘書，以往汪精衛的現金、支票、印信都由他保管處理。

事情確實緊急。陳春圃趕緊從曾仲鳴隨身攜帶的皮包裏拿出了支票、印信等。汪文惺、何文傑小心翼翼地將曾仲鳴扶起來，曾仲鳴勉強握筆，顫抖著在支票上一一簽上自己的名字後，頹然倒在床上，氣息微如遊絲。暮色朦朧時，四十二歲的曾仲鳴死在了汪精衛懷抱裏。

屋裏的一切都沉寂了。汪精衛流著淚，看看腕上金錶，時間指向一九三九年三月廿二日下午六時。

四月六日，時值清明。

河內市城外，到處都是踏青的人群。

城郊，青草萋萋，黃鶯亂飛。一座座墳瑩從早到晚紅燭明滅，紙錢翻騰。這天，汪精衛在《河內日報》發表悼念曾仲鳴的文章，題名《曾仲鳴先生行狀》：

嗚呼！余誠不意今日乃執筆為仲鳴作行狀也！當二十四年十一月一日，余在南京中央黨部為凶徒所狙擊，坐血泊中，君來視余，戚甚，余以語慰之，此狀今猶在目前，乃今則君臥血泊中，而又語慰我也。余當日雖瀕於死，而率不死，乃今則君竟一日冥弗視也。國事至此，死者已矣，生者當死以繼之，其有濟於國是與否，未可知也！即幸而濟，茫茫後死之憾，何時已乎！君以中華民國紀元前十六年歲次丙申二月二十八日，生於福建之閩縣。幼孤，母氏至賢。君於諸兄弟姊妹中，年最少，姊氏醒，適方氏，少孤，攜孤子賢與夫之女弟君瑛，及夫弟聲濤、聲洞留學於日本，先後加入中國同盟會，從孫先生致力革命。庚戌之歲，嘗與君瑛暨黎仲實、喻雲紀、黃復生、陳璧君及兆銘謀刺清攝政王，事敗，復生、兆銘被執，復與君瑛等，參加辛亥三月二十九日廣州之役，雲紀、聲洞戰死。元年，與君瑛、璧君等得官費留學於法國，各攜其弟妹偕行，節三四人之所得，以資六七人之用。君於此時，年十五。君瑛之妹君璧，則少於少君二歲，自幼時，久聞姊氏之教，知以身許國之義。既入蒙達爾智中學，銳意力學，孜孜矻矻，又自以年幼，去國遠，每學校休假，則移移息之唇，以補習國學，兼程並進，學識目懋，而習以勤儉，志節堅定，他日為國服務，廉節之操，亦於此養成焉。

六年以來，國事靡定，兆銘僕僕奔走。留學之願，有志未逮。君則沉潛專一，中學畢業，更入大學，初治化學，兼治文學，先後在法國波鐸大學獲化學學士，在里昂獲文學博士學位，名實斐然……數年之間，中國之進步與紛亂，更迭起伏。君與兆銘，相從患難，識定而氣閑，然備嘗險阻，習知情約，其恢弘之度，遂與日俱增……夫和戰大計，為國家生死安危所關。不得不戰則戰，可和則和，此為謀國之常規……君以參與機要，知之尤深且切……二十八年三月二十一日晨丑時，天未明，凶徒數人，持械突入寓所，發彈數十，傷五人，君傷最重，是日申時卒。夫人君璧以奮身救君，亦中三彈，餘三人傷，輕重不等。兇手被捕三人，越日，法文各報皆以大字標明藍衣社所為，且兇手供稱，謀殺目的實在兆銘云云。君生平文學著述甚多，而於政治則重實行，少言論，且以處機要之地，蓋以慎密為務，然亦正由其處機要之地，於中央決策之經過及其蹉跎變化之所以然，了然個中。憂國之心既深，及其未亡，而思有以救之，積誠已久，一旦決然行其心之所安，凡悠悠之毀譽，及其一身之死生禍福，固所不計也。嗚呼！是可謂仁且勇矣！君自傷至逝世前，神志清明，語親友曰：「國事有汪先生，家事有吾妻，無不放心者！」夫人君璧，身受三傷，目睹君之臨命，茹痛言曰：「在此時代，抗戰可死，致力於和平亦可死，吾人當心一己之死，換取國家民族之生存。」君卒時，三子均幼。方曾兩家，自前清未造；參加革命，至於今日，或生死國事，或盡瘁未已。兆銘往還既密，以公艾兼私交，於君之死，為國家痛，為兩家痛，倉猝記述，未足以盡君之生平，僅舉其志事之大者，告之同志，俾以之繼述云爾……

汪精衛以生花妙筆，借曾仲鳴之死，在報刊上大做文章，詛咒蔣介石目光短淺，粉飾自己。

汪精衛的這些「宏論」引起國內外一致憤怒聲討。南洋僑領陳嘉庚等聯名要求國民政府「通緝汪精衛，以正國法」；貴陽人民仿西湖畔遭千人恨萬人罵的秦檜夫婦跪像，在公園內用鐵鑄汪精衛、陳璧君夫婦膀體跪像，任百姓唾罵。

報刊上對汪精衛口誅筆伐者更是數不勝數。最讓汪精衛寒心的是，當年選拔他出國留學的恩師吳稚暉對他的討伐。時年七十四歲的吳稚暉以雄健的筆力在報刊上寫道：「……汪氏最不相信的，就是老實。他的志氣要想達到無上的高昂，差不多宇宙有如上帝，他還想駕上帝而上，其實他無論如何能學孫悟空的善變，終變不了那條尾巴，人家看了只是一畜牲。他的尾巴到底是什麼呢？是慘綠少年（不老的），是不懂選擇爲何物的詭辯家，是尋章摘句的書生，也是愛幾個臭錢的凡夫。從前我稱他爲僞君子，乃是上了人家的當。什麼黨魁漢奸，都是他過度暫居的頭銜，終要被人一腳踢開，捉了尾巴再變：從極左變到極右，從極高變到極低，從極香變到極臭，他都無所謂。他自以爲『看透了』，馬上變。他看透了革命的左邊來，便覺得至少要與列寧、托洛茨基三位一體，史達林決不是他的對手；他又看透了東亞的百年大計，至少希特勒、墨索里尼少壯軍人，都要受他的支配。人家說汪精衛早已加入某某西湖上秦檜王氏夫婦用白鐵鑄成，而對於他們夫婦，至少要準備鎢鋼……」

看了昔日恩師吳稚暉的聲討文章，汪精衛有如芒刺在背，不由得想起了江南一段幾乎家喻戶曉的評彈唱詞：「昔日猛虎去學道，虎在深山乍遇貓。貓兒曾把虎道教，猛虎得道反傷貓。貓兒一躍上了樹，猛虎坐地把尾搖。貓兒朝天歎口氣，無義之人莫相交。」他汪精衛是猛虎，吳稚暉便是教虎道的貓。他自以爲文章蓋世，結果還是比「老貓」吳稚暉差了一截啊！

自己最信任的曾仲鳴被重慶派來的藍衣社殺了，筆仗也打輸了，汪精衛忽然覺得，河內再也待不下去了。於是，他急電在香港的周佛海、梅思平，指示他們速同日本「梅機關」聯繫。他要日本人出面保護他們一行，儘快逃離河內。

第九章　死裏逃生，海上漂流驚魂

「對不起，汪先生，你受驚了！」前日本大本營參謀部中國課課長，現「梅機關」長影佐少將畢恭畢敬站在汪精衛面前，深鞠一躬後，用一口道地的北京話對汪精衛致意，「我代表日本內閣和大本營，向閣下表示慰問，向犧牲的曾仲鳴先生表示哀悼；並奉命保護汪先生一行近期離開河內。」說著，向汪精衛遞上有日本外相有田、陸相板垣、海相米內和興亞院總務長官聯名簽署的慰問信。

西裝革履的汪精衛微笑著，伸出一雙白皙的手接過慰問信，說：「哦，謝謝。中日兩國唇齒相依，手足情深，患難與共。請代向天皇陛下、平沼首相等內閣五相致以問候！」

然後，汪精衛請影佐入密室詳談。汪精衛一邊說話一邊細細打量起這位即將代表日本政府與他共事的「太上皇」。影佐禎昭四十來歲，是個以全優成績畢業於日本帝國陸軍大學的「中國通」，個子在日本人中算高的，體格勻稱，穿一身深色西服，打領帶，戴眼鏡，留平頭，臉瘦膚白眉重。外表看起來文質彬彬，完全不像一個軍人，像個大學教授。汪精衛知道，儘管眼前這位影佐沉默寡言，不顯山不露水，可是個軍功卓著的老牌特務。近年來，日本大本營見武力摧毀不了中國，打起了另一張牌——在中國扶植傀儡政權，欲「以華制華」達到不戰而勝的目的。為此，日本在中國組建了四大特務機構——梅、蘭、松、竹。

「梅」專對汪精衛，「蘭」對兩廣，「松」對華北，「竹」對重慶。其中，日本軍部對「梅」

配備力量最強，寄予希望也最大。

影佐先向汪精衛報告了「梅機關」組織情況：陸軍方面有谷狄大佐、一田中佐、晴氣中佐等；海軍方面有須賀少將、扇少佐等；外務省方面有矢野書記官、清水書房官等；民間方面有前首相犬養毅之子犬養健和興亞院的岡田酉次等。此外，還有日本國內一些主要新聞媒介派出的記者，可謂聲勢浩大。

汪精衛在影佐向他報告時，頻頻點頭。他由「梅機關」組成的龐大陣容中看出日本內閣對他的重視，虛榮心得到了滿足。

接著，影佐向他報告「營救」他們出河內的打算：「爲了解除汪先生所處的惡劣環境的威脅，帝國政府決心伸出友誼之手，責成我率隊完成。」

「出了河內，我們去到哪裏？」問這話時，汪精衛心中湧起一陣蒼涼和空虛。

「汪先生以爲去哪裏最好？」

「去香港吧！」汪精衛認爲，若是去日本人控制的區域組建政府，會把臉面丟光。

「帝國政府認爲汪先生應該去上海。」

見汪精衛臉上閃過一絲不快，影佐解釋：「香港是英國人的天下。汪先生若是去香港，不要說不好開展工作，連安全也得不到保障，因爲那裏重慶藍衣社（軍統）活躍，我們不好保護汪先生。汪先生可能還不知道吧？」影佐說時，鏡片後的眼神突然變得十分犀利，讓汪精衛不由地渾身打了一個寒戰。

「就是今天早晨，」影佐說下去，語氣中有種恐嚇意味，「你們的《南華日報》社社長林柏生去上班時，在彌敦道一無人處，被藍衣社的特務砍了頭！」

「哎呀！」這個消息汪精衛確實還不知道，除了驚歎之外，也憤怒起來，「堂堂的香港，光天化日之下，林柏生竟被人砍了頭，這成何世界，成何香港?!」

「汪先生不必驚惶！」影佐眼中閃過一絲不易察覺的狡猾和輕蔑，「林柏生幸好頭上戴了頂厚厚的絨帽。兇手持利斧雖砍在他頭上，但因爲有絨帽一擋，林柏生沒有死，只是頭上受了傷。」汪精衛這才吁了口長氣。

正說著，陳春圃隔簾報告，說香港周佛海拍來一封緊急密電。汪精衛打開一看，是林柏生遇險受傷經過，與影佐說的別無二致。汪精衛心想，日本人的情報真是靈敏、快速，考慮得也周到，因此接受了去上海的安排。陳春圃出去後，影佐對汪精衛談起出走的細節。

「對我們來說，汪先生的安全比什麼都重要。我來時，專門從日本帶來了一艘五萬五千噸的貨船『北光號』。船上給養、保衛、醫務設備一應俱全。」

「不！」汪精衛將手一揮，拒絕了影佐的安排，「我不乘你們的『北光號』去上海。我要自己雇船去上海，我要以與你們平等的兄弟朋友的身分，踏上祖國的碼頭！」

影佐看了汪精衛的架勢，沉吟半晌後讓步道：「好吧，汪先生。用你們中國人的話來說，這就叫——恭敬不如從命。」

一九三九年四月廿五日，越北著名風景勝地下龍灣，椰林婆娑。綿長的海岸線，細浪輕吻著金屑似的沙灘。一輪夕陽漸漸沉入大海，一望無垠的海面上抖起萬千條血紅的光波。海邊寂寥無人。椰林深處，隨著輕柔的海風，送來陣陣如泣如訴的具有濃郁民族風韻的獨弦琴聲。

迎著落日，一列車隊，首尾銜接，穿過椰林，停在了碼頭上。車門開處，陳璧君走下。她穿了件灰色風衣，被海風吹得下擺飄飄的。她看了看泊在碼頭前，在海浪擊打中不斷起伏的小個子「紫羅蘭」號貨船，不禁皺起眉頭，問身邊的下屬，前國民黨外交部日蘇科科長周隆庠：「難道我們就乘這艘小破船回上海？」

「是的。」周隆庠向她報告，「這是汪先生選定的。這是一艘中立國瑞典的貨船。日本人心細，將船上的中國水手全部換成了日本人，爲了確保汪先生和夫人你的安全，他們還特意在船上安排了兩個日本憲兵。」

「嗯。」陳璧君鼻子裏哼了一聲，「這船吃水多少噸？」

「七百五十噸。」

「哎呀！」陳璧君驚叫一聲，氣得直跳腳，「坐這樣一艘吃水僅七百五十噸的小破船，能經得起遠洋中狂風大浪的顛簸？能回得了上海？你們說這是汪先生定的？汪先生書生一個，你們這些人真不會辦事！影佐呢，我問問他是怎麼安排的！」

周隆庠嘟囔道：「影佐坐『北光號』先走了，說是邊走邊等著我們。」

「我不走！」陳璧君大發脾氣，當著大家的面，一屁股坐在沙灘上，「這明明是去送死！與其死在海上，不如就死在河內。」

「璧君，你怎麼這樣說話呢？」這時，汪精衛在陳春圃、陳昌祖和兩三個保鏢陪同下，從椰林裏走了出來。汪精衛今天興致很好，穿了套筆挺的白色西服，頭戴一頂白色越式盔帽，右手拄根拐杖，容光煥發，風度翩翩。好像不是要飄洋過海，而是要到波瀾不驚的海上去領略月落烏啼的韻致。

「兆銘！」陳璧君霍地站起身來，對汪精衛大聲喝道，「你要慎重行事，我這是爲你的安全著想。」

看夫人太失體統，而且在大庭廣眾之下對自己大聲咆哮，於是向來怕夫人的他以教訓的口吻對陳璧君說，「安全固然重要，但名節更重要！當年你我潛赴北京謀刺清廷重臣攝政王，安全在哪裏？你我何曾考慮過生死？仁人志士，寧殺身以成仁，勿傷死以害義！」說著，邁開大步踏著舢板上了船。陳璧君看他又犯了強脾氣，情知無奈，便也上了船。

披著落日，「紫羅蘭」離開了下龍灣，駛向公海。當船駛離下龍灣時，汪精衛用拄在手中的那根漂亮的拐杖，興致勃勃地指著逐漸遠去的下龍灣說：「下龍灣，這名字好，也很吉利。下龍灣，這名字含意好深，預示著我們有一個光明的前景。有好的名字，就是事業成功一半的保證。」陳春圃、周隆庠等趕緊湊趣。

上半夜，船體油綠並有白道的「紫羅蘭」像隻美麗的白天鵝，在風平浪靜的海面上輕快地滑行，讓人感到快意。一輪皎皎圓月倒映海中，靜影沉璧，浮光耀眼，美麗極了。汪精衛身披風衣，在陳春圃等人陪同下，在甲板上觀賞美景。

汪精衛興致高漲，回到臥室後，仍意猶未盡，浮想聯翩，得詩一首，趕緊提筆記下：

臥聽鐘聲報夜深，海天殘夢渺難尋。
柁樓欹仄風仍惡，燈塔微茫月半明。
良友漸隨千劫盡，神州重見百年沉。
淒然不作零丁歎，檢點平生未盡心。

……

在汪精衛看來，歷史上留下了「人生自古誰無死」這一千古絕唱的文天祥和爲國蹈海的陳天華都已去矣。今天，真正能救民於水火者，只有他汪精衛了。

汪精衛甚至覺得，乘桴浮於海，特別是像今夜這樣，當海波不興時，猶如住進了水上療養院，真是太舒服了。幾乎每次出海，他都詩興大發，文思泉湧。汪精衛這個名字，就是當年他第一次跟隨孫中山先生漂洋過海去馬來西亞從事革命活動時觸景生情取的。那時，他站在甲板上憑欄遠眺。海天之間，有群海燕在勇敢地翺翔，牠們快樂地鳴唱著，一會兒翅膀貼著波浪，一會兒箭一般直上雲霄……飽讀詩書極擅詩詞的他，面對此情此景，豪情滿懷。倏地，頭腦中幻化出了精衛鳥塡海的故事。《山海經．北海經》載：發鳩之山有鳥焉，名曰精衛，其鳴自詨，常銜西山之木石以湮於東海……傳說中，一隻精衛鳥，竟有銜石塡海大志，我汪兆銘要推翻清廷、開天闢地，要的就是這種精神。於是，他開始用「汪精衛」一名。他成名了，「汪精衛」也取代了他原來的名字汪兆銘。而今，他這隻精衛鳥又要迎著暴風驟雨，輾轉啁啾，振翅高飛，去銜石塡海了。

汪精衛正獨自坐在艙中沉思默想時，「紫羅蘭」開始劇烈地顛簸起來。

「呀——」熟睡中的陳璧君被猛地顛醒了，猝不及防，被摔到了甲板上。汪精衛站起身來，想上去扶起她，不意隨著劇烈抖動，他的身子也踉蹌了一下。他趕緊用手抓著牢牢支在甲板上的桌子才沒有摔倒。一邊拉開舷窗上的窗簾，往外看去。大海真是說變就變，剛才還是月朗星稀，此時一片漆黑，就像是有一口碩大的黑鍋倒扣到了頭上，一切變得那麼可怕。隨著呼嘯的海風，小小的「紫羅蘭」被巨浪撞擊得「砰、砰！」發響；只有七百五十噸的「紫羅蘭」被排排巨浪玩弄於鼓掌之間，一會兒被托向浪峰，一會兒被拋進浪谷，顯得異常脆弱、渺小，隨時會被巨浪打翻、吞噬。

「啪！」汪精衛放在桌上的派克金筆滾落在地上，碰彎了筆尖。

「天呀！」向來做事果斷堅決的陳璧君怕極了，臉色慘白，頭髮散亂地緊緊抱著固定的床架，渾身哆嗦得像一片風中殘葉。

幸好汪精衛頭腦還算清醒。他雙手支在桌上，硬挺著身子，打開室內送話器，大聲吩咐陳春圃：「通知船長，要他立刻用無線電通知影佐，要他的『北光號』迅速向我靠近！」

「船長說……船上的無線電失靈。」傳話器中很快傳來陳春圃斷斷續續的回答，伴著陣陣嘔吐聲，「影佐聯、聯繫不上。」

「文惺、文傑他們怎樣？」陳璧君畢竟是母親，在這生死存亡關頭，首先想到的是她的孩子。那邊又傳來陳春圃的回答：「都眩暈，嘔吐不止……」

「我命休矣！」汪精衛冷汗直淌，滿面淒涼。

「兆銘，你不要這樣！」陳璧君怒目圓睜，「我對你說過，這船不行，你卻不聽，說是名節要緊。如果連命都沒有了，看你還到哪裏去找你的名！」說著，在劇烈的顛簸中，把牢一根鐵架，通過傳話器吩咐身在隔壁的陳春圃，「你告訴船長，闖過了這一關，他要多少錢，我給多少錢。」

陳春圃很快回過話來：「船長說，這是一場少見的狂風惡浪。他不是爲了錢，爲了船上所有人的平安，他和他的船員們要竭盡努力，這是他應盡的職責。現在，浪仍大，所幸風勢已經轉弱。爲了保證船隻行駛安全，他決定來個『以毒攻毒』，調正船頭，直直對著海浪輾過去。」汪精衛、陳璧君聽了，心稍安。很快，船隻雖然還是浮上浮下，但不那麼劇烈顛簸了。

危機四伏的一夜終於過去了，黎明姍姍來遲。咆哮了一夜的大海似乎也疲倦了，巨浪漸漸變得平緩。可是，死裏逃生的「紫羅蘭」已是遍體鱗傷：用以指明航向的羅盤壞了，無線電通訊壞了，輪舵也失靈了。被解除了一切「武裝」的「紫羅蘭」，像片渺小的樹葉，飄浮在茫茫的大海上。所幸，中午時分，船長的望遠鏡中出現了一個荒島。「紫羅蘭」駛向荒島，猶如躲進了一個天然的海港。船上飽受驚駭磨難的人們不禁齊聲歡呼起來。

甲板上，汪精衛從船長手上接過望遠鏡，打量起這個海圖上沒有的荒島。它足足有一平方公里，林木茂密，怪石嶙峋。向著沿海邊傾斜的淺灘上，是一片茵茵草地，草地上開滿了各種叫不出名的葉子闊大的鮮花。幾條銀色的山泉，從因藤蘿纏繞而顯得陰深高聳的山上流出來，曲折地流向大海。站在汪精衛身邊的女兒汪文惺歡呼雀躍，從父親手中接過望遠鏡看了看，說：「爸爸，島上風景那麼漂亮，我們何必悶在船上，上島去看看吧！」話未說完，忽然驚叫起來，「我看見草叢中有眼鏡蛇，還有樹上的蛇。」她用手指著，臉色慘白地說：「那是一個蛇島！」

面色憔悴的汪精衛聽女兒這一說，心情又變得沉重起來，劫後餘生的欣喜，頃刻間消失得乾乾淨淨。一種無路可走的威脅清楚地擺在面前，讓他焦慮不已。

天晴了。一輪血紅的太陽，升起在白雲繚繞的天空，好像一個炙熱的火爐，曝曬著一動不動的「紫羅蘭」，就像烈火無情地烤著一條醺魚。大家不敢上島，也不敢下海，因爲船舷邊不時躥過兇猛的鯊魚。瑞典籍船長和他的船員們周身脫得只剩下一條短褲，露出黑黝黝的胸毛，近乎赤身膀體地在船上走來走去。就是陳春圃等人也因暑熱難耐，脫得只有一條褲衩。船上任何人都可以隨意，只有自視爲元首級人物的汪精衛不能隨意，陳璧君也不能隨意。船上的淡水有限，飲水都是嚴格限量，更不用說洗用了。汪精衛、陳璧君夫婦只好躲在自己的艙裏，張大嘴不住喘氣，像兩隻就要乾涸死去的魚。

第一天熬過去了。趁著夜晚涼爽，大鬍子船長指揮船員們加緊搶修羅盤、輪舵、無線電通訊設施，但因損壞嚴重，收效甚微。當第二天來到，太陽又從海上升起，將萬把金針灑向大海，準備再次向「紫羅蘭」號肆虐。苦不堪言的船長站在甲板上，舉著望遠鏡瞭望時，突然激動起來。他忽地亮開衣襟，胸脯上那片紅毛，一直紅到臉上。舉著望遠鏡的手不住顫抖，他向站在身旁莫名其妙注視著他的汪精衛說：「汪先生，船來了，我們有救了！」

汪精衛一聽這話，一改平日的斯文，一把從船長手中搶過望遠鏡。看著，看著，他的眼睛亮了。望遠鏡中，「北光號」正在向自己駛來。「紫羅蘭」立刻向「北光號」打起求救旗語。

是「北光號」首先發現「紫羅蘭」的。當按照事先與汪精衛商量好的路線，「北光號」先行一步時，影佐考慮到「紫羅蘭」噸位小，為以防萬一，要求「紫羅蘭」同自己保持五海里的距離。誰知當天晚上後半夜突遇罕見的狂風巨浪襲擊。影佐大驚，急命「北光號」調轉船頭，循原路去搭救「紫羅蘭」。可是，沿線尋去，哪裏有「紫羅蘭」的蹤影！當時，影佐的心直往下沉。在他看來，載重量五萬五千噸的「北光號」抗擊這樣的狂風惡浪都很吃力，何況只有七百五十噸的小不點「紫羅蘭」！在急風暴雨的經夜打擊下，「紫羅蘭」很可能檣傾楫摧，船毀人亡。當第二天的黎明到來時，「北光號」已在「紫羅蘭」走過的航道上，反覆搜尋了一遍。可是，一無所獲，影佐憑著日本軍人特有的固執，站在高高的塔樓上，舉起手中的高倍望遠鏡，向四周海面反覆觀察。而在他心中真是沮喪極了，在他看來，汪精衛一定是隨著「紫羅蘭」葬身海底了。這個時候的汪精衛，對兩腳深陷中國大陸泥沼的日本軍方來說，是一個無價寶啊！正如他的副手——今井武夫事後在日記中記述的那樣：「時日軍陷入泥坑，出乎意外地汪兆銘跳了出來。他提出的計畫要建立和平政府作為解決時局的方針。老實說，縱然沒有像在地獄裏遇見菩薩那樣的信任心，也有在渡口遇著船時的安慰感……」

影佐為此深感自責，他下定決心，就是翻遍整個大海也要找到汪精衛。一旦確定汪精衛果真遇難，他這個專事對汪精衛的「梅機關」的機關長，就一死以報天皇。因而，當發現了「紫羅蘭」，並指揮著「北光號」靠近時，同樣形容憔悴的影佐見到活著的汪精衛，喜極而泣。他一步跳過船去，緊緊抱著汪精衛，連連說：「真是吉星高照呀，今天是天皇的生日！」說著，「撲咚！」一聲跪在甲板上，面向東方，連連叩頭，「托天皇洪福保佑……」

影佐當即將汪精衛一行轉移到「北光號」上。

在日本船員的幫助下，「紫羅蘭」上損壞的無線電通訊設施等，很快得到修復。影佐給了瑞典籍船長賠償後，「紫羅蘭」返回了越南下龍灣。

第三部　上海較量

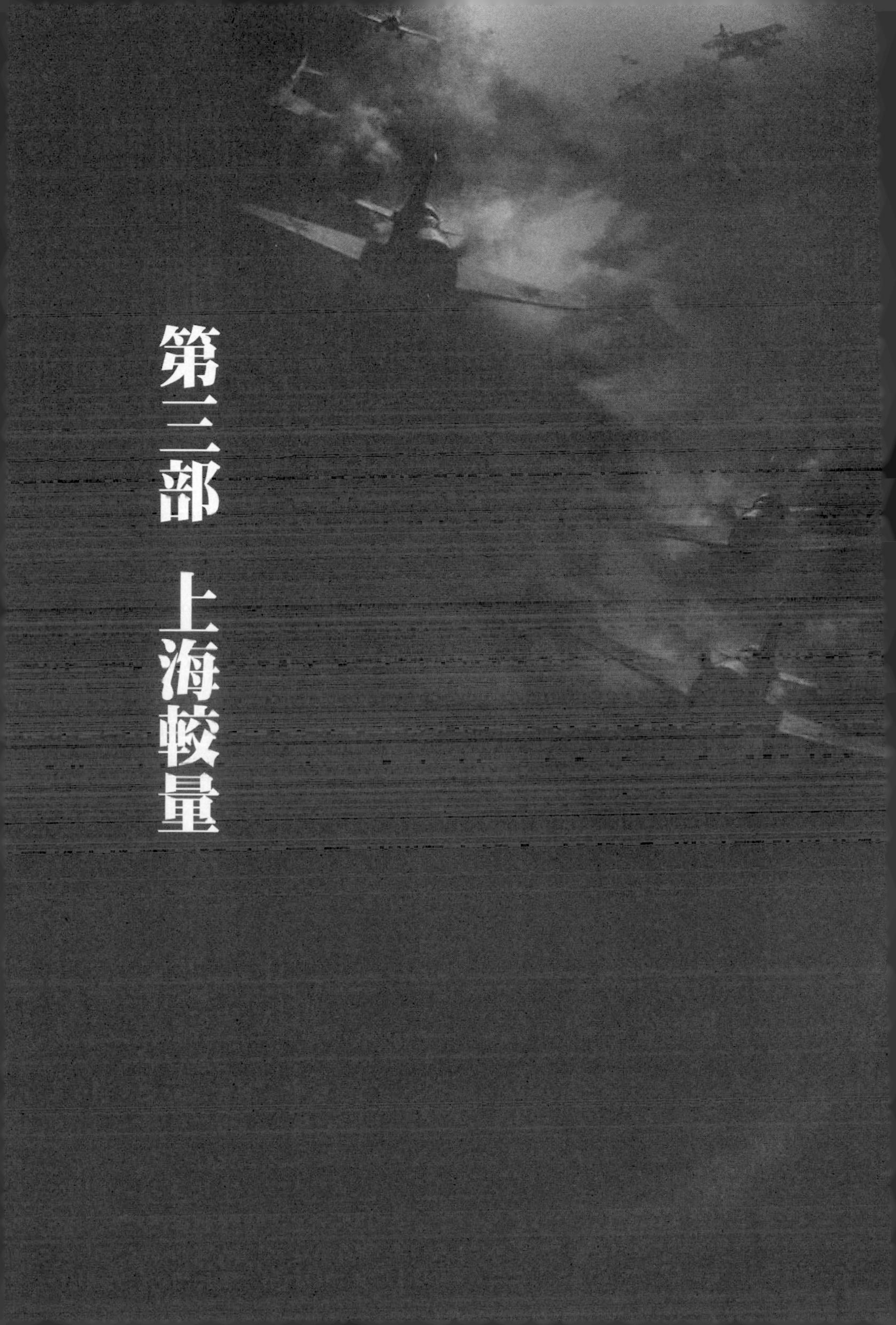

第十章　黑暗處，群魔亂舞

香港九龍約道五號，一幢濱海花園洋房，是周佛海的寓所。因港英政府明令禁止民間有槍，周佛海只得花錢從九龍鏢局雇來兩個彪形大漢看家。一個大漢手持一把汽槍守衛大門，另一個大漢懷揣匕首整天在園內巡邏。在香港，這也算得上是戒備森嚴了。

這天天氣很好。

從早晨起，周佛海就安靜地坐在二樓他的書房裏，透過落地玻璃窗，似乎很有興致地觀賞外面的風景。維多利亞海灣將九龍與港島隔了開來，兩邊各有各的景致。海灣對面的港島上鱗次櫛比的摩天大廈流光溢彩，美輪美奐，盡顯國際大都會風采。海灣這邊的九龍則處處點綴著田園風光，賞心悅目。香港的地理位置太好了！維多利亞海灣雖然寬不過一里，但是優良的深水港，萬噸巨輪可直接開進港灣停泊。澳門就不行，澳門是淺海，因此經濟發展遠遠比不上香港。

香港的心臟——寸土寸金的港島上，還有一處得天獨厚的太平山。從落地玻璃窗中望去，綿延青蔥的太平山，像是一匹揚鬃奮蹄的駿馬，橫跨在港島南北兩端。住在太平山上的都是家資上億的高官巨賈。山上冬暖夏涼。當綿綿的季風起時，太平山是港灣中的輪船最好的屏障；太平山不僅是富人的天堂，也爲居住在香港一千萬平方公里土地上的數百萬居民提供了庇護。

太平山最初叫扯旗山。它是港島上的地勢最高處，山上嘯聚著一幫盜匪。每當有商船進港，若是覺得值得搶，時機也好，就會在山頂上扯起旗幟，發佈信號，召喚盜匪們下山搶劫。香港成為了英國人的殖民地後，港英政府好不容易整肅了山上的盜匪，為粉飾太平，將扯旗山改名為太平山。地產商們不失時機地在山上修建起一幢幢高規格的別墅。很快，太平山成了香港上流社會人士集中聚居區，住在山上的有港英總督、空軍司令、賭王、富商……跨入二十世紀後，港島與九龍間修起了兩條海底隧道，一條是政府的，一條是私人的，車輛過往更為快捷方便。

周佛海覺得，他從河內陡然來到香港，就像是從農村進入了繁華喧囂的大城市。香港，連風都是香的。特別是，藍天白雲下，維多利亞海灣對面的港島上，幢幢造型別致的華美大廈，利劍一般直指雲霄，那些特製的玻璃幕牆在明麗的陽光照射下閃閃發光。與之隔海相望的香港文化中心又是那麼的恢宏。世界著名的米黃色的半島飯店，象牙般地精緻堂皇……住在這座人間天堂裏，周佛海有種不知今夕是何夕的恍惚感和幸福感。

視線所及中，綠色綢緞般的維多利亞海面上，一艘艘有錢人家的豪華遊艇，或乳白，或淡黃，或天藍……像是一隻隻雍容華貴的天鵝，滑行在海面上。

當周佛海的目光轉到煙敦山時就不動了。山上那座烽火台還保留著古老的遺風，有縷縷白煙從中升起來，被風扯著，向東飄去。他想，如果不出意外的話，汪精衛乘坐的「北光號」，今天下午或是明天上午會經過這裏，向上海駛去。「北光號」不會在香港停留，因此他也不必去同汪精衛見面。汪精衛海上遇險，他是從影佐副手，「梅機關」重要人物今井武夫那裏得知詳情的。後怕之餘，他暗暗慶幸，自己這會兒能安安穩穩、舒舒服服地坐在香港小洋樓裏觀山望景，全靠自己腦瓜子靈。在河內，當他一聽陳公博帶來的蔣先生的話，就聽出蔣介石這是先禮後兵，要出事，出大事。數月前還是重慶國民黨大員，國民黨特務機構ＣＣ高級領導人的他，對蔣介石的作法是太了解了。如果不是逃得快，說不定像曾仲鳴一樣，當了汪精衛的替死鬼。

在暗暗慶幸自己逃過一劫的同時，周佛海的思維很快轉到了當前的局勢以及如何應對的思考上。毫無疑問，要抓緊時機抓錢抓權抓人，搭自己的班子。汪精衛和他是在互相利用。目前，汪精衛、陳璧君是在唱夫妻雙簧戲。汪精衛在前台發號施令，陳璧君則在後台組織陳家班——以陳春圃、陳國琦爲骨幹的「公館派」。他們招兵買馬，壯大勢力，希圖在未來的中央政權中攫取盡可能多的關鍵席位。作爲「公館派」中參謀總長人選的陳璧君，周佛海內心是看不起的。在他看來，在未來自己同公館派的鬥爭中，真正的對手是至今還沒有出場的陳公博。別看現在陳公博同汪精衛政見不合，一怒而去，但他遲早會站在汪精衛一邊而且要挑起大樑的。他太了解陳公博的性格了，也太了解陳公博和汪精衛之間的關係了。

周佛海想起一句西方哲語：在這動亂的年頭，要緊的是兩眼盯著自己的鼻子，儘快將自己的根基夯實！汪精衛不是讓我搞錢嗎？我就借此由頭儘量搞錢，只要手中有了錢，就會有一切！

周佛海一到香港，找到「志趣相投」關係也深的交通銀行總經理唐壽民一說。唐壽民很快就給他送上八十萬元。唐壽民心中明明有把刀，可嘴裏說得甜蜜：「汪先生勤勞國是，需款必殷。我們在此略表微忱，以申敬意。但求爲我們嚴守秘密，以後我們再當籌款敬獻。」——未雨綢繆，兩面討好，腳踏兩隻船。對唐壽民這些買辦階級的特徵，早年研究過馬克思主義的周佛海真是太了解了。

周佛海在歷史上同汪精衛有過齟齬。他們現在之所以走到了一起，除了政治上臭味相投，向一個共同的目標奔，需要互相利用。周佛海需要的是借汪精衛這塊招牌，設法將「和運」變成自己的股份公司；汪精衛則需要周佛海的經驗、關係和找錢能力。周佛海清楚汪精衛性格上的弱點——做事向來「無一定主張，容易變更，故十年來屢遭失敗」，且「無擔當、作事反覆、易衝動」。相對比較起來，難對付些的是汪精衛背後的陳璧君。

周佛海在心中暗暗計算他到香港後收羅到手的人。在軍事方面有葉蓬，其人擔當過蔣介石的武漢警備總司令；楊葵一，清末留日武備生，在東京士官學校第三期畢業，曾在武漢國民黨行營當過參謀長。文人方面有樊仲雲，其人是反馬克思主義的文化特務，是一個以中國本位主義文化相標榜的十大教授之一，當過《星島日報》主筆；羅君強，是他的湖南老鄉。早在抗戰前，因爲周佛海的提攜，羅君強便官拜國民黨大本營（軍委會）少將秘書。抗戰期間，在武漢，羅君強在交際場中認識了一個叫孔小姐的美人，爲敷開支，貪污了一筆鉅款。事後，羅君強腳底板抹油溜到香港，被他收羅門下。此外，還有一個專門從日本回來依附於他的作家周作人……

周佛海正在沉思默想時，門上湘簾一掀，夫人楊淑惠進來了，吵嚷著說：「我們不是講好了要去香港海洋公園的嗎？你看看幾點了，怎麼在那裏不動呢！」楊淑惠指指自己戴在腕上的金殼坤錶，噘起嘴，「都十點了！」楊淑惠顯然是打扮過的，穿了一件黑絲絨旗袍，紋了眉，臉上撲了粉，唇上塗了口紅。看不出她的實際年齡，但畢竟是人到中年，本來豐滿高挑的身材有些發福，旗袍在身上箍得又緊，開叉又高。這樣，渾圓的乳峰、肥大的臀部顯得太突出了些。走動間，兩條肥腿不時亮出來，白晃晃的。周佛海看在眼裏，不禁皺了皺眉。

「好，走、走！」周佛海雖是一個強人，但有些懼內，不太情願地站起身來。

周佛海夫婦帶一個保鏢，驅車來到了舉世聞名的香港海洋公園。下車後買票進入公園，只見一座秀麗的山巒傍著維多利亞海灣拔地而起，山上遍披青翠，像是一隻展翅欲飛的碩大青鳥。他們登上九級台階，進入纜車站。只見空中高架上托起的兩根長長纜索上，一個個紅紅綠綠裝了遊客的橢圓形玻璃罐，在空中滑來滑去，交錯不斷；遊客們把爽朗的笑聲灑在空中。這時，一個綠色漂亮的橢圓形玻璃罐從空中滑下來，停在了他們身邊，罐門自動打開。周佛海夫婦帶著保鏢進入能容六個人的玻璃罐坐好，罐門自動關閉。倏忽之間將他們舉到半空，在那條足有三、四華里長的空中索道上滑了起來。透過透明的特製的弧形罐壁望出去，一幅幅美景展現眼前。腳下是漸次展開的波光粼粼的大海，頭上是萬里藍天，漂亮的纜車帶著他們，嬉戲於藍天、蒼山與大海間。周佛海感到少有的心曠神怡，楊淑惠樂得開懷大笑，銀鈴似的笑聲在空中傳得很遠很遠。

終於，纜車穩穩地停了下來，他們從空中回到了人間。罐門開處，他們魚貫而下，沿著石板甬道，在鮮花叢中穿行。他們去到了百鳥園，然後再到海洋館。沿著特製的透明管道向大海深處走去。身邊海洋中那些五光十色的珊瑚魚、形態可掬的海獅、體形龐大性情憨厚的鯨魚、兇猛的鯊魚……無不在身前身後碧綠的海水中遊弋、沉浮，似乎伸手可及。

走出透明的海中管道，他們這就上了另一座綿延青蔥的山巒。步換景移，視線中，過山車呈三百六十度在空中猛衝旋轉，驚險刺激……他們去了海洋劇場，在台階上坐了下來。從密密麻麻的人頭往下望去，遠遠地，山下一灣碧潭中，一隻殺人鯨正在作精彩表演。隨著馴養員的指令，牠忽而躍到岸上，用鰭支起身肢，昂起頭同人接吻；忽而像只炮彈「咚！」地投入水中，炸得水花四濺；忽而，一隻海豚從碧波中躍起來鑽圈、銜球……煞是有趣。節目精彩紛呈，場上掌聲不斷。

高潮出現在美國高空跳水隊表演。碧潭邊上支起一根極高的高杆，高得讓人仰起頭看，危得讓人噤著呼吸。高杆頂上又是一根橫杆，整體看，很像是當年蒙難的耶穌戴在胸前的十字架。倏忽間，高架上站了三個人，小得只有三個黑點。周佛海從保鏢手上接過望遠鏡看去。藍色天幕的巨大背景下，在架上最高一點上站著一位身著三點式金髮白人姑娘。稍下，橫杆兩邊一邊站一個鐵塔似的黑人，真是黑白對比分明。姑娘輕舒雙臂，腳一蹬，頭朝下，在空中劃出一道優美弧線，像隻紫燕鑽向大海，她身邊的兩位黑人跳水隊員也動作整齊一頭栽了下去……高杆那麼高，他們腳下的碧潭那麼小，稍有閃失不得了。周佛海不由緊張得透不過氣來。望遠鏡中，一白兩黑三位跳水隊員前後準確地鑽進小小的碧潭，濺起三朵高高的水花……周佛海正在心中好生感歎，有人在背後輕輕拍了拍他的肩：「周先生、周先生！」他一驚，和坐在身邊的保鏢調頭一看，不禁睜大了雙眼。

「啊，是翦建午翦先生？」周佛海用眼色制止著保鏢不要亂動，「巧了，你怎麼也在這裏？」翦建午原是他的屬下——國民黨特務組織CC中的一個中層幹部。

「我早就聽說周先生到香港來了。」翦建午藏頭露尾地說，「我一直在找你，好容易才在這裏找到周先生。」看周佛海滿臉驚惶，西裝革履的翦建午不懷好意地一笑，「周先生，我們是不是到外面去談談？」

周佛海懷疑眼前這個翦建午是重慶派來暗殺自己的特務。猛地一驚，林柏生被重慶特務在光天化日之下砍頭的恐怖場面閃現眼前。他知道，被蔣介石牢牢控制手中的CC——中統，在香港有個暗殺團。前天，汪精衛的外甥沈崧就是被中統暗殺了的……「三十六計，走爲上計！」他一邊在心中埋怨楊淑惠糾纏著讓他來海洋公園，一邊不由翦建午分說，拉起楊淑惠，在保鏢護衛下匆匆走了。

隨後兩天，周佛海一直待在家裏，哪裏也不去。想著香港的不安全，他就忐忑不安。

第三天一早，日本駐香港總領事中村豐一竟尋到了他家來。在客廳裏坐定，一副文人打扮，人精瘦、戴眼鏡、穿西裝打領帶、唇上一綹仁丹髯子的總領事略爲寒暄，站起身來，雙手遞給周佛海一封電報。然後又是鞠躬如儀地端坐。周佛海狐疑地接過電報，電文很精短：

「典，我已抵滬、速歸。昭。」

這是一封汪精衛由上海拍來的電報。「典」是周佛海近期的代號。「昭」是汪精衛的代號。

其餘的「首義」分子都有代號：陳璧君是「蘭」、梅思平是「福」、高宗武是「深」、陳春圃是「農」、林柏生是「琸」。儘管陳公博拂袖而去了，但汪精衛也給他取了代號等著他歸來，陳公博的代號是「群」。

在接下來交談中，能說一口流利中國話的中村豐一，引用了一句中國的成語「聞鼙鼓而思良將！」他人雖然顯得斯文，但金絲眼鏡後的眼神像出鞘的利劍，頗有深意地笑了一笑：「汪先生一回到上海，風塵未洗，就來急電召周先生回去，足見汪先生對足下的重視。足下是汪先生身前獨當一面的良將、大將。不知周先生帳下的兵馬是否物色齊備？」

不用說，這位日本駐香港總領事中村豐一，是代表日本軍部來同自己談話的。周佛海言談舉止清楚地掂出了中村的分量和來意。

「實不相瞞！」周佛海略爲沉吟，說了下去，「我現在別的人才不缺，緊缺的是一位特工人才。上海雖在貴軍的勢力範圍內，但因爲有租界，蔣介石的特工在那裏十分猖獗。我們如果沒有一位得力的特工人才，儘快組織起一支有相當保護力的特工隊伍，那麼，不要說我們沒有辦法開展工作，連安全也無法得到保障。」

中村豐一頻頻點頭。

「周先生，」中村說，「我今天來，主要就是向你推薦這樣一位人才。」

「誰？」周佛海陡然來了精神。

「周先生，你認識李士群嗎？」

「啊，李士群——認識。」周佛海說時，頭腦中立刻閃現出一張四四方方的青水臉。時年三十四歲的李士群堪稱精幹，中等身材，寡言笑，體格結實勻稱，一看就知是經過訓練的。素常穿一套麻格格的劣質西服，看人目光凌厲，動作敏捷，是個特務的料。

李士群是浙江遂昌人，農家出生。早年在上海讀書時加入中國共產黨，一九二七年被中共送去蘇聯接受特工訓練，一九二八年回國後從事中共地下工作。一九三二年在上海被國民黨CC秘密逮捕後叛變。過後，李士群和另外兩個與他有相同經歷的共產黨叛徒丁默邨、唐惠民臭味相投。他們合夥在上海租界白克路辦起一家《社會新聞》週刊，為掩人耳目，他們偽裝進步，在報上發表文章大肆抨擊汪精衛。李士群為人陰險，腳踏兩隻船，一邊向國民黨CC出賣情報，一面又向共產黨表示忠誠。不久，共產黨在上海的地下組織懷疑李士群，為了考驗他，交給他一個任務，要他秘密處決丁默邨。可是，李士群當面答應，轉過身卻將這個秘密向他的「丁大哥」和盤托出，作為加深他和丁默邨友誼的禮物。然而，怎麼向共產黨組織交代，以便自己繼續在共產黨內混，撈到盡可能多的好處呢？他想好了一條毒計。

一九三七年一個晚上，國民黨中央組織部調查科上海區區長馬紹武，綽號馬大麻子，同公共租界巡捕房政治部督察長譚紹良、上海警察局特務股主任劉愧，還有丁默邨，在廣西路小花園一家高等妓院出來時，已是深夜。深深的弄堂裏萬籟無聲。這時，李士群不知從哪裏鑽了出來，笑嘻嘻地向他們迎上去，在醉眼朦朧的馬大麻子肩上一拍後，趕緊同丁默邨避開了去。黑暗中兩聲槍響，馬紹武應聲倒地而死。國民黨中央組織部聞訊大驚，嚴令上海有關當局限期破案。案子很快破了，丁默邨、李士群同時被捕。因為丁默邨有他的至交好友、CC高級特務、上海市社會局局長吳醒亞力保獲釋，李士群卻大吃苦頭。他被押到南京受盡酷刑。看來必死無疑，幸好李士群的妻子、長他五歲的葉吉卿聞訊後變賣家產，趕到南京，用重金賄賂中統高級人物馬嘯天、蘇成德、顧建中、徐兆麟等，李士群的死刑案被放了下來。趁熱打鐵，葉吉卿最終走通了CC頭子陳果夫、陳立夫兄弟的表弟——關鍵人物徐恩曾的路子，李士群這才轉危爲安，不僅獲得了自由，而且還在中統上海行動股股長馬嘯天手下重操舊業，當了一名偵察員。只是中統規定他不得擅自離開南京，算是對他限制使用。李士群幹特工有一手，而且在新東家面前也確實賣力，因而，他很快得到主子的賞識，在中統內混到了中層幹部職務。抗戰時，他奉命到上海審判一名日本女特務，卻沉迷女色，被日本女特務拖下了水，離開組織溜去了香港……

想了想，周佛海問中村：「李士群不就在香港嗎？」

「現在他又回上海了。」中村說，「他到香港後，在我手下做情報工作。這個人年輕、精明能幹、又是從重慶那邊殺出來的，對那邊的情況熟悉。在未來同重慶的激烈鬥爭中，李士群是對付國民黨以及共產黨的最佳人選。」

周佛海深感日本人處事之周密。確實是這樣，他想，李士群既是共產黨營壘中的叛徒，又是國民黨營壘中的叛徒，這個雙料叛徒對國共兩黨的特工情況都熟悉、確是我們這方特工的最佳人選。於是，他說：「謝謝，中村先生真是雪裏送炭。」對他來說，李士群無異是他回上海前夕，日本人送給他的一份厚禮。

太陽剛剛升起。蘇州河的濁水被陽光幻成了金綠色，靜悄悄地向東流去，注入大海。黃埔江正在漲潮。晨風送來外灘公園中播放的音樂，是軟綿綿的「何日君再來」。這種讓人骨頭都快酥了的音樂，與當前緊張的時局完全是格格不入。縷縷晨霧籠罩了外白渡橋上高聳的鋼架。

「匡啷啷！」電車從橋上駛過時，空中不時爆出幾朵碧綠的火花。浦東一排排洋棧像是蹲著的一頭頭怪獸。向西望去，一幢幢插入碧霄的洋房頂上，霓虹燈管閃射著火一樣的赤光、青鱗似的綠焰；「仁丹」、「富士山」……招牌時隱時現。

就在這個時候，一輛「雪鐵龍」轎車閃電般過了白渡橋，向西一個轉彎後，沿北蘇州一路急馳。坐在車內的汪曼雲，聽名字該是個妙齡女子，其實是個身材健壯的中年男人。汪曼雲輕聲問坐在身邊穿中山服、戴博士帽紳士模樣的章正範：「李士群說好了在家等我們的吧？」

章正範沒有說話，只是肯定地點了點頭。

身著長袍、頭戴博士帽、長不像葫蘆、短不像冬瓜的汪曼雲愛笑，笑起來像個彌勒佛。但俗話一句，「笑官打死人」。這個愛笑的汪胖子才不是個簡單人。他原是國民黨上海市黨部委員。日軍佔領上海後，他惶惶然不可終日，想另找靠山，這時，他的把兄弟章正範找上了門。章正範原來也是吃國民黨的飯，是國民黨中央宣傳部駐滬特派員，同時又是上海青幫頭子杜月笙的門生。章正範告訴汪曼雲，現今最好的辦法就是去投靠與他們有相同經歷的李士群。汪曼雲聽了求之不得。於是，章正範在電話上同李士群說好後，又約了時間，這就帶汪曼雲去見李士群。

「李士群對我的情況是清楚的吧？」在車上，汪胖子似乎有些不放心，問章正範。

「清楚。怎麼不清楚呢，大家都是在上海灘上混的人嘛！」章正範言在此而意在彼，給汪曼雲吃了一顆定心丸。說著，大西路六七號到了。汪曼雲下車後用職業的眼光一看，暗暗佩服李士群。李士群住的房子很有講究：地處租界邊緣，視野開闊。若有刺客來，在房外無藏匿之地。特別是旁邊緊鄰著一座美國兵營——無論如何，重慶暴力團是不敢為殺一個李士群而去驚動美國人！

章正範上前按了門鈴。稍頃，裏面石板甬道上一個大漢沉重的腳步聲響了過來。

「叭嗒！」鐵門上開了一道小窗子，貼著一雙警惕的眼睛。「啊，是章先生！」認清站在門外的是章正範，門開了。開門的，不知是李士群的保鏢，還是李士群發展的第一批打上了「汪記」的特務，其人蘇北口音，身材健壯、穿身黑色紡綢寬鬆衣褲，一張紫醬色的四方臉上，有許多小痘痘，絡腮鬍子，手腳粗大有力，眼睛裏的光槍彈似的又冷又硬。章正範客氣地給雙方作了介紹，汪曼雲記下了這蘇北口音的傢伙名叫張魯。

兩人進了門，剛走到主樓前，李士群已迎下樓來。聽了章正範的介紹，李士群很熱情地同汪曼雲握了握手，一邊說：「汪先生我是知道的，知道的。」他們上樓進了客廳坐下後，傭人送上茶水點心，輕步而退，並輕輕帶上門。

「幸會。」李士群同他們兩人寒暄之後，直奔主題，「可能汪先生已經知道了，我現在爲日本人做事……」汪曼雲心想，他不說自己爲汪精衛做事，而是說爲日本人做事，是標榜自己的後台大，靠山硬！只聽李士群繼續說下去，「之所以如此，一是爲報復CC。想當初，他們對我李士群手段何其歹毒！灌辣椒水，坐老虎凳；二是想利用我這點本事，在日本人手上弄上二、三十萬塊錢溜之大吉，哪管你共產黨、國民黨、日本人！」說著，他看了看汪曼雲的反應。汪胖子大智若愚地笑著。

「我和章先生是朋友，現在同汪先生也是朋友。俗話說得好，在家靠父母，出外靠朋友。以後，我們互相幫助！」李士群的話就說到這裏。汪曼雲看李士群的話說得欲露還藏，便點了一句：「李兄想必清楚，現在租界雖是外國人的，日本人雖不敢怎樣，但畢竟已是海中孤島。」他指了指章正範，「若是我們這些過去吃老蔣飯的人被日本人拿著，李兄有沒有辦法幫助我們？」

「沒有問題。」李士群說，「只要你們說是我李士群的兄弟，日本人就不會怎樣你們的。」

「那李兄可不可以告訴我們，你在日本人那邊是什麼地位？」汪胖子很好奇，來個打破砂鍋問到底。他心想，這個李士群一腳剛剛才踩進汪精衛的圈子裏，難道又一腳踩到了日本人那裏？這個李士群的「水」究竟有多深？

李士群說：「我在日本人那邊掛了個特務機關長名義。」

「啊！」汪曼雲聽到這裏，猶如吃了一顆定心丸，他下定了決心投靠李士群。因爲是初次相見，話談到這裏，汪曼雲用眼色同章正範會了一下意，就起身告辭。李士群也不挽留，只是很客氣地將他們送出大門。

就此開始，汪曼雲、章正範就算正式加入了李士群的營壘，不過相對獨立；盡可能送些情報給李士群。李士群在他們面前也不做出一副上司相，之間不時酬酢往來。李士群明明有自己的汽車、保鏢，可是每次出來，都神神鬼鬼的，來回都是一人，既不帶車又不帶人。開始，汪曼雲對李士群這招解不開，後來才知道，李士群警惕性很高，也有長期從事特務工作的經驗。他怕來去帶車帶人目標大、遭到重慶方面暗殺。他那幢在大西路六七號的花園洋房裏的汽車從來不用。汽車就擺在車庫裏，車庫門早晚都開著，擺出一副迷魂陣，讓圖謀暗殺他的殺手摸不清他的行蹤……

其實，李士群對汪曼雲也有所圖。李士群雖然算是投靠了日本人，但不要說開展工作，連安全都沒有保證。國民黨的中統、軍統在上海都很活躍，每天都有噩耗傳來，令李士群一夕數驚。李士群是中統出身，對這個特務組織的活動路數、暗殺方式都很清楚，心也不那麼虛。況且，在上海的中統內，還有他的把兄弟唐惠民等可以暗中爲他通風報信。但對戴笠領導的軍統，他卻完全摸不著底，而上海青幫頭子杜月笙同戴笠關係很好，汪曼雲又是杜月笙的學生。他是期望通過汪曼雲巴結上杜月笙。

天從人願，這個機會終於來了。

那天，李士群電話約請汪曼雲、章正範到他家去。一見面，李士群便義憤塡膺地從抽屜裏拿出一份厚厚的檔案，拍在茶几上，非常氣憤地對汪、章二人說：「兩位仁兄，可能你們還不知道吧？張師石把杜月笙出賣了！我是知道的，老杜對張師石不錯呀，這個傢伙太沒有良心。我是出於義憤，看不過這種賣友行徑才通知你們這個事的。你們看看檔案裏的資料吧！」

汪曼雲、章正範吃驚非小，趕緊從檔案袋裏抖出檔案──這是一套張師石向日本方面提供的有關杜月笙情況的詳細資料。從杜月笙的出身、初步發跡到後來與法租界煙賭業的關係及與上海灘黑社會人物黃金榮、張嘯林、虞洽卿、王曉籟、錢新之、楊虎、陳群、徐采丞、楊志雄、楊管北等人的種種關係。檔案中特別強調了杜月笙與軍統頭子戴笠的關係以及杜月笙留在上海一幫幹將（上海淪陷後，杜月笙避往香港）的情況，如：金廷蓀、顧嘉棠、高鑫寶、葉焯山、芮慶榮、陸京士、汪曼雲、王先青、吳紹澍、徐懋棠、章榮初、徐大統、萬墨林等。見汪曼雲、章正範神情緊張，李士群大方地說：「東西太長，你們一時也看不完，就帶回家去看吧。不過，看了後，務必將原件還給我，因爲我在日本人那裏是簽了字的。他們一旦要，我就要立刻還給他們！」汪曼雲見李士群如此仗義，便大起膽子提出要求：「李先生是否可以讓我將原件帶去給在香港的杜先生看看，我們會儘快還給你的！」

「可以，可以！」李士群滿口應允。

香港，九龍。庭院深深的杜公館裏，時年五十一歲，具有國民政府陸海空軍總司令部顧問、上海市抗日救國會常務委員、上海市地方協會會長、中國通商銀行董事長等諸多頭銜的杜月笙，正躺在他華宅中吸煙室裏的煙榻上抽著大煙。這是一間寬大舒適的中西合璧的房間，地上鋪著進口波斯地毯，壁上安裝著空調，室內溫度適中。雕龍刻鳳鑲嵌著進口義大利玻璃的一排中式窗櫺上，金絲絨窗簾拉得嚴嚴的，屋裏光線黯淡，由他最喜歡的使女雪兒陪著。躺在煙榻上的杜月笙像吹簫似的，用一隻瘦骨嶙峋的手托著一隻鑲金嵌玉的長嘴煙槍，很舒服地閉著眼睛。躺在他對面的雪兒用一隻火撚，將他拄在長煙嘴上的煙泡點燃。

「嗤——」地一聲，在杜月笙蒼白的嘴唇一吮一吸間，便有煙圈縷縷升起，頓時異香滿屋。看杜月笙將一袋大煙燒完，伺候他抽煙的雪兒趕緊坐起身來，伸出手，將一隻砌著上等龍井的鼓肚描金彎嘴小茶壺遞上去，見主人並不接。雪兒便彎下腰去，將茶壺嘴輕輕插進主人嘴裏。

「咕嚕、咕嚕！」主人很響亮地喝了兩口茶，睜開了眼睛。一雙雖然凹陷卻靈動有神的眼睛轉了兩轉，很舒服地吐出一口長氣——杜月笙向來身體羸弱，大煙早晚必抽，但並不上癮，完全是爲了提提精神。

這當兒，管事來在門外，隔簾向他小心翼翼報告說，汪曼雲專程從上海趕來，有要事向他報告。

「啊！」杜月笙一個鯉魚打挺坐了起身來，趕緊說：「請汪先生趕快進來。」

當汪曼雲進來時，雪兒已將窗簾拉開，爲他泡好了茶，杜月笙也坐在了沙發上。汪曼雲隔几坐在了他旁邊的沙發上，連茶都沒有喝一口，就將張師石背主求榮的情況向他作了詳細報告。

「有這等事?!」杜月笙聽完汪曼雲的報告，一下坐直了身子，轉過身來，看著汪曼雲，目光陡然間得非常凌厲，伸出手來，「把你從上海帶來的檔案給我看看。」

汪曼雲拿出一個黑皮包，「唰！」地一聲拉開，拿出厚厚的一疊杜月笙的檔案，放在茶几上，將第一冊捧起，遞到杜月笙手上。杜月笙接過來翻開，先是有關他的情況提要，因爲氣憤，他那張蒼白瘦削的臉，漸漸轉成了紫青色，兩道疏淡的眉毛微微抖動。

「嗨，長見識了，真是長見識了！」杜月笙向隨伺在側的雪兒吩咐，「你去叫王秘書來。」年方二八，長相俊俏，身材適中，穿一身素色綢緞衣褲的雪兒應聲去了。很快，穿西裝打領帶皮鞋擦得發亮的秘書王幼棠快步進來了。

「這些東西！」杜月笙指了指放在茶几上的三本厚厚的資料，吩咐王幼棠，「你抱了去，辛苦一些，儘快用正楷字抄一份給我。」王幼棠領命而去後，杜月笙又向汪曼雲問了些上海的情況並慰勉了幾句。看杜月笙精神有些不濟，汪曼雲適時地起身告辭。汪曼雲出了杜月笙的煙屋，自有下人將他帶去休息。

三天後，王幼棠將杜月笙的檔案資料抄完了，將原件還給汪曼雲。汪曼雲回上海前，又被杜月笙找去。

「曼雲，你立了一大功。」杜月笙很親切地說，「本來我想留你在香港住些時日，但我知道，你回上海還有事，在香港心也靜不下來，就不留你了。你到帳房去領些錢，你想領多少領多少。替我在香港給李士群買些東西送他，要買好點，值錢的，還他的人情，就說是我送他的。」

「好的，好的。」汪曼雲笑得彌勒佛似的，連連點頭。他當即到帳房領了好大一筆錢，去香港最繁華的軒尼詩道爲李士群買了一隻瑞士最新產純金高級掛錶，另有兩套高級西裝。他自己狠撈了一筆，那就不用說了。

汪曼雲回到上海，稍事休整，立刻約李士群、章正範到大上海飯店吃飯。要的是一間雅室，有悠美的輕音樂相伴。席間，汪曼雲將他從香港買的東西拿出來，送給李士群，特別說明：「這些禮物，都是杜公特意送你的！」

「太破費了。」李士群從講究備極的包裝盒裏，拿起沉甸甸的瑞士掛錶，高興得嘴都合不攏了，「正好有個好消息先告訴兩位仁兄。」李士群喜滋滋地對汪曼雲、章正範說，「因爲日本人牽線，日前，周佛海代表汪精衛正式請我出山，爲他組織、主持特工工作。」

「都談好了？」汪曼雲、章正範問。

「都談好了。」李士群說，「但我對周先生聲明，我可以出山爲汪先生主持特工，但不坐頭把交椅，頭把交椅我推薦丁默邨坐，老丁是周先生的湖南老鄉，大家都是故人，相互了解，我這一說就准。你們二位仁兄，也望多多幫助。你們想不想見老丁？若是想見，我給你們引薦。」正在想方設法找靠山的汪曼雲、章正範聽這一說，喜不自禁。他們當即約定，第二天上午十時，汪、章二人到李士群家見丁默邨。汪曼雲心中清楚，李士群之所以不坐汪記特工的頭把交椅，並不是他說的讓賢，而是資歷淺、威望不夠。原先，李士群與丁默邨同屬國民黨CC，但丁默邨職務要比他高得多。

觥籌交錯間，三人間關係又深了一層。

第二天，按照約定的時間，汪曼雲、章正範準時去了大西路六七號李士群家。門鈴按響後，自然是翹嘴巴蘇北人張魯來開的門。二人剛剛上樓，李士群帶著一個人笑嘻嘻地迎了上來，同二人握了手後，指著身後那位雖西裝革履卻瘦得煙鬼似的人介紹：「這位就是大名鼎鼎的丁默邨先生。」

「幸會，幸會！」丁默邨上前一步，主動同二人握了手，相跟著上了樓上客廳。只見客廳裏正面牆壁上斜釘著國民黨黨旗和中華民國國旗，上面是一幅孫中山先生遺像。看汪曼雲、章正範吃驚的樣子，丁默邨笑著解釋：「兩位仁兄，這個場面久違了吧？看著也有些吃驚？從今以後，國民政府這青天白日滿地紅的旗幟，不是他蔣介石在重慶可以掛，我們在上海也可以掛。因爲，汪先生馬上就要在上海組建起一個真正的國民黨中央政府，這是日本人同意的。」

汪曼雲、章正範樂道：「好呀，這是好事情。什麼時候開張？」

「這下好了，我們也不愁沒有飯吃了。」

李士群說：「汪先生馬上就要去日本訪問，他回來後，所有的『店鋪』就正式開張營業。」

就在即將出台的汪精衛特務組織機構的頭子丁默邨、李士群和幕後同夥汪曼雲、章正範等人彈冠相慶、摩拳擦掌、躍躍欲試時，上海重光堂內正在召開一個重要的秘密會議。

重光堂又叫六三花園，是一座日式建築的花園洋房。從一道雕花鐵柵欄圍牆望進去，庭院深處，那幢主樓——乳白色的一樓一底法式建築物幾乎全被蓊郁的花木掩隱。茵茵草地上，有多株日本櫻花樹，花開時節，爛漫一片，緋紅如雲。戰前，這是日本特務六三老頭的私宅。他躲在這裏，大搞中國情報，大玩女人……上海淪陷後，這幢華屋變成了日本侵華軍大特務頭子土肥原的私宅。

這天，六三花園主樓二樓正中一間不大的會議室裏，汪精衛坐在當中主持會議；鋪著雪白桌布的橢圓形長桌兩邊依次坐著周佛海、陳公博、陶希聖、梅思平、陳春圃、高宗武、林柏生等未來汪記國民政府的大將們。引人注目的是陳公博，在河內他因爲不同意汪精衛另組中央政府拂袖而去，而今天，他卻來了，而且是坐在汪精衛左首第一位，與坐在右首第一位的周佛海相對。正午燦爛陽光從落地長窗中漫進屋來，屋子裏很光明。

「諸位！」身著一套高檔白西服的汪精衛今天氣色很好，精神也很好。他挺著胸，環視左右後，振振有詞地說道：「爲讓和平運動儘快走入正軌，早日建立中央政府，我決定近期訪日。今天需要和諸位商議的第一要事是，我們未來的首都定在哪裏？請諸位發表意見。」

周佛海當即表示，定都南京。理由是：既然重慶蔣介石的中央政府是僞的，我們的中央政府才是真的，那麼非南京莫屬；因爲，南京本來就是中央政府所在地！

高宗武卻反對。理由是：現在梁鴻志的維新政府就設在南京。在國人眼中，梁鴻志的維新政府是日本人刺刀保護下的一個漢奸政府小朝廷，中央政府設在那裏，豈不是同梁鴻志的漢奸政府小朝廷同日而語？試想，堂堂中國國民黨的中央政府設在日本人的勢力範圍內，這成何體統？在外人眼中，這個中央政府，還是中國的嗎？

大家都承認高宗武的話有理。但中央政府不設在日本人的勢力範圍內，又能設到哪裏去？到大西南的任何一個地方不行，到日本人勢力範圍外的任何一個地方也都不行！扯來扯去，問題還是回到原地。既然這個中央政府非設在日本人的勢力範圍內，那當然還是在南京最宜，雖然這有點令人尷尬，但沒有辦法。

汪精衛暗暗歎了口氣，拍板了。

「既然大家的意見最後趨於一致，那這事就這樣定了。」汪精衛正想宣佈會議結束，不想被他好不容易重新招致麾下並被賴以爲干城的陳公博要求發言。汪精衛只好應允。

「就我所知，」陳公博滿面愁雲地說，「日本內閣和日本大本營對我近期組建國民黨中央政府的意見很不一致。」他透露了在這個問題上，日本軍界、政界不同的看法後接著說，「現在，局勢如此之微妙。在這個時候，汪先生去訪日本，倘有差錯，何以對國人？」

「公博！」汪精衛對陳公博這番很不合時宜的話大不以爲然，以教訓的口吻說，「請你別這樣一而再、再而三地洩氣好不好？幹什麼事情不冒點風險？我這次去日本，是同日本內閣通了氣的。」說著，激昂起來，提高了聲音，「氣可鼓而不可泄！我汪某是在爲和平奔走，就是爲國人犧牲也在所不惜！有什麼好前怕狼後怕虎的?!」他的這一番話堵住了陳公博的嘴，爲了給在座的「首義之人」打打氣，他當即宣佈了一個激動人心的消息：「我們的經費問題解決了，而且相當寬裕。月前，爲我們服務的日本『梅機關』機關長影佐先生擬了一個提案交日本內閣，今已正式通過。從本月起，由日本上海正金銀行每月向我們提供三百萬元活動經費，這是一筆鉅款。」

果然，汪精衛一說，在座的都歡呼起來。因爲，每個人都可以從中領取好大一筆款項。其實，日本人向他們提供的鉅款，是借中國人的骨頭熬中國人的油——這是歷史上，中國對八國聯軍的賠款。歷年由中國海關在稅收內支付，並有嚴格規定，若有多餘款項（俗稱「關餘」），存入英國人的滙豐銀行。日軍佔領北平、上海、廣州等中國大城市後，發現「關餘」已有相當數額，日本軍方強行將所有的「關餘」轉入日本正金銀行。

真是「人爲財死，鳥爲食亡。」梅思平等人就像被注射了一針興奮劑，當即提出：「今後，大家都要全身心地致於和平運動了，無力顧及家庭生活，組織是不是應該考慮考慮我們的生活問題？」眾人立即附議。梅思平的話雖然說得含蓄、委婉，但意思是很明白的，這就是攤起手來，向他們的主子汪精衛要更多的錢。

汪精衛笑了一下，話說得很幽默：「思平不愧是搞外交工作的，話說得又明白又好聽。」他當即大方表示，「在座諸君都是和平運動首義人物，每人發安家費十萬元。但是，以後參加和運的同志，不得援引此例。」

汪精衛「出訪」日本前的重要會議，就在發錢的高潮中皆大歡喜地結束了。不過，陳公博不知哪股強筋又犯了。會後，他又持同一個理由向汪精衛告假，說他在香港的年屆八十的老母親最近身體不好，身邊需要人照顧，他得回香港盡一個兒子的孝心。汪精衛沒有辦法，只好讓陳公博又回香港當他的寓公去了。

第十一章 卑躬屈膝，換回賣身條文

從飛機上看出去，綿長的日本海岸線一閃而逝。飛機降低了高度，汪精衛的目光透過飛機舷窗，久久凝望著視線中顯現的「友邦」大地。日本的綠化很好，所有的山巒、田野、城市無不遍披青蔥。從高空往下望，漸次顯現的日本本土無一處是裸露的，只見無邊的綠浪起伏。

「這就是我熟悉的、已經闊別了三十年的日本麼？」汪精衛的心，猛烈地跳動起來。

這天——一九三九年五月卅一日，上午十時，汪精衛率周佛海、高宗武、梅思平和周隆庠、董道寧一行乘日本海軍飛機，從上海虹橋機場起飛，約三個小時後飛抵日本本土。汪精衛此行有些一廂情願，也太急了些。並不是事前同日本內閣通氣，而是他主動向人家打了份要求訪日的「申請報告」，經影佐遞交東京，十天後才收到日本方面一紙冷冰冰的回文：「同意。」

這次汪精衛訪日，日本上層曾經展開過激烈的爭論。爭論的焦點是：在中國，日本當前究竟該扶植誰？在他們掌握的名單中，除了汪精衛，還有兩位強有力的競爭者，分別是住在上海、北平的唐紹儀和吳佩孚。也就在汪精衛一行飛赴日本時，向來消息靈通的中立國瑞士發了一則很幽默的電訊：「赤手空拳的汪一行十二人訪日！」是的，日本人是最講究實力的，也是最功利的。既然他汪精衛是「赤手空拳」去日本，那麼，受冷遇是必然的。

汪精衛一行乘坐的日本海軍飛機午後降落在指定地點——東京附近的追濱機場。下飛機時，機場上冷冷清清，來迎接他們的僅有大本營派來的兩位職別不高的聯絡員西義顯和依藤芳男。他們一行人悄無聲息地上了幾輛轎車，車隊首尾銜接，沿國道線向東京駛去。

坐在中間那輛轎車上的汪精衛，用手輕輕掀開白色窗簾向外看去。他發現，三十年後的日本，人口激增。田疇間，村莊毗鄰，人煙稠密。一時間，讓他似乎對日本之所以向外擴張又增加了理解和同情，面對此情此景，他不禁又詩興勃發，隨口吟出一首詩來：

疆畝縱橫綠野恢，禾苗如水樹如苔。
老農筋力消磨盡，留得川原錦繡開。

他的思緒正在詩的氛圍中翱翔時，忽覺眼前一亮，車已進入東京。儘管是戰時，但東京畢竟是日本首善之區，是世界著名大都市。展現在眼前的條條通衢大道寬闊如砥，兩邊綠樹成蔭，街市繁華。過銀座一帶時，街上各種高級車輛如過江之鯽，幢幢華麗壯觀的銀行、商行等摩天大廈撲面而來，霓虹燈閃閃爍爍，人群摩肩接踵。忽然，汽車一拐，首尾銜接的車隊魚貫進入一條幽靜的大街，兩邊濃蔭中掩隱著一幢幢日式花園洋房。

汪精衛乘坐的轎車駛進了一座綠化很好，環境幽靜的別墅。車輪在花木夾道光滑如鏡的柏油路上輾過，發出輕微的好聽的沙沙聲。轎車在一幢乳黃色的象牙雕刻般的一樓一底的主樓前停了下來。車門開處，已等候在那裏的聯絡員西義顯趨步上前，替汪精衛開了車門，深鞠一躬說：「這是東京男爵的別墅，是你在東京期間的下榻處。你的隨員們，除秘書周隆庠跟在你身邊，」說時，指了指周圍緊鄰的幾幢別墅，「其他的人都分別安排了，你們聯絡起來很方便的。」然後，西義顯就告辭了。

汪精衛吃了午飯就坐在屋裏生氣，他覺得他是國家元首，到日本卻沒有受到應有的禮遇和尊重，連接風宴都沒有安排。接待他的，是職別不高的西義顯，而且人一晃就不見了。

這時，電話鈴聲響了，他沒有好氣地拿起話筒。

電話是住在樓下的秘書周隆庠打來的。

「汪先生。」秘書向他報告，「先已回到東京的影佐先生，還有犬養毅先生想來拜望你，不知可不可以？」儘管這兩個來拜望他的人都是「梅機關」的，汪精衛還是很高興，有人來總比沒有人來好。他說：「好的好的，就讓他們來吧！」

六月十四日，當一輪通紅的朝陽剛剛從東京郊外一處蔥郁的樹林中探起頭來，習慣早起的平沼首相已穿著一身和服，站在他東京郊外的別墅典雅的書房裏，望著正面壁上掛著的那幅碩大的二十萬分之一比例的「支那作戰態勢圖」，處於沉思默想中。

那面公雞形的土地資源廣袤的中國地圖上，標誌著日軍佔領的一面面小太陽旗，已插遍了大半個中國。然而，首相那張線條剛硬的、絡腮鬍刮得發青的四方臉上，卻無一點欣喜。那副濃重的眉，因憂愁而蹙起來……平沼是今年一月繼近衛之後擔任首相的。他中等身材，篤實，剪平頭，雖戴一副玳瑁眼鏡，卻無半點書卷氣。從整體上看，平沼首相給人一種日本武士咄咄逼人的霸氣。

作爲一個首相，一個政治家，平沼對日軍在「支那」戰場上表面上看似節節勝利，實際上卻是泥足深陷的局面，心中比誰都清楚。隨著美國軍用物資的大量援華，蔣介石對日態度越來越強硬了。在正面戰場上，日軍不僅再無力進攻，而且不斷遭受反擊。在日軍已經佔領的廣大地區，因軍力不敷，共產黨領導的八路軍就像中國《西遊記》中的孫悟空鑽進了牛魔王的肚子裏。他們不斷發動民眾，星星之火，竟成燎原之勢。在滿洲（東北），數十萬精銳的關東軍，因為有蘇軍的對峙、牽扯而不能動彈。再看東南亞、太平洋上的局勢，更是不樂觀。日美之間大有大打之勢。如果日本陷入「支那」的泥潭，那麼，四面樹敵的區區島國——日本最終面臨的結局是什麼，是顯而易見的，也是可怕的！而今最聰明的辦法，就是帝國政府必須儘快在中國找到一個足可同蔣介石抗衡的，有影響的人物出來，建立中央政府，同蔣介石的重慶中央政府對抗，從而達到「以華制華」的目的。近年來，帝國政府為了找到這樣一個人選心機費盡，花了大錢出了大力。屈指算來，有華北的王克敏、南京的梁鴻志……事實證明，這些人物都如中國《三國演義》中扶不起來的阿斗，是一砣砣臭狗屎，根本排不上用場。之前，軍方建議，起用在中國名噪一時的前直系首領吳佩孚吳大帥。可是，偏偏吳佩孚吳大帥桀傲不馴，用中國人的話說，就是——給他梯子就上牆，說他胖就喘。吳佩孚手下嘯聚了四、五萬綠林好漢，卻專找替日本人效命的王克敏華北政權搞摩擦。

沒有辦法，只好找到了在上海的唐紹儀。時年七十八歲的唐紹儀，有相當的影響力。他是廣東香山人，留學美國，曾經作過袁世凱政權的內閣總理，又秘密加入過孫中山領導的同盟會。一九一二年六月，因袁世凱破壞責任制內閣，他憤而辭職，因而平添聲望。一九三一年「九一八」事變後，唐紹儀任國民黨中央監察委員、國民政府委員。土肥原到上海後，在唐紹儀身上下足功夫，唐紹儀答應出山。工作剛有頭緒，不料一個月黑風高夜，唐紹儀被軍統特務用利斧砍死家中……就在這個時候，汪精衛跳了出來。無疑，汪精衛是最理想的人選。雖然大本營內派系林立，對汪精衛的看法、評判也不一致。但作為首相的他，還是說服了各派。今天，他要在東京郊外的家中接見已在東京盤桓了多日的汪精衛。

按照約定的時間，晨九時，聯絡官西義顯帶著汪精衛和秘書周隆庠驅車來到了首相宅邸。汪精衛下車時疑為到了仙境。眼簾中，四周都是蒼蒼的森林，一片茵茵草地上，有嬉戲的梅花鹿，雀鳥啁啾……這裏，沒有軍人，沒有塵囂，只有一幢乳白色的日式小洋樓，掩隱在花木叢中。

「汪先生，請！」西義顯走到他面前，把手一比，深鞠一躬，將四顧頻頻、處於遐思中的汪精衛喚回。

汪精衛笑著點點頭，跟著聯絡官西義顯進了柵欄門，穿過櫻花爛漫的庭院，來在主樓前時，平沼首相降階相迎──他著一身寬大的和服，腳蹬木屐，舉止打扮，相當隨便。一絲不易察覺的不快和失望，從汪精衛俊美的面龐上閃過。他暗想，這哪裏是雙方元首級的晤談，分明是民間的串門！

然而，汪精衛心中的不快不過是短暫的一瞬。就在平沼首相向他伸出手來時，他的臉上浮起微笑，趨步上前，同首相熱烈握手，相互鞠躬問好。然後，首相引他上樓，進入一間一塵不染，具有濃郁日本風味的精緻小客廳裏，雙方坐在榻榻米上。女傭向主客獻上茶點，鞠躬、腳步輕捷地默默後退，並隨手掩上門。

正襟危坐的平沼首相言簡意賅，在對汪精衛訪日致簡短的歡迎辭後，便直接進入主題：「在這日中關係非常期，我讚賞汪先生挺身而出，為處理日中間不幸事變而努力之熱情。新內閣仍將繼續堅持前首相近衛聲明原則──對中國實行和平、反共、經濟提攜三原則精神。」

汪精衛精神一振。坐在榻榻米上的他，向平沼再鞠一躬後，感激涕零地說：「中日長期戰爭並無意義。兆銘曾留學貴國多年，也曾跟隨先總理孫中山先生，在友邦進行過長期的反清鬥爭，得到過許多友邦朋友的支持。深知日本朝野對我的友好感情。中日兩國一衣帶水，唇齒相依，兆銘決意為中日和平盡一切努力……」

整個會見時間很短，不過幾分鐘就結束了。然而就在當天，汪精衛卻驟然忙碌起來，他在下榻的東京男爵官邸內接受了日本樞密院、興亞院議長等人的拜會。這些，不過是一種禮儀、過場。他知道，真正的主角還在幕後沒有出場，這人就是日本戰時大本營陸相、對整個時局有舉足輕重作用的鷹派代表人物板垣征四郎。

兩天後的晚上，汪精衛終於接到了久盼中的電話。「梅機關」機關長影佐在電話中通知他說：「明天上午九時，板垣陸相接見閣下。」放下電話，汪精衛心中又是一陣不快。「板垣陸相接見閣下！」究竟應該誰接見誰？我是元首級人物，而板桓不過是日本陸相。不是元首接見陸相，反而是陸相接見元首，簡直弄倒了！一開始，日本人就擺出一副救世主的角色，而將我汪精衛放在兒皇帝的位置上，真是欺人太甚！很晚了他都沒有睡著，後來，他漸漸想通了，心情也平靜了。中國古話中不是有「有奶便是娘」、「人在屋簷下，安能不低頭」一說嗎？到這份上，也只好認了！

從汽車裏望出去，透過眼前一片茂密的樹林，日本陸軍省大樓遙遙在望——那是一幢毫無色彩的平地突起、占地面積很大的四層洋灰大樓。整個看去，像是一個蠻不講理的戴盔披甲的日本武士。

板垣陸相不像平沼首相那樣，禮貌周全地降階迎接汪精衛，這會兒正站在他二樓的會客室裏，面對著一張掛在壁前的碩大「支那作戰態勢圖」，用手托著下巴沉思。畢竟是職業軍人，陸相的會客室也佈置得像他的作戰室。落地長窗兩邊的厚重的金絲絨窗簾拉開。陽光瀉進屋來，鋪著地毯的屋子正中，擺有一張橢圓形的鋪著雪白桌布的長桌，周圍擺著椅子，似乎正準備開一個有關作戰方面的會議。屋子中，除了掛在牆上的那張「支那作戰態勢圖」引人注目外，異常簡潔。面圖沉思的板垣時年五十四歲，身材不高而篤實，身著一套筆挺的黃呢軍服，沒有戴軍帽，剪著平頭，臉上的絡腮鬍刮得發青。橫肉飽綻的四方臉上戴一副眼鏡，樣子看起來很橫。他出身於岩手縣，與日軍著名將領岡村寧次、土肥原賢二、磯谷廉介、永田鐵山等人都是日本東京士官學校的同班同學。

板垣陸相突然在地上踱起步來，腰身挺直，步伐也很均勻，似乎竭力表現出一種軍人的沉穩。只是大眼鏡後那一副又短又粗又黑的眉毛抖著眉翅，暴露出他內心的不安。板垣也是個「中國通」，曾經在中國東北中蘇邊境線上擔任過日本駐中國邊防軍參謀長；其後，同大特務土肥原一起，在雲南、漢口、瀋陽等地從事特務活動。後調回國內，任大本營參謀本部中國班班長，「九一八」事變後，任日本侵華軍第五師團師團長，一九三八年初躋身內閣，以陸軍中將師團長的資格，取代了杉山大將為陸相，開創了日軍史上的一個先例。作為一個職業軍人，板垣從內心裏瞧不起女性化的汪精衛。但身在其位，為帝國利益，他不得不委屈自己，在首相之後，會見汪精衛。

板垣陸相就是帶著這樣的心情會見，不，是接見汪精衛的。

室外響起橐橐的皮靴聲。副官準時前來，向他立正、敬禮後，挺腰報告汪精衛一行到了。

「請他們進來！」板垣大聲命令。

當西裝革履的汪精衛、周佛海一行魚貫而入時，陸相已穩坐在橢圓形長桌上首。看見汪精衛等人，板垣彈簧似地也是禮節性地站起了一下身子，用手一比，對汪精衛等人說：「請坐！」神態冷峻。好像汪精衛不是帶著一群大員專程從中國來，同他商談有關兩國間大事的元首，而是來聽他佈道什麼的。

汪精衛乖巧，一看陸相這個鐵腕人物的架勢，也不多說，帶著周佛海等人坐下後，便開宗明義地對板垣說：「日前，我與平沼首相進行了很好的會談。今天能在我訪日期間同陸相交換意見，深感榮幸。現在看來，實現中日和平，無非有兩條途徑：一是貴方以重慶政府為對手；二是以我為中心組建新的中國國民黨中央政府，由我著手與貴方締結和平。」

板垣點了點頭，很明確地說：「帝國政府排除重慶蔣介石政府，支持汪先生組建新的國民政府，並在此基礎上同中國新政府締結和平。」

汪精衛向板垣鞠了一躬深表謝意，並討好地對他剛才講的話作了點解釋和補充：「組建並保存國民黨政府的形式，可以避免中國人民抱有受日本的壓迫而亡國的念頭，也便於從重慶國民黨政府方面拉攏更多的人。」

「明白。」板垣橫肉飽綻的臉上肌肉牽扯了一下問，「現在中國大陸存在維新王克敏、梁鴻志兩個政府。不知汪先生的中央政府成立後，對他們如何安排？」

「華北王克敏臨時政府，因地域遠離中央政府所在地南京，可設中央政府領導下的政務委員會，作為地方政權給予一定許可權。而當中央政府還都南京之時，現在南京的梁鴻志維新政權即應宣佈解散，所有解散人員，考慮安排。」

板垣略為沉吟後說：「擬議還都南京的中央政府，我們意以汪先生同吳佩孚大帥組成核心，一正一副。再加以幡然悔悟的重慶分子組成中央機構。維新政府應保留實體！」

板桓真是欺人太甚！周佛海面有怒色。汪精衛也勇敢了一回，硬頂板垣一句：「若這樣，未來的中央政府就是有名無實，則我只好延期組織中央政府！」

板垣見這個話題無法談下去，便轉移了話題，虎起臉問：「汪先生對滿洲國的存在有無異議？」

汪精衛用了外交辭令：「我承認滿洲國作為獨立國的存在為既成事實。」

汪精衛說時向板桓攻了攻，他提起近衛聲明中承諾的日本定期在中國撤軍一事，還有答應當新的中國中央政府成立時，使用青天白日滿地紅旗等問題，期望能得到板桓這個鐵腕人物的承諾。

可是板桓只吐出「再議」兩個不置可否的字眼，就閉上了兩扇鐵門似的嘴。

汪精衛同日本陸相板垣的談判就這樣不愉快地結束了。

顯然，汪精衛的日本之行沒有達到他預先期望的目的。六月十八日，汪精衛留下周佛海在日本繼續談判聽取消息，他則帶著周隆庠等人打道回府了，正如法新社電訊所說的那樣：「空手而來的汪精衛，仍然空徒手乘『五星丸』離日。」

留在日本的周佛海，在接下來同板垣的談判中，按照汪精衛留下的「錦囊妙計」行事，卻一無所獲，最後只好在板垣規定的條約上一一簽字。周佛海唯一爭取到的是，充許屆時「中央政府」在南京「還都」時，掛出國民黨的青天白日滿地紅旗幟；但有一個附加條件，就是，旗擺下面掛兩條黃綢飄帶，飄帶上寫「和平、建國、反共」六個大字。

日本大本營的橫蠻做法，讓汪精衛此行簽定的「賣身」條文，令日方聯絡官西義顯也看不過去。他在日記中一針見血地寫道：「把平沼首相堅持近衛聲明要點和板垣陸相肆無忌憚地交換意見結合起來，就是說，日本要把蒙疆作爲日本的防共特區，把華北作爲日本國防和經濟的合作區，把華中作爲日本的經濟合作區。這只是日方羅列片面的要求，根本否定中國民族主義的主體。平沼政府的真實意圖，根本不是超越近衛聲明，而是從近衛聲明後退。雖然表面上依照聲明，但隨著問題的具體化，就想用舊有對華權益思想無多大差別的消極解釋，強加給汪精衛，如果這也爲汪所接受，這只能說汪的寬宏大量。單這一點，已毀壞了和平工作的基礎……這就等於以戰敗國的條件加給中國。」

第十二章 睡浴室，汪精衛享受特殊待遇

上海極司斐爾路是一條模範街，是英美公共租界工部局在租界外強行修建的一條街。街上多西洋華宅，哥德式、日式、法式……即使是中式建築也大都中西合璧「穿西裝戴瓜皮帽」——洋房上騎著中式飛簷斗拱的屋頂。林林總總，這條街可謂是世界上各種建築物的彙聚地。

七十六號座落在長街中段，這是幢美輪美奐，占地面積達二十餘畝中西合璧的花園洋房。是這條街上建築面積最大，也是最引人注目的建築物。戰前，這是國民黨安徽省主席陳調元的華宅，每天從早到晚，都有美妙的鋼琴聲從庭院深處飄出。上海淪陷後，為日本人強佔。

一九三九年六月中旬的這一天，凡是經過極司斐爾路七十六號的人莫不瞪大驚奇的眼睛，都詫異怎麼在一夜之間，原先一幢漂亮、溫馨的華宅就變成了一座魔窟？大門外站崗的人，雖都穿著草綠色的軍服，荷槍實彈，卻又沒有戴帽徽領徽；一個個原先上海灘上的地痞流氓們都歪戴帽子斜穿衣，嘴裏叼根香煙，手中捏著兩個鐵彈子或核桃，賊眉鼠眼吊二郎噹地盯著從大門前經過的人看。仔細看這些人，不就是上海灘上臭名昭著的以張國震、顧寶林、趙嘉猷、夏殿元為代表的打架鬥毆、掌紅吃黑、殺人不眨眼的一群惡棍嗎！

倘若有膽量的停下步來，隔街往裏一看，更是嚇人一跳。院中那道中式二門改成了不倫不類的牌樓，橫閣上鐫著「天下為公」四個藍底白色大字——這是孫中山的名言。而在兩側掏出了兩個槍

洞，從中支出兩挺機槍，黑洞洞的槍口正對著大街、對著路人。這座由上海灘上地痞流氓組成的準軍事組織，門口沒有掛任何牌子。路過這裏的人們不知道，這個武裝團體，是日本人支持的汪精衛的特工組織，是汪精衛的看家本錢。也就從這一天起，上海極司斐爾路七十六號就成了人人聞之喪膽的魔窟。

七十六號內組織嚴密。汪記特工一開張就有三百餘人——行動隊一百五十人，其中二十人暗布在新聞文化系統，二十人搞情報，四十人搞通訊……中層以上大都是原國民黨中統、軍統過來的幹部。此外，還有一些馬路政客、失意軍人，有臭名昭著的唐惠民、馬嘯天、蘇成德、王天木、裘君牧等。七十六號的主管是周佛海，實際負責爲丁默邨、李士群、唐惠民。而暗中操縱者是日本「梅」機關的晴氣中佐。

七十六號的警衛大隊長吳四寶，更是「赫赫有名」，是上海灘人人聞之色變的魔頭。孩子夜哭，只要聽大人說「吳四寶來了！」都會嚇得立刻噤聲。吳四寶是江蘇南通人，生得南人北相，身高馬大，滿臉橫肉，爭強鬥狠，目不識丁，粗野橫蠻，對上司卻很恭順。他原是上海公共租界上一間跑馬廳中的馬夫，後來改行做了汽車夫。那時，他還是個二等流氓，爲「麗都」舞廳老闆高鑫寶開車，拜高鑫寶爲先生，態度亦很恭謹，很得高鑫寶歡心。見吳四寶對自己孝順，高鑫寶便將自己的乾女、有些姿色受過中等教育，身材高大豐滿的佘愛珍嫁給了吳四寶爲妻，讓吳四寶喜之不禁。佘愛珍這個人不僅讓吳四寶滿意，而且還是青幫「老頭子」季雲卿的乾女。婚後，吳四寶通過妻子的關係步步攀升。之後，季雲卿將吳四寶介紹給了李士群。真是物以類聚，人以群分，李士群與吳四寶一見如故，這樣，吳四寶搖身一變，成了七十六號中極有權勢的警衛大隊長，成了李士群的打手和親信。

吳四寶上任伊始，特別賣勁。他命令七十六號的大門平時不要打開，所有人員一律從大門旁的小門進出。七十六號的守衛更是戒備森嚴，平時駐防站崗的特務有一個班。出入者需持證——那是一張淡藍色的卡片，卡片上印著莫名其妙的「昌始中學」、編有號碼、貼有本人照片，發證日期、騎縫章等一應俱全。若是進二門，還得出示一種紅色證件……吳四寶將七十六號弄得鬼氣森森，路上行人過此皆不敢側目。

八月廿七日這一天，上海愚園路上，雖然夜裏下過些小雨，仍燥熱無比。上午十點鐘左右，一派蔥郁的樹木花草都垂著頭，躲在樹蔭深處的知了有一聲無一聲地叫著，讓人昏昏欲睡，街上寥無人跡。而一一三六弄門前崗亭裏站崗的日本憲兵，雖然汗水濕透了軍衣，但還是持槍站得筆直，木杆似的。能讓日本憲兵站崗的人，絕不是無名之輩——住在一一三六弄這幢花園洋房中的不是別人，正是汪精衛、陳璧君夫婦。

這幢華宅原先是國民黨交通部部長王伯群的私宅。當年，王伯群出任上海大夏大學校長時，與該校校花保志寧戀愛、結婚。王伯群爲金屋藏嬌，不惜斥鉅資在這裏大興土木，修建起華宅。這條弄堂內，住的都不是無名之輩，間隔有序的十餘幢花園洋房內，分別住著周佛海、梅思平、陳春圃等汪記政權高官。

下午五時後，天氣稍微涼快了些。三輛嶄新的轎車首尾銜接，徐徐駛出愚園路後，調頭向西疾馳。中間那輛車上，坐著汪精衛和他的內侄陳春圃。這是輛由日本人配給的高級防彈車。

汪精衛這是往極司斐爾路七十六號去視察。明天，他寄予很大期望的汪記國民黨第六次全國代表大會，將在那裏召開。必須走好這一步！只有走好這一步，他才能名正言順地出來公開活動——搭班子，還都南京……

一路看去，大街上已是華燈閃爍。不夜的大上海，排山倒海般撲進眼簾。

「姑父！」坐在身邊的陳春圃私下都這樣稱呼汪精衛，「姑媽（陳璧君）昨晚從香港打電話找你，大概沒有找到你，打電話問我，問姑父你到哪裏去了？」

「啊！」汪精衛的神情一時有些緊張，也有些尷尬。他沒有正面回答，只是問坐在身邊的陳春圃，「你是怎麼回答你姑媽的？」

「我對姑媽說，姑父這幾天為籌備全國代表大會，很忙，很可能到極司斐爾路七十六號去了，也可能到別的什麼地方去了。」

「很好。」汪精衛點了點頭，臉上露出欣慰的笑。

這一切，陳春圃都看在眼裏。他知道，姑父汪精衛在上海有個相好，這些天趁姑媽不在，汪精衛與他的相好約會很忙。在這個問題上，平時將汪精衛管得很緊的姑媽要是知道，那不知要出什麼事呢！陳春圃曾留學蘇聯，在汪精衛、陳璧君身邊的幾個內侄中，是最有頭腦的，也有一些才具，因此頗受汪精衛賞識、信任。聽陳春圃這一說，汪精衛高興之餘，乘機扭轉了話題。

「你姑媽在電話中怎麼說，那個書呆子肯不肯回來？」汪精衛說的書呆子指的是陳公博。陳璧君此次赴港，就是專程去動員陳公博回來的。

「那個書呆子還是不肯回來。」

「那就再等一等吧！」汪精衛失望地將身子往後面沙發背上一靠，歎了一口氣。他們夫婦之所以希望陳公博儘快回來，是他們清醒地認識到，周佛海是個有野心的人，靠不住。而陳公博脾氣雖然怪些，卻是他汪精衛最可信任的，也是他未來中央政府中不可或缺的人物。

看姑父失望的神情，陳春圃想了想又說：「姑姑在電話中還要你原諒褚民誼。她說『打虎要靠親兄弟，上陣全看父子兵』，畢竟是自家人要靠得住些……」

「這個民誼呀！」汪精衛苦笑著搖了搖頭。車內天光很有些暗了。陳春圃看不清姑父的表情，可還是感悟得出那分鄙屑。他當然知道褚民誼和汪精衛夫婦的特殊關係：褚民誼的妻子陳禹貞是陳璧君母親衛月朗的養女，汪精衛同褚民誼算是「連襟」。時年五十一歲的褚民誼出生於浙江吳興一個官僚士大夫家庭，先後留學日本、法國。雖拿了兩頂博士帽子，其實糊塗，辦不成什麼大事。那樣一個大胖子，喜歡並擅長的儘是些踢毽子、放風箏、唱京戲類玩意。之前，當汪精衛在香港發出「豔」電後，時任上海中法技術學校研究部主任的褚民誼在全國人民的討伐聲中，深怕與汪精衛有所沾染，竟連續在報上發表聲明：「汪氏的一切概不知悉，一切同我概不相關……」

就在汪精衛沉思默想時，汽車「嘎！」地一聲，停在了極司斐爾路七十六號大門前。坐在前頭那輛車上的日本憲兵，下來同守門的特務辦了交涉後，兩扇平素關得緊緊的鐵門洞開，讓汪精衛乘坐的「林肯」牌轎車一直駛進去，在庭院深處的那幢主建築前停下來。

候在階下的丁默邨、李士群趕緊趨步上前，輕輕拉開車門，曲身迎候道：「汪先生，請！」

汪精衛笑吟吟地下了車，由丁默邨、李士群陪著，巡視了大樓內會場，聽取了這兩個特務頭子擬採取的保安措施彙報後，頗感滿意。完了，汪精衛欲回家，李士群卻說：「汪先生，你今晚最好就住在這裏，安全些。待明天開完會，你再回愚園路，這樣保險些。」見汪精衛一副既不樂意卻又狐疑萬端樣，他解釋，「上海灘這幾天重慶暴力團囂張得很。汪先生可能還不知道吧？就是今天早晨，季雲卿被暗殺了，死在他家門前。」

「啊?!」汪精衛被嚇住了，略為沉吟，他問李士群，「那我睡在哪裏？」

「我們早為汪先生準備好了。」李士群、丁默邨這就領汪精衛去看為他準備的臥室，陳春圃緊隨其後。他們進入臥室，李士群緊走兩步，推開房間浴室。浴室內有個碩大的白塘瓷浴缸，上面架一張繃床，很是簡陋。李士群指著繃床對汪精衛說：「這裏最安全，汪先生就睡在這裏。」

見汪精衛眼睛都大了，驚訝中流露出一絲氣憤，丁默邨趕緊解釋：「爲了安全，我和士群晚上也都睡在浴室，臥室只不過是裝樣子的。」說著用手拍了拍周圍的牆壁，只聽噹噹作響，原來浴室周圍團轉的板壁都是特製鋼板，門一關，裏面就是一座天然的堡壘，刀槍不入，安全極了。

見兩個特務頭子都如是說，汪精衛只好答應。不過，他又作了佈置，他睡浴室內，陳春圃睡李士群的臥室，臥室外面走廊上由日本憲兵晝夜巡邏保衛。

一九三九年八月廿八日。一大早，七十六號的街坊鄰居和路人無不驚奇，往日這座鬼氣森森的大院今天怎麼佈置得如此熱鬧？一夜之間，大門外搭起了一座高大的牌坊，中間綴有一個用彩色燈泡組成的「壽」字。原來，七十六號想要竭力營造出在做生日的假像，深怕別人知道裏面今天要召開一個汪記色彩的「國民黨第六次全國代表大會」。爲了以防萬一，又由日本人出面，請他們軸心國盟友、此段租界主人義大利駐軍司令部派出官兵一百餘名，在七十六號周圍荷槍實彈地巡邏警戒。

說也怪，晨九時，當代表們陸續入場時，本來朗朗晴天忽然間下起了滂沱大雨。

一輛輛載著代表的汽車，頂著不期而至的大雨，開到七十六號的側門。這些所謂來自全國各地的代表，都是七拼八湊的，共有二百餘名。他們之所以來，好些是奔著豐厚的酬金而來，而有些有點地位的代表，則是被特務們威逼著來的。而且，這些代表中，有些連國民黨員都不是。他們大都互不認識。每一個後來者都引起彼此間的驚詫。他們先簽到。領了資料後，再將一朵大紅花戴在胸前，進入會場胡亂坐了。抬起頭來，只見主席台正中牆上釘著兩面國民黨的青天白日滿地紅旗幟。兩面旗幟中間則掛著孫中山遺像，遺像下面貼著孫中山遺囑中名句：「革命尚未成功，同志仍需努力」。台前，簇擁著冬青和盆花。執行會議的主席們開始魚貫入坐。他們是：汪精衛、周佛海、陳璧君、褚民誼、梅思平、陶希聖、高宗武、林柏生、陳春圃、曾醒等。

十時整。會議的主持者周佛海宣佈：「中國國民黨第六次全國代表大會現在開幕，請大家起立。」一座下二百餘名代表齊刷刷站起，樂隊奏起國民黨黨歌：「三民主義，吾黨所宗……」久違了的國民黨黨歌在禮堂內迴響，代表們自己聽來都覺得不是味，心情各異。因此，當周佛海宣佈「請同志們坐下」時，好些代表還在出神，一個個伸長頸子，像一隻隻待宰的鵝。

接下來，大會秘書長梅思平出來宣佈議程後，主角汪精衛出場了。他今天的著裝十分考究，一身筆挺的白西裝，頭髮梳得溜光，腳下皮鞋擦得發亮，言談舉止也不乏英俊瀟灑，可神情憂鬱。向來在大庭廣眾中擅長演講、侃侃而談的他一反常態，講話異常簡短。當他在講話中以「國勢艱危，未來任務艱巨，同志們仍需精誠團結，共赴國難」結束時，聲音哽咽了。

在沉悶的氣氛中通過大會主席團人選後，由梅思平代表主席團宣佈即日起修改國民黨黨章、廢除總裁副總裁制，設中央執行委員會，設主席一人。主席為汪精衛。大家鼓掌通過後，梅思平又宣佈「中央政治會議」即將擇日召開，會議上將建立新的「國民政府」，為「還都南京作準備」云云。

中午舉行了盛大的宴會。

午間休息時，大樓前忽然傳來鬧哄哄的吵嚷聲。大家都覺得奇怪，本來出席這個會議的代表都是汪精衛手中的提線木偶，還有什麼值得爭吵的？有好事的代表就去看，只見上海代表汪曼雲、蔡洪田會同浙江代表沈爾喬、章正範，湖南代表戴策在主樓前，氣呼呼地對守門特務聲稱要見汪主席。

周佛海大大咧咧出來了，以當仁不讓的口吻對這些鬧事的代表說：「汪主席正在休息，你們有什麼事，可以對我說。」

這就有連連詰問：

「盧英是個出名的漢奸，他怎麼也來出席黨代會？」

「不僅如此，聽說盧英還被列入了中央委員人選，這是怎麼回事？」

……他們議論紛紛，氣憤難平。

周佛海板起一張臉回答：「盧英是不是漢奸，後世自有公論。不過，我現在想告訴大家的是，盧英雖是第一個公開爲日本人工作的國民黨黨員，但是大家不要忘記，當汪先生從河內回到上海時，是盧英第一個公開站出來響應汪先生的和平運動的。他以極大的熱情去迎接汪先生時，出了車禍，差點把命都丟了。另外，我還要提醒諸位這樣一個現實，盧英現在是上海維持會的警察局長，負責各位的人身安全。如你們這樣一鬧，引起盧英的誤會就不好了！」周佛海這一番暗示性、威脅性的話一說，在場的已經打上汪記標誌的漢奸們再說盧英，就如戰場上五十步笑百步的逃兵。大家都是漢奸，不過程度不同而已，他們還能說什麼，鬧什麼呢，於是都怏怏而去。

下午開會時，大會副秘書長陳春圃、羅君強將中央委員候選人名單發下來，好些人一看都傻了眼。委員名單中，不僅有盧英，而且好些聲名赫赫的大漢奸也都名列其中，有維新政府中頭面人物梁鴻志、溫宗堯、陳群、任援道；還有華北臨時政府中的頭面人物王克敏、王揖唐等等。場上頓時竊竊議論起來，有些騷動不安。有個叫胡志寧的代表霍地站了起來，因爲激憤，滿臉通紅，正要發話，腰挎左輪手槍的李士群帶著兇神惡煞的張國震、顧寶林大步走了上來，往他兩邊一站。胡志寧像老鼠見了蛇，立時萎了，一屁股坐下來，嚇得什麼話都不敢說了。周佛海見狀趁熱打鐵，在主席台上揚著手中的名單說：「這份中央委員名單若是大家沒有異議，請鼓掌通過！」說著，帶頭鼓掌，場上響起了寥落的掌聲。

言。」

「好！」周佛海一錘定音，「全部通過。現在進入大會最後一項議程，請汪主席宣讀大會宣

步上講壇來的汪精衛似乎很疲憊，他低下頭，正對著他的麥克風裏響起他略有些沙啞的誦讀聲：「……但求能挽國家民族於將亡，而致之於復興，即無愧於先烈，無負子孫，此外一切生死、禍福、榮辱、毀譽皆當置之度外，黨內之能精誠團結胥繫於此，而對於全國有志之士能真實合作，向和平反共建國之目標攜手前進，亦胥繫於此也！」畢竟是做賊心虛，汪精衛念完後，環視台下，補充說，「外面有人造謠誣衊，說我們是日本人的傀儡。請大家看看，我們今天會場裏有沒有日本人？」汪精衛說完這些，退回主席台上坐下，周佛海復又上去宣讀法規草案。

這時，羅君強急匆匆走上主席台，在大會秘書長梅思平身邊俯下身去，神色驚慌地說了幾句什麼。梅思平臉色大變，立即起身，跟著羅君強出了會場，進了樓上一間小客廳。

小客廳裏已有日本人鐵青著臉在那裏等著了。見了正副秘書長梅思平、羅君強，「梅機關」幹將犬養毅對他們劈頭發問：「你們這是什麼意思？」說著將大會上午發給代表們、再三囑咐不准外傳的一份資料——「組織法」拿在手中猛搖，「你們事先信誓旦旦承認滿洲國，爲何在下發的這份文件中又有『東三省』一說？」說時，這個不穿軍裝但武士道精神十足的日本特務，彈簧似地從沙發上直起身來，將手中握著的「組織法」拍到梅思平手中，大有證據在手，興師問罪的樣子。

梅思平心中詫異，而反應敏捷。他回答說：「閣下手中這份『組織法』中的問題，是我們秘書處個別人員在操作時粗心大意，工作疏忽所致，現在已經改了。此次大會準備工作不夠充分，時間又急，好些法規都是套往屆政府舊例。因此，『組織法』中出現了『東三省』，並非我們故意。」

「閣下適才提到的問題，我們已經察覺，所有下發文件也都悉數收回，正在追查，怎麼少了一

份？還沒有追到原因。想來，少的一份正是閣下手中的這一份。請問，閣下手中的這一份文件是誰給的？」梅思平這急中生智的一說一問，理由堂堂正正，無理成了有理，反讓犬養毅尷尬起來。

「這個麼，原來是這樣的，哈！」犬養毅咧開大嘴一笑，連說「誤會」，也不解釋他手中那份文件的出處，只是順勢下台，說，「解釋清楚就行了。你們忙吧，再會！」並主動伸出手同梅思平、羅君強握握，然後走人了。

梅思平、羅君強打發了犬養毅這尊瘟神，鬆了一口氣，連說：「營壘裏出了可怕的叛徒，這人是誰，快回去查查！」他們回到大會秘書處，責令秘書們將中午收回來的文件按名冊對號索查，查出來的結果令人害怕。原來這個沒有將「組織法」歸還大會秘書處，而是直接送給日本人告密邀寵的不是別人，正是七十六號特務頭子、在日本人眼中身價看漲的李士群！

大會休息時，梅思平將此事直接問及李士群，李士群毫不隱諱地承認了。梅思平奈何他不得，只得苦笑作罷。

大會只開了一天，當天下午結束。就在大會結束前，周佛海又走上台來宣讀了一個大會主席團動議，說是「汪（精衛）同志宣導和平，艱貞奮鬥，挽救危亡，解民倒懸，大會全體應致敬意，以表尊崇。」於是，與會代表二百餘人一起起立，提線木偶般同台上主席團人員一起，向汪精衛三鞠躬致謝。

汪記國民黨全國第六次全國代表大會就這樣走走過場完結了。然而，會後報載這次會議時卻說開了三天。汪記機關報《中華日報》宣稱：「中央黨務機關負責人員，選出中執會常務委員如次：汪精衛、陳公博、周佛海、梅思平、丁默邨、林柏生、陶希聖、高宗武、李聖五、陳群。」顯而易見，汪記國民政府已見雛形。

第十三章 間諜大戰，不斷升高

「在支那事變史上佔有重要地位的是躲在幕後的『七十六』號和重慶特務隊的拚死博鬥。如果沒有七十六號的保衛工作，大概汪精衛和所有的人都會被重慶的恐怖活動所暗殺，建立南京政權大概就不能辦到了吧！」

——（日）益井康一

「七十六」號主樓上的一間密室，門窗緊閉，連厚厚的紫色窗簾也都拉上了，氣氛顯得神秘而鬼祟。

負責分管特工的周佛海，神情肅然地，正在召開一個緊急會議。他坐在長條桌上首，兩邊分坐著「七十六」號的大特務們，有：丁默邨、李士群、唐惠民、馬嘯天、蘇成德、王天木、戴英夫、汪曼雲、顧繼武、李志雲、茅子明等十一人。

自汪記「國民黨六大」以後，七十六號雖然仍未掛牌，但已經有了正式稱謂「中國國民黨中央執行委員會特工總部」，丁默邨為主任，李士群、唐惠民為副主任。這個「特工總部」名義上直接由汪精衛管轄負責，實際上由周佛海操縱。儘管如此，周佛海還是感到名不正言不順。他想，既然自己是特務委員會主任，他汪精衛又何必再來插上一手？

周佛海看了看在座的「閻王」們，用了上海灘上的袍哥語言說：「在座的都是中央委員，也都是特務委員會的委員。在座各位，加上不在座的羅君強、梅思平、章正範都是兄弟。是兄弟就要抱成團！在這裏的都是自己人，我就打開窗子說亮話，在即將成立的國民政府中，我們至少要爭得十個以上部、次長的位置，讓在座的兄弟都弄個部、次長當當。這樣，我們不僅有相當的物質條件可以享受，而且在中央政府中亦有相當的發言權！」周佛海說到這裏，場上立即響起熱烈的掌聲。

「政府的人事安排，不通過我們不行！」周佛海看他的話說到這些「閻王」們心中去了，能得到這些「閻王」們擁護，他很得意，將心中的話繼續說下去，越說越明確，越說越橫。

「但是，有人同我們過不去！」周佛海的話說到這裏轉了一個彎子，面容也有些陰森。看大家全神貫注地看著他，他不點名地說，「有人在暗中組織『公館派』同我們作對。」說到這裏，他的口氣顯得有些酸，也有所指，「從前在重慶，有蔣家天下陳家黨一說。現在，再搞出一個汪家天下陳家黨麻煩就大了！」說到這裏，他的話戛然而止，環視全場，見他的心腹大將們對他的話已心領神會，話鋒又是一轉，「我們是護衛新生黨國的特務委員會，現在，擺在我們面前的形勢相當嚴峻。大家想必都知道，這幾天內，暗殺不斷發生。繼季雲卿被重慶暴力團暗殺在家門口外，維新政府外交部長陳篆也被暗殺，甚至連杜月笙的大將張嘯林因爲同日本人套關係，重慶方面也下了毒手……重慶暴力團的手段不算不毒，他們囂張已極！這是在向我們示威，向我們挑戰！我們不能不針鋒相對，以血還血，以牙還牙。有不少人說戴笠的手段如何了得，藍衣社和CC又是如何高明。在這種鼓噪聲中，甚至連日本人也開始懷疑我們有沒有還擊、遏制重慶暴力團的能力……」

經周佛海這樣一激，昔日重慶特務組織中的幹將，今日位置更上一個檔次的汪記特工隊伍中的大將們，無不氣得嗷嗷叫，尤其是馬嘯天、蘇成德等人更是氣得立即站起身來請命，周佛海笑了，他要的就是這個效果。

周佛海的手在空中一揚一壓，示意馬嘯天、蘇成德坐下後，大聲說：「在座的基本上都是我的老下屬，各位的手段好生了得，這也是我知道的。原先各位在軍統藍衣社，或在中統CC，因為講究論資排輩，講究後台，各位的才幹都受到限制。現在正是各位英雄一展所長之時……」看在座的都被鼓動起來，周佛海這就宣佈了他和丁默邨、李士群、唐惠民擬定的作戰計畫，很周密，分為兩個方面：一、教育方面：為了對上海三百萬師生加以控制，由周佛海承頭成立「教育委員會」；二、新聞方面：擬耗鉅資對滬上所有大小報，從主編到編輯以重金收買。如果收買不了，就武力對付。接下來，對在座者一一分配了任務，監視、跟綜、綁架、恐嚇、暗殺——「七十六號」準備全面出擊了。

然而，事與願違，壓迫愈深，反抗愈烈。上海市數百萬師生、市民紛紛走上街頭，遊行示威，他們高喊「打倒漢奸賣國賊汪精衛！」口號聲、吶喊聲，似滾過上海灘上的隆隆春雷。在新聞界，因為各報聯合抵制，讓汪記機關報《中華日報》及打上汪記色彩的《時代晚報》、《總彙報》等陷入孤立。儘管印刷這些報紙的設備一流，紙張也好，但日銷售量加起來也不過五、六百份，少得可憐。

新聞界是各派爭奪的前哨陣地。「七十六號」惱羞成怒，勢在必爭。幾乎與此同時，上海數千家報刊都收到了「七十六」號發出的「中國國民黨鏟共救國總指揮部」的恐嚇信，聲稱：「我等奉令謹慎行動，故未以暴力相加。無識之徒，認為我等無此力量，實屬大謬。自今日始，台端主編之部份，如再發現反汪擁共反和平之記載，無論是否中央社之稿件，均認台端甘為共產黨爪牙，希圖顛覆本黨及危害國家，按照國法，斷難容忍，並決不再作任何警告與通知，即派員執行死刑，以昭炯戒。見信與否，均希自裁。如必欲一試我等力量，也願聽尊便也。」

金融界的鬥爭更是短兵相接，硝煙彌漫。就在汪記「國民黨六大」召開前夕，上海金融界破天荒地鑽出來一個「中央儲備銀行」，由周佛海任總裁，發行中儲券，遭到了上海銀行錢業公會的強力抵制，所有的銀行拒絕接受中儲券，更拒絕與「中央儲備銀行」業務往來。「七十六號」以武力強行通過中儲券，重慶方面以武力對抗。於是，在上海灘上一樁樁神仙打仗，凡人遭殃的事情頻頻發生。

先是汪記「中儲行」銀行專員季翔卿在上班路上，被重慶藍衣社特務開槍打死。接著，重慶軍統又襲擊了「中儲行」上海分行，設計股股長樓侗被害……

「七十六號」開始加倍還擊。

一個伸手不見五指的深夜，淫雨霏霏。「七十六」號的兩扇黑漆大鐵門突然無聲地洞開，兩輛有篷大卡車從中駛出，駛進了雨夜。雪亮的車頭燈光被雨簾折得彎來扭去，燈光吃力地小心翼翼地向前延伸。

坐在第一輛車駕駛室裏，長得熊腰虎背的警衛大隊長吳四寶，瞪著一雙嗜血的銅鈴似的眼睛，透過刮雨器刮開雨水的玻璃窗，凝視著前面。殺氣騰騰、窄衣箭袖的他，手摸著插在腰皮帶上的一隻上了紅膛、號稱手提機關槍的德國造二十響駁殼槍。他率領兩大車的四五十個兇弟，個個兇神惡煞，像是閻王爺忘了上鎖從陰間跑出來的一群惡鬼。

在雪亮的車燈光中，當街口閃出藍底白字的「霞飛路」路標時，吳四寶頓時像被注放了一劑嗎啡針，巨大的身軀因爲激動而微微發抖，像是一匹馬上就要撲向獵物的兇猛巨獸。

他發出了準備戰鬥的命令。

兩輛有篷卡車，在夜幕、雨聲的掩護下，悄悄地停靠在了「江蘇農民銀行」宿舍門前。篷布掀開，四五十條黑影從兩輛車上快速跳下來。吳四寶持槍在手，手一揮，率領著特務們，撬開大門，殺死門房，迅速上樓，逐屋搜索。很快，十一名銀行職員被特務們從被窩裏抓了起來，押到樓下，在雨地裏站成一排。

吳四寶確信銀行宿舍裏再沒有其他人了，便大手一揮，喝令開槍。與此同時，架在樓上的兩挺機槍開始瘋狂掃射。

「噠噠噠！」隨著密如飛蝗的子彈掃過，頃刻間，血花飛濺，慘叫連連，十一名無辜銀行職員慘死在「七十六號」特務們槍口下。吳四寶還不放心，走上前去，用腳上的皮鞋將死難者一個個踢過來、翻過去，確認十一人都死後，這才率領著他的弟兄們呼嘯而去。

其實，吳四寶這次奉命要殺的是與「七十六號」對抗的「中國農民銀行」的人，並非「江蘇農民銀行」的職員們。只是李士群在向他交代任務時，他心不在焉，結果殺錯了人，但這對於吳四寶而言猶如殺錯了幾隻雞。事後，他輕描淡寫地說：「這有什麼，反正殺的都是農民銀行的人。誤殺幾個人，沒有什麼了不起的……」

殺人成性的吳四寶，一開殺戒便成癮。以後一連幾日，他又帶著楊傑、萬里浪等特務，借著夜幕出去濫殺無辜。一天晚上，他們的車開到「中國銀行」職員宿舍時，吳四寶又如法炮製，帶著特務破門而入，將該行的一百零八名職員像老鷹抓小雞似地，悉數從被窩裏抓起來，兩人一副手銬銬上，押回「七十六號」拷打審問取樂。「七十六」號的暴行，讓整個上海灘都震驚了。最後經好些社會名流、賢達站出來說項、斡旋，無辜被抓、飽受磨難的一百零八名銀行職員才得以從魔窟裏解脫出來。

然而，在「七十六」號，惡貫滿盈的吳四寶還僅算得上是徒弟，李士群才是師傅。

「姚師！」這天，李士群派人把化驗師姚任年叫到辦公室來，皮笑肉不笑地說，「你手藝好，趕緊給我做兩顆威力巨大的定時炸彈！」姚任年不敢不從。炸彈製作好了，李士群命特務將這兩顆定時炸彈連夜弄去英租界中央銀行上海分行藏好。

天明時分，只聽「轟、轟！」兩聲巨響從英租界方向傳來。李士群高興得手舞足蹈，對身邊特務們說：「我們成功了！」果然，那兩顆威力巨大的定時炸彈，幾乎將中銀上海分行全部炸塌，死十五人，傷無數。事後，周佛海派人送來大洋三萬元，以示獎賞。李士群接了，卻不以爲然地說：「這麼小氣！這麼點錢，還不夠我造兩顆炸彈的本錢！」

「七十六」號本爲雞鳴狗盜之徒聚集之地，特務既多且雜，什麼骯髒齷齪事都幹得出。在租界、華界兩不管地區，「剝豬羅」（**剝男人衣服**）的、「剝綿羊」（**剝女人衣服**）的、「剝田雞」（**剝小孩衣服**）的……都有「七十六」號的人。

對共產黨，「七十六」號更是恨之入骨，一旦發現，必欲殺之而後快。

那是一個寒風瑟瑟的晚上，十時左右。從四川路職業俱樂部裏走出一位三十多歲的年輕婦女。她叫茅麗瑛，面容端莊，衣著樸實，神態沉穩，梳一頭短髮。看上去精幹而溫柔。她原是上海海關的一名打字員，也是一名沒有暴露身分的共產黨員。在海關，她因積極從事工運活動，保護工人利益，深受大家愛戴，被推舉到職業俱樂部做了主席。最近，她正用職業掩護，爲蘇北地區的新四軍秘密籌集資金物品並送去了一批藥品、寒衣。

她正思索著下一步的工作，不知不覺間來到了離家不遠的地方，一片黑黝黝的棚戶區。這裏，路燈稀疏，了無人跡。她遠遠地看到了自己的家——那個她熟悉的棚戶還隱隱約約亮著燈，心中不禁一喜。那燈，好像是大海上一星遠航的魚火，好像是做工人的丈夫下班了在等他夜歸的那雙清亮的眼睛，像是剛剛七歲的女兒送上來的吻……一絲欣慰的笑，浮上了她的臉頰，她不覺加快了腳步。

「茅麗瑛！」一聲陌生、粗野、駭人的呼叫從前側那黯淡、搖曳的樹蔭中猛然傳來，令她不禁一悸，停下步來，循聲望去。就在這時，「砰、砰！」兩聲槍響。茅麗瑛似覺身上被人猛地一推，又似一根尖銳的針一下插進了自己的胸脯……她本能地用雙手護著自己流血的胸脯，踉蹌地往前走了兩步。最後望了望就在眼前的家，倒在了血泊中。

第二天一早，當「七十六」號的大頭目丁默邨走進辦公室，一眼看到擺在辦公桌上的，當天剛出的報紙，不由得氣從中來，大發脾氣。

「這是怎麼搞的？」他讓一個小特務去把總隊長林之江叫到辦公室來，指著報紙上的文章責問林之江，「這是你幹的吧？你叫什麼神槍手？茅麗瑛根本就沒有死嘛，她當晚被人送進了附近的山東路『仁濟』醫院。而且，取出了子彈頭！這下好了，羊肉沒有吃到，反倒沾上一身腥。」

「哈哈哈！」受到丁默邨責備的林之江不但不惱，反而笑起來。

「你笑什麼，你有什麼好笑的？」煙鬼樣的丁默邨臉上烏雲密佈，簡直絞得出水。

林之江笑夠了，陰險地解釋：「茅麗瑛要這樣死去才好，我就是要茅麗瑛這樣死。一槍結果了她，反而便宜了她。我打出去的子彈是加工過的，我用刀子在子彈上劃出一個個十字，再用毒藥浸過。茅麗瑛中了這樣的子彈，不僅痛苦無比，而且必死。我敢保證，茅麗瑛無論如何熬不過今夜。」

丁默邨聽林之江這一說，半信半疑。果然到下午，《大美晚報》便報導了茅麗瑛的死訊。

抗日志士茅麗瑛之死，很快就真相大白，激起了大上海，乃至全國人民對汪記特務暴行的切齒痛恨。在上海，有數十萬人上街遊行，前去弔唁茅麗瑛的有幾十個社會團體……

夏夜。

百樂門歌舞廳二樓上一間包房裏門窗緊閉。夜已深，一小束乳白色的燈光照耀下，桌上杯盤狼藉。身材高大、體格健壯的劉森借著酒興，將身上敞開的白襯衣一脫，露出滿身疙瘩肉；胸前黑森森的胸毛根根直立。他紅著眼睛走上前去，一把將「三杯竹葉穿心過，兩朵桃花上臉來」的情婦文英攔腰一抱，就勢在她的香腮上親了一口。

「乖乖！」劉森說，「我好想你，我現在就想要……」

「饞貓！」文英輕輕打了一下他的手，眼波流轉，半推半就道，「你溫柔點不行嗎？」她的嗲聲嗲氣、香言軟語進一步刺激了劉森。頃刻間，情欲加上酒意的劉森像頭發狂的雄獅，一下抱起她來，扔在旁邊席夢思床上……過度發洩後的劉森，像是散了架似的。而睡在他旁邊的文英卻餘興尚存，她用手掀了掀懶得動的劉森說：「喂，你這個狗東西，今天如此盡興快活！該怎麼謝我？」

伏在床上的劉森轉過身來，反手從枕頭下摸出一把精緻的小手槍逗著眼前的情婦：「喜歡這只小手槍嗎？」文英接過，拿在手上反覆把玩。這只精緻的小手槍確實可愛，不僅可作單獨的藝術品欣賞，而且名貴，槍把上鑲有一層純金，綠色的翡翠在槍把上鑲成了一副梅花圖案，燈光下，這純金、這梅花圖案五顏六色、閃閃發光耀人眼目。文英不是一般的舞女，她是上海灘著名的女流氓、交際花，見過世面，擺過花會，開過妓院。她知道這槍價值連城，真是愛不釋手，便問劉森：「這是什麼槍，這麼漂亮？」

「這槍可不是平常之物。」劉森得意地說，「這叫『掌心雷』，是世界著名兵工廠——德國克虜伯兵工廠造的名槍，數量有限。它不只漂亮，照樣打得死人。既然你喜歡，我就將它作爲禮物送給你。」看自己的情婦喜之不盡，劉森又教她如何瞄準、打槍。說著，卸了彈夾，不厭其煩地教她如何上槍、裝子彈。文英將一夾黃澄澄的小子彈托在手中，問劉森：「一夾子彈不是五顆嗎，怎麼這一夾少了一顆子彈？」

「我用這顆子彈殺了上海灘的一個名人，這只『掌心雷』就是從他身上撿來的。」

文英一驚，問：「是哪個名人？」

「季雲卿。」

「啊?!」見文英眼波閃閃地看著自己，重慶派來的軍統特務劉森半是得意，半是討好，一五一十地將日前他如何接受組織命令，如何在季雲卿的家門前暗殺了這個向汪記靠近的「名人」抖了個乾乾淨淨。劉森說著說著聲音就模糊起來，後來就睡著了。

第二天，劉森醒得很晚。醒後發現文英已不在了，身邊的那只「掌心雷」也不見了。他知道這只手槍是情婦帶走了，所以並未在意。

第三天深夜，正在熟睡中的劉森突然被捕。在「七十六」號陰森恐怖的刑訊室裏，起初，他百般抵賴，但當親自審訊他的「七十六」號大頭目丁默邨將「掌心雷」拍在桌上時，他一下癱了。劉森的命丟在了情婦文英的手裏。其實，文英不僅只有他一個相好，一個很有錢的掌房師爺張德欽也是她的相好。文英頭天晚上陪了軍統特務劉森，第二天晚上就陪張德欽。張師爺年齡並不大，有錢脾氣也好，文英一心想做張師爺的姨太太。

爲了討張師爺喜歡，文英對張師爺曲意奉迎以後，將「掌心雷」又送給了張師爺。張師爺果然喜歡，反覆把玩後，照例取下彈夾，數了數子彈，就問文英怎麼這夾子彈少了一顆，文英知道男人也是會吃醋的，爲了抬高自己的身價，就將劉森爲取悅於她送給她這只「掌心雷」的前後經過說了。文英的原意是想向張師爺傳達這樣一個資訊：追我的男人很多。不意張師爺與上海灘青紅幫和汪記「七十六」號都有千絲萬縷的聯繫，警惕性也高，知道抓到重慶軍統特務劉森肯定是有獎的。因此第二天一早，張德欽就到極司斐爾路向汪記「七十六」號特工總部報告了此事。

看著萎了下去的劉森，穩坐在審判桌後的丁默邨冷笑一聲：「這下明白了吧？要想活命就得老實交代！」說著用手指了指在兩邊侍立的幾個殺氣騰騰的打手，又指了指審訊室裏的皮鞭、老虎凳、燒紅的鉻鐵，威脅道，「如果你不來個竹筒倒豆子，我也就只好公事公辦了！交代了就好辦，況且，你我都不是外人！」

軍統特務劉森個子大膽子可不大。他膽怯地看了看煙鬼似的丁默邨，討好道：「丁先生，我保證如實交代，沒有一點隱瞞，我這就來個竹筒倒豆子。」

「那你說吧。季雲卿如何死的就不說了，我只問你，是誰指使你殺季雲卿？」

「陳恭澍。」

「是他？他到上海來了嗎？」丁默邨聞此言，相當振奮，瘦額上的青筋一抽一抽的。

「他被戴笠秘密派來上海，任軍統上海區區長。」

「這真叫不是冤家不對頭。」丁默邨就將手在桌上一拍，吩咐旁邊坐著的兩個記錄員，「作好記錄，劉森你詳細說。不得有一點隱瞞！」

「是。」劉森爲了將功贖罪，有多少說多少，真正來了竹筒倒豆子。

月黑風高夜，特務活動時。

因爲劉森招供，第二天晚上，「七十六」號警衛大隊大隊長吳四寶奉命，率大隊特務去滬西將在軍統內有「四大金剛」之稱的陳恭澍順利「捉拿歸案」，劉森卻並沒有得到寬大處理。就在當夜，汪記特務藉口轉移，將他押往上海中山北路租界處麥根路的小森林裏，用匕首刺死。

抓獲軍統「四大金剛」之一的陳恭澍，是汪記特工的重大收獲。

在「七十六號」的一間密室裏，周佛海親自出馬審訊陳恭澍，丁默邨、李士群、唐惠民等皆來作陪。

「陳先生，久違了！」坐在一張寬大明亮的審判桌後的周佛海，看著坐在對面作爲犯人的陳恭澍如此諷刺一句，臉上閃過一絲奸笑，一雙眼睛錐子似地發亮。周佛海懷著一種複雜的心情打量著眼前這位軍統要人。四十來歲的陳恭澍，稍高的個子，精明幹練。他是河北省寧河縣人，畢業於黃埔軍校和中央陸軍大學，一九三二年進入軍統。曾先後任軍統北平區區長、陪都重慶衛戍司令部稽查處處長……素稱幹員的他，爲軍統立下許多汗馬功勞，深受戴笠器重、賞識。現在，戴笠將陳恭澍派到上海來，可見重慶方面打算與汪記漢奸在上海灘上來一番生死較量。周佛海決定，要千方百計撬開陳恭澍的嘴，進而將蔣介石布在上海地區龐大的特工系統一舉摧毀！

他決定，先禮而後兵。

「陳先生！」周佛海的話說得很藝術，似乎也很有些人情味，「咱們都是老熟人。我就在這裏打開窗子說亮話。你是一個聰明人，不會不知道『人在屋簷下不得不低頭』的道理。在這個時刻，沒有辦法，只得委屈你。我希望你能同我們合作，接下來，你該說些什麼，我們希望你說些什麼，你這個老特工是知道的。」

周佛海的話說到這裏戛然而止。平素不抽煙的他，這時從丁默邨那裏要了一枝煙點上，默默地等待陳恭澍的反應。

陳恭澍被捕時，一定是經過相當反抗的，這從他的身上可以看出來。到這會兒了，他那張棱角分明的四方臉上，還有一道血痕。上身穿一件雪白的襯衣，撕爛了一道口子……

最初，陳恭澍表現得很強硬，他對周佛海說：「我們現在是兩個營壘的人，我們是敵人，我不會同你們合作的。我陳恭澍是蔣委員長的學生，始終牢記委員長教誨，爲黨國盡忠，不惜殺身成仁！」

「哈哈哈！」周佛海忽然仰起頭大笑起來。坐在他身邊的丁默邨、李士群、唐惠民等先是驚了一下，接著似乎悟到了什麼，也附和著大聲笑起來。笑聲中有種不屑的意味，笑得陳恭澍不由得瞪大眼睛。

「這都是些套話、空話。」周佛海笑夠了，用手誇張地指了一下似乎笑出淚來的眼睛，看著陳恭澍說，「你是受過高等教育的，不會那麼蠢。『爲黨國盡忠』？盡什麼忠，他老蔣給什麼人盡過忠？人只有一條命，命丟了，還談什麼？再說，三十年河東，三十年河西。分分合合，說不定蔣委員長一個晚上『磨子上睡覺——想（響）轉了』，同我們走到一起來了，你陳先生一條命不就白丟了嗎？」

「你要知道！」周佛海的話說到這裏，語氣越發變得凌厲了，「像你這樣重量級的人物，被我們抓到，日本人不會不知道，不會不榨出油水來的，就在今天他們已經開始向我們過問了。我們對日本人說，我們會解決得很好的。如果陳先生採取這種不合作態度，我們將你交給日本人，日本人就不會像我們這樣客氣了！」見陳恭澍略爲沉吟，周佛海抓著機會，趁熱打鐵，繼續攻心，「還是借一句四川話說吧，我們乾脆來一個『月亮壩裏耍關刀——明砍』。我們來做一筆交易，陳先生你肯同我們合作，以往你欠我們的血債，就一筆勾銷，什麼都好說。化敵爲友，何樂而不爲？假如陳先生執迷不悟，哼哼，就不要怪我周某人不講交情了！」周佛海說時身子前傾，鏡片後眼神凌厲，最後加了一句，「這也是汪先生的意思。」說完，周佛海看著陳恭澍。陳恭澍的表情不再似剛才那麼桀驁不馴，開始低頭沉思。

周佛海知道，自己的話說到他心裏去了，調頭示意丁默邨、李士群等再勸他一勸。

「陳兄！」丁默邨很親熱地對陳恭澍說，「腦袋不是韭菜。韭菜割了可以再長，腦袋掉了，什麼原則、主義、信仰都沒有了。這些，剛才周先生都說得夠透徹的了。你我原來都是一個甑子裏舀飯吃的人，因爲政見不合竟成仇人，丟了腦袋，值得嗎？其實，現在究竟是蔣先生做得對，還是汪先生做得對，你我說得清嗎？細想起來，我們的所作所爲，同蔣先生又有多大區別？我們反共，蔣先生不也反共？我們同日本人合作，蔣先生不是也說過『寧與友邦，不與家奴』？只不過我們不要一塊遮羞布，步子比蔣先生邁得快一些，如此而已。陳先生，你想想，是不是這樣的？」

看陳恭澍又有所動，李士群、唐惠民再輪番上陣勸降，並給陳恭澍遞煙上茶，表示親熱。與這邊文戲勸降相反，隔壁進行的是一齣聲色俱厲的武戲。

「說！」吳四寶的咆哮聲如雷，夾雜著乒乒乓乓的刑具撞擊聲從隔壁屋裏傳來。

「滋——」是烙鐵烙在身上發出的聲音；「呀——」一陣撕心裂膽的慘叫聲傳了過來，令人聞之心驚，毛骨悚然。

「把烙鐵再燒紅些，待會兒讓陳恭澍也好好吃一頓『紅燒肉』！」吳四寶駭人的低吼聲也時不時地傳了過來。

陳恭澍那一雙又深又黑的眸子裏，先是閃過一絲猶豫，緊接著爲恐怖所代替。在隔壁陣陣揪心的慘叫聲中，他覺得有一隻魔爪緊緊地攥住了心，讓他緊張恐怖得透不過氣來；陡然間，全身都哆嗦起來，滿頭滿臉的冷汗順著臉頰往下滴……

在七十六號「閻王」們的注視中，陳恭澍的喉結動了動，啞聲道：「給我一杯水。」

唐惠民趕緊站起身來，親自給他遞去一杯水。

「咕咚、咕咚！」陳恭澍仰起頭來，一口氣喝光了杯子裏的水，放下杯子，低下頭，啞聲道：「我說……」

軍統局中「四大金剛」之一，新近派往上海擔任軍統上海區區長的陳恭澍，就這樣在汪記特務頭子周佛海等人的威脅利誘下，投降了，並將所知道的情報全部作了交代。這些情報價值大得驚人。據陳恭澍交代，戴笠在上海的佈置方略是「擒賊先擒王」、「射人先射馬」——擬在近期內，趕在汪精衛還都南京前夕派人刺殺汪精衛等要人。日前，戴笠已向上海方面派出了三名殺手。一名戴星柄，神槍手，是個少將特派員，有一手飛簷越壁的本領，現潛伏在法租界內。

第二個陳三才，是個留學美國回來的特務，在上海的掩護職業是北冰洋公司經理。

第三個人已經打進了汪記高官林柏生內部，是美食家林柏生新近延聘的廣東名廚黃逸光。其人極擅近身搏鬥，雙手出奇地有力，在南洋森林中曾隻手單拳打死過一隻老虎。林柏生屬汪記「公館派」要員，同汪精衛個人關係很好。戴笠的安排是，趁汪精衛去林柏生家中吃飯時，要黃逸光瞅住機會直接刺殺汪精衛……

戴笠不愧是職業殺手，被外國同行稱爲「中國的特工王」！他的佈置一環套一環，勢在必得！經陳恭澍交代出來，在座的特工老手們不禁暗暗驚出了一身冷汗。他們慶幸這些天竟鑽出來一個舞女文英，讓他們順藤摸瓜，抓到了陳恭澍，否則後果真是不堪設想。

「七十六」號根據陳恭澍提供的情報，輕而易舉地逮捕了陳三才、黃逸光。然而，在抓軍統少將特派員戴星柄時，卻頗費了些心機。去法租界捕人很不容易，得先同法巡捕打招呼。難的是法租界巡捕多爲軍統收買。當李士群親自帶著特務去法租界抓捕戴星柄時，雖然計畫周密，但還是走漏了風聲，因法巡捕放水撲了一場空。

一計不成，再來一計。李士群再去法租界，會同法巡捕抓戴星柄時，故意走錯地址。當法巡捕們離去後，他再率特務火速直撲戴星柄藏匿處，將其拿獲。事後，雖然法租界巡捕房為此大為不滿，但人已拿去，也只好接受現實了。

周佛海大獲全勝，他將這一重大成果向汪精衛作了彙報，並聽候汪主席親手裁定這三個重慶特務的命運。

向來優柔寡斷的汪精衛，看過資料後，毫不遲疑，用他那隻白皙的手提起朱筆，在報告上作如此批示：「將戴星柄、黃逸光、陳三才立即處死。陳恭澍因戴罪立功，同意你等意見，留在『七十六』號用……」

因為陳恭澍叛變，汪記「七十六」號特工組織在同重慶的第一個回合的較量中取得了決定性的勝利，斬獲頗豐。他們不僅將戴星柄、黃逸光、陳三才這三個「定時炸彈」挖了出來，收繳了軍統在上海的秘密電台九座，槍支彈藥、特務器材若干，並由此引發了埋伏在上海的軍統中層以上幹部百餘名向「七十六」號投誠。與此同時，汪記特工組織還在《中華日報》上公佈「渝方藍衣社上海區組織系統及其名單」大肆炫耀戰果。軍統上海區的十個部門、八個行動大隊、五個情報組的所有人員名單一併在報上披露，並且其中大部分人員已為「七十六」號接收。

至此，蔣介石在上海地區布下的特工系統幾乎被「七十六」號全部剷除。

第十四章　外有傲霜紅梅，內有爾虞我詐

「賣報、賣報，《大美晚報》！」

「看知名記者朱惺公又在《大美晚報》上發表文章！」

黃埔江邊、外灘碼頭、南京路上……一時人頭攢動，人們都爭相購買剛出版的、散發著油墨清香的《大美晚報》。頃刻間，《大美晚報》被搶購一光，而且好些人當場開始看報，指點著朱惺公的文章讚不絕口，議論紛紛。

這時，一輛黑色小轎車風一般駛來，在南京路上最大的報亭前停了下來。車門開處，下來一位西裝革履、博士帽在頭上壓得很低的中年人，後面跟著兩個便衣。這個人直接走進南京路上最大的報亭「大上海」，也不答理人，氣派很大地走進內堂，對賣報的小廝口口聲聲說：「去找你們經理。」

身穿深色紡綢長袍胖胖的經理迎了出來，一看來人是「七十六」號中的三號人物、大特務唐惠民，立刻將博士帽握在手中，彎了彎腰，笑問：「唐先生是大忙人，怎麼有時間有興趣光臨小店？」

唐惠民也不答理笑容可掬的經理，只是一邊隨手翻著旁邊堆得小山一樣的各種各樣花花綠綠的報刊雜誌，一邊問：「我來了解一下各種報刊銷售情況。」他著重問了汪記機關報《中華日報》的銷售情況。

經理也不隱瞞，搖了搖頭說：「不好賣，不好賣。雖說賣這報很優惠，無奈人家不買，兩個月

了，才賣出去一張。」

「哦？」唐惠民不知是吃驚，還是因爲有人買了他們一張報來了興趣，眼睛一睜，凝神問經理：「是什麼人買的？」

「是隔壁弄堂裏一位不識字的老太婆。她到隔壁買了包鹽回家去，因爲紙破了，見《中華日報》紙好，又便宜，就買了一份報包鹽回去。」

「啊，哈哈，哈哈哈！」唐惠民也不動氣，安慰胖經理，「不要灰心，久等必有一善，慢慢就會有很多人買的。」說著，打了兩個假哈哈，上汽車走了。

「我以爲，菊花生來是一個戰士！」有幾個青年人，站在報店階沿下，圍著看《大美晚報》，其中一個指著名記者朱惺公發表在副刊《夜光》上的連載散文《菊花專輯》很動情地念，「它挺起了孤傲的幹枝，和西風戰，和嚴寒戰，和深秋的細雨戰，更和初冬時的冷雪戰——抗戰時期的國民皆宜效法……」

在白色恐怖籠罩的上海，朱惺公的每篇文章在報刊上發表，都似在嚴寒陰霾的天空滾過陣陣春雷，讓人們看到光明，極大地鼓舞著人們同汪僞政權作鬥爭的勇氣。朱惺公是江蘇丹陽人，是靠艱苦的自學成爲記者、作家的。戰前，他任《浙江日報》副刊主編，後到上海編報。上海淪陷後，爲保持氣節，他辭掉工作，有段時間擺書攤度日。後來，比較進步的《大美晚報》看中惺公的才華人品和在廣大讀者中的影響，將他禮聘到報社，主編《夜光》副刊。《大美晚報》是一份以美國人名義辦的中英文報紙，比較敢講話，立場也還公允。

朱惺公上任伊始，因《申報》記者金華亭抨擊汪記「七十六」號遇害，他頂風而上，毫無畏懼，連夜在《夜光》上編發了「漢奸史話」，借古諷今，鋒芒所指，不言自明。朱惺公編發、撰寫的一系列進步文章，極大地振奮、鼓舞了百萬上海人民，引起了方方面面的強烈反應。在上海，一時《大美晚報》洛陽紙貴。

時值清明，因《大美晚報》副刊刊發了《祭抗戰陣亡將士》四言長詩，該報負責人張似旭被惱羞成怒的汪記「七十六」號殺害了。然而，汪記特務揮起的屠刀並沒有嚇著朱惺公，他在《夜光》副刊上接著發表了戰鬥性更強的《菊花專輯》。於是，危險向他逼近了，朱惺公清晰地聞到了四周的血腥味。但他仍然一如既往，繼續在他主編的《夜光》副刊上，以筆墨作刀槍，連連刊載令汪記漢奸們如芒刺在背的戰鬥檄文。

那是一個朝霞滿天的早晨。朱惺公一上班，就見桌上放有一信，信封上寫明他收，卻沒有署寄信者姓名、地址，只有「中國國民黨鏟共救國特工總指揮部」的署名。他拿起沉甸甸的牛皮紙信封，打開，「啪！」地一聲，一顆黃澄澄的手槍子彈落在了辦公桌上。他抖開信紙。信寫得很短，只一句：「反汪反日者，殺！」——不用說，這是汪記「七十六號」給他的恐嚇信。

長衫一襲，滿面清癯的朱惺公沒有被死亡的威脅嚇倒，他拍案而起。「民不畏死，奈何以死懼之！」憤然提筆寫下雄文，在《夜光》上發表了《將被「國法」宣判「死刑」者之自供——覆所謂「中國國民黨鏟共救國特工總指揮部」書》，大氣磅礴地聲稱：「這年頭，到死能挺直脊樑，是難能可貴的。『貴部』即能殺余一人，其如中國尚有四萬萬五千人何？余不屈服，亦不乞憐，余之所為，必為內心之所安，社會之同情，天理之可容！如天道不滅，正氣猶存，余生為庸人，死作鬼雄，死於此時此地，誠甘之如飴矣！」緊接著，他在《夜光》上又推出讀者有感詩《生輓不怕死亡之惺公》。

一九三八年八月三十日，他上班路上發現有特務跟蹤，編發稿件時更有「鬼影」在窗前晃動。自知死亡在即，他坦然面對，提筆給妻子和年幼的女兒留下了絕筆：

慧芳如晤：

惺公自知生命已到最後關頭，我要同你們惜別了，永遠地去了。

我死不足惜。惟一有愧的是負你們母女太多！處於此鬼蜮橫行之時，惺公自知前進一步死，後退一步生。我何嘗不珍惜自己的生命？螻蟻尚且惜生，何況還有你們——我的愛妻愛女。但中華民族已到最危險的時刻。在這陰霾低垂、黑雲壓城城欲摧的上海灘上，我願以一死喚起國人反日反汪偽漢奸集團之決心、勇氣。猶如在無邊的黑暗中擲出一團火炬，雖然這火炬燃燒得只有短暫的一瞬，但畢竟照亮了一些路人，顯示了光明仍在。只要亮起這點火光，很快黑夜裏就會燃燒起彌天的大火和光明。

倘若再有來世，惺公願再世作慧芳丈夫，再作英兒慈父，希望在那個嶄新的世界裏給你們補償今生今世對你們的歉疚。我死後，慧芳勿以我為念，應大膽追求自己新的生活。明年清明，倘若慧芳能帶著英兒到我的墳上掬幾滴清水，那在清風中向你們點頭的墳上野花，就是我對你們的微笑和祝福。

寫畢，朱惺公封好信，步出編輯部，去郵局寄了，感覺言猶未盡，又回到編輯部，在辦公桌上留下一首七絕：「懦夫畏死終須死，志士求仁幾得仁……」然後，整整衣衫，大步出門，昂然而去。

夜幕低垂時，朱惺公信步來到了外灘。此時外灘了無人跡，蔥蘢的樹木在夜幕中影影綽綽。堤外，大江東去。朱惺公轉過身來，對著隱匿在樹林中的特務，凜然拍了拍胸脯，說：「此地很好，開槍吧！」

朱惺公話剛落音，「砰、砰、砰！」喪盡天良的「七十六」號汪記特務連開數槍，年僅三十九歲的朱惺公倒在了血泊中。他死了，死得很安詳很從容。他仰面朝天躺在大地上，枕著黃埔江不息的濤聲，一雙明澈的眼睛，凝望著青灰色夜空中閃爍的寒星。

第二天，《大美晚報》以頭版頭條顯著位置加黑框刊發了朱惺公遺像和慘死在汪記「七十六」號特務手中的消息，並發表了報社編輯部致汪精衛的公開信，要他們對朱惺公之死負責。

上海灘憤怒了。上海各界人民不怕死亡威脅，紛紛上街示威遊行——這是上海淪陷後，繼茅麗瑛之死後的又一場聲勢更大的示威遊行。九月一日，萬國殯儀館裏從早到晚都是來沉痛悼念朱惺公的人們和社會團體。

「默邨，你說該怎麼吧？」在上海極司斐爾路「七十六」號裏主樓密室裏，氣氛緊張得就要爆炸了。李士群在向丁默邨攤牌，他那張青水臉上，一雙恨眼猙獰有神，看著狼狽不堪、驚惶失措的昔日「大哥」丁默邨，李士群毫不留情地繼續攻擊，「你讓唐惠民去南京擔任特工總部南京區區長這樣的重任，他竟腳踏兩隻船，同重慶方面眉來眼去，替中統招兵買馬。還利用手中電台同中統頭子徐恩曾聯繫、出賣情報……可謂犯下了十惡不赦的大罪。我手中有足夠的證據。你看我要不要向日本人報告？」

丁默邨是唐惠民的後台，唐惠民是丁默邨的心腹。而李士群越來越得到日本人信任。李士群對丁默邨連珠炮似的攻擊，讓丁默邨有些招架不住了。

丁默邨有些心虛，陪著笑臉，他知道，如果捅到日本人那裏去了，事情就大了，第一個脫不掉干係的就是他。其實，腳踏兩隻船，同重慶方面暗中來往的，豈止是唐惠民一個？焉知他李士群是不是就那麼乾淨?李士群之所以抓住唐惠民的尾巴不放，大動干戈，說明已經羽翼豐滿的李士群，再也不甘人後，要向他搶班奪權了。

丁默邨因爲同周佛海是湖南老鄉，歷來關係還好，因此在汪記「六大」以後青雲直上，身兼數職，是中央社會部部長、中央肅清委員會主任。這讓李士群大爲不滿，況且兩人之間的矛盾已很有一段時期，且有愈演愈烈、從背後走向公開之勢。特別是最近一段時間，簡直到了水火不相容的地步。這些，在「七十六」號盡人皆知，今天這一齣，不過是兩人矛盾的公開爆發而已。當初，野心很大的李士群之所以讓丁默邨出來作前堂經理，是因爲他的名氣、資歷沒有丁默邨大，擔心做第一把手壓不住堂子。現在，由於他的苦心經營，特別是著意巴結上了日本人，他在「七十六」號中勢力急劇膨脹起來，時機已經成熟，他要從丁默邨手中奪權了。不久前，他特意給汪精衛寫了一封長信，有毛遂自薦意味。汪精衛對李士群並不很了解，將信轉給了特工委員會主任周佛海，周佛海又將信給丁默邨看了。丁默邨對李士群暗中恨得牙癢癢的，有周佛海在背後撐腰，他一心要把李士群壓下去。這樣，公開的較量借一個人事安排開始了。本來，「七十六」號只有李士群一個副主任，爲了架空李士群，丁默邨通過周佛海之手將唐惠民也提拔成了副主任。這樣，一正兩副，傻子都看得出來，丁默邨是要讓唐惠民牽制李士群。李士群也不示弱，他處處搬出太上皇——「梅機關」負責監管汪記特務機構的日本人晴氣中佐來壓制周佛海、丁默邨；並在背後暗中積極拉幫結派、招兵買馬，成了「七十六」號中的實力派人物。

在同丁默邨長久、激烈的傾軋中，漸漸，李士群占了上風。狡猾的唐惠民爲了避免捲入兩人之間愈演愈烈的爭鬥，同時爲撈到更多的好處，在汪記國民黨六大召開以後，還都南京的工作進行得緊鑼密鼓之際，建立特工總部南京區自然而然地提上了特工總部的議事日程之時，他竭力爭取。南京特工區區長是塊肥肉，很多人都爭。然而，提出讓唐惠民去當南京特工區區長的不是別人，正是李士群，這出乎許多人預料。李士群是想借此砍掉丁默邨的一隻臂膀。唐惠民對此求之不得，欣然同意。丁默邨本心是捨不得放唐惠民走的，但事已至此，他也只好同意。

唐惠民如願以償去南京走馬上任了。自以為聰明的他，籌畫著「狡兔三窟」：上任伊始，就向重慶方面暗通款曲，爲自己留下退路。他以爲自己做的事萬無一失，哪知李士群比他更鬼，暗中派人監視著他的一切。等拿到唐惠民「通敵」的充分證據後，向丁默邨攤牌了。

「我看，」丁默邨在咄咄逼人的李士群面前期期艾艾，說起了軟話，「我們都是自家兄弟，家醜不可外揚。把唐惠民調回上海，大事化小，小事化了算了。」

「不行！」李士群聲音大得驚人，火氣也大得驚人，「這個事情一定要認真處理。處理不好，讓日本人知道了，不要說他唐惠民，就是你丁默邨也會像四川人說的貓抓糍粑──脫不了爪爪！」

「那你看怎麼辦好？」丁默邨驚恐地四下看看，深怕讓日本人聽見。在李士群連珠炮似的猛烈攻擊下，他越來越下起了矮樁。

「按紀律辦事！」李士群臉紅筋漲，手一揮，「立即將唐惠民押回上海審問、槍斃！」

李士群最後這一聲，沒有絲毫的通融餘地，把丁默邨嚇了一跳。

「這樣吧！」丁默邨略爲思索，使開了拖刀計，「既然要把唐惠民的問題公開，我們就召開一個有全體特務委員參加的會議，按會議的決議辦！」

「也對。」李士群同意。他不怕召開這樣的會議。

當天下午，丁默邨主持召開了有全體特務委員參加的會議，專門討論如何處理唐惠民的問題。出席這個會議的有特務委員會委員汪曼雲、顧繼武、蔡洪田、凌憲文、黃香谷、茅子明等人。丁默邨對這次會議很有信心，因爲其中大部分都是他的人，而在背後，他又分別做過這些人的工作。

會上，李士群搶先發言。他態度堅決，情緒激昂，列舉了唐惠民的罪行後，堅持認爲應該按紀律以「叛黨叛國罪，處以唐惠民死刑！」

李士群慷慨激昂地表了態後，丁默邨對他的幹將，瘦得竹杆樣的茅子明示了一個意，茅子明就站出來，對李士群的意見表示反對，認爲自己「弟兄」的問題，在內部處理一下算了。

「大家都發表意見。」丁默邨四下看了看，他希望大家順著茅子明的意思說下去；即使不敢站出來公開反對李士群，對茅子明的意見表示附議也好。然而，除茅子明外，都悶起頭不吭聲。冷場了。

丁默邨急了，他一再拿眼示意坐在旁邊的汪曼雲。汪胖子是個滑頭，是個玻璃球似的人，也是個菜刀打豆腐——兩面光的人，同丁默邨關係不錯，同李士群關係也不錯。如果汪胖子出來勸勸李士群，事情或許會有轉機，而且這在背後分明是說好了的，怎麼這個時候汪胖子卻不聞不問？然而，汪曼雲只是一個勁喝水。汪曼雲這個水晶猴子，在心中琢磨的是怎麼才繞得過去，兩方面他都不想得罪，也得罪不起。很顯然，如果幫了李士群，唐惠民弄不好，真的就要丟命。若是幫了丁默邨，那就得罪了李士群。而且，唐惠民同他本身之間也有點過節，現在想起來都還有氣……

「曼雲兄！」李士群沒有容他沉思默想下去，點他的將了，「我想聽聽你的高見。」

「好，那我就來說說。」汪曼雲這個典型的上海人，門檻很精，思考的時間很短，卻已經找到了一條兩全之策。

「以惠民的嚴重違紀情況來看，李兄主張槍斃，倒也應該！」汪曼雲這話出口，舉座皆驚，就連李士群似乎也怔了一下。尤其是丁默邨，他那張白裏泛青的瘦臉上，頓時浮現起失望和惱怒的神情，恨不得把他吞下肚去。

「不過！」這時，汪曼雲緩了口氣，「我們的和平運動才剛開始，需要幹才，特別是特工方面的幹才。唐惠民是這方面的幹才，人也還年輕，殺了可惜，應該給他一個改過自新的機會。我們現在殺我們自己的人總是不好，況且，唐惠民是『七十六』號的發起人之一。他對默邨、士群，對我們在座的都幫過不少忙。我看還是寬大爲懷，友情爲重吧！」汪胖子這番話說得滴水不漏，兩面受聽。話說到這裏，他頓了一頓，笑微微地看著李士群，「士群兄，我看還是將他秘密押回上海，暫時留他一條性命，停職反省，以觀後效。」說著，看了看左右，「各位意下如何？」

丁默邨這才默默地吐了口長氣，首先表示同意。在座的趕緊趁機下梯子，都表示同意。李士群見事以至此，也樂得賣大家一個順水人情，說：「既然大家都對曼雲兄的意見表示同意，我也不再堅持。但只有一點，以後無論如何不得起用唐惠民。」

又是汪曼雲帶頭一聲唱諾：「同意。」大家沒有意見，會議就這樣散了。

在汪記「七十六」號，丁默邨和李士群勢均力敵，兩派旗幟鮮明。而茅子明和吳四寶又分別是丁默邨、李士群門下第一大將。各爲其主，兩邊主帥戰過後，兩邊大將又打上陣來。

這天早晨，爲了一點雞毛蒜皮的小事情，茅子明和吳四寶吵起架來。

「別以爲你背後有他媽的屁主任撐腰，咱老子就怕你！」吳四寶鼓起一雙銅鈴大的眼睛罵茅子明，「去你娘個屁主任！」

茅子明不像吳四寶那樣直接開口罵人，而是用有鹽有味的上海話轉彎抹角地回敬道：「儂省省心，蹲到你的三門去吧！」茅子明這話很毒，也很陰，意思是：「你吳四寶是李士群的看門狗！」

吳四寶雖然沒有茅子明會說，但會聽。他發作了，氣得雙腳跳，用手指著茅子明的鼻子大罵：

「儂這只老槍（茅子明是個鴉片煙鬼）雖長，勿如窮爺短槍厲害！」說著一把拔出別在腰間的那只德造盒子炮，就要動武。幸好這時林之江等頭目聞訊趕來，緊緊地拉著吳四寶，這才沒有鬧出人命。吳四寶在林之江等人的勸說下，把槍插回去時，恨恨地看了看主樓上丁默邨的辦公室，一語雙關地警告說：「儂要當心點。勿要惹窮爺光火！隨便啥人，惹惱老子，都沒有便宜頭！」

在這個早晨，茅子明、吳四寶由吵鬧引發的差點大動干戈一事，預示著「七十六」號裏，兩派鬥爭已經進入了白熱化，不久就要流血。

張小文是重慶派到上海來的中統特務，時任國民黨地下上海黨部統計室主任。被「七十六」號抓捕後，表示願意投降，並通過熟人找汪曼雲說情，汪曼雲也當即答應下來，趕到「七十六」號找李士群說情。李士群正與吳四寶等人在打麻將。李士群很爽快地說：「既然曼兄說了，還有什麼說的，行！」

汪曼雲有點不放心，又試探一句：「張小文的妻子要求明天早晨給她丈夫送點衣服和點心來？」

「也行。」李士群仍然打他的麻將，頭都不抬，說，「你老兄怎麼說怎麼辦吧。」

汪曼雲放心回去了，對張家人如此一說，都很感慨，說李士群講交情，辦事漂亮。

然而，三天過去了，對張小文這個普通中統特務，李士群不但不放，反而親自給吳四寶下了「非經本人批准，任何人不得釋放，也不得接見」的命令。汪曼雲很納悶，這可是從來沒有過的事。緊接著，張小文失蹤了。受人之托，終人之事。經汪曼雲百般打聽，終於知道，張小文被李士群秘密處死了，而且死得很慘。他是被李士群派人用匕首刺死後，再砍成幾塊，裝進罐子裏，用硫酸溶解後，深埋在地下……過後才知，李士群下手之所以如此狠，是因爲張小文以往同丁默邨關係不錯。如此而已！

與此同時，在「七十六」號光線陰暗的機要電訊室裏，另一場陰謀正在緊張進行。隨著電報員的手指在電鍵上快速移動發出的有節奏的嘀嘀噠噠聲，和有條不紊而急促的呼叫聲，電報機上的紅綠信號燈鬼火般閃爍不停，給室內平添了一種鬼祟。坐在電訊員旁邊，指揮收發報員操作的是個馬臉特務，他頭上戴著耳機，正在緊張地監聽著什麼。他是李士群的心腹，電訊室主任。

電訊室主任聽著聽著，忽然振奮起來，就像一頭逼近了獵物的嗜血的狼。他一把抓起桌上的鋼筆，在一本拍紙簿上記下監聽到的內容——是一個嗲聲嗲氣的女人打給丁默邨的電話：「丁老師嗎？我是鄭蘋如……好久不見，想你……」

「啊，是蘋蘋，我也想你。你在哪裏？」電話裏傳出丁默邨的聲音，既激動又急切。

「邨！」電話裏，女人的聲音變得親昵，「我下午去戈登路西伯利亞皮貨店買大衣，你能來陪我挑選嗎？」

「能，當然能。」

「下午兩點，我在店門前等你，好不好？」

「好。一言爲定！不見不散。」

電訊室主任獰然一笑，叫坐在旁邊的親信特務繼續監聽丁默邨這個紅杏出牆的電話，他則去找李士群邀功去了。

李士群聽完他的秘密報告，青水臉上浮起一絲難得的笑容，當場誇獎：「好，有功，我會獎賞你的！」說著，手一揮，「你回去親自繼續監聽，有什麼情況隨時向我報告。」

「是。」馬臉特務胸脯一挺，向李士群敬了一個軍禮，唯唯而退。

李士群這就一把抓起桌上的電話，高興地邊打電話邊坐在高靠背椅上轉了一個來回。

「恭澍嗎？」李士群在電話中對之前投靠他，並已成了他手下親信大將的陳恭澍說，「你知道中統或是軍統在上海區有鄭蘋如這樣一個女人嗎？」

「知道。」電話中清晰地傳來陳恭澍的河北口音，「她是中統的人。」

「你帶過來的資料中有鄭蘋如的嗎？」

「有。」

「好極了。」李士群很高興，「你立刻到資料室中提取鄭蘋如的資料，到我的辦公室來。」

「是。」

陳恭澍很快來了。他將鄭蘋如的全部資料放在李士群面前。李士群翻開鄭蘋如資料的第一頁，是鄭蘋如的照片，人很年輕、漂亮。陳恭澍指著鄭蘋如的照片向李士群介紹：「她今年廿一歲，是個混血兒。她父親是戰前國民黨上海市的一個檢查官，母親是日本知識女性……」

李士群邊聽介紹，邊注意打量照片上這個叫鄭蘋如的重慶中統派往上海的女特務。鄭蘋如是個典型的東方美人。一頭豐茂黑髮，一張白皙瓜子臉，五官清秀端正，蛾眉下有一雙秋波盈盈的眼睛，顯得很多情。皮膚凝如羊脂的頸子上戴著一串天然珍珠項鏈，櫻桃似的小嘴翕張著，露出一口珠貝似的小白牙……整個看去，可愛極了。

「戰前，她在上海民光中學讀書。」只聽陳恭澍繼續說下去，「校長是丁默邨，兩人就是那時好上的。抗戰前夕，鄭蘋如秘密加入了中統……」

陳恭澍介紹完了鄭蘋如的情況，李士群看了看腕上戴的浪琴手錶，說：「我們對對錶。現在是十一點鐘。你去吧，我要靜觀丁默邨和鄭蘋如上演的這場好戲。」

下午一點四十五分，打扮得油頭粉面、西裝革履的丁默邨自個駕車出了「七十六」號，驅車來到戈登路，將車停在西伯利亞皮貨店對面的街沿上。他下了車，一眼就看到了鄭蘋如。她站在皮貨店門前的一棵女貞樹下，穿一件束了腰的紅色風衣，腳蹬高跟鞋，燙了髮。丁默邨的眼睛一下亮了，趕緊過了街，深情地打量著多日不見的心上人。鄭蘋如也含情脈脈地看著他。丁默邨覺得，兩年不見，鄭蘋如更漂亮了。

「蘋蘋，你來多久了。」他很想去牽她的手，但街上人多，好些過往的人都在注意鄭蘋如，他不好去牽。

「默邨，我等你好久了。」鄭蘋如用一雙滿含憂怨的眼睛望著他——她的戀人。那之間微妙的感情，只有他們——戀愛中的男女才體會得到。

「走，進去吧，我們進去挑大衣。」丁默邨很大氣地上前挽著鄭蘋如的手，像一對熱戀著的老夫少妻，親親熱熱地進了豪華的西伯利亞皮貨店。

丁默邨陪著自己心愛的女人，不厭其煩地挑選皮大衣。他們經過了一個又一個的櫃檯，看了一件又一件皮大衣，鄭蘋如都不滿意。

丁默邨畢竟是職業特務，猛地，他覺察到了什麼地方不對。他警覺起來，發現玻璃窗外有兩個形跡可疑的男子在偷偷窺視他——他們都身著藏青色西服，戴在頭上的博士帽壓得很低。也就在這時，有好幾個顧客正在進出皮貨店大門。趁著這會兒的混亂，丁默邨忽地從大衣口袋裏摸出一大疊鈔票，往櫃檯上一扔，對鄭蘋如說：「你自己慢慢挑吧，我有點急事。」說著，混進人群中朝外猛奔出去。

丁默邨沒有看錯。兩個徘徊在門外，博士帽壓得很低的男人是重慶派來上海的中統特務。他們今天的任務，就是以鄭蘋如爲誘餌誘出丁默邨，殺掉他。可是徘徊在門外的兩個中統特務，萬萬沒有想到這會兒丁默邨衝了出來，而鄭蘋如既未按原先定下的暗號快步跟上，也未作任何一點暗示，他們一時不知所措，竟讓丁默邨從眼前飛快地跑了。他們哪裏知道，鄭蘋如對佔有過她而且至今仍然深愛著她的丁默邨這會兒動了惻隱之心。就在兩個特務稍爲猶豫間，丁默邨已竄過了街，鑽進了汽車。兩個特務這才如夢方醒，趕快追上去開槍。可是，遲了。瞬間，丁默邨駕駛著小汽車跑得沒有了蹤影。

恰恰當晚「梅機關」機關長影佐在上海飯店宴請「七十六」號所有中高級特務。時間到了，唯缺「特工部主任」丁默邨。影佐顯得不高興，問丁默邨呢？都說不知道。影佐這就說，不等他了，吩咐宴會開始。一會，丁默邨才慌慌張張趕到，來到影佐面前賠罪，說有些急事，耽誤了時間。影佐什麼也不說，對丁默邨視而不見，主動同李士群等碰杯，讓丁默邨當眾大丟面子。

李士群陰險，隱忍不發，繼續派人密切監視著丁默邨的一切。這樣，丁默邨處在明處，李士群在暗中。

「默邨！」馬臉特務——電訊室主任的耳機中又傳出鄭蘋如好聽的聲音，哭兮兮的，「那天是怎麼回事?竟有人開槍打你，我好擔心，你沒有事吧?」丁默邨當然不知道，鄭蘋如這會兒這番話是她的組織逼著說的。那天，她於心不忍，放過了丁默邨，事後「組織」嚴厲地警告了她。現在，又逼著她故伎重施。

情場中的人往往頭是昏的，哪怕像丁默邨這種上了些年紀的職業特務。這些天，他一門心思都在鄭蘋如身上，想著她念著她，幹什麼事都恍恍惚惚的。

「我沒事。」電話中，丁默邨底氣很足，飽受相思之苦的他連連問鄭蘋如，「你在哪裏，我立即出來見你。這次，我們開個房間……」真是色膽包天，利令智昏。其實，丁默邨並不是完全沒有察覺出鄭蘋如的問題，只是他太垂涎鄭蘋如的肉體。他深信鄭蘋如對他有感情，他決心來個虎口奪食——打個間隙差，同中統爭奪心上人。

「好吧。」電話中，鄭蘋如說，「今天下午我們在百樂門飯店二樓五號房間見面，不見不散。」

「好！」丁默邨很豪壯地說，「一定、一定。不見不散！」

這回，李士群沒有興趣再讓丁默邨和鄭蘋如把他們的鴛鴦夢做下去。他親率一幫精幹特務先丁默邨一步趕到，在百樂門外捕獲了鄭蘋如，打死了兩個逃跑的中統特務，讓趕到了現場明白了真相的丁默邨，又害怕又尷尬。

當天下午，李士群將丁默邨晾在一邊，自己親自審問鄭蘋如，讓「七十六」號大院裏二、三百特務都到現場旁聽。

「我是上海片區的中統。」審判席上，鄭蘋如坦率承認，「我奉組織命令誘殺丁默邨。但因我過去長期同他有肉體關係，況且，他至今仍想著我愛著我，我不忍心殺他，生死關頭，讓他逃了活命……」

場上的特務都是色魔，他們起哄：

「你就撿葷的說……」

「說說丁默邨第一次是怎樣把你哄上床的……」

李士群並不制止特務們在場上起哄，他把鄭蘋如和丁默邨的私事，尤其是不堪入耳處問得又細緻又具體，目的是羞辱丁默邨。鄭蘋如不敢隱瞞，有問必答，聽得場上特務們很過癮，一個個抓耳搔腮，嗷嗷怪叫。

桃色案件，人人有興趣，何況是有關汪記「特工總部主任」丁默邨的，真是又刺激又傳奇。這就驚動了上層。陳璧君、楊淑惠等夫人們也專門來到「七十六」號看鄭蘋如。丁默邨的面子丟盡了，消息捅到日本人那裏，連周佛海都受到了影佐的申斥，幸虧有汪精衛出面，不然事情還不知要鬧到何種地步。

曾經大權在握，自以爲不可一世的丁默邨終於敗在李士群手中，被李士群一腳踢出了「七十六」號。緊接著，李士群在「七十六」號開始一步步地排除異己，培植親信，他重用吳四寶等人，將汪記「七十六」號變成了針插不進，水潑不入的李士群個人的天下。

第十五章 吳佩孚大帥惹惱了日本人

北京之夏，燥熱難熬，日本華北派遣軍司令官邸內部卻是清爽宜人，別有一番天地。這原是清攝政王府，占地上百畝。廣庭深院裏，花園、假山、紅柱、黃瓦的宮觀式建築精美，卻又是渾然一體。非胸有溝壑者難成如此佳景。處處透露出肅穆森嚴而又溫柔富貴的清王朝皇家氣息。到了夏天，這裏濃陰匝地，雀鳥啁啾。更有一浩淼大湖，沙鷗翔集，清風徐來，無疑是一避暑勝地。

這天上午，花園旁邊那間中西合璧的客廳內，華北臨時政府首腦王克敏遵杉山司令官之命先來了一步，靜候汪精衛。他坐在鬆軟的藤沙發上，抽了口雪茄，悠然指著窗外的景物，無話找話地問坐在身邊的「泰山」大人王揖唐：「這原是一座王府吧？」時年六十六歲的王克敏，是浙江省撫縣人，字叔魯，曾先後任北洋政府中法銀行總經理、財政總長。他說的一口北平官話有濃郁的江浙味。窗外是一片碧波粼粼的大湖，遠處湖邊假山重疊，有亭台樓閣……風過處，吹動飛簷上的風鈴，叮噹作響，好聽而顯出幽靜。岳父大人只比他大四歲——這是一對政壇上的活寶。他二人僅從外表上看就很有趣，老女婿王克敏體貌清癯，戴副金絲眼鏡，已然染霜的一頭頭髮梳成大背頭，穿西裝，打領帶，說話咬文嚼字，像是一個大學教授，又像一個藝術家。而「泰山」王揖唐的打扮卻是一副「國粹」，著一襲中式長袍，腳蹬黑面白底的朝元布鞋，頦下留著一綹三寸長的花白山羊鬍子，右手拄根象徵身分的藤條手杖。

聽賢婿發問，王揖唐故作深沉地瞇起右眼，右手撫著下巴上的山羊鬍子，一時無言，正襟危坐，像個道行很深的聖人——他是安徽合肥人，清光緒甲科進士，留學過日本。一九〇七年回國後，先後任清廷兵部主事、北洋政府段祺瑞內閣時的內務總長等要職，對北京有種特殊的感情。

他用一雙細眼斜睨了一下女婿，慢聲說：「杉山司令官這座官邸過去是清攝政王府。再往上數，是光緒皇帝父親醇親王的府第……」王揖唐說著目光變得凝重起來，用恭敬的語氣從這座王府扯到朝代的興衰，語氣中大有一種今不如昔的憂傷。

王克敏並沒有專心聽「泰山」講古，實際上在默想等會兒汪精衛來時與之會談的種種細節。汪精衛即將還都南京，組織國民黨「中央政府」。汪精衛此次北上，是遵從日本人之意，來同他敲定有關人事安排事宜的。汪精衛同他談後，還要同在北京做寓公的吳佩孚吳大帥談……

十時整。門上的湘簾被輕輕掀起，一位身著和服，腳蹬木屐，打扮得像個絹人的日本姑娘彎著腰，邁著碎步來到王克敏面前，深鞠一躬後，用標準的北平話報告：「王先生，汪精衛先生到了。」

「請！」王揖唐、王克敏翁婿隨即起身，出去降階相迎。當西裝革履的汪精衛帶著陳春圃從前面的花叢中走出來時，王克敏快步迎上，拱起手來道：「歡迎，歡迎！多年不見，汪先生風采依然，克敏常對先生懷雲樹之思。」

「彼此、彼此。」汪精衛伸出手，挨次同王克敏、王揖唐握過——他的手綿軟無力，握得很輕。主客相跟著進入客廳，落坐。兩位嫋嫋婷婷的日本侍女，給客人送上茶點後，再深鞠一躬，輕步而退，並帶上了房門。

王克敏代表華北臨時政府首先向汪精衛致詞：「汪先生爲建立新的國民政府，造福於人民，實現中日和平，於盛夏時節，不辭勞苦北上，實在是可敬可仰。克敏代表臨時政府，願服從汪先生領導，共襄盛舉。」

「謝謝！」一絲欣慰的笑容浮上了汪精衛俊美的臉龐。

「叔魯（王克敏字叔魯）、揖唐先生算是德高望重的前輩，」汪精衛咬文嚼字故作謙虛，「在未來的中央政府中，兆銘還要借重二位。」他說著看了看坐在旁邊的陳春圃，示意他作好記錄；這就開始侃侃而談，舊事重提，「自一九三七年盧溝橋事變以來，國民政府因軍事失敗，先後放棄北平、南京、武漢、廣州……政綱解組，民無所依，幸叔魯、從異（梁鴻志）諸先生挺身離亂之際，相繼組織政權，以與日本為和平之周旋，使人民於流離顛沛之餘得所喘息，苦心孤詣，世所共見……唯時至今日，和平運動已為刻不容緩之圖。而既成政權，如叔魯先生等，從前曾服官國民政府，投艱遺大，必能繼其遺志，使國家民族得以轉危為安！對此，不知叔魯先生有何教我？」

王克敏在外交上哪是汪精衛對手！他想了想說：「吾人不是國民黨員，對黨派觀念亦薄。凡為復興中國而崛起者，不論何人，吾均擬與之協力。汪先生為中日兩國計，振袂而起，臨時政府決不惜加以協力。吾人已風燭殘年，在中央政府建立時，擬告老退休。如閣下要我參加中央政府，可以同意，但希留北京工作。」汪精衛聽出來了，王克敏所謂「告老」是假，留在北京占山為王才是真，慨然答應。於是，談判結束了。

汪精衛心中高興，提議：「機會難得，今天天氣又好，讓我們憑湖留影一張如何？」二王欣然同意。陳春圃趕快去找他的隨行秘書佈置照相具體事宜。汪精衛同王克敏、王揖唐步出客廳，來到湖邊，憑欄遠眺。只見湖上煙波浩渺，不時有魚兒躍出水面。遙遙可見湖心有座風景絕佳的島嶼，島上綠林中有座飛簷斗拱、金碧輝煌的宮觀建築。一條長長的細堤將這邊與那島連結了起來。細堤中段有座漢白玉拱背橋——汪精衛看到這裏，心潮起伏。那座漢白玉拱背橋是他當年藏身其下，準備炸死清攝政王未遂的被俘處……

「汪先生！」王揖唐看出汪精衛的心境，用握在手中的藤杖遙指湖中那座漢白玉拱背橋笑道，「就以這座意義不凡的漢白玉拱背橋爲背景拍照吧。這可是汪先生當年那首千古絕唱『慷慨歌燕市，從容作楚囚。引刀成一快，不負少年頭！』靈感萌生處啊！」

汪精衛久久沒有說話，只是遙望著湖中細堤上的漢白玉橋。

這是北平一天中最熱的時分。然而，他們的頭上卻是濃蔭覆蓋，蟬鳴起伏，清風徐來。汪精衛今天很瀟灑，挺拔的身上穿一套白色西服，戴在頭上的白色巴拿馬帽握在手上。他轉過身來，用一雙略帶憂鬱的黑亮眼睛看著王揖唐，若有所思地問：「揖唐先生，依你看，若是我當初如願以償炸死了清廷重臣攝政王，今天會是一個什麼局面呢？」

「天下太平。」

汪精衛聞言一怔，若有所悟地說：「願聞其詳。」

「當時，」王揖唐說得振振有詞，「只要炸死了清廷的頂樑柱攝政王，清廷就會立刻倒坍。這樣一來，何以有後來的武昌起義、辛亥革命？何以有後來的軍閥割據？何以有共產黨起事？又何以有中日戰爭？」

「高見！」汪精衛擊節讚歎，再問，「若當時我同攝政王同歸於盡了呢？」

「可惜！」站在一邊的王克敏插話了，他順著汪精衛的思路給他一個勁戴高帽子，「攝政王算什麼？他不過是清廷的一條狗，一條看家惡狗，而汪先生是天下第一才子。這一點，天下誰人不知？若是當時汪先生同攝政王一起殞命，那就是佳卉與朽木同枯，是當代中國的重大損失！」這話捧得實在太過份了，連王揖唐聽來都渾身起雞皮疙瘩。但汪精衛顯然沉浸在那種自以爲天下無雙的虛幻中，臉上呈現出迷醉。二王已將天下最無恥的吹捧都悉數送給了汪精衛，但看樣子，汪精衛還嫌不夠，還想再聽下去，可是該再說些什麼呢？幸好這時陳春圃帶著攝影師來了。

「我專門去請來了一位技術高明的日本攝影師。」陳春圃一邊高興地說著，一邊請汪精衛、王克敏、王揖唐背著雕欄站定，背景就是長湖中細堤串起來的那座漢白玉拱背橋。

日本攝影師調好了焦距，舉手示意後，一連照了兩張。

然後是相互握手作別，行禮如儀。

當天下午，下榻於北京飯店西樓的汪精衛，對來訪的杉山司令官將他同王克敏的會談情況作了詳細通報。

「亞西！」聽完了汪精衛的通報，正襟危坐的杉山司令官，情不自禁用日本話說了一聲好，鬍子刮得發青的臉上流露出一絲淺笑。而罩在黑色玳瑁眼鏡後的眼睛犀利地凝視著汪精衛，他意味深長地說，「願下輪汪先生同吳大帥的會談進行得更好，爲汪先生此次北上畫上一個圓滿的句號。」

杉山司令官告辭以後，汪精衛一直在想，看來日本人把他即將與吳佩孚的會談看得至關重要。然而，吳佩孚是一個什麼態度？雖然他對自己的才能素來自信，但想到大名鼎鼎的吳佩孚吳大帥，心中還是有些打鼓。

出身於山東蓬萊的吳佩孚，字子玉，是一個帶有傳奇色彩的人物。他早年書讀得好，很年輕時就已中了秀才，在地方上頗有文名，但因國事蜩螗家事身世坎坷而投筆從戎，文韜武略，在行伍中戰功赫赫，以後竟一直坐到了直系首腦人物的交椅上。吳佩孚在同關外「鬍子」出身、有日本作靠山的張作霖奉系軍閥的第二次直系戰爭中，因爲部屬馮玉祥的反戈，功敗垂成，以後輾轉四川，投靠四川軍閥楊森，意欲東山再起，無奈已是明日黃花，終不能再成氣候。這就徹底下野，一九三一年「九．一八」事變後，吳佩孚在北京做寓公，但虎倒雄風在。他反共，但又有一定的民族氣節，在全國，尤其是在北方有相當的號召力，向爲日本人看重，一心期望吳子玉出山。聽說杉山司令官曾經去吳子玉居住的什錦苑，代表日本政府，請求吳大帥出山；甚至不惜在吳佩孚面前半跪，然而，還是被有民族氣節的吳佩孚拒絕了。

但是，再難也得去。汪精衛去見吳子玉前，先去了一封信投石問路。

「不通，不通！真是豈有此理！」這天，時年六十六歲的吳佩孚，一早就在他的書房裏發起了脾氣。夏日初升的陽光明亮而又溫柔，如瀑的陽光，經窗前那株肥大的翡翠般的芭焦樹一濾一篩，再透過鑲嵌在窗櫺上的紅綠玻璃，灑進雕龍刻鳳的中式書房裏，在地上閃爍遊移，編織出一個個夢幻般的圖案。屋中，沿牆擺一溜中式書櫃，屋中的屏風、傢俱、長案……無不雕飾著中國的連鎖紋圖案。雪白的正面牆壁上掛著名人字畫，有齊白石的蝦、蘇東坡的竹、唐伯虎的字，都是真跡。書櫃裏的線裝書排列整齊，有《史記》、《五經》類書，還有一些《孫子兵法》類兵書。牆角一矮几上，放著一尊翠蟾蜍，藍煙嫋嫋，散發著淡淡的幽香。

儀表堂堂、重眉蠶目、穿一襲灑金綢緞長衫的儒將吳佩孚，將桌子拍得山響。他一邊看汪精衛的來信，一邊生氣。

剛才，替汪精衛打前站的陳春圃前來，送上一封汪精衛的信。信中，汪精衛很委婉地說：「多年不見子玉大帥，兆銘時時都在念中。兆銘此次北上，極望拜會子玉大帥，並就有關還都建國事宜，聆聽大帥教誨。而且，這也是杉山司令官和喜多先生的意思。請先生安排時間！」信末拖了這樣一句，「若吳大帥不好安排，請擇日來杉山司令官官邸，兆銘在此恭候。」吳佩孚看到這裏就火大。

「哪有這個道理？」他根本不把汪精衛放在眼裏，也不給陳春圃面子，指著陳春圃質問，「聖人制禮，歷來坐者爲主，行者爲賓。只有行者拜坐客，哪有坐者拜行客的道理。再說，咱們中國人談自己的事情，哪有跑到日本人家裏去談的道理？」

「汪先生其實本來的意思是——」尷尬的陳春圃從凳子上抬了抬屁股，解釋，「他先來拜望大帥，然後在他下榻的北京飯店接受大帥的回拜，可是，日本人不同意。去杉山司令官宅邸談，是日本人的意思。」

「我不去，也沒有什麼可談的。」吳佩孚氣鼓鼓地說。

「大帥！」陳春圃又坐了下去，「你還沒有看完汪先生的信呢。」

吳佩孚忍著氣，繼續看汪精衛給他的信。

「去歲冬初，兆銘曾致電左右，略陳悃福。惟辭意未盡，而耿耿之誠，幸蒙監察……中日兩國爲敵則兩敗俱傷，爲友則共同發達，其理自明。不幸數十年糾紛膠結，鬱結於今日，遂敗壞決裂一致於此！欲謀收拾，且引之於正軌。其事誠難，然又不可以已，且舍此實無他道也。國民黨人當此厄運，撫躬自責，不敢有一息之安，而旋轉乾坤，則非海內仁人志士心力以共謀之，不能有濟。我公功在民國，蒿自顛危，誠知心惻然有動於中也。銘自去臘之末，發表《豔電》，棲遲河內，未嘗別有謀劃。蓋以此身曾參加重慶政府，雖諫不從，言不聽，而去國之際，深維孟子三縮而後出晝之義，不憚再三呼籲，以期重慶當局之最後覺悟。今此望已絕，不得不易地奔走，期與海內豪俊，共謀挽求。現在國難日深，而國際危難又日趨緊迫，非恢復和平，無以內除其禍，外應世界大勢。非組織一有力自由之獨立政府，無以奠定和平，公老成謀國，如有所示，極願承教……」

「好！」吳佩孚看完了汪精衛的信，把信拍在桌上，對一直觀察著他的陳春圃說，「汪先生在信中說，他『極願承教』。那你聽著：一、要我一個六十多歲的人去拜他五十多歲的人，不行，天下沒有這個道理。二、汪先生要我出山，可以。不過位置應該調過來，我吳佩孚要做就要做獨立的國家元首。」看陳春圃無言以對，不勝驚惶，他說，「這樣吧，我回汪精衛一信，你回去給他，以免你爲難。」說著，提筆展紙，筆走龍蛇。

「汪先生勳鑒：

大函致意。自盧溝橋變起，兀坐故都。本所信念，日以啟導和平為事，而其要領，則以保全國土，恢復主權為唯一主張。委質國家，誓與國家生存同其命運，苟能山河無恙，自計已足！」

陳春圃收好信，立即回去覆命。

第二天一早，什錦花園門外響起一陣急促的汽車馬達聲。車停，從一輛小車上下來三個身穿黃呢軍服的日本高級軍官，他們是杉山司令官和大特務土肥原、喜多。門房看來的是這三個日本「閻王」，趕緊躬腰致禮，就要進去通報。杉山司令官卻很傲慢地用戴著白手套的手揮了揮，逕自同土肥原、喜多走了進去。

喀喀喀！他們腳下的皮靴在花徑上踏過時敲打出的聲響，一路向幽靜的宅邸深處傳去。

吳佩孚已經得到通報，但毫不影響他做早課。這時，他身穿一襲素服，在書房的一把黑漆太師椅上，正襟危坐，閉著眼睛，吐納丹氣。當他睜開眼睛時，三位不速之客已在書房裏不請自坐，看著他，眼神中露出明顯的慍怒和陰森。

也不做過場，大特務土肥原單刀直入：「敝國內閣及有關人士對你同汪精衛組建中央政府已經取得共識。」透過眼鏡，土肥原用犀利的眼睛打量著吳佩孚，話說得一字一頓，簡直就是在對吳大帥下達軍令。

「經日本軍部批准，決定請吳將軍出山收拾時局。同時，汪精衛先生也起而與將軍一致合作，進行日中友善和平工作。這對於端正日中兩國及解決中日戰爭都是值得慶賀的！但我們不明白吳將軍爲什麼不願回拜汪先生？」

「我在給汪精衛的回信中已經表明了我的態度。」吳佩孚在日本人面前依然桀驁不馴，「我之所以不去回拜他，是我要確立優於他的位置。要我出山，可以。但我要做新政府的國家元首。日前我已告王克敏，請他將我的意見轉告你們，雖然新的國民中央政府即將成立，但應充分尊重臨時政府目前的事實……」看乾瘦如柴的喜多在一邊假意頻頻點頭，吳佩孚的話更是說得口無遮攔，「新的國民政府成立，我擬以南京維新政府立法院院長溫宗堯爲副總統，負責南中國事務。因爲王克敏提出退休，北中國事務由王揖唐負責。南京設作陪都，總統居北京，副總統住南京。」

「那麼，」土肥原訕訕一笑，問吳佩孚，「不用說，總統就是閣下你了。那汪精衛呢，你準備如何安置汪精衛？」

「也可以讓汪精衛做個副總統。」吳佩孚神情肅穆，簡直就是一個即將登基，君臨天下的皇帝，他旁徵博引發揮道，「明朝永樂帝入主北京，但以南京爲陪都。予與汪氏合作，當仿效之。」

「那麼，如依閣下之說，」杉山司令官插話發問，「以你爲首的中央政府成立後，與我大日本帝國關係當如何處置？」

「我的地位當同天皇平等！」吳佩孚在對他操有生殺榮辱大權的三個日本高級將領面前毫無畏懼，頤指氣使，「我所任命的國務總理，地位等同貴國首相，以此類推！」聽到這裏，前來對他作最後考察和規勸的三位日本將軍再也聽不下去了，他們鐵青著臉相繼站起身來。

「這是吳將軍最後的決定嗎？」喜多虎著臉，氣勢洶洶地問。話中有明顯的威脅意味，這是他給吳佩孚最後的機會。

「軍人無戲言。當然這是我最後的決定！」吳佩孚說時也站了起來，擺出一副送客的姿勢。

杉山司令官和土肥原相跟著先離去了，日本軍部設在北平對吳佩孚機關的機關長喜多，最後看了看執迷不誤的吳子玉，搖了搖頭，跟在杉山和土肥原之後垂頭喪氣地走了。

飽經世故、戎馬一生的吳佩孚當然明白，今天的事情發生後，對他意味著什麼。他卻毫無畏懼，大步走到案前，抄起一枝大筆，飽蘸濃墨，運了一口長氣，在一張宣紙上唰唰兩筆，寫下一個大字——「人」！然後擲筆，轉身進入佛堂，在蒲團上打坐，閉上雙眼，敲起木魚，口中念念有詞。吳佩孚自下野後，不知是爲了排遣心中的苦悶，還是怎麼的，開始禮佛。

走出什錦花園的土肥原、杉山司令官，一直等到喜多出來一起上車。他們看了看喜多沮喪的神情，明白吳佩孚是決心對抗到底了。到這時，他們也才恍然明白，剛才吳子玉那番大話，根本就是在拿他們尋開心。

「可惡的吳子玉！」土肥原在車上咬牙切齒地說，「這個人是完全沒有希望了，也是完全沒有利用價值了……」

幾個月後，身體異常強健的吳佩孚猝然而死，死在日本人手上，起因是一次普通的牙疼。日本軍醫來替他看診後，不僅不見好，反而越來越疼，腮幫腫得老高。日本軍醫給他拔牙，說只有拔了牙才能根治，於是注射麻藥，天知道注射的是什麼。當日本軍醫用力將吳佩孚那顆大牙連根拔起時，吳佩孚痛苦至極地大叫一聲，接著血流如注，當即殞命，時年六十五歲。

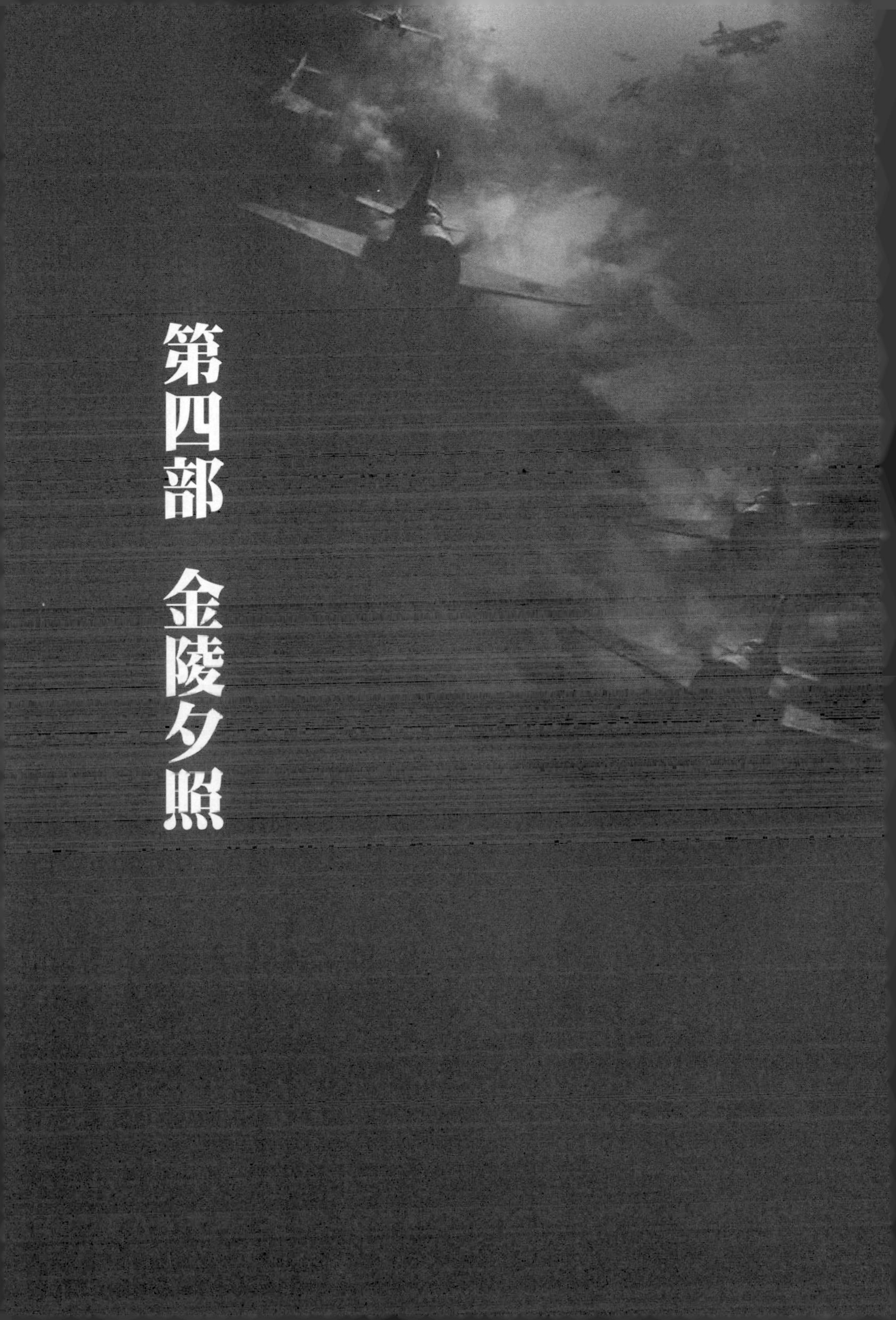

第四部　金陵夕照

第十六章 還都南京，蕭索慘然

褚民誼對著室內的穿衣鏡左顧右盼，頗爲自得。時年五十六歲的大胖子今天穿了一身自備的海軍上將服：雪白的上裝，褲腿肥大的天藍色下裝，鑲金嵌銀的大蓋軍帽，赤金肩章……著實威風，連他都認不出自己了。內定的「海軍部長」褚民誼想像著即將來臨的走馬上任儀式上的輝煌，喜從中來。他想著一段時間以來的努力，終於沒有白費。

不久前，通過陳璧君的關係，他同汪精衛的齟齬終於修復了。作爲汪精衛「連襟」的他，同羅君強分別擔任了油水很大的「籌備還都委員會」的正副主任，他對汪精衛的寬大爲懷，對陳璧君的鼎力相助感激涕零。他立即趕赴南京，修繕國府，爲達官貴人們趕造別墅，相當賣力。

還都南京前夕，爭權奪利的爭鬥到了白熱化的程度。褚民誼有自知之明，知道憑自己的能力、貢獻根本爭不到國府中的要職。想來想去，最後還是決定通過陳璧君這條線，向汪精衛下功夫。他在給汪精衛的一封信中，直言不諱地說：「我一九三二年汪先生當國民政府行政院長時，就是行政院秘書長，現在我希望仍然當秘書長，權當復職……」汪精衛口頭上答應下來，想想後卻又覺得有問題，認爲褚民誼歷來辦事糊塗，找夫人商量後，決定找辦事向來精明強幹的內侄陳春圃當副秘書長，負全責，秘書長這個空銜給褚民誼。然而，陳春圃也是一個官迷心竅的人，他不肯，說：「要麼讓我當行政院秘書長，讓我名副其實。明知褚民誼糊塗，當不了正的，卻要我去當副職，我不幹！」陳璧君想想也是，兩人都是她的親戚，憑什麼厚此薄彼？便對汪精衛提出，秘書長乾脆讓陳春圃當得了。

「春圃當秘書長倒是合適。」汪精衛點點頭，又問，「那麼，褚民誼又怎麼安排呢？現在拿得上台的官都安排完了。」虧陳璧君想得出，她搔搔頭，眼睛一亮說：「你不是還有個海軍部麼？就讓民誼當個海軍部長吧！」

「我這個海軍部是空的。」汪精衛說，「他當海軍部長就是空職。」

「就要這個空職。」

「也好。」汪精衛翻了翻眼皮。其實，即將誕生的汪精衛小朝廷哪有什麼海軍？所謂海軍部，無非就是管幾艘日本人從長江上打撈起來的、抗戰初期國民黨欲阻攔日本軍艦長驅直入，沉入長江的又破又爛的艦艇而已。誰知，陳璧君對褚大胖子一說，他竟滿口答應，十分高興。在他看來，部長比秘書長官大一級，雖說是有名無實，但享受部長級待遇，穿一身海軍上將服裝，也是相當不錯、相當實惠的。

然而，儘管如此，褚民誼高興得太早了一些。

就在這個早晨，身穿海軍上將服的褚民誼得意洋洋時，陳公博、周佛海第一次走到了一起，他們去中山北路國際聯歡社找到了汪精衛——近一段時間，汪精衛住在這裏籌備召開中央政治會議事宜。

陳公博是陳璧君專程去香港請回來的。

「公博！」當時，陳璧君一見陳公博竟眼淚汪汪地說，「當初，不算汪先生，我們『首義』八人中，你算算現在還有多少？」說著搬起拇指一一數道，「曾仲鳴犧牲，高宗武、陶希聖叛逃。現汪先生身邊只剩周佛海、梅思平、林柏生，而他們都有自己的打算，不是汪先生可信賴的人。公博你是知道的，汪先生歷來最器重、信任的人只有你。此時汪先生可說是一個孤家寡人，而國事如此沉重，你再不出山幫幫他，說不過去！」

「既然夫人如此說，我就跟夫人歸隊！」陳公博當即慷慨激昂地表示，「忠臣必出孝子之門。我此前到香港陪伴八十老母，是盡孝；現在回上海，是盡忠。高、陶叛變，我最好的批判就是回上海用實際行動回擊他們。此時我陳公博不回上海，算什麼大丈夫，枉自爲人！」作爲汪精衛的第一親信，陳公博一回上海，立刻官居周佛海之上。

在這個早晨，陳公博、周佛海口徑是從來沒有過的一致。他們開宗明義地對汪精衛表示：「褚民誼不宜當海軍部長！」

「爲什麼？」汪精衛驚愕地看了看兩人。

「汪先生你想想！」陳公博首先開炮，「海軍部雖沒有什麼海軍，艦艇也沒有幾艘，但歷史上國民黨海軍部就是走私猖獗地，人言嘖嘖。民誼爲人顢頇，部下又良莠不齊。他最信任的『四大金剛』周邦俊、王永康、吳凱聲、戴策等人都是上海的大流氓。他當了海軍部長，勢必被那些人利用；必然利用艦艇走私，貽人笑柄。因此，任何一個部都可以給他，唯獨海軍部不能。」

「問題是，」汪精衛爲難地搓了搓手，「所有的人選都幾近安完，民誼不當海軍部長，又當什麼？」

「我建議將外交部給他。」周佛海說，「由汪先生你自兼海軍部長，待有合適的人選先生才卸任。如此，可杜絕海軍部走私流弊。且民誼塊頭大，儀表不俗，當外長也還合適。反正重大外交，按例是要經過汪先生你的！」汪精衛歷來重視外交工作，原想自兼外交部長，現在聽他二人這樣一說，想想，也是合情合理，便答應了下來。可事後又覺得氣不順，便使出政客手腕，在中央政治會議即將召開、內定參加人選時，突然提出讓褚民誼出任行政院副院長兼外交部長，所有的人都猝不及防，無從反對。這樣，不知不覺間，將褚民誼又升了一級。汪精衛此舉既是安慰了因沒有當上海軍部長而深感遺憾的褚民誼，也是對陳公博、周佛海聯合起來向他進攻的一個回擊——雖然褚民誼最終當行政院副院長沒有幾天，又被周佛海取而代之。

剛剛才結下同盟的陳公博、周佛海為了各自派系的利益，又展開了火併。

得知汪精衛內定陳公博擔任立法院院長兼軍委會訓練部部長時，周佛海很不平衡，在討論由誰來擔任這個部的副部長時，周佛海首先站出來，推薦他的湖南老鄉、心腹羅君強。陳公博心中明鏡似的，知道周佛海是想往他這個部裏摻沙子，也不說破。

「君強生活浪漫。」陳公博以此作為反對的理由，「不宜作政訓工作。」陳璧君在一邊幫腔：「君強脾氣那樣壞，讓他到邊疆委員會主事，關起門來做他的土皇帝吧！」一人不敵二手，這樣，羅君強做了有名無實的邊疆委員會主任。汪精衛這個偽政權管轄範圍不出上海、南京一帶，哪來的邊疆?而羅君強也樂得清閒——不管怎樣說，他是部長級，享受的是部長待遇。

何炳賢是陳公博的兩個暗妾——何大小姐之弟，何三小姐之兄。他也想來分一杯羹，自認是留美生，同陳公博又是那種關係，想著在陳公博手下做個立法院秘書長不成問題。可陳公博就是不肯。何炳賢急了，去找大姐、三妹哭訴陳公博無情。何家兩位大小姐便在床上對陳公博下功夫，大吹枕頭風。然而，陳公博就是不肯鬆口，說：「炳賢向來主意太多，而且固執，不是當秘書的料。」又退後一步，以「他在汪先生手下做過事，且表現不錯，我向汪先生推薦……」一番話才安頓下來兩個何小姐。

出人意料的是，立法院秘書這個誘人的紅果子卻落進了一個毫無干係的叫趙尊岳口中。何炳賢氣炸了！陳公博由港返回上海以來，一直兼任上海市市長職。趙尊岳是上海市政府秘書長，其人為非作歹、貪污受賄、劣跡斑斑。何炳賢經過調查，很快明白了，趙尊岳之所以捷足先登，是趙胖子會來事，在背後用「五子登科」——女子、房子、票子等賄賂了陳公博。

雖然何炳賢最後也撈到了一個相當不錯的肥缺，但何大小姐、何三小姐卻認為陳公博不給她們面子，於是她們先是不給陳公博舒服，繼而不理，甚至以死威脅——兩姊妹相繼將來蘇爾藥水擺在案上，脅逼陳公博回心轉意——撤掉趙尊岳，換上自家人何炳賢。陳公博「毛」了，乾脆趁此丟了何家兩姊妹，重新找了個更為年輕美麗的女大學畢業生莫國康作妾。

各部大員名次已經排定，準備還都南京前夕，汪精衛靜夜多思，枕著黃埔江的濤聲，細想起來，自己都覺得汗顏：梁鴻志的維新政府只是拿去了一塊牌子，他們在南京不僅維持全班人馬，而且占住原國民黨中央政府的寶地不讓，害得他不得不另選地址，大興土木。在華北方面，王克敏的臨時政府也不過是換上了一塊「華北政務委員會」的牌子，原來的貨幣照樣流通，以齊燮元為首的華北治安軍照舊打北洋軍閥時代的五色旗戴五色帽徽……這一切，都是日本人安排的。他的中央政府完全是有名無實。不僅如此，按照日本人的意思，他還不得不安排梁鴻志、陳群、溫宗堯、任援道這些臭名昭著的大漢奸分別擔任監察院院長、內政部部長、司法院院長、軍事參議院院長等要職。在他的中央政府中，可以說是派系林立，甚至連毫無力量、僅僅是作為點綴門面的青年黨、社會黨及所謂的好些學者名流都入了閣。好在最大的一塊牌子——「國民政府主席」沒有人爭，也沒有人敢爭。他汪精衛宣稱：「在國府主席林森還都南京執行職務之前依法由他——行政院院長代理」。

王克敏、王揖唐、朱深、王蔭泰這些人走馬燈似地在眼前閃動，或胖或瘦，或一臉奸相或假裝憨厚……用這樣的人組成的中央政府，有什麼威信，有什麼號召力？想到這裏，他不禁歎了口氣，然而，在日本人擺就的棋盤上，他汪精衛現在是過了河的兵，只能前進，不能後退了！

六朝古都南京——號稱金陵的三月，正是春意盎然季節。

一九四〇年三月卅十日這一天，天氣很好。南京城裏春陽朗照，大街小巷都整潔一新，但氣氛緊張，大街上人跡寥寥。從早晨起，各處巡警、憲兵一齊出動四處巡邏，大街上武裝警車往來如梭。往日全城最熱鬧的鼓樓一帶今天鱗次櫛比的店鋪全都關門閉戶……整個南京城似乎在提心吊膽地等待著什麼事情發生。

「掛起來、掛起來、把國旗掛起來！」手拿警棒、穿一身黑制服，打扮得像黑烏鴉似的員警們挨家挨戶吆喝。於是，一面面久違了的青天白日滿地紅旗幟在無數民居、店鋪門前由一根根竹杆斜挑著掛了起來；飄揚在金陵城的大街小巷，飄揚在高高的金陵飯店、濃陰匝地的玄武湖畔……身處淪陷區、不明底細的市民們仰起頭來，打量著這些旗幟，不禁滿面疑惑，三三兩兩交頭接耳，小聲議論起來：「哎，怪了！老蔣不是躲在重慶嗎？怎麼國民黨的青天白日旗掛回了南京城？」

「莫非是老蔣投降日本人了麼？」

他們仔細看，發現了其中的蹊蹺。這一面面國民黨旗是明取陰平，暗渡陳倉——在旗幟下擺處，綴有兩根豬尾巴似的三角黃色飄帶，飄帶上都寫著「和平、建國、反共」六個小黑字。人們看在眼中如被針刺，心中像吞下蒼蠅似的難受，感到羞愧。南京人很快明白了，在上海鼓噪一時的汪精衛僞政權，今天要還都南京了。

還都典禮在南京原國民黨政府考試院舉行。

這是一座座落在秦淮河畔的灰樓，四層，剛剛粉刷一新。那些日本人打進南京時因兩軍激戰在上面留下的密密麻麻的彈痕，被水泥填平……披紅掛彩，竭力營造出一種喜慶氣氛。然而，灰樓像是一個經歷過殘酷蹂躪的半老徐娘，在強作歡顏地迎接新主人，顯出一種悲慘。大門外、廓柱前站兩排持槍衛兵，個個挺胸突肚，像是兩排泥雕木塑。碩大的腥紅地毯，滾浪般從三級共二十七級漢白玉台階上滾下來，一直滾到廣場邊沿。在藍天白雲映襯下，灰樓正中門楣上嵌有一個橢圓形的寶頂。寶頂上豎有一根高高的旗杆，旗杆上飄著一面碩大的、南京城中隨處可見「改良」過的青天白日滿地紅旗幟。

九時整，由長長一隊呈飛箭形狀的武裝摩托車開道、護衛，一輛輛嶄新的轎車過鼓樓大街，穿中央大道……眼看就要抵達「國府」前的廣場時，一幕煞風景的事情出現了：一列日本人開的有軌電車「匡啷匡啷！」搖過來，擋著了車隊，一直等到它在達官貴人們面前大搖大擺過去後，還都的中央大員們的車隊這才小媳婦似地過了電車道，停在了廣場上。

在嚴密的武裝保衛中，車門開處下來的文官一律身著傳統的民國大禮服——藍袍黑馬褂，胸前戴一朵絨紙紮就的大紅花。武官一律身著黃呢軍服，腰束刀帶，帶上挎著軍刀，腳蹬黑皮靴。候在門前兩排的軍樂隊奏起進行曲。文官武將們踏著鋪在地上的紅地毯，拾級而上，登堂入室。然而，這些汪記新貴們臉上全無喜色，認識的彼此點個頭，都不出聲，彷彿在做一件見不得人的事似的。他們進入「國會」前，無不在門前一怔，打量著插在門楣寶頂上那面呼啦啦飄揚的，「改良」過的國民黨旗——在整座南京城裏，只有頭上這面旗幟的下擺沒有兩根討厭的「豬尾巴」。原來，不知是哪個聰明人出的主意，將兩根「豬尾巴」打了一個結。這樣，既不違背日本人的規定，又給暗中憤憤的南京人一個暗示，彷彿這旗擺下的兩根討厭的「豬尾巴」並非固定模式，而是隨時可以取掉的。

大員們排除了一切心理障礙，進了國會，偌大的禮堂座無虛席。抬起頭來，只見主席台上，主席團座處尚空無一人。正面壁上貼有兩面交叉的旗幟。台的四周簇擁著蒼翠油綠的冬青樹和姹紫嫣紅的鮮花。

十時整。頭頂上盞盞葵花燈大放光明，主席團的人們上台依次入座。他們是：陳公博、周佛海、褚民誼、梅思平、林柏生、陳春圃、丁默邨、王克敏、梁鴻志等十九人。其中，最引人注目的是被汪精衛、陳璧君夫婦稱爲「三姑」的曾醒——她是曾仲鳴的姐姐。在與會代表人手一份的主席團人員的簡介中，有關曾醒部分是這樣介紹的：「曾醒，福州人，爲中國國民黨女同志之最前輩，現年五十八歲。二十歲前後既嫁而孀，攜子賢淑，與夫弟聲濤、聲洞、夫妹君瑛先後留學東京……醒肄業東京女子學校，曾與汪精衛、方君瑛、黃復生、喻雲紀、陳璧君、黎仲實等同任入北京刺殺攝政王之事，後又與黃興、胡漢民等同任廣州起義之事……」

當執行主席陳公博宣佈「全體起立」、「奏國歌」等事宜後，主角出場了——一反以往，爲了顯示莊重，今天特意穿一身藏青色西服的汪精衛快步走了出來，站到講壇上，對著麥克風，先是打量了一番場上情景。時年五十五歲的汪精衛，還是那副風流倜儻的樣子，只是臉上神情有些憂慮，滿頭烏髮似乎一夜間已經霜染，有種明顯的憔悴疲憊。尚未講話，麥克風中先傳出他一聲輕微的歎息。

「各位代表！」汪精衛臉上掛起一絲素常的微笑，可聲音裏沒有一點以往的熱氣和激情。他說，「國民政府根據中央政治會議之決議，還都南京。謹以誠敬，昭告海內，實現和平、實施憲政兩大方針，爲中央政治會議所鄭重決議，國民政府當堅決執行之。所謂實現和平，在與日本共同努力，本著善鄰友好、共同防共、經濟提攜之原則，以掃除過去之糾紛，確立將來之親善關係……」

汪精衛以擅長演講聞名。在他的演講中，往往邏輯嚴密、言辭悠美、生動有力，充滿煽動性。而今日的演講卻與以往迴然，他像病了似的，話說得有氣無力，言語間透露出一種悲涼空虛。與會的代表們都是過來人。汪精衛的過去和現在，在他們的頭腦中閃現開來，猶如一面不可捉摸卻又閃閃發光、神奇莫測的多棱鏡。

一九二七年年初的武漢，革命歌聲革命口號響遏行雲。四月十日，剛才從歐洲歸來打著革命旗號的汪精衛，身穿一套雪白的西服，站在一輛敞篷吉普車上，在萬民擁戴中，從江漢路直到首義路。他站在車上，不斷揮手向夾道歡迎的民眾致意，沿途高喊「反共就是反革命！」稱南京蔣介石反共政府是「僞府」……這些，言猶在耳。然而，此後汪精衛在上海善鐘路七十七號發表演講時，口徑卻又變了，題目是「分共以後」。他劈頭就說：「我們爲什麼要容共呢？這是奉孫總理的遺教；那麼，我們爲什麼又要分共呢？這也是尊重孫總理的精神……」他侃侃而言，真是橫豎都有理。這一來，連原先想以其矛攻其盾的記者們都在他的滔滔雄辯下緘口。而現在，好容易才擺脫老蔣壓制，終於修成了正果，當上「國民政府」一把手的他，卻又是這樣一副氣息奄奄的樣子。本來就心虛的代表們，看大典上竟沒有一個外國賀電，沒有一個外國使節出席，包括日本，心中好不慘然！

汪精衛的「還都宣言」念完後，大會秘書處讓全體代表到禮堂門前站定，和汪主席照了一張相，還都大典就這樣草草宣佈結束了。

南京上演的這幕醜劇前後不過一兩個小時，卻在全國引發了軒然大波。

在上海，數十萬師生走上街頭遊行示威，高喊：「打倒汪精衛漢奸傀儡組織！」

在四川、湖南、廣西、雲南、寧夏、山西等地，憤怒聲討更是一浪高過一浪。

海外僑團致電重慶國民政府稱：「汪逆罪惡滔天，甘作虎倀，成立僞政府。有血皆憤，誓不甘休！」

重慶國民政府主席林森於汪精衛在南京宣誓就職同日，下達了對汪精衛、各部部長及次長共一百餘人的通緝令，稱：「各主管機關，嚴切拿捕，合地軍民人等，並應一體協緝，如能就獲，賞給國幣十萬元，俾元惡歸案伏法，用肅紀綱。」

就在汪精衛舉行還都南京典禮的第二天，南京汪僞政府機關報《中華日報》公佈了國民政府各部、院、會主要人員名單如次：

國民政府主席（代）兼行政院院長兼軍事委員會委員長兼海軍部部長　汪精衛
行政院副院長兼外交部長　褚民誼
立法院院長兼政治訓練部部長　陳公博
內政部部長　陳群
財政部部長兼警政部部長　周佛海
軍政部部長（代）　鮑文樾
教育部部長　李聖五
工商部部長　梅思平
農礦部部長　趙毓松
鐵道部部長　傅式說
交通部部長　諸青來
社會部部長　丁默邨
宣傳部部長　林柏生
賑務委員會委員長　岑德廣

邊疆委員會委員長　羅君強
僑務委員會委員長　陳濟成
水利委員會委員長　楊壽楣
司法院院長　溫宗堯
最高法院院長　張韜
行政法院院長　林彪
考試院院長　王揖唐
銓敘部部長　江亢虎
考試委員會委員長　焦瑩
監察院院長　梁鴻志
審計部部長　夏奇峰
參謀本部部長　楊揆一（代理）
軍事參議院院長　任援道（代理）
軍事訓練部部長　蕭叔萱（代理）

金陵四月，本該景色宜人，然而似乎老天也憤怒了，淫雨霏霏，連月不開。「南朝四百八十寺，多少樓台煙雨中」——汪精衛的小朝廷，在料峭的春寒中顫慄不已。

晚九時。

當汪精衛挽著盛裝的夫人陳璧君步入國府迎賓廳時，出席晚宴的文武大員們都紛紛起立鼓掌。明燦燦的燈光下看得分明，汪精衛夫婦今晚的氣色不錯。汪精衛著一身筆挺的白色中山服，頭髮往腦後梳得溜光，身姿頎長，神采奕奕，顯得很年輕。平時很少修飾的陳璧君著一件黑絲絨旗袍，臉上略施粉黛。夫婦二人手挽手面向大家，微微頷首。他們是特意提前五分鐘過來佇立門前，迎候前來參加晚宴的日本特使阿部。

日本特使阿部是架子拿夠，千呼萬喚才來南京的。在汪精衛還都南京後，因爲尚沒有完全滿足日本人的欲壑，日本方面既沒有派人參加汪精衛的還都大典，也沒有發來賀電，過後汪精衛們同日本人經過歷時五十四天的十六次緊張談判，直到八月三日同日本人最終簽定了一系列喪權辱國的協定，徹底滿足了日本人的要求後，日本內閣這才派出前首相阿部率領一支龐大的「祝賀國府還都代表團」來南京。

今晚，隨同阿部出席宴會的還有作爲「友好鄰邦」的由「滿洲國」皇帝溥儀派出的「祝賀代表團」。

「春圃！」汪精衛看了看戴在腕上的手錶，皺了皺眉，說，「時間早已過了，可是日本特使和『滿洲國』的『祝賀代表團』怎麼還都沒有來呢？他們不是說九點整來嗎？現在時間都過了五分鐘，怎麼還不來呢，他們不是聲稱很遵守時間，惜時如金的嗎？」汪精衛有些冒火，問站在身邊的陳春圃，行政院秘書長，也是今晚宴會的主持人。

陳璧君更是面露慍色：「這是怎麼回事？日本特使拿架子，連滿洲國派來的勞什子特使臧士毅也要在我們面前拿架子麼？」

汪精衛輕輕拍了拍夫人的手，以息事寧人的口吻說：「別，別這樣說。讓春圃去打電話催催，看他們是不是被什麼要緊的事耽誤了。」陳春圃打電話去了，汪精衛覺得那麼多人看著他們夫婦站在門前等人，有些丟面子，就勸夫人去隔壁休息室坐坐。

休息室裏，陳璧君憤憤地對汪精衛說：「我看日本特使遲遲不來，純粹是那個臧士毅在裏面搞鬼……」經夫人這樣一說，汪精衛被點醒了。上午，當他在國府明志堂接受臧士毅的祝賀後，這個康得皇帝的特使送給他了一件禮物，並特別說明：「爲祝賀汪先生還都南京，組建新的國民政府，康得皇帝特意送給先生這件禮物——這是康得皇帝的傳家寶！」臧士毅說著上前一步，低著頭裝出一副很恭敬的樣子，雙手捧上一個長長的很精緻的匣子。汪精衛說了聲謝謝，接過匣子，隨手遞給旁邊的隨從。

下來後，他細細欣賞了康得皇帝送他的禮物。匣子外面鑲金嵌玉盤龍，一看就是清廷皇家寶物。打開匣子，眼睛頓時一亮，一把寒光閃閃、鋒利無比的短劍躺在紅絲絨墊上。當時他有些納悶，心想，我一介文人，送把利劍給我幹什麼？現在明白了，這是遠在東北的康得皇帝溥儀借此嘲笑他：你汪精衛當初不是想謀刺我父親攝政王嗎？你汪精衛不是罵我溥儀是民族敗類，是日本人刺刀保護下的兒皇帝嗎？現在你我還不是一樣？你汪精衛算個什麼東西？……如此看來，臧士毅在暗中慫恿日本特使給我汪精衛處處難堪就不覺爲怪了。但是，這些想法，汪精衛沒有告訴夫人，也不敢告訴夫人。他知道，夫人陳璧君是個火爆脾氣，一旦說白了，陳璧君不定會做出什麼事來！

「主席！」這時，陳春圃快步走到汪精衛身前彎下腰來，小心翼翼地報告，「阿部特使說還要等一會。因爲臧士毅他們排了一齣劇叫《大和魂在滿洲》，是準備即日帶去東京敬呈天皇的，阿部特使在審看，要等一會才能完。」

「混賬東西！」汪精衛忍無可忍了，伸手在茶几上一拍，「早不排晚不排，他們不是來慶祝我們還都南京的嗎？怎麼將一齣勞什子《大和魂在滿洲》帶到南京來排、來審？還要叫我們等，這真是豈有此理！」

陳璧君也大為光火地問內侄：「你沒有告訴他們，汪主席和我在這裏等嗎？」

「說了。」陳春圃囁嚅地，「他們說馬上就完，完了就來！」

「真是欺人太甚！」汪精衛覺得受了莫大的欺辱，「馬上就完，完了才來，我知道他們什麼時候才完，什麼時候才來？」他實在忍不住了，霍地一下站起身來，怒氣沖沖往外衝去。

「兆銘！」陳璧君從來沒有見過夫君發這麼大的脾氣，連聲問，「你要到哪裏去？」

「不管、不管！」汪精衛沒好氣地將手一甩，「我去走走，讓他們來後也等等我汪精衛！」汪精衛負氣衝了出去，來到夜幕籠罩的後花園。不知不覺，一個人來到了秦淮河邊。戰前畫舫笙歌、流金淌銀的秦淮河哪去了？如今的秦淮河像是披上了喪服，流著一河淚水。

風從河上刮來，徘徊在河邊的汪精衛覺得有些冷，頭腦也清醒了些。望著飽受劫難、瑟縮在夜幕中的六朝古都，他忽然想起，三十年前，也是這樣一個夜晚，他在帝都——北京坐牢。當時，面對牢中一盞如豆孤燈，當時，他心有所感，寫下一首詩：

煤山雲樹總淒然
荊棘銅駝幾變遷
此行已無乾淨土
憂來徒喚奈何天
瞻烏不盡林宗恨

賦鵬知傷賈傳年
一死心期殊未了
此頭須向國門懸

啊！三十年前那份憂國憂民的慷慨激昂，如今是蕩然無存了。自己也才五十五歲，然而，心境竟是如此衰老、哀惋！

正在百感交集時，陳璧君、李士群帶著一幫人找來了。

「四哥！」當著那麼多人，陳璧君一把拉著汪精衛，急急告訴他，「日本特使已經等你好一會了！」

「是嗎？」汪精衛聽到這話，心裏才平衡了些。

「是。」陳璧君上去用手挽著他，「我們回去吧，日本特使都等急了！」

「他們也知道等急了？」汪精衛這才跟著陳璧君往回走去，他心中有一絲報復的滿足。

當汪精衛小朝廷在南京大肆慶祝時，世界局勢發生了急劇變化。一九四〇年九月廿七日，日德意法西斯軸心陣營成立，汪記外交部長褚民誼終於有了一點事幹——他受汪精衛委派赴東京，向日本軍部送呈汪精衛親筆手書的「日本援華革命追悼」碑碑文，並在東京參加了「慰靈祭」儀式。

十月九日重陽節，汪精衛感時傷懷，在家中填《虞美人》詞：

秋來凋盡青山色，我亦添頭白
獨行踽踽已堪悲，況是天荊地棘作何歸！

閉門不作登高計，也攬茱萸泣。

誰云壯士不生還，看取築聲推影滿人間。

十一月一日，汪精衛又填詞《邁坡塘》云：

歎等閒，春秋換了，燈前雙鬢非故；艱難留得餘生在，才識餘生更苦！體重溺，算刻骨傷痕，未是傷心處。

酒闌爾汝，問搔於長吁。支頤默坐，家國競何補！鴻飛意，豈有金丸能懼，齎愓猶剩毛羽。誓窮心力回天地，未覺道途修阻。

君試數，有多少故人，血作江流去。中庭踽踽，聽殘葉枝頭，霜風獨戰，猶似喚邪許！

汪精衛的哀鳴終於得到了報賞——一九四一年六月廿一日，德國向蘇聯發動閃電戰，第二次世界大戰拉開了帷幕。在日本人的導演下，看軸心國臉色行事的羅馬尼亞、捷克斯洛伐克、克羅地亞、西班牙、保加利亞相繼向汪精衛政權派出了大使。這讓汪精衛感激零涕。他在接受德國大使遞交國書時，竟肉麻地說：「我與希特勒元首的友誼百年不懈」。

第十七章 混世魔王命歸黃泉

上海本是冒險家的樂園，極為繁華，然而淪陷後，卻是一落千丈，百業蕭條，唯有憑臨黃埔江的越界路反而呈現出一種畸形的繁榮。這裏，樓台林立，從早到晚，長達一兩里路的長街兩邊的賭場生意格外紅火。特別是到了晚上，霓虹燈閃爍時，賭場就進入了一天中的高潮，一陣陣吆五喝六聲傳出；總有輸光當盡的賭徒，借著夜幕跳了黃埔江……

夏夜的風，像一隻溫柔的手，輕輕撫拂著越界路。晚八時，令人聞之色變的「七十六」號警衛大隊隊長吳四寶準備驅車進入越界路。因人頭湧動，車進了街口後不得不放慢了車速。

「老祝！」在紅紅綠綠的霓虹燈光映照下，吳四寶擰著眉頭，對坐在身邊穿一身黑色拷綢衣褲的黑大漢徵詢似地問，「我們是先到麗都？」

「是。」被吳四寶叫「老祝」的，用狗一般的眼光看了看主子的臉色，乘機火上加油，「麗都舞廳老闆高鑫寶以老賣老，連你放的話都敢不聽。他每晚銀錢進得嘩嘩響，卻不肯向我們交納保護費，身上的毛都不肯讓我們拔一根。我們找他理論，他卻大模大樣地說：『要錢？讓阿寶（吳四寶）親自來要！』他仗著他曾是你的師傅……」

老祝正說著卻不說了。吳四寶發現老祝眼光不對，循著他的眼光看去，這才注意到，老祝正綠眉綠眼地在看一個女人——一個體態豐滿、打扮入時的少婦正在過街。閃爍的燈光勾勒下，身穿蘋果綠旗袍的她，隨著腳下高跟鞋一款一款地走動，細腰豐臀，很是婀娜，特別是高高的胸部一上一下地抖動，非常性感。老祝大張著嘴，瞪大眼睛，狼似地盯著過街的少婦，恨不得將人家一口吞下肚去。

「沒有出息的東西，把眼睛都看得出血了！」吳四寶一聲吆喝，老祝這才急忙調過頭來，再也不敢東張西望了。窗外掠過的一閃一閃的紅綠燈光在大塊頭吳四寶那張紫醬色的臉上遊移。吳四寶濃濃的掃帚眉、張飛眼，看上去比平素更爲嚇人。這時，前邊人少了些，汽車的速度也快了些。夜色中鱗次櫛比的賭台和由霓虹燈勾勒出的「現錢交易，銀牌色寶」等等職業化的標牌，一一閃過。然而，在陰暗偏僻處，好些垃圾堆得小山一般高。每家賭台前，清一色站著身穿黑色紡雲衫「抱台腳」的保鏢。階沿下，則是拉胡琴賣唱的瞎子，銅鑼敲得噹噹響的耍猴賣藝人，還有吞刀吐火的、賣兒賣女的……光怪陸離，不一而足。越界路，是一處天堂，也是一座地獄，更是吳四寶和他的主子日本人的一座聚寶盆。

賭台開業，業主必須先花錢到日本憲兵隊隊長佐佐木那裏領取執照。接下來，還須辦理「管理」、「治安」諸多手續——這些就是「七十六」號的事了，這筆錢也就歸「七十六」號主子李士群了。越界路上若干的賭台也就成了李士群和吳四寶的錢櫃。新近「榮任」中央統計部部長的李士群爲顯示自己的尊貴，不屑再同越界路上的賭台主們打交道，放權讓心腹大將吳四寶辦，這就正中吳四寶下懷。他刮起錢來，比起日本人，李士群有過之而無不及。吳四寶新近規定，凡賭台業主在日本人那裏領取執照後，還得去他家「登記」——其實是去交一筆「孝敬錢」。吳四寶每日能收多少「孝敬錢」是個秘密，但看他出手的大方就可估算個大概。

「七十六」號養有特務三、四百人，經費都是從汪記「國庫」中撥發的。然而，這些人還可以從他吳四寶手中拿到每月數目不等的獎金——稱爲「劈霸」。眾所周知，馬嘯天之類處長級幹部，每月可以拿到五、六百元「劈霸」，其他職務小些的特務則是三、四百元不等，最低的兩百元。這樣一來，吳四寶手中的這筆錢，又成了他招降納叛的有力武器。吳四寶每月究竟孝敬李士群多少錢，孝敬「七十六」號的太上皇晴氣中佐、佐佐木、甚至影佐多少錢，就沒有人知道了，當然，也沒有人敢問。

吳士寶上任還不到一年，已大發橫財，在達客貴人居住的愚園路高級住宅區購置地皮，蓋了一幢占地廣大、造型考究的花園洋房。在寸土寸金的上海，此舉可謂是大手筆。然而，吳四寶還嫌不足，又將附近一家工廠據爲己有，改爲舞廳。這家舞廳不對外營業，純粹用以自娛。他家保鏢、僕從如雲，名廚中西兼備，日日酒宴歡飲，夜夜笙歌漫舞，花錢如流水，儼然成了上海第一闊佬。他出行乘高級防彈轎車，前後都有武裝摩托車隊開道保護……由於鬧得也太過了些，最近連汪記中央政府的太上皇影佐都出來對李士群打招呼，說：「吳四寶的威風闊氣，連我們的師團長都莫及！」

時間一長，吳四寶連李士群的話都愛聽不聽的了。真是「子係中山狼，得志更猖狂」。漸漸，李士群開始對吳四寶有了不滿：「吳大塊頭人是能幹，但這樣下去，怕是要栽筋斗的！」並舉例說，「那次我派人造定時炸彈去炸中央銀行。周佛海賞了我三萬元，算是他最大方的一次。我把這筆錢分別賞給了兄弟們。可是，吳大塊頭對這筆錢根本不看在眼裏。他派人把造炸彈的專家找去。拍了一萬塊錢在專家手裏，說：『這錢你拿去作零花！』這麼大一筆錢，把個專家驚得目瞪口呆。吳大塊頭卻說：『沒啥，你以後多往我家跑跑就行了』，這不是從我手中挖人，顯他能嗎？」

「還不止於此。吳大塊頭整錢不擇手段。有次，他盯上了有錢的『協祥』大老闆。他派人給人家送信去，威脅人家出一百萬大洋消災。人家不理他，他就叫手下的一個化學家做出一隻香煙罐頭大小的定時炸彈送去。將『協祥』大老闆嚇破了膽，趕緊把一百萬元乖乖送了去。錢到手，大塊頭把化學家叫來，很大氣地拍了一萬元在人家手中，說：『儂做的東西，邪有噱頭，這一萬元，儂先拿去用，以後我隨要有你隨做』……這樣下去，非出大亂子不可，我這份家當也非給他折騰光不可！」

然而，李士群這些帶有警策意味的話，吳四寶哪裏聽得進去？他現在一門心思想的是如何收拾昔日師傅高鑫寶。

汽車停在了麗都舞廳門前。

吳四寶帶著老祝下了車，氣勢洶洶上了樓。坐在二樓拐角處收銀櫃檯後的帳房見二位「閻王」來了，不敢怠慢，趕緊起身迎接，滿堆笑道：「啊，是吳大爺來了？快請，吳大爺是跳舞，還是——」

「我找你們高老闆！」吳四寶不理不睬，一張臉絞得出黑水，態度很橫。

「請！」帳房趕緊貓腰比手，前頭帶路。到了二樓客廳前，帳房碎步趨前用手挑起門簾，將兩位「閻王」迎了進去，看二人坐在沙發上，吆喝下人給上茶水點心瓜子，態度殷勤，一面派人去給老闆報信。

「世寶，你來了？」門簾一掀，麗都舞廳老闆高鑫寶輕步來了。此人乾瘦，五十多歲，穿一灑金緞面長袍，尖嘴唇上蓄有幾根蝦貓鬍子。進來後，他將戴在頭上的一頂博士帽揭在手上，用一雙細長的小眼睛斜睨了一下吳四寶——當年哭著鬧著要當自己的徒弟、上海灘上的爛滾龍，現今不可一世的「七十六」號警衛大隊長吳四寶。

吳四寶沒有說話，用凌厲的眼神放肆地打量著這個敢於同自己叫板的高鑫寶。

已經有些年沒有見到高鑫寶了。歲月似乎並沒有在這個乾瘦老頭身上留下多少烙痕。仔細看，他似乎老了點，但腰杆始終像上了彈簧似地挺得筆直。瘦骨嶙峋的身上散發著一種足以懾服對手的強橫。寡骨臉上一副淡淡的眉毛微蹙，往裏窩的眼睛，目光閃射——就是這個乾瘦小老頭高鑫寶，在上海灘可謂樹大根深。他是杜月笙手下小八股黨骨幹份子，以販運煙土起家。在高鑫寶看來，他的麗都舞廳在租界裏，吳四寶如果要耍橫，固然有所顧及。然而，憑他在上海灘上盤根錯節的關係，吳四寶也不敢將他怎樣的！

「高老闆！」吳四寶說話了，「你這個舞廳兼賭廳生意紅火。看在過去的面子上，即使不交『娛樂費』、『孝敬費』倒也罷了。但在弟兄們面前總該意思意思吧，怎麼我聽老祝說，你根本就不買我們的帳？這樣，我這個大隊長在弟兄們面前就不好說話了！」

「說到錢就不親熱了！」高鑫寶大大咧咧地坐在吳四寶對面，蹺起二郎腿，從茶几上提起一把宜興紫色小茶壺，仰起頭來，吮著彎彎茶嘴往口裏灌茶。咕咕幾口後，也不看吳四寶，以教訓的口吻說，「儂當大隊長也該識得幾個字了，也不看看這是什麼地方？你的兄弟怎麼啥錢都想吃？」

「你這是什麼意思？」吳四寶被激怒了，他那張灑滿寒霜的紫醬色大臉上，神情凌厲的張飛眼看著因爲仗著有杜月笙當後台，流氓氣十足的麗都舞廳老闆高鑫寶，大聲喝道，「老東西，給你臉你不要臉！識相些！再敢這樣滿嘴噴屎，我就對你不客氣！」

兩人大聲吵嚷起來。好些人圍上來看稀奇。高鑫寶看來了這麼多聽眾竟來了勁，霍地站起來，用手指著吳四寶的鼻子教訓：「儂要講良心！儂當初打濫仗當小癟三時，我管儂吃管儂喝，連儂的又漂亮又豐滿的婆娘都是我給你找的。當時儂咋說？『師傅，我吳四寶以後就是當牛作馬都要報答你。』現在，儂爲了幾個錢，一根眉毛就把眼睛擋住了？」周圍的人嘩地一聲大笑起來。

吳四寶惱羞成怒，「唰！」地一下從身上掇出手槍，上前一步，用槍管頂在高鑫寶頭上，咬牙切齒地說：「儂等著，看老子咋治儂！」說完，帶著老祝，在人們的轟笑聲中氣呼呼地下樓去了。

兩天後的晚上，高鑫寶被吳四寶暗殺在一品香飯店門前……

李士群派人把吳四寶叫了去，不是爲了吳四寶殺高鑫寶的事。在上海灘，堂堂的「七十六」號警衛大隊長殺個高鑫寶，簡直是小菜一碟。

「世寶！」李士群見了吳四寶，沒有讓座，用指頭下意識地在碩大的辦公桌上敲著，歪著頭，用不滿的眼光看著這個長了反骨的警衛大隊長，用探究的語氣問，「方液仙這個人你是熟悉的吧？」猛然被叫到這裏來，又猛然聽到李士群這樣問，大塊頭警衛大隊長有些發懵，不過很快就明白了其中的原委。身穿米黃色西裝、典型中年知識份子形象的方液仙恍然就站在眼前。方液仙，浙江寧波人，中國著名的化學家，時任中國化學工業社經理，經營三星蚊香和三星牙膏發了大財。

「是。」吳四寶點頭如雞啄米，「方液仙這個人我熟悉。」

「你看，這個人是不是該修理修理了？」這是李士群的一句黑話。修理可以理解爲從一個人身上整錢，也可以理解爲要命。吳四寶知道，同他一樣，貪得無厭的李士群是想從這個人身上榨錢。一絲會意的笑，浮上了他長滿了飽丁的寬盤大臉。

「部長說得對。」吳四寶說，「方液仙這隻『鐵公雞』是該修理修理了。」

李士群的青水臉上這才浮上一些暖意。「你準備如何下手？」他一邊問，一邊指了指對面的沙發，示意吳四寶坐下說。大塊頭警衛大隊長退後一步坐了下來。

「報告部長，我想，最好是拉他一個綁票！」吳大塊頭對李士群一口一個部長，叫得李士群心中甜蜜蜜的。

「不好！」李士群斷然搖了搖頭，「綁票？這是土匪幹的勾當！我們這樣幹，傳出去多不好！」

「那麼怎麼辦呢？」大塊頭警衛大隊長一邊用手搔頭，一邊苦笑著看著部長。這讓李士群十分受用。他這就以居高臨下的姿態對下屬一句點醒：「你先放出風去——就說姓方的同重慶方面有關係，嚇他一嚇。他若知趣，那當然好。若是不知趣，我就下逮捕他的條子，明白了麼？」李士群說到這裏，將正抽著的一支三五牌香煙在煙缸裏捺熄。

「還是部長高明，部下這就去執行！」吳四寶言猶未盡。他對李士群的心理是摸透了的，他當然知道，李士群剛才爲什麼見到他時氣鼓氣漲的。說時，站起身來，趨前一步，從身上變戲法似地摸出一塊沉甸甸、做工考究、可作單獨的藝術品欣賞的金牛很恭敬地放在李士群面前，正好有一股風從窗外吹進來，將桌上的紙吹了起來。吳四寶趁勢將金牛壓在紙上，諂媚地說，「部長每天要處理好多公文，我送這個金牛給部長鎭紙。」

李士群的眼睛頓時亮了，高興地拿起金牛在手上反覆摩挲把玩——這金牛足有半斤重，造型生動，鼓起一身犍子肉，奮蹄牴角，向前衝去。見上司愛不釋手，吳四寶知趣，輕步而退。

新加坡路是上海的一片高級住宅區。這裏花團錦簇，環境清幽，十分宜人。這天上午十時，有中國化學大王之稱的方液仙家的兩扇鐵柵欄大門洞開，方液仙的私家車從中緩緩開出。

他的車子過一片林蔭路，剛要轉上大街。

「停車！」忽然，從旁邊黑森森的一片樹林後閃出一群身穿黑色衣褲的便衣，攔住了他的去路，個個持槍相向。爲首的中年漢子又瘦又高，皮膚很黑，帶一副凶相——他是吳四寶手下大將顧寶林。

方液仙的汽車停下了。方液仙的保鏢從車前探出頭來，吆喝一聲：「你們是什麼人，閃開！這可是方液仙先生的私家車！」

「我們等的就是方液仙！」顧寶林用手中的可爾提手槍頂了頂戴在頭上的博士帽，露出半邊腦袋上毛楂楂的頭髮，不知是喝多了酒，還是熬了夜，一雙眼睛紅扯扯的，像是神廟裏的一尊凶神。與此同時，顧寶林的手下從四面八方圍了上來。方液仙見狀不好，要司機掉轉車頭逃跑。

「砰、砰！」兩聲槍響，顧寶林手中可爾提手槍一甩，不偏不倚，司機和保鏢立斃，癱倒在車窗上。與此同時，便衣特務們一湧而上，拉開車門，揪出方液仙，低聲喝道：「乖乖跟我們上那輛車去！」

「快來人呀！土匪綁票！」方液仙看離家不遠，竭力掙扎。

「砰！」地一聲悶響，顧寶林有些慌張，手裏的槍走了火，一股血從方液仙的肩上汩汩往下流，竭力掙扎的方液仙漸漸沒有了力氣，被顧寶林手下特務架了上旁邊的車。「七十六」號的兩輛車，像是兩隻受驚的兔子，轉瞬之間跑得沒有了蹤影。

受了槍傷的方液仙被綁架到了「七十六」號。

陰深、恐怖的刑訊室裏，四十來歲的方液仙軟塌塌地坐在一把硬木椅上接受審訊。這會兒，他簡直變了一個人，皮膚白白的臉變得臘黃，肩上的槍傷也沒有綁紮好，剛換的一件白襯衣上竟又滲出一大片殷紅的血。因為疼痛，一副長而黑的眉緊蹙，唯有那張瘦削蠟黃的臉上一雙眼睛，黑亮黑亮，閃動著不屈的光芒，像是黑夜中出鞘的利劍，直端端刺向坐在審訊桌後的吳四寶。

「方先生，常言說得好，蝕財免災。」吳大塊頭端坐椅上，將一雙大腳蹺在桌上，勸了方液仙兩句將話挑明，「明說了，你叫家裏人拿夠我們要的錢，我們就放你回家去！」

「休想！」方液仙不知哪來的那麼大的勁，怒不可遏地硬撐起身，用手指著吳四寶大罵：「你們是哪家的國民政府？你們是哪家的特工？專門魚肉人民！你們分明是上海灘厚顏無恥、吃人不吐骨頭的人渣！」

「呸！你嘴硬！」吳四寶勃然發作，「老子今天就要看看，是你的嘴硬，還是老子的手硬！」說時一腳踏翻了面前的桌子，撈腳挽手走上前來，氣沖沖從旁邊一位打手手中接過鞭子，高高掄起，向方液仙打去。

「啪啪啪！」吳四寶揮起鞭子朝方液仙一陣猛打，化工大王被打得皮開肉綻，昏死了過去；肩上草草綁紮的繃帶被打斷，一股股鮮血從傷口處往外湧……

「別打了，別打了，這是怎麼回事？」一直躲在幕後的李士群走了出來，上前看了看昏死過去，鮮血直流的方液仙，悄聲對吳四寶說，「不想這姓方的如此愛錢不要命？姓方的如果死在『七十六』號，麻煩就大了，傳出去也不好聽。世寶，你得趕緊將他弄出去，採取些措施！」

吳四寶心領神會，指揮下屬將方液仙趁夜弄出「七十六」號，關在一間暗室，也不讓醫生救治。第三天，中國一代化工大王方液仙便溘然而去。

方液仙的太太在客廳裏流淚。她是一個三十來歲模樣美麗的少婦，一看就知道是出生大戶人家知書識禮的女性，高高的身量，皮膚白白，豐滿合度，打扮不俗。此時，身著一件開叉很高的素色絲質旗袍，眉眼俊俏的鵝蛋形臉上淚光瑩瑩的方太太坐在靠窗的一把軟椅上，低著頭，手中絞著一條手帕。她並不知道，丈夫已經去世，一邊流淚一邊想辦法救丈夫。就在案發當天，她就向警察局報了案，她以爲丈夫出門遇到了綁匪。可是，今天是第四天了，警察局根本不理。

她在等一個人。

「太太！」丫環阿蓮隔簾報告，「李先生來了。」

「請李先生進來。」方太太說時站起身來，用手絹揩乾淨臉上的淚。李祖榮進屋來了。他是方液仙的浙江同鄉，還沾點親。雖是一個銀行小職員，但人很活絡，更因爲他與「七十六」號的魔頭吳四寶之妻余愛珍有曖昧關係，萬般無奈中，方太太找上了李祖榮。他穿了身高級咖啡色西裝，腳上皮鞋擦得發亮，雪白的襯衣，一根血紅色的領帶襯著一張蒼白的臉、亂篷篷的頭髮和兩道劍眉，一副標準的公子哥兒樣。

「李先生，我托你辦的事，有消息沒有？」一見面，方太太就心急火燎地問。

李祖榮一屁股坐在沙發上，長長地歎了口氣，端上早爲他泡好的龍井茶，嘬了一口，也不看方太太，只是說：「有消息了。」接著，把他探聽到的方液仙如何被綁架、打傷，目前的狀況，以及要出來得花錢等，粗粗地說了一個大概。

「祖榮！」方太太明白了丈夫是被「七十六」號綁架，又急又氣，眼淚在眼眶裏打轉，央求李祖榮，「務必請你再去找吳太太疏通疏通，看他們要多少錢，你都替我答應下來，不怕傾家蕩產，要緊的是趕緊將液仙救出來。祖榮你的辛勞，我們也會有所表示！」

聽到這句話，李祖榮心花怒放，他當即站起來，說：「我去我去，我這就去，誰叫我們是親戚呢！」

可是，遲了。當方太太蝕財免災的話轉彎抹角傳到吳四寶耳中時，方液仙的遺體已經在萬國殯儀館燒了。方太太得知噩耗，悲痛得死去活來。吳四寶惡毒，方太太去取丈夫的骨灰他也不准。最終還是通過李祖榮走余愛珍的路子，才答應可以商量。

當夜，在大上海飯店的一間高級包房裏，李祖榮同人高馬大的余愛珍雲雨之後，她坐在了化妝台前，一邊對鏡梳妝，一邊對筋疲力盡、癱在床上的小白臉李祖榮說：「要取方液仙的骨頭灰？讓他家拿十萬元來！」睡在床上的李祖榮沒有說話，將一支三五牌香煙叨在嘴上，掏出打火機啪地一聲打燃，狠吸一口，很愜意地眯起眼睛，透過眼前嫋嫋升騰的煙霧，打量起他的相好余愛珍。

高大豐滿的余愛珍有些姿色。她的臉是長條形的，膚色紅潤。特別引人注目的是那雙風流眼——黑黑細長的眉毛下，碗豆似的眼睛很黑很亮，溫柔時很傳情，發怒時很能鎮人。她的身肢挺得筆直，一件藕荷色的綢緞旗袍緊緊箍在身上，將她那無比豐滿起伏有致的線條勾勒得淋漓盡致。她是坐著的，旗袍開叉又高，肥白的大腿就像要蹦出來似的，性感極了。李祖榮看著，心裏一熱，光著身子從床上爬起來，從背後一把抱緊了她。

「銀樣蠟槍頭！」余愛珍從鏡子裏看了看從身後抱著她的李祖榮，拍了拍他的手，笑了一下，意味很深地嘲笑了他一句。

「乖乖！」李祖榮抱著余愛珍豐腴的身子說，「你就動動惻隱之心嘛！你就不能對你老公說說，人都被他整死了，太太要回自己丈夫的骨灰，何必還非要十萬元不可？」

「啪！」余愛珍打了一下李祖榮箍在自己胸脯上的手，偏著頭對著鏡子往唇上抹口紅，不以爲然地說：「你替方家求什麼情？說，你是不是又想打人家方太太的主意？我聽說方家那小蹄子長得怪水靈的！」

「你想到哪裏去了？」鏡子中的小白臉噘起嘴，「我不過跟方家沾點親帶些故而已。」說著，將余愛珍抱得更緊了些，甜言蜜語地說，「我就愛你一個人。」這話余愛珍愛聽，她投桃報李地將頭靠在他肩上，彎過一隻手去抱著他亂篷篷的頭，輕輕拍打著說：「不是我要方家的錢，是吳四寶要。

我也沒有辦法。他這人就是愛錢。方家那小蹄子願出十萬元錢，也得我出面才行呢！」……

結果方太太出了十萬元，一個星期後，才通過李祖榮從萬國殯儀館取回了丈夫的骨灰。靈堂裏香煙縷縷，正面壁上是一張丈夫的照片。黑框裏的方液仙緊鎖濃眉，似乎在叩問著什麼擔心著什麼，又像在對著在上海灘上翩躚的魑魅魍魎冷眼相看……方太太對著丈夫的遺像，哭得死去活來。前來弔唁的親朋好友，眼看中國一代化學大王慘死在「七十六」號特務手中，無不黯然神傷，唏噓落淚。

「七十六」號警衛大隊長吳四寶劫財害命，弄到中國化工大王方液仙頭上，過後依然風平浪靜。這一來，吳四寶越發膽大妄爲。接下來，他又綁架了綢業銀行董事盧允之、銀行家許建屏。兩家人分別交了十萬元才得以保釋……

吳四寶簡直紅了眼，爲了錢，他不擇手段，甚至向自己人開刀。吳四寶將整個上海灘攪得惡浪翻卷，民怨沸騰。日本人對吳四寶不滿了，出來打招呼。負責領導「七十六」特務機構的「梅機關」晴氣大佐，怒氣沖沖找到李士群，向他傳達「梅機關」機關長影佐的話：「吳四寶再這樣鬧下去，還得了嗎？他的，罪該死拉死拉地！」

問題嚴重了！李士群怕連累到自己，趕緊找來吳大塊頭，聲色俱厲地對他說：「我給你打了多少次招呼，要你適可而止，你總不聽，陽奉陰違，這下好了，惹惱了日本人，你危險了！日本人的脾氣你是知道的，我看你趕緊去青島休養一段時間，避避風頭吧！」

吳四寶原先以爲，他打劫的錢財，李士群都有一份，不會有什麼問題，天塌下來，有李士群頂著。現在看來，李士群也頂不住，他隱忍著心中的不快，確信事情千真萬確後，才強咽下一口氣，答應下來。不過，他並沒有遠去青島，而是帶著一天也離不開男人的老婆余愛珍到杭州避風去了。

吳四寶雖然去了杭州，卻極盡招搖之能事。當他帶著余愛珍下火車時，車站上站滿了來迎接他的兄弟，都是杭州城裏橫晴鼓眼的地皮流氓，還扯起一幅紅底白字的大幅標語：「熱烈歡迎吳四寶大哥！」吳四寶看著他的兄弟們笑了起來，闊臉上的兩道又粗又黑的掃帚眉攏在一起，像是爬滿了一堆黑螞蟻。

「好，夠兄弟情誼！」吳四寶將大手一揮，像是一個得勝回朝的將軍。在兄弟們的簇擁中，吳大塊頭夫妻上了轎車，一溜大車小車，首尾銜接，向城內呼嘯而去。

杭州西湖，人間仙境，蘇堤碧波，垂柳依依……出來「躲亂」的吳四寶整天在兄弟們陪同下，遊山玩水，大築方城，呼么喝六，竭盡張揚。儘管如此，上海灘的黃金夢仍然讓身在杭州的吳四寶不能安下心來，在杭州盤桓幾日後，他又放膽帶著佘愛珍回了上海。

有一雙眼睛在一直盯著吳四寶，這就是「梅機關」日本軍事顧問晴氣大佐。就在吳四寶回到上海當天，滬、杭兩地的許多報紙同時登出巨幅廣告：「鳴謝吳雲圃（吳四寶）先生！」

「巴格牙魯！」晴氣大佐氣得腮幫咬緊，一拳砸在桌子上，一把撕碎了手中的報紙。

吳四寶雖然暫時不出面，膽子卻更大了，竟指使他的嘍囉們搶錢搶到日本主子頭上去了。

一個漆黑的夜，伸手不見五指，又是斜風細雨，大上海已經沉睡。這時，一束燈光在南京路上小心翼翼地劈開黑暗——一輛行動詭秘的悶罐車出現了。它披著黑暗，頂風冒雨，朝南京路上的正金銀行開來，這是日本人的一輛運金車。

就在這輛行動詭秘的運金車開到離正金銀行不到五百米的一個轉彎處時，一群鬼魅般的黑影出現了，並悄悄貼了上來。為首者張國震，是吳四寶的大將。今夜奉吳四寶的令率領兄弟們來劫車。吳四寶回到上海，看日本人並沒有把他怎樣，卻也只能躲在家裏。恰這時，有個弟兄來告訴他日本人要在某日夜間轉移金條的絕密消息。一不做二不休，他要從日本人的碗裏搶飯吃。

參加行動的都是吳四寶的鐵哥們，而且，他也是許了願的，事成之後，要重賞兄弟們。因此，張國震今夜帶來的十來個兄弟非常賣力，個個都是近戰夜戰的好手，窄衣箭袖，身手敏捷。看見獵物出現了，他們都撥出槍來，張國震手一揮，忽地跳出一條黑影，當中一站，用手槍指著司機喝令停車。押車的日本人正舉槍要打，埋伏在兩邊的張國震的兩個兄弟搶先動手。「啪、啪！」兩槍，押車的日本人立斃。司機見狀不好，逃命要緊！他將車燈一熄，開門跳車竄進了黑夜。見錢眼開的兄弟們一湧而上去搶錢。可是，悶罐車封閉得如銅牆鐵壁，鑰匙被跳車司機帶跑了。正躊躇間，正金銀行的防盜警報突然尖利地大聲鳴叫起來，令人心驚肉跳。迅即，銀行門外的幾盞大燈也亮了。張國震無奈，只好打聲忽哨，帶著兄弟們倏忽間融進黑夜，消失得無影無蹤。

麻風細雨的一夜過去了，灑滿陽光的白天來到了。

「七十六」號大頭目李士群一上班，就開始流覽送到辦公桌上剛出版的《申報》。頭版頭條上一行通欄大黑標題映入眼簾《昨夜正金銀行發生特大搶劫案》，他一目十行地看完，嚇得渾身一震。誰這麼大膽子，竟敢在太歲頭上動土，虎口撥牙，搶到日本人頭上去了?!

他蹙起眉頭正在思索，「格格格！」一陣久違而又熟悉的馬靴聲由遠而近。他驚訝萬分地抬起頭時，澀谷中佐已經釘子似地站在他面前。身著黃呢軍服，身量不高但篤實的澀谷全副武裝，滿面秋霜，凌厲的目光透過一副大黑玳瑁眼鏡，從上到下掃視著他。

李士群嚇得站了起來。

「昨天晚上，有人搶劫帝國的正金銀行，你的，可已知悉？」澀谷中佐咬緊牙關，一字一句地問。

「我也剛從報上獲悉這事。」李士群解釋，「我正在想，是誰這麼大的膽子，竟敢打皇軍的劫！」他以爲澀谷要大罵他一頓，責問他上海的治安是怎樣維持的，誰知澀谷一句話如晴天霹靂，嚇得他三魂掉了兩魄。

「打劫帝國正金銀行的不是別人，正是你的部下張國震！」

「啊，有這樣的事？」李士群說，「這情報是不是不夠確切？」

「我們有足夠的證據。進一步的調查還在進行中，說不定還有你們更高層的人在後面指使！」

澀谷眼光陰沉沉地看著他，「我奉晴氣大佐的命令，命令你立刻將張國震逮送日本憲兵隊審問！」

「是！」李士群不敢違抗日本人，在澀谷面前胸部一挺，喊操似地應了一聲。

李士群送走了澀谷。坐下來將事情的前因後果想了一想，他知道日本人的情報向來很準，這事讓他想到了吳四寶身上。

他趕緊一連下了兩個命令：逮捕張國震，聽候他的進一步指示；派人去叫來了吳四寶。

「張國震昨夜帶人去搶日本正金銀行的運金車，你知不知道？」一見面，臉青面黑的李士群就用一雙蛇眼逼著吳四寶問。

「沒有的事。」大塊頭雖然竭力否認，但李士群一眼就看出了吳四寶的心虛。

「哼！」李士群在桌上猛拍一掌，冷笑一聲，「事到如今我想護也護不了你們。你吳四寶不承認沒有關係，現在日本人要我將張國震送到日兵憲兵隊去。他一過去，就什麼都清楚了。」

「部長！」平時作威作福慣了的吳四寶聽到這裏，嚇得臉色都變了，撲咚一聲給李士群跪下求情，「國震無論如何不能送到日本憲兵隊去，日本人那麼狠，又是上刑，又是狼狗咬，他一送過去，被嚇昏了頭，還不亂指一氣。日本人最近看我不順眼，我吳四寶還不被牽連進去？部長，你得救救我們！」

「先是幹什麼的，現在說什麼都晚了。」李士群說時略爲沉吟，「現在，趁張國震還沒有走，有什麼話，你去找他說說吧！」

吳四寶沒有辦法，只好死馬當成活馬醫。他趕緊找到張國震，要他無論如何不能將他供出來。並保證，只要不把他供出來，他就有辦法救張國震。

已經戴上手銬的張國震，聽說要被送到日本憲兵隊，早就嚇壞了。他在吳四寶面前哭哭啼啼：「大隊長，我可是奉你的命令帶兄弟們去幹的。你要替我做主，我死都不能去日本憲兵隊！」

「國震、國震，你聽我說。」吳四寶要張國震冷靜下來，拍著張國震的肩，壓低嗓門，口授機宜，「據我所知，日本人傳你去，別看他們樣子做得凶，其實並沒有拿到什麼把柄，無非是唬唬你，只要你死不承認，他們也沒有辦法。你去吧，去委屈幾天。我和李部長會設法救你。李部長和日本人關係那麼好，李部長也是答應了的。國震、國震你要明白，只要我吳四寶翻不了船，你國震就不會有問題……」

張國震無奈，只好口頭上答應下來。這時日本憲兵司令部來電話催了，「七十六」號派夏仲明將張國震押上一輛車，去了四川北路的日本憲兵司令部。

不用說，張國震去到日本憲兵司令部，很快就招了供。就在張國震被日本司令部通知「七十六」號已經收審時，汪精衛下達了對吳四寶的逮捕令。

李士群這下真的慌了。一旦吳四寶的罪行敗露，必然牽涉到他。日本人的「毒」他是知道的，他趕緊驅車去吳四寶家。

是余愛珍接待的部長。坐在大塊頭家豪華寬敞的客廳裏，李士群明知故問，吳四寶哪裏去了？

濃妝豔抹的余愛珍一副無所謂的樣子，說她也不知道，一邊用好煙好茶好點心招待部長，極盡殷勤，只差沒有拿自己招待部長了。

「愛珍，你是一個明白人。」李士群的話說得很好聽，「現在汪主席下達了對吳四寶的逮捕令，這是做給日本人看的。我看，世寶不能躲，越躲越說不清，得給汪主席面子。讓世寶出來，我親自將世寶送到日本憲兵隊去……你要相信，有我出面，日本人不會把世寶怎麼樣的，不過是走走過場而已！」李士群說服了余愛珍，余愛珍又說服了大塊頭。大塊頭答應去日本憲兵隊走走過場。

第二天，李士群親自把吳四寶送去了日本憲兵隊，並當面對特高課長林龜少佐說明：「少佐，請你務必優待吳大隊長，我相信，他的冤情很快就可以得到澄清！」林龜少佐平日得到過李士群不少好處，當然是滿口應承。

李士群雖然當著吳四寶的面是這樣說，其實心中清楚，吳大塊頭這回是死定了。他回到「七十六」號，立刻找來親信馬嘯天，要他帶人以政治警衛總署的名義，查封吳四寶的家產。

當馬嘯天帶著大隊人馬來到吳四寶在愚園路上的花園洋房時，余愛珍強裝笑臉迎出門來，看見有澀谷等日本人，余愛珍吃驚地一怔。

澀谷、馬嘯天根本不理余愛珍，指揮手下將吳家翻了個底朝天。澀谷、馬嘯天更是帶著幾個人闖進了余愛珍的臥室毫不客氣地翻箱倒櫃。他們在余愛珍的衣櫃裏翻出一個紫檀木的小箱子，大麻子馬嘯天親自上前打開百寶箱，裏面裝滿了金條和價值連城的珍珠、翡翠……馬嘯天要手下特務將百寶箱中的東西一一清點完畢，打上封條，澀谷接過手去，說由他保存，並宣佈搜查完畢。

馬嘯天很心疼，他知道，這百寶箱交澀谷保存，就是肉包子打狗——有去無回。心中又氣又急，卻又無可奈何。一直跟在他們身後的余愛珍，心如刀絞，臉上卻強顏歡笑。她幼稚地以為自己大方一些，日本人或許會講點人情，或許會給她留點財產，或許丈夫在日本憲兵隊也不會那麼吃虧。澀谷如果發揮點作用，丈夫放了回來，失去的都可以撈回來。因此，當澀谷宣佈對吳家搜索完畢時，余愛珍扭動腰肢走上前去說：「澀谷先生，馬先生，弟兄們都累了，時間也到了中午。我已經吩咐廚下，準備好了大餐，請你們到樓下用餐吧！」

馬嘯天看著澀谷，澀谷點了點頭。

他們帶著一幫特務下樓，推開玻璃門，進入用大理石鋪就的餐廳，只見兩桌精美豐盛的西餐已經擺好，上的酒是名牌洋酒——TOV白蘭地、強納畢克威士忌；煙是聽裝京牌雪茄、茄立克……

席間，余愛珍走上走下，強裝笑臉向每個人敬酒、布菜，態度殷勤備至。從場面上看，坐在她家大快朵頤的這些人，不是來抄她家的，倒像是她請來的客人。本就充滿魅力的她讓特務們看得入迷，連向來冷著臉的澀谷，也透過眼鏡毫不掩飾地火辣辣地隨著她的倩影而移動。特務們又飽口福，又飽眼福，擠眉眨眼，竊竊私語，不時爆發出一陣淫笑聲。特別是澀谷，一反以往的陰沉寡語，不斷飲酒吃菜，滿面堆笑，對上來殷勤戲酒布菜的余愛珍比起大拇指，連說「你的有路西、有路西（好的）！」

抄家的特務們酒足飯飽，打道回府時，余愛珍還有禮物相送——每人一瓶好酒、三大匣（每匣十聽）好煙、一大匣美國糖果。領頭的澀谷、馬嘯天又當別論，他們更是每人得了一個大紅包，一行人滿意而去。

一直守在「七十六」號的李士群聽了馬嘯天回來報告後，伸著大拇指誇獎余愛珍：「嘖嘖，吳大塊頭的婆娘就是會做事，不愧是啓美女中畢業的。她這一手做得真漂亮！日本人的眼睛比烏龜還小，送他們一點東西，大塊頭在日本人那裏就不會吃虧了，說不定還有意想不到的好處。」

馬嘯天用恭敬的態度聽完了李士群的分析，從中咂摸出了一些味。看著高深莫測的李士群，馬嘯天試探著問：「部長，光靠日本人發善心，恐怕不行吧？部長就不親自出馬，對吳大塊頭打個援手？」

李士群歎了口氣：「大塊頭敢在日本人頭上動土，日本人不會輕饒了他！大塊頭這麼不聽話，給我惹了這麼大的禍，本來我是不好插手的。但是，誰叫他是我的下級，事到如今，我不去救他，誰去救他，誰又救得了他呢！」

馬嘯天聽出李士群要去救吳四寶，連連點頭，連聲說是。

「匡啷！」一聲，通向優待室的一道鐵門打開了。林龜少佐走了過來，只見吳四寶一個人正在優待室裏玩撲克牌。

「吳四寶！」林龜少佐張嘴說話時，一縷早晨的陽光正照在臉上，照得他口中的一顆黃澄澄的金牙一閃一閃。

「你被釋放了！」林龜少佐對吳四寶宣佈，「走吧，有車在大門外等你。」

大塊頭大大咧咧站起身來，大搖大擺往外走，什麼也不說。自從進日本憲兵隊起，他就並沒有把事情看得多重，他相信，要不了幾天，日本人就會放他出去。他的背後有李士群，如果把他逼慌了，他把什麼事情都供出來，連李士群也脫不了關係！再者，他相信，無論是中國人還是日本人都愛錢，有錢能使鬼推磨！他帶信出去，要余愛珍不要心痛錢，只要他能夠出去，以後什麼都撈得回來。他被日本人關起來後，沒有受過刑。也曾草草地過了一回堂，他一口咬定，張震國他們搶太君的車，純粹是個人的犯法行為，與他這個警衛大隊長無關……這不，日本人放他出去了。

當身材高大，身穿白紡綢衣褲的吳四寶大大咧咧走出日本憲兵隊大門時，老祝迎了上來，小聲說：「大隊長，請上車，是李部長讓我來接你的。」

他嗯了一聲，輕輕鬆鬆上了車。當老祝陪著他乘車往極司斐爾路七十六號駛去時，他萬萬沒有想到，他的這條命是張國震換回來的，張國震成了他的替死鬼，在這個早晨將被日本人槍斃。原來，李士群怕城門失火，殃及池魚，便以部長身分去求晴氣放回大塊頭。請友邦務必顧及「七十六」號的面子！晴氣先是不肯，他又去找「梅機關」機關長影佐出面干預，晴氣終於同意下來，但提出一個折衷方案：鑒於張國震等人搶正金銀行影響太壞，「七十六」號可以將吳四寶保釋出去，但對搶正金銀行的人需嚴懲，首惡張國震得槍斃！沒有辦法，李士群只有舍卒保車。

同樣是「匡啷！」一聲，張國震的牢房打開了，夏仲明帶著兩個兄弟出現在張國震面前。

「國震！」夏仲明親親熱熱地說，「部長讓我來接你回去。」說著讓兩個兄弟上來給張國震開了手銬，並讓他換上他們帶來的新衣。然後，將他帶到隔壁一間屋子，屋子裏一張桌子，桌子上擺好了酒菜。

張國震一怔，意識到了什麼，看著夏仲明驚問：「你不是要帶我回去嗎？帶我到這裏來幹什麼？」

「沒有辦法的事。」夏仲明低下頭，「這是日本人的意思，你就吃了這頓飯上路吧！」

「吳大隊長呢？」張國震神情駭然，「這是吳大隊長要我去幹的，他怎麼處理？」

「日本人也不會饒過他的。」夏仲明的話說得很囫圇。

「部長呢？」張國震說時，往後縮了一下，「部長就不管我們？」

「日本人在一邊監視著呢！」夏仲明說時指了一下遠遠監視著他們的日本兵，「部長去了影佐那裏替你積極說情，說不定還有希望……」

張國震淚如雨下，端起一大碗酒一飲而盡，一抹嘴說：「我也不爲難你們，走吧！」

張國震就這樣上了囚車，成了吳四寶的替死鬼。天真的他，臨死都還在東張西望，等救他的李（士群）部長出現。然而，這一切都沒有出現，他後悔了，想跑，但是戴著腳鐐手銬，跑不了。想喊，想控訴，但荒郊一片空寂。他憤怒了，轉過身來，想質問夏仲明，但是遲了。

「砰！」的一聲槍響，張國震踉蹌了兩下，倒了。

與此同時，大塊頭吳四寶一腳踏進了李士群的辦公室，粗聲粗氣地說：「部長，你對得起我吳四寶，我吳四寶也對得起你。日本人曾經問起過你辦的幾樁事，可是我什麼也沒有說。」

「快坐，快坐！」李士群少有的客氣，從辦公桌後站起身來，先用手指了指對面的沙發，示意大塊頭坐下。然後從桌後繞出來，隔几坐在沙發上，指了指茶几上的茶，對吳四寶說，「這是剛給你泡的，是你愛喝的龍井茶。」又從擺在几上的煙罐裏，拈出一支煙，遞給吳四寶，看他點燃吸上後，神情憂戚地說，「別的話都不多說了，我們誰跟誰？爲了你出來，我在影佐那裏差點跑斷腿，爲了你，我硬是忍著心，拿張國震的命換回你的命……

「現在，你的事情還沒有完。日本人的脾氣你是知道的，心狠手辣！上海是不能待下去了，你在蘇州不是還有地產和花園洋房嗎？你趕快回家收拾收拾，去蘇州躲一陣再說！」說著抽開抽屜，拿出一串鑰匙，說，「接著。這是鑰匙——連你家的百寶箱現在都還給你。」

一串閃閃發光的鑰匙，在空中劃出一個優美的孤線，落在吳四寶兩隻蒲扇般大的手中。

「撲咚！」一聲，吳大塊頭給李士群跪下來，連說：「謝謝部長！」往日頤指氣使、不可一世的吳大塊頭，現在不知是感覺到了事態嚴重，還是覺得自己受了天大冤屈，哭得呼天搶地。看著吳四寶這副樣子，一絲兔死狐悲的不祥預感在李士群心中湧起。他上前扶起吳四寶，並親自把他送出門，上自己的車。

吳四寶這回真怕了。當天就攜余愛珍乘火車離開上海，去了蘇州。

奇怪的是，吳四寶去了蘇州的第二天就突發暴病，上吐下瀉。余愛珍慌了手腳，遍請蘇州名醫，名醫們一致判斷是食物中毒，可中藥西藥下去，全都無濟於事。余愛珍問吳四寶昨天吃了啥東西？吳四寶有氣無力地說：「昨天離開日本憲兵隊前吃了他們送來的早飯，一個飯團，幾塊生魚片。飯吃完後，日本人要我喝他們送來的一碗米湯。因為米湯冷了，我也不渴，不想喝，可日本人非要我喝……」

吳四寶話未說完，余愛珍就跳了起來：「糟了，日本人肯定在米湯裏下了毒！」這就風風火火跑去請來西醫，給丈夫打靜脈注射。可是，吳四寶的靜脈已變硬，針頭無論如何扎不進去。西醫沒有招了，又換回中醫。

中藥熬好了，余愛珍親自去餵，可是，餵進去多少吳四寶吐出來多少。掰開嘴硬灌，照樣吐。名醫們全都束手無策，說行醫幾十年，像這種怪病聞所未聞，見所未見。最後沒有辦法，大家只好眼睜睜地看著吳四寶在一陣緊似一陣的上吐下瀉中死去。吳四寶那麼大的塊頭，因水分脫盡，死時竟乾癟得像個小猢猻。

第十八章　呼奴喚婢，陳璧君胃納驚人

一九四一年五月的一天，一列長長的車隊，駛出南京，向蘇州方向疾馳。身兼數職的李士群坐在一輛「克拉克」高級防彈黑色轎車上，鷹揚四顧不可一世。

三月，已經完全綁在日本戰車上的汪精衛，領受日本命令，成立了「清鄉委員會」，專門對付在滬杭地區日漸活躍的新四軍和抗日民眾。

在這個問題上，汪精衛有所發揮，希圖將清鄉委員會搞成一個「和平反共建國的實驗場所」。他多次強調：「清鄉就是建國，就是參加大東亞戰爭」，並親自兼任了清鄉委員會委員長，陳公博、周佛海任副委員長。由於日本人的推薦，李士群任清鄉委員會秘書長。這樣，李士群這個「七十六」號的特務頭子權力就達到了頂峰。他戴著三頂帽子——汪記中央調查統計部部長，江蘇省省長兼清鄉委員會秘書長。

李士群將清鄉工作分階段執行。第一階段的第一期工程以蘇州為中心，將江蘇省的十個縣劃為實驗區；集結了汪精衛的「和平軍」一萬五千人，配合日軍挨村逐戶盤查、編定保甲，實行聯保連坐法，設置封鎖圈，限制人員物資流通，強調「保障治安」，揚言要「在和平區域內，整理起一條東亞同志線」，企圖就此一舉消滅堅持敵後抗戰的新四軍，鎮壓抗日群眾。之後，清鄉範圍逐漸擴大到了太清東南以及浙、贛、粵等省。一時間，這些地方腥風血雨，日汪軍隊殺人放火，姦淫搶掠，抓丁搶糧，無惡不作，把個富饒的江南魚米之鄉變成了人間地獄。

李士群得意洋洋地看著車窗外掠過的鄉村景況：一望無垠的綠色原野上，所過之處一個個村莊凋蔽不堪，了無生氣。村莊與村莊之間，往往被透迤數十里的竹籬笆和樹木搭成「牆」圈攔起來，很遠很遠才有一道門——這叫檢問所，有日本兵和汪精衛的皇協軍守衛。相鄰的村莊間，因被分割而咫尺天涯。親戚朋友、兄弟姐妹要串個門都非常困難，往往要沿籬笆走上一、二十里，在檢問所，經過日本人和汪偽軍的嚴格盤查。如果從竹籬笆和樹木搭成的「牆」上越過，被日軍、「皇協軍」發現，便不問青紅皂白，就地一槍打死……

「何副官！」李士群瞥了一眼端坐在前排司機旁頭戴大蓋軍帽，肩佩少校軍銜的青年軍官，問，「蘇州方面可已作好了汪主席去視察的準備？」

「報告部長！」何副官轉過身來，向李士群報告，「準備好了，連汪主席下一站要去視察的杭州也做好了準備。」

李士群點了點頭，兩手抄在胸前，將身子往後一躺，將整個身子很舒服地靠在了金絲絨靠背上。

「轟隆、轟隆！」這時，一列長長的裝滿了輜重的軍事列車從前面鐵路上駛過，他們的車隊停下來，等著軍列過去。從車窗內望出去，這長長的日軍軍列，每節車箱都裝得滿滿的，上面拉著篷布，每節車箱上都坐著一個神情警惕，荷槍實彈的日本兵。在一陣地動山搖的震顫中，李士群抽上了一支「三五牌」香煙，看著從眼前嫋嫋升騰的煙圈，他的思緒也如絲如縷漫延開來。

汪精衛還都南京以後，「中央」內部爭權奪利的鬥爭變得尖銳起來，明裏暗裏分成三派——以周佛海為首的原國民黨CC派為一方；以陳公博為首的原國民黨改組派為一方；還有以陳璧君為首的直接代表汪精衛利益的公館派。陳公博、陳璧君兩個派別是既聯合又鬥爭，雙方共同利益多些，他們同以周佛海為首的CC派的鬥爭則沒有一天停息過。

一開始，李士群是CC派。清鄉委員會成立，上層討論清鄉委員會秘書長這個至關重要的人選時，周佛海主動出擊，在會上提出由他的湖南老鄉、親信羅君強出任，說：「由羅君強來幹吧，君強這個人精明能幹！」

汪精衛當即說：「我看還是讓李士群來幹吧，只有他才能當此重任，另外，影佐先生也有這個意思。」

汪精衛搬出頂頭上司影佐，就猶如皇帝的尚方寶劍。可是，周佛海仍不甘心：「李士群兼職太多了。他是掌管我們特工的中央調查統計部部長，又兼了江蘇省省長。猶如一隻手按十二個跳蚤，有時一個跳蚤也沒有按到！」不用說，周佛海說到裏，強調的是「如果讓李士群再兼清鄉委員會秘書長，工作不一定能做好，說不定還會出紕漏！」

看周佛海連丈夫的話都不聽，與會的陳璧君火了，當即給周佛海打回去：「這個問題，根本就不值得討論，汪主席有權任命清鄉會秘書長！」她的話說得疾言厲色，而且言外之意很清楚：這個政權都是我丈夫汪精衛的，你周佛海都靠著我們吃飯，有什麼權力在這裏與我們搬嘴巴勁！

周佛海的臉色有些掛不住了，他要力爭。雖然李士群是他的下屬，而且也是CC派，但是，他們之間有過節，尤其是最近在日本人那裏爭風吃醋，鬧得很凶。本來，李士群是周佛海暗中組織的CC派「十二人團」中的大將，還是周佛海的結拜兄弟。在將丁默邨從「七十六」號趕出去，讓李士群執掌特工大權這一鬥爭中，周佛海是起了關鍵性作用的。然而，李士群大權在握，並巴結上日本人後，就不那麼聽話了，之後更是擺出一副不可一世之勢。李士群當上警政部部長後，周佛海私心期望由他的堂弟、時任勤務部秘書的楊樹屏任警政部次長。然而，李士群卻打了頂頭上司周佛海一個翻天印，將這個位子給了他的親信鄧祖禹。李士群篤信這樣一條原則：「在政治上，沒有永久的朋友，也沒有永久的敵人！」鄧祖禹空出來的位子，李士群又給了當初的仇敵、之前被馴服了的唐惠民。為此，唐惠民對李士群感恩戴德，愈發忠心耿耿。

周佛海對李士群施以顏色。因為他兼任財部長，是個財神爺。他以緊縮開支、精簡機構為由，繞過汪精衛，請准太上皇影佐批准，撤銷了警政部，將警政部原先所有機構職能，劃歸內政部管理。

李士群敗了一著，氣得嗷嗷叫，卻一時無法還擊。這時，他的智囊人物汪曼雲適時獻計：「李兄呀，政治上只能一帆風順、勇往直前，決不能落篷。警政部周佛海說撤就撤了，以後，弟兄們怎樣看你？周佛海還不在你面前拿大呀？你沒有了這個部長的名份，如何兜得轉呀？無論如何得去拿回來！這個回合無論如何不能輸給周佛海！」接著又如此如此口授機宜。汪曼雲這個人長得不怎麼樣，主意卻著實高明。李士群依計而行。他在影佐面前一把鼻涕一把淚，講周佛海如何出於私心，利用機關長不太了解有關情況，繞過汪主席，撤銷了警政部，警政部又是如何撤不得云云，硬是將影佐說服。影佐這再次出面，「徵求」汪精衛的意見，準備恢復警政部，但覺得面子上又下不來，就折衷成立了一個隸屬於汪精衛中央黨部下的中央調查統計部，李士群如願以償，當上了這個部部長。而且這個部比起原先的警政部，級別還要高，也不受周佛海節制，直接聽命於主席汪精衛。

這個回合李士群贏。以後，李士群與周佛海在公開場合見面，表面上嘻嘻哈哈，稱兄道弟，實際上鬥爭更加激烈，他們是「表面上說得甜蜜蜜，心裏都揣了把鋸鋸鐮」，恨不得你吃了我，我吃了你！

「嗚——」日本人長長的軍列終於過完了。

李士群一行的車隊過了鐵路，繼續向蘇州方向前進。沿途不時看見檢問所和檢問所後面等待過關的長隊。檢問員們一個個威風八面，指手畫腳，顯然是撈足了油水。這又觸動了李士群的思緒。他這個手握實權的「清委會」秘書長上任伊始，想從他手中搞個「檢問員」當的人簡直踏破了他的門檻，甚至連過去的「兄長」，被他一腳踢出「七十六」號，在中央社會部掛了個部長虛職的丁默邨的妹夫也寧願放下堂堂的廳長不做，厚著臉皮托人送禮，希望去做一個小小的檢問所主任……

爲了弄清這中間究竟有多少油水，他決計微服下鄉。那次，他特意化了裝，青布長衫一襲，戴副墨鏡，打扮得像個小商人。跟著他下鄉去的何副官身著一身粗白布對門襟短褂，打扮得像名工友，又像是一名在他身前身後跑上跑下的小夥計，當然，何副官身上是藏了傢伙的。他們離開南京，信馬由韁地登上了一趟去上海的火車，中途下車，來在一個叫硤石的檢問所。這個檢問所通向火車站的門有三道，都有站崗的。把守中間那道門的是兩個荷槍實彈的日本兵，他們肩著上有寒光閃閃刺刀的三八式大蓋槍。把守另外兩道門的是身著黑軍服的持槍汪記皇協軍。

三道檢問所前都排著長隊，上車前挨次接受檢問員的檢查。檢查的程序是：接受檢查的乘客上前一步，將行李放在地下，出示清鄉區居民證。檢問員接過居民證，將證件與本人詳細進行對照，過場做完，真正的節目就上來了。檢問員對所有的過路者都實行搜身。過路者都知道有這一手，個個心知肚明，因此先就鈔票準備在手，檢問員來時，將錢遞過去。倘若遞上的錢檢問員滿意，他們就一邊將錢塞進自己腰包，一邊用粉筆在行李上劃個十字，算是過關。倘若不滿意，就被喝斥著讓站一邊去，過不了關。

當時，李士群帶著何副官站在一不引人注目處細看，暗暗計算這些檢問員一天下來得收多少黑錢。一個意料中的場面出現了。一個脾氣暴躁的檢問員，罵道：「滾回去，你這個窮樣子還想要過老子的關！」罵時像老鷹叼小雞似地拎出一個衣衫破爛、瘦骨嶙峋的老漢，還踢了人家一腳。不用說，這個窮老漢身上沒有油水可撈。

另外一個檢問所的檢問員在檢問一個年輕農婦，這就帶有調戲的色彩了。看樣子，準備過關的是個剛過門不久的新媳婦，家境不錯，有些姿色也有些靦腆，衣服也穿得整齊。檢問員是個矮子，一副色迷迷的粗魯樣子，不由得讓人想起《水滸傳》中調戲一丈青扈三娘的矮腳虎王英。矮子檢問員明著是要檢查，卻動手解開人家新媳婦高挺的胸脯上的陰丹藍布衣服，手伸進去，亂摸一氣……臊得新媳婦臉紅得像塊紅布，身子也彎了下去，吃了個啞巴虧，周圍的人是敢怒不敢言……

李士群憑著一雙職業特務的眼睛很快發現，這些在槍桿子保護下的檢問員與日本軍人，是相互勾結，利益均分。而檢問員還是小巫，得大頭的主家是躲在後面的檢問所主任。硤石檢問所主任出來巡視了。這是一個個子瘦高的漢子，戴副墨鏡，手中拄根拐杖，穿西服打領帶，像個假洋鬼子。他氣魄很大地在三個檢問所間走來走去，指手畫腳。看得出來，這檢問所主任明是來督促檢查，實際上是在估摸錢財進項。

李士群心中有數了，徑直來到這個檢問所主任面前，問：「你是這個硤石檢問所的主任？」

「你是幹什麼的？」硤石檢問所主任一怔，很生氣地摘去了戴在眼睛上的墨鏡，上下打量著來人，揚起眉頭問。硤石檢問所主任不認識李士群，從穿著上，斷定站在面前的這個人是個不懂事、而又愛打抱不平、手中有點錢的商人，眉毛不禁一擰，突然發作，「混帳東西，這話也是你問的麼？你究竟是什麼意思？你要過關，就老老實實去站隊接受檢查！」

「我是李士群！」說時，他默默摘下戴在眼睛上的墨鏡。

硤石檢問所主任一怔，一雙眼睛瞪得鵝蛋大，嘴張得大大的。

何副官走上前去，把派司一亮，口氣很大地罵：「你是狗眼不識泰山，連李部長來了都不知道，我看你是不想吃這碗飯了！」

硤石檢問所主任驚惶失措，連連道歉：「我請罪，我向李秘書長請罪！」硤石檢問所主任站在李士群面前，身子彎下去，像隻大蝦。

「到辦公室去！」李士群生氣地將手一揮。

「是是是。」硤石檢問所主任趕緊將李士群和他的副官迎進了那間窗明几淨佈置堂皇的辦公室。李士群要硤石檢問所主任將他的下屬們都叫進辦公室來。

剛才還兇神惡煞的檢問所主任和他的檢問員們，像是耗子見了貓，站在李士群面前，面面相覷。

「你們剛才的所作所爲我都看見了。」坐在辦公桌後的李士群做出一副剛正不阿的樣子，手在桌上一拍，喝道，「把你們剛才搜刮的不義之財都吐出來！」硤石檢問所主任帶頭，抖抖索索，將搜刮的不義之財都掏了出來。頃刻間，銀錢堆了一桌子。何副官上前清數，共有八千多元。李士群暗暗嘖舌，心想，這還了得！米價不過一百元一石，寧滬線上每天有八班車對開。硤石檢問所一班車下來，搜刮的錢財就這樣多，那麼一天下來呢？一周，一月下來呢？細細一算，真是驚人。他曾聽說過，南通天生檢問所主任張本元肥得流油，連腰帶上的褡攣都是純金的，當時他還不信，現在看來，毫不爲過。

李士群裝模作樣地對硤石檢問所主任和檢問員們訓道：「你們這樣整錢，還得了嗎？」想了想，問，「你們手中的錢都花到哪裏去了？」

主任當即叫窮叫苦：「秘書長你哪裏知道我們這些人的苦？」說著用手指著在車站上移動的日本兵，「他們這些皇軍，平時吃的花的，全都要我們孝敬。甚至連找花姑娘的錢也找我們要。日本人我們惹不起，現在連皇協軍也要打我們的啓發。我們看起來進得多，實際上很少。我們這樣做，也是被逼得沒有辦法，秘書長可以詳察。」李士群想想，這也是。他語焉不詳地說：「下不為例！」接著，讓何副官將收繳的八千多元錢收起來，留下自己的一張名片走人。

以後，他制定了一條「發灶法」從下屬的數百個檢問所榨油。由此一來，下面檢問所當然是更加貪婪，對過關旅客進行更加嚴酷的盤剝……

李士群正沉思默想間，何副官轉過來頭來報告：「省長，蘇州到了。省長是先回家，還是到省府獅子林？」

「去獅子林。」李士群不假思索，「汪主席明天就要到蘇州來了，我得去檢查一下他們的準備工作。」這時，他才注意到，車窗外暮色已起，有東方威尼斯之稱的蘇州已亮起了燈。倏忽間，車已進城，只見蘇州河兩邊鱗次櫛比排開的房舍街市，全都關門閉戶，死氣沉沉，哪裏還找得到一點「上有天堂，下有蘇杭」的影子？街上偶爾有一隊巡邏的日本兵走過，殘垣斷壁比比皆是。電杆上、牆壁上……到處都貼著「仁丹」、「若素」、「大學眼藥」這樣的日本產品廣告。

第二天，蘇州車站張燈結綵，喜氣洋洋，車站上戒備森嚴，三步一崗，五步一哨。上午九時半，李士群率江蘇省府和清鄉委員會的大員們齊齊來到車站，列隊歡迎汪精衛。

十時整，隨著一聲汽笛長鳴，汪精衛的專列徐徐駛進了蘇州車站。中間車門開處，西裝革履的汪精衛率林柏生、周隆庠、陳昌祖、郭秀峰、黃自強等一幫「公館派」親信官員魚貫而下。霎時，排列在車站上的軍樂隊高奏迎賓曲，所有警衛向汪精衛行持槍禮。穿一身嶄新藏青色呢子中山服的李士群大步迎上前去，在汪精衛面前立正、敬禮，朗聲道：「歡迎汪主席到蘇州巡視！」

汪精衛今天破天荒地穿了一身特級上將軍服，在公館派親信大員們的簇擁下，矜持地笑著，向李士群和他率領的一幫文武大員們頻頻招手還禮。他行的是軍禮，卻用的是左手，手叩軍帽帽簷時，五根指頭很不規整。

李士群率領著他的大員們緊跟在汪精衛身後，出了車站。早已組織好的兩邊夾道的孩子們舉起了手中的鮮花，高呼「歡迎、歡迎！」這些組織起來的孩子足有上百名，服裝都很整潔。汪精衛似乎很感動，彎下腰去想親一個孩子，但那孩子由他親，可愛的面龐上卻全無一點喜氣，一副公事公辦的神情。汪精衛這才注意到，這些孩子，還有所有來歡迎他的人都不是自發的，後面都有軍警壓陣。汪精衛興味索然了。

這時，一輛「克拉克」防彈專車開到汪精衛面前，副官上前爲他拉開車門時，他一聲不吭上了車。

長長的車隊首尾銜接，向蘇州城內緩緩駛去。汪精衛用手撩起窗簾，透過車窗往外看去，街道上，到處張貼著「確保治安」、「改善民生」等大幅標語。幾處十字路口，堆著沙包做的掩體，伏在掩體內的日本兵、還有他的皇協軍架著機槍，如臨大敵。汪精衛不禁心想，蘇州是江蘇省的省會，離上海才多遠？竟是如此戒備森嚴，想來這一帶共產黨新四軍的勢力相當大，活動也厲害。這樣一想，他不禁有些擔起心來。好在這時省府到了。

汪精衛不事休息，在會議室聽取了負責這一帶治安的日軍堤少將作的清鄉軍事報告和李士群作的清鄉工作總結。晚上，出席了盛大的歡迎宴會。出席宴會的都是蘇州政要和本地名人……有穿長袍馬褂、戴一副鴿蛋般銅邊眼鏡、頦下蓄山羊鬍的遺老，有西裝革履的買辦士紳，有軍裝筆挺的將軍。然而，汪精衛注意到，日本方面只派了兩個穿便服的聯絡員來，堤少將並沒有出席，這讓他心中暗暗不高興。儘管這樣，汪精衛還是打起精神，發表了簡短訓話，要大家對和平反共大業抱必勝信心。

第二天早飯後，汪精衛一行離開蘇州繼續他的巡行。到了昆山，汪精衛一行換乘汽艇走水路去常熟。在常熟，汪精衛又作了一個小小的停頓，在地方上組織起來的千人歡迎會上，即席講話，聲稱清鄉就是清除共產黨；民眾要在心力上信仰和平運動；國民政府應該組織堅固，訓練純熟，從而使共產黨在當地絕無潛伏滋長的可能……汪精衛對他的演講術向來自信。但當年他在國內國外作「驅除韃虜恢復中華」演講時所受到的歡迎場面，已經不在。此次場面冷清，他不得不草草收場。

翌日，汪精衛又開始了他新的行程，他盡可能地秘密行動，一行人換乘汽車，再經昆山去了太倉。經過太倉支塘鎮特別公署時，他突然停了下來，逕自去特別公署聽取了署長沈靖華的彙報。汪精衛似乎對他的清鄉成果很有信心，也很有興趣，對有關問題問得很細。他屈起兩根指頭問了沈靖華兩個問題。一、清鄉前後，這個鎮的人口總數各是多少？二、清鄉前後這個鎮的財賦收入如何？沈靖華滑頭，回答得很囫圇，說是在汪主席領導下，太倉支塘鎮在經過清鄉後，人口財賦都增加了，治安情況也好了……

「好好好！」汪精衛聽了沈靖華的彙報後，眉開眼笑，環視左右，「人口與財賦增加，治安情況轉好，就是民生改善的最好證明……」汪精衛正在誇誇其談，負責全程陪同的李士群進來了，他輕步走到汪精衛跟前，附下身去，對汪精衛小聲說了幾句什麼。只見汪精衛臉色大變，霍然站起，手一揮，說：「上車，走！」不管沈靖華等如何挽留，一行人像是受了驚嚇的兔子，趕緊沿途返回。

剛才，李士群向他報告，可能汪主席此行走漏了消息，發現一股新四軍正在向這邊運動……汪精衛神情緊張地坐在他的防彈轎車裏，向外望去。窗外，沿途村莊蕭索，農田荒蕪。遠處，蘆葦一片，無邊無際。他深怕蘆葦叢中鑽出新四軍，打他一個襲擊。好在那些墳塋、高崗上，都站有持槍警戒的皇協軍。此情此景對他剛才鼓吹的「經過清鄉的區，治安已經確立」，實在是個絕妙的諷刺。

汪精衛對蘇州一線清鄉區鎮的巡視，就這樣半途而廢了。他們一行回到南京，宣傳部長林柏生開動宣傳機器，大肆鼓吹汪主席此行的「躬與其盛」！

蘇州獅子林，汪精衛剛走，周佛海就來了。

李士群以江蘇省省長兼清委會秘書長的雙重身分，宴請周佛海。菜肴相當豐盛，只是氣氛有些冷清。好在出席宴會的堤少將高興，喝了酒後活躍萬分。堤少將是日本鹿兒島人，聽說周佛海留日時在那裏待過，這就有了共同的話題。他們談鹿兒島上的溫泉，談男女同浴……越談越投機，兩人頻頻舉杯。堤少將很久都沒有這樣開心過了，漸漸有了酒意。他先脫去了軍衣，還熱，又脫去了襯衣，還脫去了長褲，直脫得只剩下一條花褲衩為止。本來，堤少將就醜得像個鬼，螃蟹似的臉上，戴一副厚如瓶底的眼鏡，上身長，下身短，羅圈腿。這樣一來，就更不成個體統，周佛海不知堤少將要唱哪一齣，但在太上皇面前，他不能制止，不能發作，也不能走，而只能陪著。

堤少將結結巴巴地對周佛海說：「周先生，認識你，我很高興，用你們中國的話怎麼說？這叫——三生有幸！」他說他會畫中國畫。李士群趕緊投其所好，命人給取了文房四寶放在桌上，並攤上一張宣紙。人不人鬼不鬼的佔領軍少將暈暈地走上前來，提筆飽醮墨汁，當眾揮豪。他在宣紙上畫了一副自己的尊容，翹起仁丹鬍子，上款題「周賢台雅正」，下款寫「堤少將贈」。放下筆，他用右手拇指在硯池中一撳，在漫畫上按下手印。這就很隆重地送給周佛海。堤少將一張畫完，意猶未盡，又接著畫下去，贈給李士群……

在周佛海、李士群虛情假意的叫好聲中，堤少將越發來了興致。他丟下手中的筆，索性叫下人將桌子撤去，騰出中間一塊空地，搬來留聲機，放起了日本歌曲。頓時留聲機裏傳出周佛海耳熟能詳的拉網小調。堤少將載歌載舞，又抓起毛筆，在自己的肚子上畫了個鬼臉。接著再隨著樂曲，扭動屁股，醜惡之致！堤少將近乎歇斯底里的表演，讓西裝革履、正襟危坐的汪記中央政府第二號人物周佛海大爲驚異。他看出來了，即便如堤少將這樣的軍事長官，內心也相當空虛，思鄉之情相當強烈。見坐在一邊的李士群正笑吟吟地打量自己，那意思是很明顯的，也是很惡毒的——你看，堤少將當眾肇你的皮，你心中不高興麼，又能怎麼的?!他笑了笑，做出一副不屑一顧的神情。陪坐一側的幾個日本軍官，實在看不下去了，就上去一再規勸。鬧得很瘋的堤少將這才勉強穿上了軍服、軍褲，可畫在肚子的鬼臉還是捨不得擦去。

堤少將在他的下屬們的簇擁下退了席。看李士群一副譏笑的樣子，周佛海這才以居高臨下的姿態評論說：「不足爲怪嘛。日本是個海盜民族，一吃了酒，就忘乎所以。堤少將就這樣，吃醉了酒，就露出了狐狸尾巴！」

「這話可是周主任你才敢說！」李士群梟笑一聲，話中有種明顯的威脅意味。

「我說的，我說的。」也帶了幾分酒意的周佛海將胸脯一拍，很豪壯地放言，「我周佛海是行不更名，坐不改姓！這些話就是當著堤少將也是敢說的！」

李士群不敢當面同周佛海較勁，他問周佛海準備去哪些地方巡視，他好早作準備。

周佛海報了一串地名。李士群說，那就請周先生早些移尊隔壁賓館休息。

周佛海的第一站是常熟。地區公署署長王昆山對周佛海極盡巴結諂媚之能事。澄湖大蟹是當地名產，而在這個時節，就是當地富人要想吃到澄湖大蟹也難。周佛海一行到達常熟當天中午，王昆山就用澄湖大蟹款待他們。當一大盤噴香、酥黃的澄湖大蟹端上桌時，王昆山站起來，笑吟吟地致詞：「咱們這裏是個窮地方，沒有什麼好東西招待周先生的，澄湖大蟹或許勉強可以一吃。」說著手一比，「周先生，你請！」

周佛海之所以選擇常熟，很大程度上就是來吃澄湖大蟹的。在宴會上，他大快朵頤，拿起一塊塊個頭大，烘烤得噴香、酥黃的澄湖大蟹，駕輕就熟地扳腿、吮汁、吃肉，盡享美味。王昆山是常熟一霸，平素魚肉人民，貪贓枉法，將常熟這樣一個魚米之鄉，弄得萬戶蕭疏，許多人家吃了上頓沒有下頓。然而，周佛海一連在常熟住了兩天，王昆山天天都是好酒好肉供奉，臨走還有紅包贈送，連周佛海手下人也都得了王昆山不同程度的好處。因而，像王昆山這樣一個在常熟人人切齒痛恨的惡棍，卻被周佛海誇爲「黨國的棟樑之才」……

周佛海本來想深入清鄉縱深區，但擔心安全，在常熟美美吃了兩天澄湖大蟹後，返回了蘇州。

周佛海在結束他的蘇州之行前，找來李士群，單刀直入地要李士群將原先吞了的一筆錢吐出來還他。事情的由來是：一九四一年五月，汪記中央儲備銀行在上海成立後，爲強行在淪陷區推行中儲券，特強行規定，中儲券與舊法幣的兌換率爲一比一。不久，兼任了中央銀行行長的周佛海下令將中儲券與舊法幣的兌換率改爲一比二。江蘇省內有舊法幣四千萬元流通。周佛海要中央儲備銀行按比例給江蘇省銀行撥去中儲券二千萬元。按理，江蘇省銀行應該將四千萬元舊法幣上繳中央儲備銀行。可是肉包子打狗，李士群收了二千萬元的中儲劵，四千萬元的法幣卻不肯交出來。

「我們是清鄉地區，財政困難！」李士群要開了賴皮。

「上有天堂，下有蘇杭，李省長管轄的地方是鴨子的屁股——肥陀陀。如果你都不交這筆錢，財政真正困難的中央政府那就更是運轉不開了。」周佛海說話，不疾不緩，但語氣中竭盡挖苦、威脅之能事。說著，他的一雙眼睛透過鏡片看著要賴的李士群，變得槍彈般犀利，「如果你實在不交，我也沒有辦法，只好請汪主席出面說話了。汪主席如果還不行，那就只好請日本人出來對李省長說了！」

好狠！李士群心中暗暗罵著打上門的周佛海，心想，這筆帳看來是躲不過去。如果周佛海真的將這事捅到日本人那裏去了，那他李士群就會吃不了兜著走！

「如果周行長實在要我們蘇州交出這筆錢也可以。」李士群開始討價還價，「不過，我們要把話說清楚。最初，中央儲備銀行規定，中儲劵與舊法幣的兌換率爲一比一。我們要交，只得按這個數交。如果硬要我們按一比二的兌換率交，我們交不出來。因爲這個比率也不合理！」李士群話中有話，「如果周行長不同意，士群只得陪著周先生打官司，這個官司隨便打到哪裏都行！」

「好說，好說，我們不是外人！」周佛海見好就收，語氣也顯得親熱起來，「士群，你既這樣說，就按你說的辦吧。就按這個比率，將錢劃過來就行了。」

「好，那就一言爲定！」李士群說到這裏，仰起脖子一陣臬笑。

「君子報仇，十年不遲！」周佛海長得人高馬大，其實心機很深，小雞肚腸。他想，你李士群現在是三月間的櫻桃——紅登了，一手抱緊汪精衛的大腿，一手抱緊日本人，我一時把你無可奈何，但總有一天要栽到我周佛海手中。到時候，看我周佛海怎樣收拾你，何況，我現在還是你的上司。俗話說，官大一級，猶如泰山壓頂，看我們誰熬得過誰！周佛海就是報著這樣的心情離開了蘇州。

不過，他並沒有回南京，而是說要到上海辦點事，獨自一人去了上海。蘇州一行，他暗中從王昆山等人處搞了些錢。來在燈紅酒綠，十里洋場的大上海，他先去藏於金屋的暗妾小玲處輕鬆了兩日，覺得還不過癮，這又悄悄去了上海名噪一時的幾個高級妓女處春風一度。人生能有幾回醉？這個醉，不僅是精神上的，也是肉體上的。他得好好享受享受，補償補償，這樣才不會委屈自己。

當周佛海在大上海浪蕩夠了，回到南京，除了給妻子楊淑惠帶回許多時新服裝、手飾，還帶回了一樣贈品——淋病。楊淑惠被周佛海感染後，想跳起腳將丈夫罵個狗血淋頭，卻又想自己已是徐娘半老，而周佛海要扔她易如反掌，只得在屋裏打雞罵狗，或是指著某個長相不錯的丫寰指桑罵槐。周佛海當然知道楊淑惠想罵什麼，問她，她也只是沒好氣地支吾道：「我罵？我罵清鄉混帳得很！」

「三姑！」當時年五十六歲的汪記中執委曾醒步入賓館小客廳時，李士群很恭敬地從沙發上彈直身來，一張清水臉上漾起少有的笑意。

爲了讓很有來頭的「三姑」對自己有個好印象，大權在握的李士群特意修飾打扮了一番。今晚，他身著一件絲質玄色長袍，頭髮梳光，竭力將自己打扮得樸素、整潔一些，帶點書卷氣。

「請坐！」曾醒反客爲主。三姑不高不矮，看起來要比實際年齡輕。她鬢髮染霜，皮膚白皙五官端正的臉上微微堆笑，慈眉善目的樣子，然而，一雙敏銳的眼睛卻打量著李士群。三姑身著一件淺灰色旗袍，外罩一件黑色圓翻領網眼毛衣，言詞簡潔。長輩的矜持、溫和、身居高位、威而不露的含蓄、練達，在見多識廣的三姑身上兼而有之。

正說話間，珠簾輕啓。一個手端髹漆托盤，身穿大紅旗袍，容貌俊俏的服務小姐進來了。她婀娜婷婷來到茶几前，撿出茶點放好。向主客鞠躬致禮，轉身輕步而退，隨手掩上房門。

三姑這是陪著汪夫人陳璧君繼汪精衛、周佛海之後出巡，第一站也是蘇州。汪夫人這次出巡，可謂陣容龐大，除了她的兩個侄子陳昌祖、陳允文和幾個保鏢是男性外，都是女性。有陳群、葉三、褚民誼、林柏生等要人的夫人。她此行的目的很單純，只有四個字：吃、耍、看、買。有意思的是，陳璧君臨行前，專門要人給李士群打了個電話，聲明她這次去蘇州一線巡視，不是以汪夫人名義，而是以中執委委員名義去的……

陳璧君一行是下午乘專列從南京到蘇州的。李士群不敢怠慢，他先是在車站為陳璧君舉行了隆重的歡迎儀式，接著在獅子林舉行接風宴會，規模的盛大、隆重，不亞於接待汪精衛。

華燈初上時分，李士群專程來到汪夫人下榻的獅子賓館拜謁，並請示下一步的行程安排。可是，陳執委拿開了架子，不肯見李士群，而是讓三姑全權代理。

「三姑！」李士群說時欠了欠身子，「不知你們此次出來巡視，要去哪些地方？有沒有什麼特別的要求？請隨便吩咐。」

「也沒有什麼特別的要求。」三姑語調平緩地說，「陳委員的意思是請你陪同全程。」至於陳璧君究竟要去哪些地方，三姑卻沒有說，李士群也不再問。

李士群略為沉吟，心中閃過一絲不快，心想，我李士群身兼數職，責任重大，你丈夫汪精衛來也沒有要求我陪全程，你陳璧君要我陪全程？但陳璧君提出來了，總不能駁她的面子，況且，同這個女人搞好關係也很要緊。這樣一盤算，他就答應下來，語氣親切地說：「行。那有什麼說的？三姑和陳委員來，我再忙也要盡地主之誼，陪全程！」

三姑也沒有說什麼，只是點了點頭微笑。

接著，李士群同三姑討論了具體事宜後，他很知趣地站起身來，告辭了。

陳璧君的巡行隨意性很強。明明說好要去常熟吃澄湖螃蟹的，臨行前，她不知聽誰說姑蘇城裏有一家「姑蘇玉齋」賣的玉器很有名，就不去常熟了，改去逛這家玉器店。

沒有辦法，李士群只好陪著陳璧君一行，驅車來在「姑蘇玉齋」。下得車來，朝陽把這家百年老字號的中式門樓和雕龍刻鳳的木質窗櫺鍍上了一層厚重的金輝。四周簇擁著武裝警衛，門樓前一株虬枝盤雜的香樟樹下遊動著便衣特務。

昨夜，頭枕姑蘇濤聲睡得很好的陳璧君這會兒興致高漲。她下了車，在夫人們的簇擁下，剛剛來到門樓下，「姑蘇玉齋」老闆已迎了出來。

「陳委員駕到，小店蓬蓽生輝，不勝榮幸。因稍作準備，接駕來遲，恕罪恕罪！」也許是李士群事先打過招呼的，老闆口中絕不提汪夫人。李士群在旁邊介紹，老闆姓張，經營玉器，世代祖傳云云。這張姓老闆五十多歲，從打扮到遣詞造句都是國粹。身材瘦高，著一襲藍綢大褂，頭上戴頂博士帽，狹長的臉上，掛一副鴿蛋般的銅邊眼鏡。

「看得出來，看得出來。」陳璧君看著旁邊的李士群，一邊朝裏走一邊打著響亮的哈哈，「張老闆是個行家，我是慕名而來。」

一進入「姑蘇玉齋」，陳璧君那一雙大眼睛就亮了。這「姑蘇玉齋」果然名不虛傳！沿牆排開的一格格木質博古架、玻璃櫃裏展示的玉琢瓶爐杯盤、花鳥蟲魚、舟車山水、亭台樓閣……無不晶瑩剔透、美輪美奐，排列有序。陳璧君在夫人們和李士群的陪同下，一路細細看過去。當她來到掛在牆上的一塊玉琢影壁前時，停步不走了。這塊玉琢影壁，起伏著遠山近水，夾岸疏竹垂柳，綠野平疇，小橋流水；村莊點點，農人稼接……功夫甚是了得，猶如一個高明的畫家，在尺方素箋上盡展其江南風彩，蘇州神韻，極有溝壑，意境深邃。

陳璧君站在玉琢影壁前，臉上露出貪婪的神情，調頭問陪在身邊的張老闆：「這幅影壁，很得《秋山行旅圖》真諦。我早就聽汪主席說過玉琢《秋山行旅圖》這件國寶在你們姑蘇城，不想這件國寶就在貴店。我很喜歡，不知張老闆能否割愛，錢嘛，好說！」

不知爲什麼，張老闆聽了這話，不禁退後一步，一手托了托滑到鼻樑上的銅邊眼鏡，腰一躬，半點不敢疏忽地回道：「回夫人的話，不，回陳委員的話。陳委員好眼力，也承蒙陳委員看得起。這件寶物確實是本店的，可惜，幾年前被滬上的大亨杜月笙先生買去了，現在僅僅是個影壁，實在是遺憾得很！」說著，又曲了曲腰。

「啊！」陳璧君毫不掩飾她的失望和惋惜。她這又移動腳步朝前走去。她從博古架上取下一個白底青花瓷碗，拿在手上反覆摩挲把玩——這是一個表面上極普通的瓷碗，甚至談不上光潔。夫人們、隨從們一副不解、疑惑的樣子，而在一邊的老闆卻翹兩根瘦指，一下一下地拈起了頷下那綹花白鬍鬚，很欣賞的樣子。

陳璧君用右手食指在白底青花瓷碗上輕彈兩下，錚錚有聲。陳璧君說：「別看這碗外表毫不起眼，其實是明朝宮廷寶物。它的質地極爲珍貴，也很堅硬，是由崑崙山頂上的玉石琢成。夏天存物，三天不餿……」說著看了看旁邊陪著的張老闆。

「陳委員真是內行，老朽真是佩服之至！」張老闆印證了陳璧君的鑒定，而且說得更詳細一些，「這是明朝開國皇帝朱元璋賞給他最喜愛的第十一子、被封爲蜀王的朱椿的寶物。以後，這便成了歷代蜀王的傳家寶。明末張獻忠入蜀，在成都當了三年大西皇帝，張獻忠並不喜歡這個外表粗糙的白底青花瓷碗，可這碗在夏天盛綠豆湯，存在水窖裏放上糖幾天不餿——是夏天製冰鎮綠豆湯的最好工具。以後，張獻忠敗了，死了。這寶碗被他的第一義子孫可旺繼承了……斗轉星移，人世更迭，竟輾轉到了本店，多少年來無人能識。今天，陳委員認出了它的價值，可謂有緣，物歸其主，請陳委員笑納。」陳璧君笑了，伸出雙手接了過去，隨手遞給跟在身邊的副官，囑咐收好了！

「夫人，請稍候！」看陳璧君要移步，張老闆情緒激動起來，眼鏡後的長壽眉抖了抖。他風似地進到裏間臥室，抱出一樣東西，高約兩尺，上面蓋著紅絨布，看樣子很有些沉。張老闆雙手捧著它，小心翼翼，像是捧著一個十世單傳的嬰兒。他將手中的寶物捧到屋中方桌上，輕輕揭開紅絨布。

「哇！」夫人們都不禁發出了讚歎聲。這是一幅極精美的《鑒真東渡圖》。整個畫面由一塊長三尺高兩尺的淡藍透明晶瑩美玉琢成。只見在波濤洶湧的海面上，一艘巨船鼓起風帆，劈波斬浪奮勇前行。船首梨花萬朵，船尾拋出千條白練。老舵工沉穩把舵，兩邊幾十名赤膊船工推著巨大的絞盤……

甲板頂層，一間紅漆黑底玉砌雕欄的中國宮觀式舷艙裏，身披袈裟的鑒真大師盤坐艙裏。他手中拈著佛珠，一雙空蒙的眼睛目視前方，神情堅定，其情其景，栩栩如生，極爲感人。顯然，這是表現鑒真大師第三次東渡日本的航海場面。那是盛唐時期，身在杭州的鑒真大師應扶桑之邦盛情邀請去日本傳經送寶。可是，他兩次冒險東渡都失敗了，雙眼也已失明。可是，爲了把盛唐文化、宗教播向東瀛，他在雙目失明的情況下，再次冒險東渡，終於成功。細看玉琢，可謂毫釐畢現。鑒真大師那張飽經風霜的臉上，神態堅毅沉穩。他左手數珠，右手豎掌，口中似乎喃喃有詞……人物、大海、巨船無不逼真，巧奪天工。

陳璧君感到震驚，問老闆：「這是何人的手藝？」

「報告陳委員，實不相瞞，這鑒真東渡玉琢是祖上留下的傳家寶，平時不輕易示人。家父生前告訴我，這本是清宮寶物，八國聯軍攻佔北京後，它被英國人搶走，後來流落到民間。家父是傾其家產買下來的。我們家在姑蘇城中開玉器店幾十年，像夫人這樣識貨的，算是第一人。」

「見伯樂而有千里馬！」李士群聽出來，這位老闆是想在陳璧君這賣個好價錢，一笑道，「張老闆這副鑒真東渡玉琢今天算是有緣，遇上了識貨的陳委員。正好該物歸其主了，張老闆，你就開個價吧！」

「這個，這個？」張老闆忸怩起來。

「不，君子不奪人之愛，我不過隨便看看。」陳璧君是個何等精明人，她看出來了，張老闆先是送她一個說得神乎其神的碗，現在在她面前將鑒真東渡的玉琢文章做足，目的是要她出大價錢，欲擒故縱，張老闆算盤打得太精了。不過，想從我陳某人口袋中掏大錢，想得容易！陳璧君心中這樣在想，可說出來的話卻很好聽。結果，因爲有李士群的原因，她在姑蘇玉齋買了三樣玉器，只花了五千元錢。

當天晚上，李士群又稱有事去陳璧君下榻的獅子林賓館拜訪夫人。照例是三姑出面接見李士群。

「三姑！」一見曾醒，李士群就討好地說，「我見陳委員喜歡『姑蘇玉齋』中的那副鑒真東渡玉琢，現在，我給買來送了來，算是盡一點地主之誼。」

李士群此舉，自然是三姑意料中的事。曾醒問：「多少錢，我付。」

「不貴，不貴，就三萬元錢。」李士群將一隻手搖得撥浪鼓似的，「陳委員能夠笑納我們蘇州這副玉琢，是看得起我們蘇州，看得起我李士群。說到錢，就是看不起我們了！」說著，手一揮，高呼一聲，「何副官，將玉琢鑒真東渡抬進來，讓三姑驗收。」

何副官帶著兩個工匠，將裝了箱的玉琢鑒真東渡抬了進來，小心翼翼地放在當中一張桌上，撩起蓋在上面的紅絨巾，給曾醒看。

「好。」她說，「那我就代表陳委員收下了。哎，李秘書長真是花了大價錢……」曾醒話是這樣說，其實，她心中清楚，在蘇州，凡是李士群想要的東西，沒有人敢收他一分錢。

第二天早飯後，陳璧君一行離開蘇州乘專列去了杭州。當陳璧君一行，在月台上車時，她看見一輛「福特」牌轎車竟大模大樣地直接開上月台，停在專列前。從「福特」牌轎車上下來一位手拿皮包，西裝革履的矮胖子，誰也不看，逕自登上了專列。

「這不是教育部長樊仲雲嗎，他怎麼到這兒來了，上我的專列，這不是揩我的油嗎？」陳璧君火了，叫過侄兒陳允文，問，「這是怎麼回事，這列專列究竟是給我開的，還是給他樊胖子開的？你去問清楚，如果是給他樊胖子開的，我們就不上去了！」

陳璧君為人吝嗇、小氣、任性，陳允文是知道的。他當即勸姑姑：「這列專列當然是為姑姑你開的。我想，這樊仲雲或許是來蘇州辦事，辦完事，恰好也要去杭州，順便搭姑姑的車。」

「那他見了我為什麼躲？」陳璧君不依不饒，高聲大嗓，「你上車去問問樊仲雲，他明明揩了我的油，見了我還理都不理，他這是什麼意思?!」

陳允文沒有辦法，只好上車去問樊仲雲。高度近視的樊胖子正坐在一列上等車廂裏，等候開車。見了陳允文一驚，鼓起厚如瓶底的鏡片後面的一雙金魚眼睛，問：「咳，怎麼你也在這裏？」

「你這是裝糊塗嗎?夫人正在生你的氣！」

「哪個夫人？」樊仲雲丈二和尚摸不著頭腦。

陳允文見樊仲雲真不知道，就將來由細說了。

「啊，這是日本人搞錯了，是日本人要我乘這趟車。誤會、誤會！」樊仲雲說著站起身來，就要下車。此時鈴聲大作，專列就要開了。陳允文說：「你就坐到後面一列普通車廂去吧，夫人們就要過來了。等一會，我去姑姑那解釋。」

專列開動了。

李士群專爲陳璧君調的這列專列車廂不多，分爲三個部分。車頭後的兩列車廂是軟臥，陳璧君和三姑曾醒占了第一部分。第一間是她們的臥室，第二間是陳璧君的會客廳，講究備至，原先的桌凳全部撤去，地上鋪著地毯，四周擺上沙發，沙發間有固定的茶几。茶几上面鋪著雪白的桌布，當中擺著細頸花瓶，瓶中插著一束紅色的康乃馨，散發著淡淡幽香。桌上都擺著水果、茶點。那光景，真像是元首出巡，其排場，比汪精衛有過之而無不及。

第二部分也是兩節軟臥，那是陳璧君所帶的夫人們以及陳允文等人的住臥起居地。

第三部分掛的是餐車和衛士、隨員們坐的普通車廂。

「匡啷、匡啷！」車輪快速地敲擊著鋼軌，向著杭州方向疾馳。樊仲雲被陳允文安排在專列第三部分的隨員室裏，坐在一邊打瞌睡。李士群靜靜地坐在客廳裏，抽著一支三五牌香煙。負責全程陪同的他，想著剛剛過去的事，不屑地搖了搖頭。好在陳璧君已進入她的軟臥車廂裏休息，看不到他這副不屑的表情。剛才，樊仲雲上錯車，惹得陳璧君老大不高興，及至車開後，陳允文先是去對她作了解釋，接著又領樊仲雲去參見了她，一腔怒火的陳璧君這才作罷。

「李部長，這是怎麼搞的？」

「匡啷！」一聲，門開了，臉青面黑的陳璧君出現在面前，向他興師問罪：「我的包房都被人占了，你知道嗎？與其這樣，我們不如買普通票去杭州算了？」

「這是怎麼回事？」李士群一下站了起來，一副義憤填膺的樣子，「哪個有這樣大的膽子，夫人的包廂都敢闖敢占，不想活了嗎？」

「那你去看看嘛！」陳璧君沒有好氣地一句。

李士群好生奇怪，一邊往前走去一邊心想，是誰吃了豹子膽，敢占陳璧君的專列，今天怎麼盡出些怪頭怪腦的事！他下意識地摸著了別在腰帶上的手槍。

「砰！」地一聲，李士群一腳踢開了專列的門，只見一位腦門禿了的中年男人，正猴頭猴腦坐在窗前看風景，這人應聲吃了一驚，調過頭來。怪了，這不是考試院院長江亢虎是誰？

「江院長，你怎麼坐在汪夫人的專列裏？」李士群沒好氣地問。

「啊，是麼？」江亢虎嚇得一下站了起來，對李士群細說原委。原來，他同樊仲雲一樣，都是來蘇州辦完事，由日本人安排上車的。按規定，在汪精衛的政府中，凡部長級的官員乘車都不買票，出入車站免檢。江亢虎這人在這方面向來會來事，因此，他被日本人送上了這趟專列，而且安排在陳璧君的包廂裏。這是一個笑話，同時也說明日本人、哪怕就是一個小小的車站站長，也不把汪精衛、陳璧君這樣的「國君」、「國母」放在眼裏。

之前，汪精衛臨時乘火車從南京去上海，日本人特意在一趟客車後面掛了幾個包廂，權且作為汪精衛的專列。途中，日本憲兵為了汪精衛的安全，對所有乘客進行突擊檢查。江亢虎也在這趟車上。日本憲兵檢查過來時，他說他是部長級，要求免檢。日本憲兵根本不吃那一套，要他將幾個隨身帶的大包打開檢查。結果檢查到他帶的幾個大包裏都裝滿了戰時禁帶軍用物資豬鬃——原來，他是帶到上海走私的。日本憲兵將他痛罵一頓後，揪到後面專列交汪精衛處理……讓汪精衛丟盡了面子。

情況弄清了，李士群這就返回客廳，將情況原原本本地向在那裏氣呼呼坐等的陳璧君做了解釋。

「這蘇州車站的站長真是混帳透頂，糊塗透頂！」陳璧君聽完彙報，罵了一通日本人，隨即吩咐李士群，「那你就將他帶到後面去，與樊仲雲一起坐普通隨員席！」看李士群去帶人，她又囑咐，「我不想看見江亢虎這個人從我面前過。等一下，你要專列停一下，要他下車繞到後面去。還有，車到杭州後，新聞記者來採訪，你要給記者們說明，樊仲雲、江亢虎不是同我們一起的，嗯？」

看李士群答應並心領神會，陳璧君這才放了心。

車到杭州站，陳璧君撩開淺網窗簾，透過車窗望出去。月台正中扯著一幅紅底白字的大標語：「歡迎陳委員來杭州視察工作。」看到這幅標語，陳璧君微微一笑。月台上，車站四周，軍警林立。浙江省省長傅式說率領一大群官員，手中捧著鮮花，列隊迎候。稍後的地方，軍警脅逼著民眾組成了夾道歡迎的佇列，雖然手中都拿著鮮花，但面無表情。

李士群進來請示陳璧君：「陳委員，傅省長帶著浙江省府官員、人民團體一應人等，歡迎你來了！」

陳璧君的虛榮心得到了極大的滿足，笑顏逐開地站起身來，帶著曾醒、李士群向外走去時，一邊調侃地說：「不會又再出來一個寶器搶在我前面吧？」

正說時臉色大變，腳又縮了回來，對李士群說：「我不下車了，要專列原路返回！」

李士群心想，這女人今天究竟怎麼了？順著她的目光看去，這才發現，又是那個江亢虎，不知在著什麼急，腳已踏在後面一節普通車廂的腳踏板上，一手提著一個大黑皮包，要搶先下車。

「江院長，請留步！」李士群眼疾腿快，兩步躥到後門，對江亢虎說：「讓陳委員先下去！」江亢虎被李士群制止著了。陳璧君這才由曾醒等一大群夫人簇擁著下了專列。

樂隊奏起了迎賓曲。身材高大、身穿藏青呢中山服的浙江省省長傅式說笑容可掬地帶著一幫官員們迎了上來；向她獻花，問好，前來歡迎的人群機械地揮舞起手中的花束……

陳璧君一行在傅式說等人的陪同下，步出月台，見等在前面的汽車只有兩輛，一輛是半新的「福特」牌轎車，一輛是部美吉普。陳璧君正在心中不悅時，傅式說搶前一步，替她拉開了「福特」牌轎車車門，手一比，說：「陳委員，請上車。」

「怎麼，你們來接我們的就只有這兩輛破車麼？」陳璧君並不上車，立起眉毛問。

傅式說一時不知該說什麼才好，只是尷尬地笑著。在汪精衛偽政權管轄範圍內，浙江省算是富庶之地，可傅式說貪污成性，將浙江搞成了窮廟富和尚，偌大的一個浙江省府就只有這兩輛車。而陳璧君帶的夫人團，加上保鏢、陳允文等隨員一共有二十來人，場面比汪精衛出巡還大，還有她帶的《鑒真東渡》等珍品，兩輛破車怎麼裝得下？傅式說也不曾想陳璧君的陣容如此龐大，要求如此挑剔，見她當眾垮下臉來，他情急智生。

「有車，有車。」傅式說脅肩諂媚地笑道，「杭州人民為瞻仰陳委員丰采，全城出動，萬人空巷。陳委員能否走一段路，同大家見見面？」

「可以嘛！」傅式說這幾句話將陳璧君說高興了，這就率領她的夫人團向前走去，邊走邊向兩邊夾道的人群招手致意……

狡猾的傅式說這就贏得了時間，趕緊派人去向一些部門、單位借車。臨時借來的兩部車，其中一輛相當高級，是從特工總部杭州區借來的防彈轎車。傅式說讓司機將高級防彈轎車緩緩開到陳璧君身邊，他走上前去，附在陳璧君耳邊輕聲說：「陳委員，民眾已經瞻仰到了陳委員的風采，前面的路還長，車來了，請上車吧！」

陳璧君見開來的車好，這就同三姑曾醒上了那輛高級防彈車。其他夫人、李士群還有陳允文等也上了後邊的車。但畢竟還是人多車少，裝不下。連陳璧君的副官謝暉都是坐的第二趟車。

「你當的什麼省長？」謝副官一進省府，見到省長傅式說就火冒三丈，臉紅筋漲地用手指著傅式說的鼻子大罵，「你連接人的車都派不起？我看浙江省的錢都被你刮乾淨了！」傅式說惹不起陳璧君的副官，況且做賊也心虛，他紅著臉，連連賠禮道歉：「好兄弟，算哥子們對不起你這一回。哥子這裏給你賠罪，你在杭州期間，哥子負責給你兄弟整好，保險讓你兄弟滿意！」這才讓謝副官壓下了火氣。

中午，傅式說在西冷大飯店為陳璧君一行舉行了盛大的歡迎宴會。他將西冷大飯店作為陳璧君一行下榻處，期間，停止對外營業。陳璧君對這頓接風宴和下榻處都很滿意。

午休後，浙江省省長傅式說去飯店拜望陳委員，並請示下一步的安排。按照慣例，應該是三姑出來接見傅式說的。然而這次，陳璧君把傅式說叫了去。她什麼也不說，只說吃。

「我在蘇州最大的收獲就是李（士群）省長為我買到了可心的玉器。俗話說，美食美器。我現在美器有了，我到你們杭州不指望別的，就指望嘗到你們這裏的美食。」陳璧君一笑，話說得單刀直入的，「從古至今有上有天堂，下有蘇杭一說。杭州歷史上曾是南宋京都，名人名菜薈萃。聽說你們這裏的杭州菜很有特色，融南北味於一爐。怎麼樣，你這個地方官是不是將你們這裏的名菜介紹幾味給我們嘗嘗？」

「那是自然的，也是應該的。」傅式說連連點頭，略為沉吟，「不過，我們這裏有特色的飯店，可能衛生條件達不到陳委員的要求。」

「沒有關係。」不意陳璧君要求不高，她笑道，「我們又不是吃地方，只要東西好吃就行。」

「那就好，那就好，我立即安排。」

「我們這次來杭州，省政府只要招待我們一頓就行了。其他的，我們自己花錢去吃，只要你們給我們介紹哪家好就行了。」陳璧君面子話說得噹噹響。

傅式說連連搖手，說：「陳委員看得起我們杭州的吃食，是我們的榮幸。其他的，還有什麼可說的。」弄清了陳璧君的意圖，傅式說就告辭了，說下午來請陳委員一行去品嘗名吃。

傅式說從陳璧君那裏出來，趕快去找李士群。他覺得他對陳璧君這個能量很大的女人不摸底，她剛才那番話不知是否還包蘊著更大的深意，只有摸清了她的真實意圖，才好對症下藥，不然很可能會拍馬屁拍到馬蹄子上。不意李士群不在。傅式說好容易才在汪精衛的「和平軍」駐杭州第一軍軍長徐樸誠家中找到了他。其時，徐樸誠夫婦正陪著李士群、陳允文在打麻將。

徐樸誠四十來歲，中等個，身材粗壯篤實，黑黑胖胖的一張圓臉，剪一個平頭，鼓眼睛，掃帚眉。他同陳允文打對家。同李士群打對家的是徐樸誠的三姨太，這是位珠光寶氣的少婦，長相妖嬈，身著一件黑絲絨旗袍，亮著豐腴雪白的臂膀。徐樸誠一眼看見走進來的傅式說，甩著手中的麻將，高聲大嗓地說：「省長來了，快坐下打麻將。」細腰豐臀的三姨太這就站起來讓位。

「不打，不打。」這會兒，傅式說哪有打麻將的興致，他很隨和地拖個凳坐在李士群旁邊說，「我就坐在旁邊觀戰。一會兒，我找李省長說個事。」

「就完，就完。」李士群看著手中的麻將。

「士群。」徐樸誠邊出著手中的牌邊說，「陳（璧君）委員來了，你天天陪著她，好說話，你要幫我一個忙。」

「能幫的一定幫，你說。」

「我想請陳委員吃頓飯，不知她賞不賞這個面子？」

「你怎麼想到要請陳委員吃頓飯？」李士群畢竟是特務，他瞇縫著眼問。

徐樸誠說：「你知道，我是中央訓練團的畢業生。汪主席當時是我們中央訓練團的團長，是我的老師，陳委員也就是我的師母。師母到了我的防區，不招待一頓，豈不失弟子之禮？」

「我也就是為這事來請教士群的。」傅式說乘勢看著李士群說，「剛才，陳委員把我找了去，明說，她到杭州來就是為了品嘗杭州的名吃。還要我為她介紹杭州有哪些名菜，說她都要吃遍。卻又說她只受我們省府一頓請，其他招待一概謝絕。我弄不清陳委員的真實想法，不知該如何辦？」

「傅省長人算是找對了。」徐樸誠這就乘機給李士群上釉子，「士群是江蘇省省長兼清委會秘書長，已經在蘇州接待過陳委員，又負責全程陪同。他對陳委員的想法等等一切，心知肚明。俗話說，客隨主便，我想，我徐樸誠出面招待一頓師母，不會有啥子問題。士群就是做得了主的。」

李士群不料徐樸誠這個人看起來武大三粗，還很會說話，就笑了，指指對面的陳允文說：「你們這是端起豬頭找錯了廟門。允文是陳委員的內侄，他才是真神。你們得拜他才行！」

徐樸誠聽李士群這一說，立即放下手中的麻將牌，站起身來，向陳允文作了一揖，很恭敬地說：「哎呀，失敬失敬，我真是有眼不識金香玉。幸會、幸會！」

「不知者不為怪嘛！」李士群為徐樸誠搭梯子。

「既然如此，我就勉為其難，試試勸勸姑姑，接受你們的宴請！」陳允文笑笑，又出了一手牌。不用說，這一來，陳允文在牌桌上就很贏了些徐樸誠夫婦的錢。

陳允文在牌桌上大包大攬，對傅式說、徐樸誠提出的宴請陳委員一應事宜，何人先請，何人後請，在什麼地方宴請等等，全都答應了下來。傅式說的一顆心這就落進了胸腔裏。他站了起來，高興地說：「好，好，我心中有底了。你們打牌，陳委員今天下午要去奎元館吃飯，兄弟我得去作些安排，就不陪你們了。」說著起身告辭，匆匆走了。

奎元飯店座落在杭州一條有點偏僻的小街上。它的門面只有單進的一大間，一樓一底。原先這家顧客盈門的百年老店，因爲戰爭，生意日漸蕭條，門面很久沒有粉刷，顯得有些陳舊、灰黯。這天午後，奎元飯店卻接到省府急如星火的通知，下午不准對外營業，備足各類菜肴，準備接待貴客……至於接待何方貴客，省府來人卻沒有說；而且省府還派人來對奎元飯店進行了粉刷，與此同時，店裏店外，街頭巷尾佈滿了便衣特務。

暮色漸起時，只聽一陣汽車聲響，老闆趕緊跑出大門外迎接。車門開處，一群闊綽的官太太由省長傅式說陪著，有說有笑地從幾輛汽車上下來，簇擁著當中一位身材矮胖，目光閃亮，頤指氣使的太太走來。不用說，被大家眾星捧月般走來的是陳委員陳璧君。五十多歲、形容乾瘦、身穿長袍、頭戴瓜皮小帽、眼睛上罩一副鴿蛋般銅邊眼鏡的老闆將身板彎得像蝦米似的，連聲說歡迎貴客！

傅式說、李士群、曾醒等陪著陳璧君進入奎元飯店，上了樓，進一間精緻的雅間坐定，其他夫人、隨員在隔壁依次入席。老闆跟著進入雅間。傅式說這才對老闆介紹陳璧君說：「這位是汪主席的夫人、在國際國內都頗享盛名的陳璧君陳委員。她是代表中央來我們浙江、來我們杭州視察工作的。陳委員聽說你們這個店的菜不錯，特意來品嘗品嘗的。這是你們店，也是我們杭州莫大的榮光！」

「啊，不勝榮幸，不勝榮幸！」老闆這一聽，誠惶誠恐，將頭點得像是雞啄米，輕聲問，「不知汪夫人是吃點菜，還是吃全席？」

「不必稱汪夫人。」李士群知道陳璧君的心理，糾正道，「叫陳委員，陳委員不是一般的中央委員，是中執委。中執委就是國家領導人。」

「是是是。」老闆連聲道。

「什麼全席我都吃夠了。」陳璧君這就開始吩咐老闆，「聽說你這個店做的紅燒羊頭好吃，就給我們一人來一份吧！」

「報告陳委員，」老闆趕緊解釋，「一份就是一個整羊頭，可能你們一個人吃不完一份。每人就來一碗，一個羊頭分成兩碗好不好？」

「不。」陳璧君環顧左右說，「你們各人要多少，自定，我反正要一個整份。」

老闆這就扯起嗓子一聲「請稍等，馬上來咧！」顛顛跑下樓去，那身姿，簡直就是一隻活脫脫的老山羊。

「來哩！」很快，兩個堂倌手中托著一個大托盤，唱著諾上樓來進到雅間。一個托盤裏盛有四隻藍花白底金線走邊的大大碗公，每只碗裏的紅燒羊頭噴香、熱氣騰騰。一個中年堂倌兩手捧著一個特大的大碗公，風一般來在陳璧君面前，將一碗紅燒羊頭擺放在她面前……陳璧君毫不做作，拿起筷子就自顧自大吃起來，一鼓作氣吃完了一隻羊頭。一直注意著她的傅式說萬萬沒有想到陳璧君如此能吃，看她還不盡興，主動介紹說這家名店做的海參麵也是別具風味的。看陳璧君點頭，傅式說又主動替她要了兩大碗海參麵，外加冷盤，竟然也被她一個勁吃下肚去，看得傅式說驚訝不已。

陳璧君陳委員的絕活還沒有完。她邊吃邊侃，從川菜談到粵菜、魯菜、滬菜的源遠流長……她食量很大，一頓飯從下午吃起，一直吃到掌燈時分。

翌日清晨。按照計畫，早飯後，陳璧君一行由省長傅式說陪同，驅車去原撫台衙門廣場出席浙江各界民眾「組織」的歡迎大會。偌大的廣場足可容納萬人，然而，來迎接她們的各界群眾最多不過千餘人，廣場四周顯得空落落的。不用說，這個民眾歡迎會是拼湊起來的。而且，廣場四周軍警林立，如臨大敵。

陳璧君剛下汽車，身著少將軍服的浙江警備處長徐念劬邁著鵝步迎面而來，走到她面前時，「啪！」地立正磕響馬靴，「唰！」地從劍鞘裏抽出長劍，向她行了一個劈刀禮。

陳璧君嚇了一跳，她第一次享受到這種近乎接待國家元首的大禮。

「報告陳委員！」徐念劬在她面前挺胸收腹，可著嗓子大聲報告，「杭州各界人士熱烈歡迎你！」接著向她報告了出席這個歡迎會的單位、人數等等。當然，徐念劬報告的出席歡迎會的單位、人數都是虛數。

「陳委員，請！」徐念劬報告完畢，傅式說和李士群一左一右，陪著陳璧君沿著鋪了紅地毯的台階，上了主席台。傅式說請陳委員講話，並率先鼓掌。寥落的掌聲響過以後，陳璧君對著面前的麥克風，看著場上列隊歡迎她的人群，心中不由有些發緊。她雖然脾氣暴戾，敢說敢幹，平時連夫君汪精衛都要讓她幾分，但不善演講。第一次站在台上，面對人群，有些手腳無措。她自己都不知道自己胡謅了幾句什麼，只覺得頭發暈，想喝水。看場上的人們交頭接耳，嘰嘰喳喳，更不知所云。好在傅式說及時出來救駕，大聲宣佈陳委員的講話結束、散會。

接下來，陳璧君率領著她的夫人團，在傅式說、李士群等陪同下，驅車去參觀了佑聖觀小學和杭州絲綢廠。參觀絲綢廠時，絲綢廠老闆請她選幾匹絲綢，她高興得嘴都合不攏了，當仁不讓地挑選了兩匹高級綢料。

這就到了吃午飯的時間，傅式說向她請示是直接去吃午飯，還是先回西冷飯店休息。

陳璧君對吃特別感興趣，當即表示：「直接去吃飯。」又問，「今天中午在哪裏吃？」

「王順興。」傅式說請示道，「那家飯店味道倒是不錯，就是店面衛生條件不夠好，陳委員你看是不是換個地方？」

「不換。」陳璧君強調道，「你們也不要搞得神神鬼鬼的，昨天我們去奎元飯店，你們讓人家飯店就接待我們幾個人，這不好。隨便點，我這個人喜歡平民化，我們去得，一般老百姓也去得。」說著，她走到一邊留言簿上去留言。

「這怎麼辦？」傅式說傻眼了，悄聲問旁邊的李士群。陳璧君和汪精衛一樣，都是大漢奸，如果不作特別的警戒，很難保證安全。

「老兄放寬心！」李士群是個很有辦法的人，他笑著拍了拍傅式說的肩，「不要忘了，你這裏還有我的特工分部，我早作好了安排。讓萬里浪帶杭州特工站的兄弟們化裝成便衣，將王順興飯店的樓上樓下全包了。一會夫人去吃飯，看到的儘是平民食客。」

「問題是，」傅式說還是一副焦眉愁眼的樣子，「這個汪夫人不好將就。人前，她要平民化，禮賢下士。你老兄幫了我的忙，動用特工組織保護了她。但一會她看到自己和一些平民百姓在一起攪食，顯不出威風，又怪我們對她不尊重，這真是兩難！」

「放心，我都考慮到了。」

「李兄真不愧是特工部長！」傅式說聽李士群這樣說，才放了心。

陳璧君題完詞，一行人浩浩蕩蕩直奔下一站——王順興飯店。

車子在王順興飯店門前停好，陳璧君剛剛跨出車門，佩少將軍銜的杭州警察局局長迎了上來，向她敬了個禮。她起眼一看，王順興飯店門前，同昨天一樣，又是軍警特務密佈……

「這是怎麼回事，我不是說過不要這樣麼？」陳璧君不高興了，調頭找傅式說。李士群卻大步走上前來，煞有介事地訓斥杭州警察局局長：「我不是特別關照過你們，不必這樣緊張的麼，怎麼不聽？」

「我們是爲了陳委員的安全。」杭州警察局局長將胸脯一挺。

「陳委員的安全沒有問題，你馬上將兄弟們撤走。」

「是。」杭州警察局局長又敬了一個軍禮，手一揮，將飯店前警戒的軍警特務撤走了。

這一切，都是李士群的精心佈置，目的是既讓陳璧君顯了威風，又讓她擺了平民風度。看得出來，陳璧君心中是相當滿意的。陳璧君率領著的夫人團跨進飯店時，先一步到了並恭候在那裏的傅式說帶著徐樸誠迎了上來。傅式說將徐樸誠向她作了介紹，一臉笑得「稀爛」的徐樸誠對夫人說起汪先生當年如何當過他的老師，陳委員應該是他的師母，今天好不容易見到師母，希望借這個王順興飯店向師母表表「孝心」……

見徐胖子一副笑容可掬的樣子，陳委員朗聲大笑起來，很豪爽地說：「我本來對傅省長說，我們來只吃一頓請，以後都是我們自己負責，不意汪先生桃李滿天下，我也沾了光。好，我領你的情，這頓飯就讓你請！」徐樸誠這就將手一比：「陳委員請！」便自個歡喜不盡地在前領路，往樓上雅間走去。

令陳璧君高興的是，飯店很乾淨，牆壁是粉刷過的，桌椅板凳擦得照出人影。特別是樓下十多張桌子坐滿了平民食客，看她們進來，照樣喝酒吃菜划拳，熱熱鬧鬧。陳璧君上樓時，調頭對三姑和陪同在側的傅式說、李士群、徐樸誠說：「你們看，清過鄉的地方，就是不一樣！」傅式說這才明白，陳璧君爲什麼要強調與民一起，她這是在粉飾太平。誰說陳璧君只會吃、玩，不懂政治？她不僅懂政治，而且懂得很呢！此舉明天經報紙一登，會是多大的新聞?!

陳璧君一行在樓上雅間分別坐了，堂倌手端托盤上樓穿梭上菜。杯盤碗盞擺得滿滿當當，菜肴確有地方風味。粗看一下，有生炒鱔片、醋溜全魚、蝦油鹵浸雞……陳璧君嘗了嘗，眼睛都笑得合縫了，連聲說：「不錯，不錯，這些菜確實是做得別有風味的。你們看，連杭州城裏普通人家吃的三蝦兒豆腐也是做得要工藝有工藝，要風味有風味的！」

席間，徐樸誠發現她有酒量，仗著自己也有幾分酒量，連連向陳璧君敬酒。陳璧君豪興大發，來者不拒。結果，兩人各有一瓶洋河大麯下肚後，大胖子徐樸誠便栽倒在了桌上，而陳璧君臉不發紅心不跳，唬得見多識廣的李士群、傅式說大眼瞪小眼，不敢上前叫陣……

一頓飯吃舒服了，已到了掌燈時分。前呼後擁中，陳璧君上了轎車，回到下榻的西冷大飯店。坐下休息一會，三姑進來了，說是浙江方面請示下一步的行程，毫無倦意的陳璧君當即吩咐：「讓他們安排，明天一早去紹興拜祭汪先生祖塋。夫人們願去的去，不願去的就在杭州休息。下午我們回杭州，後天去上海……」

謝天謝地，陳璧君陳委員的視察終於要結束了！當傅式說得知這個通知，又就明天陳璧君一行的安全問題去請教了李士群。

「傅兄，你的事馬上就要完了，我卻還要陪著陳委員一行一直去到上海。」聽了傅式說的話，李士群故意拿起架子，「在老兄你管轄的範圍內，治安問題你自己解決吧！」

「求求老兄了，我一個光杆司令哪有你的辦法多。」傅式說說著作拱打揖，「幫忙幫到底，送佛到西天。你老兄的好處，我日後再還。」李士群這才答應下來，當著傅式說的面，給部下萬里浪和日本浙江聯絡部長渡邊都打了電話，對第二天沿途的安全一一作了細緻安排。作爲浙江省省長的傅式說這才放了心。

當翌日的晨曦輕輕撥開了西子湖上籠罩的輕煙時，陳璧君一行的車隊，已在嚴密保護下出了杭州，在去紹興的公路上奔馳了。

前面由一輛武裝敞篷大卡車開路。車頂上架著一架機關槍，車廂兩邊，沙袋堆得多高。車上站滿了荷槍實彈，身穿黃呢軍服的日本憲兵。緊跟其後的兩輛大卡車裝滿了身穿黑制服的「和平軍」——皇協軍。中間陳璧君一行，之後押陣的是兩輛武裝中型敞篷吉普車。車上並排坐著的特務，由特工總部杭州區區長萬里浪帶隊，一律身著筆挺的深藍色西服，頭戴禮帽，左臂上帶一條中間有個「特」字標記、綴著青天白日徽記的佩套，神情警惕，腰帶上都別著一支大張著機頭、綽號「手提機關槍」的德國二十響駁殼槍。

坐在當中那輛汪記特工杭州區高級防彈轎車上的陳委員陳璧君，於近午時分到了古城紹興，她讓車隊不作停留，渡過河，行進在了丘陵起伏的浙東山區公路上。當車隊在公路上停下來時，時近黃昏。這裏前不靠村，後不靠店，滿眼都是綿延起伏的丘陵，大家莫名其妙，又不敢問。

陳璧君下了車，時強時弱的山風吹亂了她的頭髮。她撩了撩吹亂的頭髮，很有感情地頻頻四顧。放眼看去，暮色正從遠山處而來，就在前面，傍著一條小河，萋萋荒草中聳立著一個接一個的墳墩——汪精衛祖宗的墳塋，就在其中。四周，寥無人跡。陳璧君心想，這傅式說辦事怎麼這等荒疏？我明明告訴過他我要來尋祖祭祖，怎麼沒有一點安排，叫我在這堆亂墳塋中哪裏去尋？

這時，一陣悠揚、哀惋的鐃鈸聲，在如水的日暮時分幽幽傳來。她尋聲調過頭去，只見一塊古柏森森的林園裏，有座大墳。傅式說、李士群等在前面，四周已經布好了特務。她離開公路，沿著一條曲折的山間小道進入林園大門。展現在眼前的汪家祖墳的墳頂藤蘿蔓生，野草在晚風中抖索不已，顯出一種哀苦，這與當今大紅大紫的汪精衛應該享受的排場有相當距離。好在墳前一排紅燭閃閃，一群僧尼對著汪家墳塋，在鐃鈸齊奏聲中高誦經文。墳墓前豎有一塊高約一丈，寬約三尺厚五寸的紅砂石墓碑。墓碑上刻有七個篆體大字：「先祖縵亭公之墓」。墓碑和所鐫刻的七個大字都還新，可見是才培整過的。一縷哀思潸潸地從心上流過，她緩緩地跪了下去，對著「先祖緩亭公之墓」叩了三個頭。在僧尼們旁若無人的鐃鈸高奏、齊誦經文聲中，默默焚上一柱香，獻燒了一刀紙。

大隊人馬奔波、辛苦近一天，就是爲陪陳璧君在祖墳前祭祖的半小時。

做完過場，陳璧君率領大隊人馬頂著暮色原路返回。

視察結束了。第四天早晨，她在傅式說、徐樸誠等浙江軍政要人的陪同下，在登上去上海的專列時，對浙江的工作讚不絕口。

「嗚——」陳璧君陳委員的專列終於開動了。月台上爲陳璧君送行的傅式說、徐樸誠對東去的專列揮著手，他們的一顆心終於落了地。

陳璧君在三姑曾醒、李士群的陪同下向自己的雅間走去時，她發現過道裏、客廳間到處都被傅式說、徐樸誠送的浙江土產塞得滿滿的。

「士群！」在隆隆的火車聲中，陳璧君邊往前走邊對陪同在側的李士群說，清脆的聲音裏充滿了喜悅，「此行，我最大的發現是，你、還有傅式說、汪主席的學生徐樸誠，都是少有的幹才！」

第十九章　吳開先，是裂縫亦是橋樑

從早飯後就一直待在書房裏的新任汪記司法行政部政務次長汪曼雲，用胖手「啪」地合上了擺在辦公桌上厚厚的卷宗，腳翹在辦公桌上，身子往高靠背轉椅上一靠，眼睛一閉，他有些疲倦了。

但很快他又睜開了眼睛，眼光最後落在辦公桌左角上那副檯曆上——一九四二年三月十九日。檯曆的頁面比較大，印刷得也很精美，可作單獨的藝術品欣賞，這是日本人送的。頁面上是個剛從海水中出浴的東瀛美女，她側著身子，這便把她的美妙動人處暴露得淋漓盡致——顯然是一個技術相當不錯的攝影師偷拍的。

人雖然長得矮、胖、醜，但對女人，特別是對漂亮的女人感興趣、有研究的汪曼雲不禁心猿意馬起來。他想，東方女性的美是典雅、娟秀、含蓄，如新月如春筍；而西方女性的特點是奔放、熱情，如火山熔漿。在身材上，西方女性的特點是臉龐清瘦而身軀特別豐滿，特別是西方女性有碩大的乳房，這可是東方女性無法比擬的。檯曆上這個出水東瀛美女，東西方女人的美在她身上都兼而有之，可說是美到了極致。……就在汪胖子想入非非，魂不守舍時，門簾一掀，丫寰枝兒給他送咖啡點心來了。汪胖子的眼光落在又瘦又小，長得像根黃豆芽似的枝兒身上，立時有種失落感，不禁皺了皺眉。

這是吃午飯前的「打兼」，也是他當了司法行政部政務次長後，在生活上的升格。

他左手端起德國造咖啡色大耳杯，放了兩塊方糖進去，右手執小銀勺在噴香的真資格的濃黑巴西咖啡中攪攪，喝了一口，閉上眼睛，品了品味。當他去拿沙利文蛋糕時，這才發現托盤上還躺著一封淡綠色的電報。

上海來的？會是誰拍來的電報呢？他趕緊放下手中的杯子，坐直身子，抖開電報。

「外子業已被捕，請即速設法營救，夏漱芳。」他不禁久久地看著電報，腦袋裏急速地打開了算盤。在以李士群爲首的「七十六」號特工同重慶方面的較量中，重慶明顯敗北。尤其是陳恭澍叛變後，重慶方面在上海的特工力量簡直被一鍋端了。然而，大上海是各派政治力量必爭之地，重慶方面必然卷土再來。最近，蔣介石派出以中央組織部副部長吳開先爲首的一批國民黨高級幹部，秘密潛回了上海。吳開先以上海統一工作委員會常委委員兼書記長的身分，迅速恢復了地下網路，開始了同汪記政權的鬥爭。但是，蔣記、汪記中央政權的大員們現在雖然政見不同，但都是老熟人，你中有我，我中有你。像他汪曼雲這樣的投機分子，現在採取的是狡兔三窟策略，當著汪精衛的大官，同時又向重慶方面暗通款曲。近年來，以日德意爲軸心的軸心國在對以美英蘇爲首的同盟國的鬥爭中處於下風後，汪曼雲更是通過吳開先的老婆夏漱芳同吳開先拉上了關係，並出賣了不少汪記政權的機密。爲以後汪精衛政權倒台後，給自己留條後路。然而，現在吳開先又栽了，這不，夏漱芳向他求救來了！該怎麼辦呢？甩手不管，不行，這如同做生意，自己已經投了資，據說，連蔣委員長都發了話，說他汪曼雲是「身在曹營心在漢」，是「黨國埋伏在汪僞政權中的有功之臣」！不能退，必須要救吳開先。不然，不僅前功盡棄，而且還會被重慶方面恨之入骨，必欲置之死地而後快了！

那麼，該怎麼營救吳開先呢？從上午接到夏漱芳的電報起，他就在腦袋裏轉開了磨，而且第一次在夜裏失眠了。汪胖子向來達觀，在朋友間有「智多星」之稱，任何事都能沉著應對，拿得起，放得下。今夜，卻輾轉反側。睡在他身邊的太太章柳小他十多歲，長得風騷豐滿，今年正好三十歲。是汪胖子與原配離婚後娶的，被朋友們稱爲「少夫人」。她睡覺有個特點，身邊丈夫如雷的呼嚕如像她的催眠曲，在丈夫呼嚕聲的轟炸下，她才能安睡。

「儂咋的哪，咋不打呼嚕了？」汪胖子突如其來的失眠，猶如突然間中止了的催眠曲，她睡不著了，在黑暗中大睜著眼睛問。

汪胖子沒有理她，只是將一隻胖手隨便往她細腰上一搭。丈夫的手這一搭，在她就如同傳出了一個久違的信號；她以爲這是丈夫在向她示愛，便趁勢滾到丈夫的懷中，伸出雙手摟著了丈夫厚實渾圓的頸子，緊緊地貼在丈夫身上。

汪胖子今晚並沒有「閱讀」妻子的興趣。很會保養的他，平時很少抽煙，晚上從來不抽，今晚算是一個例外。夜幕中，一個紅色的亮點一閃一閃的，直到天明。

好像要彌補他昨晚的苦思不眠，當汪曼雲起了床開始懶洋洋吃早點時，枝兒送進來一份電報讓他喜出望外。電報是他的老朋友、關鍵人物李士群從蘇州拍來的，單刀直入地一句：「吳開先已被我逮捕，老兄有何高見？」他拿著這封電報，喜滋滋地反覆琢磨。他想，看來與重慶暗通款曲的人不止我一個，連李士群也是如此。李士群向我問計，這其中板眼很深，也是對我汪曼雲的信任。

「好了，好了，這下好了！」喜不自禁的汪胖子在玻璃茶几上猛拍一掌，將剛剛起床，坐在一邊梳粧檯前對鏡往臉上打著粉餅的章柳嚇了一跳，轉過頭來，瞪大一雙貓似的大眼睛看著他。

汪曼雲高興得彈簧似地從沙發上彈了起來，走到太太身前，揚起手中的電報，將重慶派往上海的大將吳開先如何被捕，他爲什麼要想法營救這個人，以及營救這人對他自己、對這個家庭將起到的重要性都大體講了一遍。可惜，「少夫人」對這些政治既不懂也不感興趣，說了半天等於是對牛彈琴。掃興得很，他只好趿著拖鞋出了臥室，在書房給秘書打了一個電話，要秘書即刻去給他買張十點鐘去蘇州的火車票，然後給李（士群）省長拍了個加急電報。電報上這樣措詞：「弟接兄電，即日來蘇，擬與兄一見詳談，爲兄所用。」

秘書一一記下了，在電話中問：「我陪不陪部長你去蘇州？」

「不用了，就我一人去，注意保密。」

「部長放心。」電話中聽得出來，秘書因爲不跟他去蘇州，喜不自禁。

汪曼雲臨行前給「少夫人」交代了些事情，當章柳替他整理好皮包時，樓下響起了「嘀、嘀！」的汽車喇叭聲，秘書接他來了。

汪曼雲下午到了蘇州，在車站上雇了輛黃包車去祥導巷。這是一條很幽靜的小巷。一進入小巷就聞到了江南水鄉的氣息，感受到了歲月的滄桑。幽靜小巷兩邊的房舍大都具明清建築特色，一幢幢小院精精巧巧的，白壁粉牆既毗連又相對獨立，虬枝盤雜的百年古樹或是幾叢秀竹探出牆來，一扇扇黑漆大門緊閉，門前一律有樹。小巷人家一邊枕著蘇州河。透過臨河人家間的間隙，可見蘇州河中舟櫓，岸邊阡柳成行。

黃包車在祥導巷中段一幢很氣派的公館前停下了，公館門口掛了塊白底黑字長木牌，牌上有「特工總部蘇州站」七個隸書大字。

汪曼雲整了整頭上的博士帽，很氣派地抬腳上了台階。大門沒有開，一扇小門敞著，守門的是個便衣特務，也許看汪曼雲穿著也還舒氣，沒有敢吆喝他，只是看著他。汪曼雲也不說話，很老練地從身上掏出一張灑金名片遞過去。

守門特務看了名片，態度立刻大變。

「哎呀，是汪部長嘛！汪部長怎麼一個人來了？」守門特務點頭哈腰，臉上堆笑：「汪部長，這是——」

「我找你們李部長！」

「李部長在家，汪部長你請稍等。」守門特務忙不迭跑進傳達室，給裏面打電話。很快，特務打完電話出來說：「李部長派他的秘書出來接汪部長你來了。」說時，一個身材中等，年約三十的男人從照壁前閃身快步迎了出來，從汪曼雲手中接過皮包，笑著說：「汪部長來怎麼也不打個電話，我們好派車去接你。」

汪曼雲打著假哈哈，跟著來人沿著花徑往裏走。庭院三進，花香鳥語，滿眼芳菲，移步換景，如果不說這是一個特務機構，會被人認爲是一個環境絕佳的療養院，或是哪一個達官貴人的公館。剛剛跨進第三個院落，李士群迎了上來。

「曼雲兄，你怎麼一個人來了，也不帶個人？」李士群親熱地說。

「帶人幹什麼，一個人單腳俐手的，也不怕消息走漏。」汪胖子說時一笑，李士群熟悉這笑，詭詭的，也是頗有含意的。

兩個人這就邊說邊笑往後院走去。李士群今天一改以往總是穿西裝打領帶的裝束，不高不矮的身上著一件灰嗶嘰長袍，似乎想顯出一些飄逸，增添一些書卷氣。然而就像在戲台上總是演反派人物的人一樣，儘管穿著變了，但舉手投腳間總露出壞相。李士群那張青水臉雖然在笑，但笑得有幾分猙獰幾分詭詐，一雙眼睛閃霍而機敏——李士群是個心狠手毒的大特務，萬變不離其本。

來到一道月亮門前，李士群遜步，將手一比：「請！」——這是李士群在蘇州的家。汪曼雲這是第一次來。他頗有興致地細細打量李士群的家。小院不大，很安全很幽靜，建築上有江南特色。白壁粉牆，牆上爬滿青藤。月亮形門楣下，兩扇中間嵌著銅質獸環的黑漆大門虛掩。門楣上「李寓」兩字嵌在一副琥珀色的瘦石上，筆法蒼古；院中，濃蔭中矗立一幢中西合璧的精緻小樓，有幾杆秀竹探出牆來。

見汪胖子歪著頭很有興致地打量自己的這幢小樓，李士群不禁一笑，逗道：「汪兄，不知賤居能否入你的法眼？」

「太好了，太好了！」汪胖子搖頭晃腦，兩手擊掌。

「李兄住在這裏，又安全又幽靜，但嫂夫人沒有接來，是不是太素了？我知道，李兄向來是不吃素的，你不致於像蘇東坡那樣『寧可食無肉，不可居無竹』吧？」

李士群今天心情很好，他知道汪胖子所說的「不喜歡吃素」指的絕不是肉，便哈哈大笑，也不正面回答，用手在胖子肩上一拍：「請進吧，怎麼，老兄老牛吃嫩草，還不夠麼？」進了門，他指著樓上掛在飛簷上的串串銅鈴道，「到晚上，在清風中銅鈴聲聲才好聽呢！」說著故作斯文地嚼了幾句文，「不由人想起張繼『夜半鐘聲到客船』的名詩呢！」

主客進了門，李士群的客廳是西式的，很闊氣，落地大玻璃窗，義大利玻晶茶几。剛坐下，珠簾一掀，汪曼雲的眼睛頓時亮了。一位長相很甜，身材高挑豐滿，身穿大紅旗袍的姑娘跟著輕步而來，爲他們送上茶點。汪曼雲一直魂不守舍地看著紅旗袍姑娘離去，這才用他一雙鼓鼓的眼睛看了看坐在旁邊的李士群，哈地一笑：「李兄，你也不介紹介紹，這金屋藏嬌的是啥人？」

李士群卻不理他這個話，從擺在茶几上的一聽美國三五牌香煙中抽出一支來，說：「抽煙！」汪曼雲平時不抽煙，見是美國三五牌香煙，就伸手接了，用打火機打燃，吸了一口，端起茶杯，揭開茶蓋，茶是他愛喝的西湖龍井，點心是剛出爐的沙利文點心，噴香。

他喝了一口茶，放下茶杯又抽起了煙，透過縷縷煙圈，他打量起了這間客廳。透過落地大玻璃窗往外看去，視野開闊，疏枝橫斜。室內一色櫻桃紅打蠟的地板光可鑒人。整間屋子佈置得既華貴舒適又嚴謹有序。兩面牆壁一邊排列著書櫃，一邊是一排博古架。書櫃是中式的，漆黑明亮，雕龍刻鳳，用料名貴。書櫃中的書中西雜陳，很符合主人的身分，既有曾國藩的「麻衣相法」類書，也有希特勒的《我的奮鬥》，還有一些從西方、從蘇聯翻譯過來的特工類專業書，這些書大多是精裝本，厚得跟磚頭似的。博古架上，大都擺的是明清兩朝的細頸鼓肚花瓶和唐三彩類，不乏珍品。

記得第一次同李士群見面時，在上海，那時才剛開張的李士群的客廳不大，但客廳正壁上卻不知為什麼，掛了一張蔣介石戎裝像。現在改換了門庭，條件又這樣好，他該在客廳裏掛上一張汪精衛「主席」的標準相才對，然而沒有。他注意到，李士群有一架四四方方的、長短波皆備的美國交流式收音機，放在辦公桌上。可見，李士群是隨時注意收聽國際國內廣播，關注形勢發展的。一架紅色載波電話也放在辦公桌上。客廳裏的擺設顯示出主人的個性——在附庸風雅的外表下，顯示出來的是職業特務本性。

接著，李士群向他請來的汪曼雲報告了逮捕吳開先的經過。

汪曼雲是上海通。聽著李士群的敘述，他完全想像得出那一幕。

在一個午夜時分，整個大上海已經睡熟了，愛棠路更是清風雅靜，只有巷口高杆上挑起的一盞路燈還亮著，但因為電壓不足，紅慽慽的；它怯怯地站在巷道口，從漆黑的夜幕中撥出一方暈黃的天地，膽戰心驚地目視著已然在四周遊動的鬼魅。

擔任這晚行動指揮的是「七十六」號行動處處長萬里浪。他是個職業特務，四川省合江縣人氏，三十多歲，長得身材瘦小，相貌醜陋，以行動敏捷、精力充沛、手段狠毒著稱。這會兒，他指揮特務、憲兵將吳宅悄悄圍定——這是幢位於弄堂中段的獨門獨戶、帶有一些西洋味的宅第。進門有個小小的天井，天井中栽有一些紅紅綠綠的花草，天井不大，卻顯出一些幽深。之後便是一幢中西合璧的小樓。

夜色深沉，正是好睡的時分，而因為職業使然，自回上海後，吳開先睡覺很警覺。朦朧中他一怔，坐了起來，警覺地睜大了眼睛。他靈敏的耳朵聽到了有人跳進院子中的腳步聲，仔細一聽，卻又沒了。他覺出不對，披衣起床，輕步走下樓去，進了客廳，隨手捺開電燈開關。

「不准動！」就在客廳裏突然灑滿光明的一刹那，吳開先看清了。四五個特務、憲兵已經站在他面前，全都出槍在手，神情警惕。領頭的萬里浪用手槍指著他，臉歪扭著，聲音低沉。

吳開先情知在劫難逃，冷靜地對萬里浪說：「大家都是熟人，我不會跑的，更不會反抗，各位請放心。我這就跟你們走，只請諸位不要驚醒我的老母親。」

萬里浪也不說話，點點頭，將下頷一揚，示意吳開先跟他們出去。吳開先往外走時，特務、憲兵走上來，將他夾在中間。走在最後的一個特務，根據萬里浪的示意，「啪！」地熄了客廳裏的燈。

吳開先就這樣被萬里浪押上了等在門外黑暗中的囚車。就這樣，被蔣介石寄於很大希望的國民黨高級幹部、在戰前有「上海通」和「上海皇帝」之稱的吳開先，在這個夜晚人不知鬼不覺地落入了「七十六」號魔掌……

李士群說完了逮捕吳開先的經過，正在得意，一個女傭站在門外，用一口上海鄉下話，隔簾向主人請示報告：「午飯已經好了，擺在隔壁小飯廳裏。」

「好吧！」李士群站了起來：「曼雲，隔壁請，我們邊吃邊談。」

在隔壁小餐廳裏坐定，汪曼雲眼睛又是一亮。發現這是間很精緻的西式小餐廳。在鋪著地毯的屋當中，擺了一張橢圓形的桌子，桌上鋪著雪白的桌布，一邊一把西式坐椅，兩副餐具。桌子當中有一隻細頸鼓肚花瓶，花瓶金線走邊，瑩潔的白瓷底上藍線走筆劃的是一幅春宮美人圖。瓶中插著兩束康乃馨，一束粉紅，一束淡黃，散發著淡淡幽香。他們剛剛坐下，李士群說：「就上菜吧，汪先生已經餓了。」傭人們上菜來了，都是蘇杭名菜，酒是紹興黃酒，一張桌子擺得滿滿的。

「曼雲，你的口味我是知道的！」李士群一邊看著女僕給他們杯中斟酒，一邊笑道：「這些菜是我特意叫廚下為你做的，不知你滿不滿意？」

「滿意。李兄做事總是別具一格的！」說時，他們杯中的酒已斟滿。李士群這就吩咐下人：「你們出去，我們這裏不要人服侍，沒有得到我的允許，不准任何人來打擾我們。」傭人們這就去了。

李士群以主人身分敬了汪曼雲一杯酒後，談話便直奔主題。

「曼兄，我之所以請你來，是要同你商量如何處理吳開先這件事。日本人對吳開先很重視，處理起來很考手藝。」說著站起身來，去到隔壁辦公室，拿過來一封電報給汪曼雲看。

汪曼雲接過一看，很是吃了一驚。電報是『梅機關』機關長影佐少將從南京拍來的，電文明確指示：「吳開先可由你指派專人審問看管。除指派人員外，任何人不得與吳接觸，即使是日本人。萬一有日本憲兵來強行提人，你可槍決吳開先！」

「這是怎麼回事，影佐口氣這樣橫？怎麼連『萬一有日本憲兵來強行提人，你可槍決吳開先！』這樣的話都說了？」

「這是明擺著的事。」李士群歎了口氣，往汪曼雲的盤子裏夾了塊貴妃雞，「日本人裏也是幫派林立。不要說日本海、陸、空三軍矛盾重重，就是在上海、南京的日本特工系統內也是各立門戶。吳開先對你我是塊肥肉，在日本人眼中同樣是。這件事弄不好，你我不僅討不到便宜，讓吳開先把命丟了都說不定。」汪胖子一邊津津有味地嚼著口中的貴妃雞，一邊用一雙很鼓的眼睛看著他，示意他把話說完。

李士群就將事情的來龍去脈細細告訴了有「智多星」之稱的汪胖子。

吳開先當晚被萬里浪秘密逮捕後，萬里浪刁鑽，並沒有將特務全部撤去，而是留下特務埋伏在吳宅四周。翌日晨，徐采丞的女婿去吳宅，於是也落入了陷阱。徐采丞有的是辦法，走了日本「松機關」的路子。最近，日本少壯軍人代表——鷹派人物東條英機上台後，日本國內政局出現了一些變化，對中國更爲強硬。東條英機對汪精衛政權的碌碌無爲很失望，他調整了對華政策和相關機構。原先在地位上高於「松」、「蘭」、「竹」專門對汪精衛的「梅」一落千丈。此消彼長，日前，「松機關」接到日本上層秘密指示：設法同重慶方面打通關節，誘使蔣介石投降或是同蔣介石締結和平！

這樣，「松機關」自然要在吳開先身上打主意。爲了對重慶方面做出親善的表示，勢力看漲的「松機關」機關長阪少將，親自出面，要「七十六」號釋放徐采丞的女婿。

「放沒有呢？」

「放了。徐采丞的女婿是個乾麵包，留下來沒有什麼用。」

「接下來呢？」汪曼雲問得很細。

「接著，『松』機關竟去找來徐采丞進行秘密談判，他們擬釋放吳開先，進而招降蔣介石。這樣一來，影佐大爲憤怒。曼兄你想，汪先生這個班子是影佐一手搭起來的，影佐和他的『梅機關』費了多大力氣、擔了多大風險？現在，『松機關』伸手摘桃子，影佐他們的憤怒是可以理解的。而『松機關』勢大，影佐他們擔心搶不過『松機關』，所以要我在必要時槍決吳開先。」

汪曼雲一切都明白了，說：「士群兄，這讓我想起一句四川人說的俏皮話——日本人這是『整爛就整爛，整爛下灌縣！』對不對？」

「對。」李士群笑了笑，「我看，我們就來個先下手爲強，給吳開先賣個人情，給我們自己留條後路！現在，人在我們手上，我們比『梅』、『松』機關都有優勢。」

看汪曼雲頻頻點頭，李士群又說：「現在關鍵是要先釜底抽薪。是不是請曼雲兄你即刻到上海去，對吳開先夫人夏漱芳言明厲害，要她出面，動用關係，設法讓『松機關』停止在吳開先身上的動作，讓『松』『梅』機關目前劍撥弩張的局面得到緩和。不然，兩邊的火燒得太猛，我們這邊不好下手。我們得先保住開先的命再說……」

「這個辦法好，這個辦法好！」汪胖子說，「事不宜遲！」他看了看腕上手錶，「半個小時後，正好有趟去上海的火車，我現在就去火車站趕車去上海。」

李士群去隔壁辦公室給副官打了個電話，讓副官馬上派車來接汪曼雲去火車站，並給汪曼雲寫了張條子，蓋上自己的印信，讓他去上海「七十六」號辦事。汪曼雲接過李士群的便條，上面寫道：「茲請汪曼雲次長代表本人提審吳開先，必要時可用刑。李士群即日。」

汪曼雲不解，問他爲什麼要寫上必要時可用刑這一條？李士群說：「『七十六』號有日本憲兵監視，我不寫一句狠的，豈不是暴露我們同吳開先有舊嗎？我還像個管特工的調查統計部部長嗎？現在有好多雙眼睛盯著我們。至於你見到吳開先審不審，你看著辦。反正你代表我，怎麼辦都行。」

兩個小時後，汪曼雲到了上海。他在上海火車站一下車，就有「七十六」號派來的一輛轎車已經在等他了，機要秘書黃敬齋將汪曼雲接上車。車上，汪曼雲問了些情況，說他今天就不去「七十六」號了，要車將他送到麗都飯店，明天過來「審」吳開先。

負責接待的黃敬齋知道，汪曼雲這會身上有權有錢，又好色，到了花花世界的大上海，他要信馬由韁去放任放任，連說好的好的。

很快，上海最繁華路段上的麗都飯店出現在前面。它是一幢占地廣宏，高達二十二層的法式建築物，厚重的黑色大理石一砌到底，帶有濃厚的帝國主義色彩，門外的僕人，一律是頭上包著紅頭巾，一臉絡腮鬍的印度男人。在一線暮靄中，紅紅綠綠的霓虹燈編織成的中英文「麗都大飯店」幾個大字已經亮了，無聲而又燦爛。而那排排向著大街的橢圓形窗戶裏，也都亮起了燈。綠窗燈火，給人一種曖昧的誘惑。

汪曼雲下了車，向黃敬齋揮了揮手，矮胖的身影很快消失在燈紅酒綠的麗都大飯店中，像是一尾急不可待游向大海捕食獵物的大鯊魚。

汪曼雲在大堂交了錢拿到房間鑰匙，剛上電梯就有了豔遇。

電梯的門一關，汪曼雲感到有些熱，他將身上的西服脫下搭在手上，在他的前後左右瑩潔的穿衣鏡上就從不同角度展現出他的形體。脫去衣服的他，著一條背帶褲，肚子腆起，一件白襯衣在圓鼓鼓的身上繃得梆緊，頸上打根桃紅領帶，圓圓的頭上剪一副板寸頭，加上五官不甚分明，腳上又穿一雙擦得發亮的甩尖子黑皮鞋。兩頭小，中間大，從整體上看，他簡直就是一個旋轉的陀螺，顯得很滑稽。

鏡子中，他的身邊有一個美麗的女子，二十七、八歲，服裝時髦，不高不矮的身材曲線豐美，一頭捲髮下，一雙也不知是修飾出來的還是做出來的睫毛又長又密，絨絨的一雙大眼睛含情脈脈地打量著自己。汪胖子不由調過頭去，打量著身邊的這個尤物。嘴唇塗得血紅，手臂上挽個時髦小包的女子對他莞爾一笑。好色的他對美麗女子投桃報李，也咧開大嘴笑了一下。忽然又警覺起來，這個尤物該不會是來盯我梢的重慶特務吧？不然，萍水相逢，她對我笑什麼？

「先生好福相！」那女子說話了，一口很嗲的上海話。

「何以見得？」汪胖子問。他本不想搭理、招惹這個陌生的、有些洋氣性感的年輕女子，但他已經有些不能自己了。

「我會看相！」女子對他一笑，有明顯的勾引意味。

「先生是個有錢人。」女子說，「先生印堂發紅，最近就要走紅，財色雙收。」聽到這裏，汪曼雲心中已經判明，這是一個高等妓女。他知道，在大上海的高等飯店裏，這樣的高等妓女多得是。

「錢是有一些，不過不多。」汪曼雲心中有數了，順著她的話說下去，看電梯上的紅燈閃爍間，自己房間所在的樓層快到了，這便滿含深意地發出邀請，「俗話說，有緣千里來相會。我與小姐有緣，能否請你先到我的房間坐坐，然後一起吃頓飯？」

女子欣然答應：「好。」

這時，電梯輕微地一個停頓，他房間所在的樓層到了。

下了電梯，汪曼雲開了房門，兩人進門，說好價錢……很快，門上那塊光牌上閃灼起「請勿打擾」的紅色小字。

第二天一早，汪曼雲到「七十六」號辦公事。到了機要處，正埋頭疾筆奮書寫著什麼的處長傅也文看了看他，劈頭一句：「吳開先自殺了！」

「什麼時候？」汪曼雲嚇了一大跳，眼睛瞪得老大，「還有沒有救？」一迭連聲緊問。

「昨天晚上。」傅也文看來疲勞至極，用一雙熬紅了的眼睛看著汪曼雲，有氣無力地細說原委後，歎了一口氣，「弄得我一宿未睡。」

汪曼雲急了，問傅也文：「你說清楚，吳開先究竟脫離危險沒有？」

「吳開先總算搶救過來了。」傅也文一邊說著吳開先自殺經過，一邊讓汪曼雲看吳開先自殺前寫給老婆的絕命書。說昨天下午黃昏時分，吳開先趁看守員不注意，吞了預先揣在身上的金磅、浸過鴉片的佛手還有幾枚迴紋針……

「這些東西他是怎麼帶進去的？你們逮捕他後，就沒有好好搜過他的身？」汪曼雲問傅也文時，神情不滿，語氣嚴厲。

「搜是搜了，不知道吳開先是用了什麼辦法，將這些東西帶進去的。」傅也文這話說了等於沒有說。

這時黃敬齋聞訊趕來，汪曼雲皺了皺眉，讓黃敬齋帶他去看吳開先。

吳開先在「七十六」號受到優待，被軟禁在主樓上三樓上的一間屋子裏。汪曼雲由黃敬齋陪著，來到那間屋子前，他們要守衛的便衣特務不要聲張。汪曼雲輕步走上前去，透過窗子上方的監視孔，朝裏一覷——是一間四四方方的小屋子，只有一床一桌一凳，簡潔得如同水洗。天花板很高。一副牛肋巴窗戶上嵌著交叉的鐵條。明麗的秋陽從牛肋巴窗上灑進來。身穿一身白紡綢寬鬆衣褲的吳開先面向裏睡著。聽到開門聲，吳開先順手將床上一床蘇緞薄被往身上一拉，佯裝睡熟。他們進了屋，屋中的情況看得更清楚了些。汪曼雲注意到，離地很高的天花板上大白天也開著燈。電燈掛得很高，就是站在凳上舉手想去觸電也不行。桌子四周和牆壁都鑲嵌著厚厚的泡沫。顯然，為預防吳開先自殺，「七十六」號的特務們絞盡了腦汁。

「老開，老開！」汪曼雲走到床邊這樣叫，顯出一種別樣的親切。

吳開先聞聲調轉身來，一見站在自己面前的是汪曼雲，一骨碌翻身坐起，一把抓著汪曼雲的手說：「我想是你該來的時候了。」

黃敬齋知趣，這就將一張凳子遞到汪曼雲身後，說：「汪部長你請坐，你們慢慢談。我去讓他們給送兩杯茶來。」說完，輕步退了出去。

一個小小的停頓過去後，「你受苦了。」汪曼雲說時，用他那雙很鼓的眼睛看著坐在床沿上的狼狽的吳開先。原先有「上海黨皇帝」之稱的老開簡直變了一個人。

吳開先一把抱著汪曼雲放聲痛哭，像是個受了多大委屈的孩子，這倒是汪曼雲沒有料到的。汪曼雲用他多肉的手在吳開先的寬肩上拍了拍，安慰道：「一切都是會有辦法的。」看吳開先冷靜了些，他退後一步，坐在凳上，從一個臨時作茶几用的小火凳上端起一杯茶，先遞給吳開先，自己再端起一杯。

大個子吳開先的情緒穩定下來了。雙方一時無話。吳開先似乎在揣摩，這位昔日站在同一條戰線上的「黨國」官員，今日與之敵對的汪僞政權中的高官，代表李士群出面的汪曼雲到底有多大的份量，能「幫」他什麼忙？吳開先的一雙眼睛像鷹眼，很亮，有種穿透力；吳開先往昔那張總是棱角分明的臉明顯瘦了一圈。鬍子多日沒刮。一副濃眉微微抖動，洩露出內心的不安。總體看，雖是在落難，但吳開先渾身上下仍然透出一種內在的威嚴。

「開先，你這是何苦呢？」汪曼雲這看似沒頭沒腦的一句話，其實是相當簡潔有份量的。

「我有什麼辦法？」吳開先痛苦地咧了咧嘴，「各爲其主，我現在被你們逮住了，你們的人逼我落水。但我只能這樣說，『相煎何太急』？」重慶要人吳開先話中的內涵和外延也都是有的。

「唉！」汪曼雲也不解釋，只是長長地歎了口氣，該有的意思都有了。

「從長計議吧！」汪曼雲對吳開先的勸導正式開始了，語氣顯出誠懇，「人在屋簷下，不得不低頭，留得青山在，何愁沒柴燒！」汪曼雲上來就爲他的勸降定了基調。

這時，門輕輕開了，傅也文影子似地進來了。汪曼雲回頭很不滿地瞟了他一眼。

「汪部長，對不起。」看汪曼雲很不了然，傅也文那張瘦削冷漠的臉上擠出了一絲笑，「剛才醫生對我說，雖然昨晚上他們對吳先生採取了急救措施，但吳先生吞進肚子裏的東西還沒有完全弄出來，還得採取一些措施，不然，恐怕還有危險。」汪曼雲一聽，站了起來說：「那就接著讓醫生看呀！」

「醫生說，現在得請吳先生吃點滑腸的韭菜。」傅也文說時將手一揮，候在門外的一個小特務手中端一大碗韭菜進來了。吳開先卻不知爲什麼，「咚！」地一聲又倒下去面對壁睡了。

汪曼雲示意傅也文同他一起出去，在走廊上，汪曼雲批評傅也文：「傅處長，不是我說你，現在氣氛整得太緊張了！既然吳開先的重要性弟兄們都曉得，何必整到如此地步？」看傅也文眨巴著眼睛，汪曼雲說，「現在不能硬來，硬來要出事，出了事，你我都擔待不起。這樣吧，」汪胖子確實鬼，他拍了拍光光的腦門，計謀出來了，「吳開先的家庭生活很和美，他很愛他的妻子夏漱芳，更愛他的小女兒。

「最好的辦法，也是唯一的辦法，先將他的愛妻愛女的工作做通，然後將她們帶來勸他，這樣一定行！」傅也文一聽連聲說好，對汪胖子佩服得五體投地，他下去找萬里浪一說，萬里浪也說好。

他們立即驅車去了愛棠路的吳開先家，先對夏漱芳母女做通了工作，然後她們母女來到了「七十六」號。

「開先！」

「爸爸！」

面壁而睡，一副死豬不怕開水燙樣子的吳開先，乍聽到妻子女兒如此親切的呼喚，一驚，坐了起來，面對著站在面前的妻女，他不勝驚訝。吳開先向來溺愛的小女兒見爸爸這個樣子，忍不住一陣心酸，像隻小鳥一樣，哭著撲倒在爸爸的懷中。夏漱芳也掏出手絹擦眼淚。全家人一副生離死別的樣子。汪曼雲要的就是這個效果，他對傅也文、黃敬齋做了個眼色，一起輕輕退了出去，並替他們掩上了房門。

「爸爸，你瘦多了。」女兒跪在地上，伏在父親身上，抬起一雙纖纖素手，撫摸著父親鬍子巴叉的臉，星眼含淚，無限關切地說。

「沒有事的，沒有事的。你們看，我不是好好的嗎！」吳開先裝著若無其事的樣子，撫摸著小女兒的頭，一邊安慰著暗暗垂淚的妻子，一邊將小女兒蓮藕似的手緊緊地攥在胸前，看著小女兒，他心中充滿了溫情。正在一所女子中學上二年級的小女兒，剛滿十六歲，正是如花的年齡，她面容姣好，儘管跪在地上，仍然看得出，女兒如同其母，身材很好，她正在發育抽高，細腰長腿，高挑挺拔。穿一條天藍色背帶裙，配上雪白的襯衣，如破土而出的帶露春筍。然而，女兒一雙平時總是充滿了歡欣憧憬的眼睛裏，此時漾著的卻是憂慮和擔心。一綹烏黑的瀏海披在白淨光滑的額頭上，長長的睫毛上掛著一顆晶瑩的淚，平添了如花少女不應有的悲哀和恐懼。

吳開先的心顫抖了。原先設計的種種抵抗方案，還有委員長教誨的「不成功，則成仁」信條，就在這一刻，統統崩潰，灰飛煙滅。

吳開先沒有說話，一邊一下一下地撫摸著女兒的手，一邊調過頭去看暗暗垂淚的夏漱芳。天生麗質的妻，也是明顯憔悴了。向來講究穿著打扮的她，今天委屈地罩著一件素潔的淡藍旗袍，也沒有佩戴任何首飾。

看丈夫一邊撫摸著女兒的頭，一邊打量著自己，夏漱芳用手絹將掛在眼睫毛上的一顆淚輕輕揩了，輕輕一句：「開先，身體要緊。我看你還是聽醫生的話，將那碗滑腸的韭菜吃了吧？」

「好吧！」吳開先回答得很乾脆。

話剛落音，門輕輕開了。一大碗韭菜又由剛才那個小特務，雙手端著走了進來。夏漱芳接過，來到丈夫面前，遞上碗和筷子，彎下腰去，吳開先沒有接過碗筷，狐疑地看了看滿碗綠瑩瑩的韭菜，又搖了搖頭。

「怎麼？」夏漱芳問。

「我懷疑這韭菜裏有毒。」

「怎麼會呢？」夏漱芳說，睜大了一雙美麗的眼睛，「他們要害你，何必還要花那麼大功夫，動員我們來勸你？」妻子說時不屑地一笑——真是的！汪曼雲他們還怕你尋死，要我們母女來勸你，其實你比哪個都怕死。你們這些高官呀！

夏漱芳這一說一笑，將吳開先點醒了。他將碗、筷子從妻子手中接了過去，想了一下，口氣有些發狠地對站在一邊的小特務說：「你去請汪（曼雲）部長進來，我得問清楚了才能吃。」

「開先兄有話儘管問。」汪曼雲打著哈哈進來了。

「曼雲兄，我們真人面前不說假話。」吳開先看著汪曼雲問，「你們是不是想把我救活，又要我落水？」

「哪裏，哪裏，開先兄是黨國要人，我怎麼會要你落水呢，我是既要讓你獲釋，又不落水。」

「哪有這樣的好事？」吳開先看出來了，汪精衛政權將他視爲珍寶，雖然他這時尚不明白底細；但他畢竟是個富有鬥爭經驗的政客，查覺出其中必有端倪，於是，他摳起架子，「雖然你的話，我相信，但你畢竟不是這裏的主人，你做不了主的。」說著，態度激昂起來，「自抗戰以來，國民黨中央委員中還沒有人殉國的，就讓我吳開先來開個頭吧！」

「吳先生！」傅也文有些焦燥起來，啞著嗓子說，「你不要敬酒不吃吃罰酒，汪（曼雲）部長可是代表李士群部長來救你的。」看吳開先對自己的話不作反應，就調過頭去看著汪曼雲，汪曼雲搓著手，這是一個示意。

「我看這樣吧。」傅也文緩了口氣，「我們先將吳太太和千金送回去，我們再同吳先生好好談談！」說完，手一揮，門口進來兩個便衣特務，對夏漱芳母女手一伸，說：「請吧！」

文戲唱畢，武戲上場。兇神惡煞的萬里浪帶著一群全副武裝，橫眉棱眼的特務進來了，汪曼雲做出一副愛莫能助的樣子，躲在了人群後面。

「餵韭菜給吳開先吃！」身材瘦小，腰上斜挎著一條子彈帶，帶上斜插著左輪手槍的萬里浪暴跳如雷，揮著手，指揮下屬動手。在他的身後，跟著一個身材矮壯篤實的日本憲兵，也不說話，只是很專注地觀察著這一切。

一個特務走上前去，用筷子挾起一大綹韭菜，硬往吳開先嘴裏餵。

「呸！」吳開先怒不可遏不僅不吃，還吐了特務一泡口水。

「吳開先，我告訴你！」萬里浪暴跳著，指著吳開先，用他那口濃郁的四川家鄉話罵道，「我看你今天硬是矮子過河——淹（安）了心的！」說著用手指了指站在身後的日本憲兵，問吳開先，「你不看，皇軍都來了，你今天不要想麻麻楂楂的過關！」

「八格牙魯！」日本憲兵看不下去了，一邊罵著，一邊挽起袖子，「咚咚咚」大步走上前來，「啪！」地一聲，搧了吳開先一個大耳巴子。頓時，吳開先的臉上留下五根血紅的手指印。

站在一邊的汪曼雲怕事情鬧得下不了台，趕緊吩咐在場的一個特務，去拿了一根繩子來，把吳開先背剪綁起，弄下樓，塞進一輛轎車，送進愚園路上的一家福民醫院採取緊急措施。

這是一家日本人辦的醫院，院長宮寬是個老上海。

「吳先生，你吞下肚去的迴紋針需要馬上弄出來，你要同我們配合，可不是鬧著玩的。」宮寬親自動手給吳開先作了檢視後，虎著臉說。

「宮院長，你看該怎麼醫就怎麼醫吧！」汪曼雲擺出了李士群全權代表的樣子。

「現在唯一的辦法就是下瀉藥。」徵得了汪曼雲、傅也文等人的同意後，穿著白大褂的宮院長通知手下護士作好準備。可是，吳開先不知哪根筋犯了，脾氣強得很，堅決不肯就範。

看日本憲兵又要發火，傅也文也火了，吩咐手下特務，說：「由不得他，把他的手腳捆綁起來！」特務們這就上前，不管不顧的，三下五除二將吳開先手腳捆綁了起來，抬到手術椅上，像抬一隻待宰的豬。宮寬命令特務們將吳開先的嘴扳開，臨時找來一個婦女生產用的子宮擴張器，插進吳開先的嘴裏，將一大瓶藥水灌了進去。

很快就有了反應。吳開先說：「我要上廁所解手。」很快，一個金鎊和二十幾枚迴紋針排了出來。宮院長檢查後，說：「這下好了。」

汪曼雲一直提起的心咚地一聲落進了胸腔子裏，他笑嘻嘻地走上前來，心平氣和地對吳開先說：「開先，事情已經過去了。我就不送你回去了。你放寬心好好休息兩天，我說過的話保證辦到。我還有些事情要忙著辦，等兩天再來看你。」看已經舒服多了的吳開先心領神會地點了點頭，這就放心離去了。

汪曼雲上了去蘇州的火車。

李士群一見到他，就拉著他的手，哈哈笑道：「曼雲兄，事情辦得漂亮。你到上海後的一切，萬里浪、傅也文等都及時向我報告了。文武之道，一張一弛。就在你離開上海回蘇州之時，我已命令他們將夏潄芳接來同老開住在一起。老開和夏潄芳分久了，陰陽不調，難怪性情那麼乖張！」說時，青水臉上閃出一絲淫邪。

「士群兄不愧是去蘇聯高等特工學校鍍過金的，懂得心理學，了不起，了不起！」兩人都打著哈哈，上了李士群家的二樓客廳坐定。

「士群！」汪曼雲喝了口茶，看定李士群道，「我之所以急著回蘇州，一是向你覆命，我就不再多說了。要特別向你報告的是，吳開先主意已定，他讓我轉告你。我們從他身上需要得到什麼資料，他知道的都會全盤托出，唯一的要求是，請你照顧一下他的臉面……之後，他會急流勇退。汪先生、蔣先生兩邊他都不再參加，寧願到杭州西湖瑪瑙寺出家當和尚。」

「可以理解，可以理解。」李士群說著略為沉吟，「可是老開的要求，我沒有權力答應。」

「那怎麼辦呢？」汪曼雲又習慣性地搓起手來。

「這樣吧，你幫人幫到底，送佛送到西。反正周佛海你也熟。他現在兼任了行政院副院長，取代了汪先生的連襟褚民誼褚大胖子，權勢看漲。你不妨去找找周佛海，他說行，我立馬放人！」

「看來只好這樣了。誰叫我上了你們的賊船呢？不是說嗎，解鈴還需繫鈴人，不把這事辦好辦落實，以後我汪曼雲豈不成了豬八戒照鏡子，裏外不是人！」

「誰說不是呢？」李士群撫掌大笑。

汪曼雲是個急性子，當天下午乘火車趕回了南京。回到家，臉都顧不得洗，就給周佛海打電話，是周佛海親自接的，他約汪曼雲去他家詳談。

晚八時，汪曼雲如約坐在周佛海的書房裏。

乳白色的燈光下，時年四十六歲的汪僞政權中的鐵腕人物周佛海坐在一把靠窗的闊大西式沙發上，中年男人的成熟、圓潤和精於心計的政客的種種特徵，在他身上融爲一體。一雙犀利的目光透過玳瑁眼鏡，目視著坐在對面說話的汪曼雲。他在聽取汪曼雲關於吳開先情況的報告，態度相當冷靜。善於權謀，身兼數職，最近又攫取了汪政權行政院副院長的周佛海真是滿面含威威不露，渾身上下流露出一種大權在握的威攝力。

汪曼雲報告說，吳開先願意與當局配合，抖出他所知道的一切，但不願落水，希望事後去西湖出家當和尙……

周佛海聽到這裏笑了，那一笑中滿含深意，他的聲音渾厚低沉，一口湖南音的北平官話，聽來有些怪怪的：

「人各有志，不能勉強，不是說嘛，天要下雨，娘要嫁人。」鏡片一閃，周佛海的眼神中露出一絲嘲諷的意味，「其實，老開不過來也好，免得我還要傷腦筋挪出一個部長的職位安排他。」

會見就這樣結束了。

汪曼雲滿心歡喜，他已經從周佛海口中得到了準信，吳開先可以如願以償，他這個菜刀打豆腐——兩面光的角色也完成了。在回家的路上，他特別繞道去了南京電報大樓，給在蘇州的李士群打了個電報告知：「士群兄並轉吳開先，兄所請，有關方面業已同意，請釋念！」

以後一個星期，汪曼雲哪裏也沒有去，心安理得地坐在家中，靜候上海方面傳來的吳開先出獄，准其所請的佳音。然而，一個星期後，卻又接到李士群從蘇州發來的電報，電報只一句話，且語焉不詳，請他去蘇州商量要事。

看來，吳開先的事並不是想像的那樣簡單，汪胖子噓了口氣，有什麼辦法呢，既然蹚進了渾水，就不得不蹚到底，他只好再次起程去蘇州。這是這月來他第三次去蘇州。

在蘇州，李士群見到他，口氣不僅大變，而且是一副談虎色變的樣子。

「曼兄，你我把吳開先這事都想得太簡單了。你想，老開那樣大一個人物，好容易被我們抓著了，屁股一拍就想走人，說是想遁入空門，」說時乾咳了一聲，一笑，「談何容易！周佛海通過了，但還有日本人。現在是日本人的天下，不是他周佛海的天下。嗯！事情才剛一提，日本人就上了火。幸好此事的來由被我壓著了，不然日本人知道了這其中的過節，曼雲兄你，還有周佛海都脫不掉關係……」

還是在蘇州李士群家舒適的二樓客廳，李士群向汪曼雲細談了其間的變故。之中，更重要的還是日本「梅機關」和「松機關」的鬥法。

一陣思索後，汪曼雲提出還是由他代表李士群去上海爭取吳開先，把吳開先真正拿到手，什麼都好說。

「不用了。」李士群道，「吳開先現在已經被我弄到蘇州來了！」

「啊？」汪曼雲又驚又喜。李士群要汪曼雲下午去看看吳開先，「我將他關在優待室。你們是老朋友，好好勸導他，自家兄弟好說！」

下午，汪曼雲單獨去看吳開先。像上次一樣，汪曼雲上了樓，豎起指頭，輕輕噓了一聲，示意守衛特務不要聲張。他用手輕輕撩起飄拂在嵌有鐵條的窗櫺上的窗簾看進去——這是一間四四方方的屋子，正對窗有張足有五尺寬的雙人床，床上的蘇繡緞被疊得整整齊齊的。床前有張西式小圓桌，桌上鋪著一張雪白的淺網桌布，當中一隻水紅色鼓肚細頸花瓶，瓶中插一兩束康乃馨，一束白的，一束紅的，散發著淡淡的幽香。吳開先坐在桌前的一把椅子上專心致志地在看報紙。若不是正對面的一扇玻璃窗上也嵌著鐵條，真看不出這間屋子裏住的是一個犯人。

汪曼雲示意身邊特務開門。

聽見開門聲，穿一身便服，眉重眼深的吳開先調過頭來。

「開先，我看你來了。」汪曼雲大步走進屋去，關切地上下打量吳開先。

吳開先什麼話也沒有說，放下手中的報紙，伸過手來同汪曼雲握了握，動作儀態一如既往的沉穩。

「開先，你還好吧？」汪曼雲關切地問。

「士群一個星期前把我弄到蘇州來了。」吳開先述說由來，「士群對我不錯，不說像《三國演義》上曹操對關二爺（關羽）那樣，三天一小宴，五日一大宴，倒也是天天有魚有肉有酒地款待。我也想轉了，」說著，詭秘地環顧左右，看左右無人，說，「你我兄弟之間實不相瞞。」吳開先壓低聲音，「我已得到委員長『留身報國』的暗中指示，我不死了，爲了黨國，我得好好保重身體！」

「啊？！」汪曼雲不禁訝然失聲，「開先兄厲害，關在這裏，還能得到委員長的指示？」

「不瞞老兄！」吳開先將胸脯一挺，自鳴得意地說，「不管我是關在上海極司斐爾路七十六號，還是關在蘇州特工站，都得到了不少兄弟關照。這中間，首先關照我的自然是你曼雲兄和士群兄。」吳開先把話說得更白了些，「因爲兄弟們想巴結我，想給自己留一條退路，想通過我走通重慶這條路子。特別是到了蘇州，這裏沒有日本人監視，我可以放心大膽地通過我的網路，同重慶接上關係，替弟兄們辦事。」

汪曼兄輕聲問：「這些，士群知道嗎？」

「士群不知道能行嗎？」

聽到這些，汪胖子暗想現在各人都在暗中走重慶的路子，給自己留後路，看來自己還得將吳開先這條線抓緊。他們親親熱熱聊了一會，李士群步履匆匆地來了，揚起手中的電報，莫衷一是地一笑，說：「開先兄真成香餑餑了。這不，汪（精衛）先生和周佛海都爭著要見你。行政院已派車來接，連我們都沾光了，我、還有曼雲兄陪你去。」說著將手中的電報給他們看了。電報是周佛海發來的，很簡短，也很客氣，就說他和汪先生想見見吳開先。

午後，李士群、汪曼雲陪著吳開先去了南京周佛海的官邸。不過，周佛海單獨同吳開先談了一個多小時，將陪著去的李士群和汪曼雲晾在一邊。完了，他們陪吳開先去汪精衛處，車上，他們問吳開先和周佛海談了些什麼，吳開先滑頭，避而不談，只是說，周佛海一見我，就和我抱頭痛哭……李士群恨周佛海，也就不問，只是滿臉陰雲和狐疑。然而，到汪精衛家就不同了。汪精衛讓他們三人都去他樓上豪華的西式客廳裏坐了，讓傭人上了好茶好點心。汪精衛出來了，還是穿著一身雪白的西服，顯得無與倫比的典雅風趣。他同吳開先的談話看起來沒有什麼實質意義。與其說是談話，不如說是在同他們隨意地談心、討論問題，又好像是面對一群記者，借這個機會洗刷自己身上的漢奸罵名。

「開先，你是重慶方面的大員。」汪精衛說得輕輕鬆鬆的，「我知道，重慶方面好些人罵我叛國！吳先生，你說，我究竟做得對不對？我們可以討論。同人家日本人打，我們打不贏。打下去，得到好處的只有共產黨。你有沒有看到，抗戰才打了一年，國民黨兩百四十個精銳師就打掉了將近一半。人家共產黨卻從陝北那個窮地方突圍而出，力量發展得驚人。沒有辦法，我汪某只有出面，曲線救國。我這樣做，還不是爲了全中國的老百姓。誰對誰錯，歷史自有公論。」說到這裏，他顯得有些激動，端起茶几上的龍井茶，抿了一口。情緒平靜下來，一邊用白皙修長的五根手指，輕輕敲打著身邊的髹漆茶几，一邊說，「我從不罵人，罵人是沒有修養的表現，罵人也於事無補，你們說，對不對？」

汪精衛說到這裏，巧妙地將「球」踢給了坐在旁邊的三人。

吳開先只一句：「汪先生做事，自有汪先生的道理。」

李士群、汪曼雲則將汪精衛大大恭維了一番。到了吃晚飯的時候，汪精衛表現出從來沒有過的客氣。汪精衛的性格他們都是知道的，很虛僞。往往同人家握手，人家剛剛離去，他就會掏出手絹揩手，再將手絹扔到垃圾堆裏去。留人吃飯，也不過是一種表示，三人都站了起來，說了謝謝，汪主席國務纏身，就此告辭。然而，這天汪精衛堅決要留他們。主客這就移到隔壁一間精緻的餐廳裏坐了，是一桌標準的法國大菜。平素像影子似跟在汪精衛身邊的陳璧君今天沒有出現。汪精衛將手一比，身穿雪白制服的歐僕輕步上前，爲他們將插在酒杯裏蝴蝶狀的餐巾展開，鋪在腿上，褪去筷子上的紙。汪精衛笑道：「我是不喝酒的。今天難得聚會，我就喝飲料，喝酒的自便。」桌上擺著美國白蘭地，法國葡萄酒，還有中國的茅台、五糧液。

一陣叮叮噹噹聲響過，汪精衛、李士群、汪曼雲、吳開先面前的高腳酒杯裏分別盛上法國葡萄汁、五糧液、葡萄酒和白蘭地。汪曼雲乖巧，率先舉杯站起來說：「汪主席日理萬機，抽出時間接見我們，還設家宴招待我們，不愧爲現代政治家，我們深表感謝！」

汪精衛滿意地笑笑，將手招招，示意汪曼雲坐下。

「匡！」地一聲碰杯，杯中濺起的汁液、酒花在璀燦的燈光照耀下，發出眩目的光彩。家宴菜肴豐盛，法式炸雞、沙拉、牛排……應有盡有，大家隨吃隨聊。為了助興，汪精衛讓下人開了留聲機——一首法國小夜曲幽幽地響起。顯然這首小夜曲是汪精衛喜歡聽的，在營造出一種如夢似幻氛圍的同時，透出一種深沉的憂鬱。

「人生苦短，三十年河東四十年河西。」汪精衛一邊呷著葡萄汁，一邊感慨道，俊美的臉上流溢著一種深沉的悲哀。汪精衛指著吳開先說，「就如開先，曾幾何時，大家在重慶還是老朋友，現在坐在這裏，人還是同樣的人，卻已然成了兩個營壘。」說著一聲苦笑，「想我汪兆銘，也算飽讀詩書，學有所成。若不是為國為民，何必如此為國是操心赴湯蹈火？當年，我謀刺清朝攝政王失敗，抱必死決心，寫下了『引刀成一快，不負少年頭』時，被國人視為民族英雄。而今，卻被國人罵為賣國賊，殊不知如今國家民族利益比當初還要危急。同日本人打下去，就會讓共產黨人爬起來，中國將淪入萬劫不復之地。無奈間，我做出此舉，比當初謀刺攝政王時，更需要勇氣和謀略。國人的素質太低，總是被狹隘的民族利益蒙上眼睛，弄得黑白難分。一般老百姓不懂其間奧秘就不說了，問題是，不少高官上層也跟著起哄，這就不能不令人寒心。好在我們所做的一切，是非功過，時間都會予以證明。」說著長長地歎了一口氣，似乎無盡的委屈、憂怨都在這長長的歎息聲中了。

第一次近距離打量汪精衛的汪曼雲，同李士群、吳開先一樣，一邊說著些言不由衷的恭維話，一邊暗想，人說汪精衛極善言辭，看來不僅如此，而且極善於偽裝詭辯。

家宴在汪精衛的又一次表演中結束。

「來來來。」汪精衛要僕人在他酒杯中斟滿又濃又紅的法國葡萄酒後，很豪壯將酒杯一伸，「我本來患有糖尿病，醫生是不讓喝酒的。但今天與三位談得高興，為了我們更好的合作，尤其是開先，我們最後乾了這杯。」

他們乾了杯後，旁邊牆角一架很富歐洲中世紀特色的座鐘噹噹地敲響了九下。李士群、汪曼雲、吳開先適時站起身來，向汪精衛告辭。汪精衛同他們一一握手——握得很輕。同時，以似乎不介意的姿態告訴他們，第二天，最高顧問日本影佐中將（影佐已升為了中將）要同吳開天談話……至此，三個人才知道，原來汪精衛讓他們上南京，是因爲影佐的關係。汪精衛接見吳開先，是一個序曲。而汪精衛的談話和氣氛，看似隨意，其實大有深意。汪精衛剛才那番話，其實是有意說給吳開先聽的，希圖吳開先將他那番話傳達給重慶。

翌日清晨，李士群接到「梅機關」電話，要他帶著吳開先火速去見影佐將軍。車在影佐官邸前停了下來——這是原先一個國民黨高官的住宅，很氣派。嵌著銅質獸環的紅漆大門，中式門樓，九級石階下，一邊蹲一尊雕刻得栩栩如生的漢白玉石獅。高牆深院中露出中西合璧建築。在門前接受了日本憲兵的檢查後，兩扇紅漆大門緩緩洞開，轎車緩緩而進，沿著花木夾道的碎石路，朝官邸縱深開去，最後停在了庭院深處的一幢乳黃色的法式小樓前。

當李士群陪著吳開先從中間那輛轎車上下來時，武裝特務們已作好了警衛。一個戴著眼鏡、矮胖、穿黃呢軍服、武裝帶上挎著一隻三八盒子槍的日軍少佐，用犀利的眼神看了看吳開先、李士群，將他們帶進一間日式客廳坐在榻榻米上等候。坐下不久，一位戴著眼鏡、身著和服、唇上一綹日本八字鬍的中年人走了進來。

「啊，山本先生！」來人李士群是認得的，他是影佐的副手山本。李士群趕緊站起身來，滿臉堆笑，作拱打揖。山本不滿地用手指了指自己戴在腕上的手錶，用一口標準的北平官話冷冷地問：「李士群君，你看是什麼時間了？」

「啊，過了五分鐘?!」李士群知道日本人時間觀念很強，連忙陪笑解釋，「是這樣，我們來時，路上遇到了點小耽擱，因而來遲，對不起，山本先生，請原諒。」

「影佐先生最不喜歡不守時間的人。」山本不聽李士群的解釋，冷著臉說，「影佐先生的時間比誰都寶貴，因爲你們遲到，他今天另有安排了。」說著手一甩，「請你們回去，見面時間另定。」

李士群只好帶著吳開先灰溜溜地返回南京特工區聽命。

吳開先行情看漲，汪曼雲心中好生高興。

以盡地主之誼爲名，第二天，汪曼雲在寧海路五十四號的家中設宴款待吳開先、李士群。陪客都是在南京的汪僞特工系統中的頭面人物，有蘇成德、楊傑、馬嘯天、夏仲明等。餐廳裏，一張大圓桌上擺滿了美味佳餚。

「滿杯、滿杯！」汪曼雲率先舉杯說，「開先最近受了些苦，雖然士群和我們大家都竭力從中想方設法，但還是不盡如人意。」汪曼雲會說話，裏面的意思都有了，看李士群頻頻點頭，大家連聲說好，他接著說下去，「現在呢，開先行情看漲，我們大家都高興。看來，汪先生和日本人都期望開先搭起一架通向重慶的和平之橋，不知我說得對不對?分久必合，不定哪天，開先會忽然變成一匹千里馬，而我們這些人也就是附在千里馬尾驥後的蚊蠅，跟著開先沾光。」

「說得好，乾杯！」李士群也將手中酒杯一舉。

「匡！」大家都站起身來碰了杯，濺起朵朵酒花。幾杯酒下肚，他們的嘴就沒有了遮攔，都是搞特工的，大人物們搞女人的軼事，成了最好的談資。一時，場上充滿了污言穢語，一頓飯從上午十一點，吃到下午兩點未完。

「哎喲！」李士群猛地一驚，看了看腕上金錶，站起來說，「看，只顧說得高興，差點誤了大事。走，影佐約我們見面的時間就要到了，只剩一刻鐘了，這次再遲到可不得了！」說著，趕緊拉起吳開先匆匆出門。

他們這次是直接到影佐的家——南京匡房路六號中段一座有花園的日式洋房。這次他們緊趕慢趕，準時在影佐的客廳榻榻米上坐下。只聽一個伺女在門外「哈依」一聲，影佐大步進來了，李士群帶著吳開先趕緊起身。身著和服的影佐細細看了看吳開先，自己率先坐了下去。吳開先打量了一下坐在對面的這位深受日本軍部器重、專事汪僞政權的中國通影佐中將。影佐這會兒看上去，不像個軍人而像個大學教授。身著和服，長相斯文，個子不高不矮，顯得比較清瘦，唇上一綹仁丹鬍，濃黑的眉毛，戴著一副眼鏡，身板筆挺，流露出某種職業軍人的氣質和特徵。影佐久久不說話，讓人覺得高深莫測。

李士群將吳開先給影佐作了一番介紹後，影佐很高興地說：「能見到吳開先君很高興。」他一口標準的北平官話，說得慢條斯理。

「謝謝！」吳開先說時，端起茶杯，手中的茶杯圓圓黑黑的，很古樸，像是一枚碩大的中國象棋的棋子。茶是日本清茶。吳開先將端在手中的杯子轉了轉，抿了一口。

「看來，吳先生是精通日本茶道的。」影佐笑了笑問。

「談不上精通，只是喜歡而已。」

「其實日本許多東西都是跟中國學的。」吳開先的話給了影佐一個最好的借題發揮的機會，他開始侃侃而談，「在你們中國流傳的那個秦始皇派五百童男童女跨海尋靈芝的故事，在日本也流傳已久。如果這個故事是真的，那麼日本民族就是你們中國的一支。我到中國，就像回家一樣，從來就沒有過任何陌生的感覺。既然日中兩國同文同種，一家人有什麼事情不好商量的？」吳開先心中暗想，影佐這傢伙果真厲害，知識淵博，不同於一般只會衝衝殺殺的武士，他不僅善於借勢，而且善於趁虛而入、懂得攻心為上。

影佐繼續說下去。他以沉痛的腔調回顧了自「七七」事變以來，兩國的誤會與不幸。他巧妙地混淆是非，顛倒黑白，明明是日本侵略中國，在他說來，倒像是中國對不起日本似的。最終，他歸結到兩國應該和談，早日結束這場不幸，相互提攜，以求日中共存共榮，進而建立起「大東亞共榮圈」。說完後他看了看吳開先，等著他的回應。

顯然，影佐繞了這麼大的彎子，都是奔吳開先來的。他把吳開先看作是重慶的化身，想做通吳開先的工作，同重慶方面拉上關係。這樣，也許會事半功倍，出奇制勝。然而，這時的吳開先能談什麼，能代表什麼呢？局勢明擺著，現今中國各界抗日呼聲日高，國際上，以中美英蘇為首反對日、德、意軸心的同盟國業已形成，而且局勢正在朝同盟國方面好轉。蔣（介石）委員長抗日已成了象棋上過河的兵，只有進沒有退。況且他吳開先只是俘虜一個，叫他怎麼說呢？直說，沒有好果子吃；虛與應承吧，也不行。怎麼繞得過去呢，幸好酒喝多了，吳開先決定借酒造勢，先躲過去再說。看影佐一副洗耳恭聽的樣子，吳開先只說了一聲「影佐先生！」就哇地吐了影佐一身，一副痛苦不堪的樣子。

李士群嚇壞了，一邊去攙扶吳開先，一邊解釋：「中午，吳開先的朋友們請他吃飯，吃了點酒，不想他如此不勝酒力，吐成這個樣子，真是對不起！」

「瑤不拉搭（醉了）！瑤不拉搭（醉了）！」影佐並沒有發脾氣，只是站起身來，皺著眉頭，用手搧了搧一屋的酒氣臭氣，惋惜地對李士群說，「不巧得很，我本想同他好好交流交流的，看來談不成了，也沒有機會了。你帶他回去吧！」說著，站起身來，輕輕咳了一聲。推拉門無聲開了，一個便裝的日本男人進來，將李士群和吳開先帶了下去。

身著日本和服的影佐，目視李士群、吳開先離去，他失望極了。這也許是他在中國大陸搞「和平運動」建功立業的最後一次機會了。因爲，他和他的「梅機關」作用不大，軍部很可能近期將他召回國內，經他再三請求，軍部給他最後一次機會，並專門從國內派了佈施少將來等候消息。不想結果卻是如此！

夜幕中，影佐釘子似地在窗前站了很久很久，像一個黑色的幽靈。

聽說李士群帶著吳開先從影佐那裏回來了，汪曼雲立馬趕去問結果。「開先真狗屎！」怒氣沖沖的李士群正要細說下去，辦公桌上的電話驟響，李士群抓起電話，沒好氣地大聲問：「找誰?!」

「啊，濱田大佐？」頃刻間，火旺的李士群像被人抽了筋、放了氣似的，立刻變得柔順起來，一邊聽電話一邊嗯嗯的答應著。

放下電話，李士群告訴汪曼雲：「問題嚴重了。電話是『梅機關』打來的……日本人要槍斃吳開先。」接著，把吳開先剛才的表現，說給了汪曼雲聽。

「以影佐的爲人，還不至於吧？」汪曼雲沉思著說。

「怎麼不會？」李士群細說緣由：今天影佐接見吳開先，是好不容易爭取來的，也是他在中國建功立業的最後機會。可是，影佐兩次接見吳開先，第一次我們遲到，第二次吳開先又吐了影佐一身。影佐雖然有修養，心裏一定惱怒萬分。現在，影佐只要一走，「梅機關」可能馬上坍台。早就在一邊垂涎的「松機關」，會馬上將吳開先這隻肥羊抓在手中。這樣，即使影佐饒了吳開先，他的手下也饒不過。

「剛才來電話的濱田大佐是影佐的得力助手，他在電話中，要我將吳開先轉送到日本憲兵手裏，還質問我，一個重慶要犯你們都管不好嗎……」

汪曼雲聽後沉思著說，問題確實嚴重，不過還有辦法。我們可以拖！不管這是濱田大佐個人的意思還是代表影佐，讓我們將吳開先現在就送到日本憲兵隊去，堅決不可！只要一送去，吳開先說不定今夜就沒命了。

「拖？」李士群說，「怎麼拖呀？」

「趕緊給影佐去電話，就說今天的兩次失禮都不是故意的。現在，吳開先酒已經醒了，非常懊悔，強烈要求再次登門，向影佐先生賠禮道歉。士群兄出面，影佐如果同意，吳開先就有救了。」

李士群想想有理，便照做，影佐同意。於是，李士群又帶上吳開先上影佐家去了。就在這個時候，影佐接到軍部命令，明天一早返回日本。因此，吳開先他們此去完全是象徵性的。

翌日清晨。南京機場似乎還未睡醒，沾滿露水的停機坪上，一字排著幾架飛機。一架「大和號」日本軍用飛機的雙翼和尾部都烙有一個大大的紅膏藥似的日本太陽旗，在晨光的塗抹中血浸浸的，很刺眼。

幾輛小車首尾銜接而來，在偌大的機場背景下，像是幾隻蠕動的黑色甲殼蟲。

幾輛小車在「大和號」前停下來。從車上陸續下來了影佐、濱田、陳公博、周佛海、李士群等人。影佐奉召今日回國，陳公博等汪偽政權要人來送別。

影佐今天戎裝筆挺，披件黃呢披風。可他的臉陡然瘦了一圈，他走上前來，挨個和陳公博、周佛海、李士群等人握手惜別。可鐵青著的臉上顯露出的神情是相當沮喪無奈的。

陳公博代表汪精衛，向影佐顧問表示由衷的謝意和敬意。

「影佐將軍對和平運動作出了巨大貢獻。」陳公博字斟句酌，滿嘴外交辭令，「我再次代表汪先生向影佐顧問表示由衷的感謝與深深的敬意。最高顧問榮轉後，汪先生期望能一如既往地得到您的關注和支持，並保持私人之間的友誼。」

影佐點點頭，沒有說話，只是打量了一下身邊這位一開始反對和平運動，卻因爲懷著「汪先生落水，我不能站在岸上」而走上「和平運動」的陳公博——時年五十一歲的陳公博，與西裝革履的周佛海、李士群不同，他著一襲黑色絲棉襖，顯得很國粹；皮膚黝黑，隆準深目，平頭，頭髮又粗又硬，鋼針般根根直立，猶如他桀驁不馴的個性。

陳公博致詞完畢後，影佐踏著舷梯上了飛機，卻又轉過身來，用無限留戀的目光最後看了看空曠的南京機場和站在機下向他招手送行的陳公博等人，揮了揮手，掂了掂搭在手臂上的軍大衣，口中喃喃地說：「時間過得真快呀！從我一九三八年到中國，與諸君朝夕相處，歷經磨難，爲和平動動殫精竭慮……」說著，無限傷感地歎了口氣，「我是不願離開你們的，然軍部召我回去，我是軍人，軍人以服從命令爲天職。國家多事之秋，影佐願聽從驅遣，以死效命。」說完再次揮了揮手，進了飛機，艙門隨即關上了。

「大和」號飛機開始起動、滑行、加速、起飛，很快消失在了陰霾低垂的東方天際。南京機場上歸於寂謐，好像什麼事都沒有發生。陳公博、周佛海、李士群、濱田大佐等若有所失地發了一陣神，才一個個上車離去。

影佐走後一個星期，汪曼雲接到已回蘇州的李士群加急電報，要他立刻到蘇州有事相商。一見面，李士群就將一封電報拍到他手中，神情緊張地說：「影佐一走，圍繞著吳開先『梅機關』和『松機關』爭奪越加緊張，剛才濱田大佐又從南京來電，要我槍斃吳開先，這該如何是好！」

汪曼雲嚇了一大跳，忙看「梅機關」來的電報：「經我們商議，吳開先留著已毫無意義。所以，中國方面如對他處以極刑，我們沒有異議。據我們所知，『松機關』都田大佐將專爲此事來蘇。具體意見，希急告我們。」

「這不是還有轉寰餘地嗎？」汪曼雲抖著手中的電報紙，復述著濱田大佐來電中的電文：「『如果中國方面對他處以極刑，我們沒有異議。』這樣看來，話沒有說死。再說，『松機關』馬上就要接手管我們，他濱田的話算個屁，完全可以不聽！我們不聽濱田的。」

「問題是，濱田明天就要來蘇州，難道我李士群能同日本人對著幹？」

「也有辦法。」汪曼雲真是個狗頭軍師，他想了想說，「現在影佐回去了，濱田之所以督促我們槍斃吳開先，矛頭是對著『松機關』的。濱田是個毛病很多的人，我們只要對症下藥，事情就會有變化！」

李士群一聽，手一拍說好，就照曼雲兄說的辦。

第二天上午十時，李士群率江蘇省府各廳、處、局和特工部在蘇州的頭頭腦腦到車站迎接，他還組織了一批所謂的民眾代表團浩浩蕩蕩雲集月台上，場面搞得像是歡迎國家元首一樣。

「嗚——」都甲乘坐的專列準時進站。李士群率眾迎上前去，軍樂隊奏起了迎賓曲。車門開處，都甲帶著一個衛兵在大家面前亮相。他又矮又胖又黑，身穿黃呢軍服，腰上挎一把軍刀，戴一副寬邊玳瑁眼鏡，周身上下圓滾滾的。都甲不料歡迎他的場面如此盛大，在車門口略微一愣，隨即才露出笑容。李士群帶領他的隨員們向都甲鼓掌表示歡迎，都甲端起派頭，伸出一隻圓滾滾的手，向大家示意，一邊威風八面地緩緩走下車來，像隻橫著走路的螃蟹。

與此同時，一輛漆黑嶄新的防彈轎車徐徐駛上月台，輕輕停在都甲身邊。這是李士群精心準備的。他很清楚都甲愛虛榮、愛熱鬧的性格特徵，不僅將最好的一部車調來，而且在轎車的車頭兩邊分別裝飾著汪精衛政權和日本的國旗。李士群快步上前，彎下腰去，親自爲都甲拉開車門，微笑著手一比，說：「都甲先生請！」

都甲當仁不讓，笑吟吟地上了車。

臨時調來的四輛武裝摩托車在前開道，一串小車簇擁著都甲的車，威風凜凜地向獅子林而去。車隊過處，大街兩邊都站著由軍警監視著的大批蘇州市民，他們有氣無力地揮動著手中紙做的三角形太陽旗或是拖兩根豬尾巴似的青天白日滿地紅小旗。街口那些穿一身黑制服，被蘇州市民譏諷爲「黑烏鴉」的員警，也全都站得筆直，挺胸向車隊行舉手禮。陪著都甲坐在防彈轎車內的李士群觀察著都甲笑吟吟的樣子，心中卻在冷笑。

車到獅子林，李士群首先陪著都甲參觀了給他安排的住處——獅子林後院的一幢一樓一底的西式建築改成的日式小樓，粉壁、推拉門、木質窗櫺，榻榻米一塵不染。周圍戒備森嚴，小院中花木茂盛，環境幽靜，清爽舒適。走了一圈，都甲高興得眯起眼睛，對李士群豎起拇指，連說：「阿里阿篤（謝謝）！阿里阿篤（謝謝）！」

中午，李士群在獅子林爲都甲舉行了盛大的宴會。

下午，李士群等都甲休息過後，去都甲下榻處進行了拜會並在親切的氣氛中，就吳開先的問題進行了會談。

一切都在按汪曼雲預先的設計進行。

黃昏時分，按照都甲的意思，李士群將吳開先秘密帶到了都甲處，作了引薦後，自行離去。

沒有開燈，一身和服的都甲和吳開先面對面地在榻榻米上盤腿而坐。雪白的窗紙上，最後一線天光也逐漸隱退了。一縷慘白的月光透過窗櫺，給相對無言、默默打量著彼此的敵對兩方即將開始的對話增添了一種冷峻。

「你還能將我們『梅機關』的話帶給重慶的蔣介石嗎？」都甲也說一口標準的北平官話，他單刀直入，直奔主題，「你同我的談話能代表重慶嗎？」還沒有倒的原影佐副手、現「梅機關」暫時負責人都甲大佐滿懷期冀。

「能。」因爲有李士群、汪曼雲的再三囑咐，這次吳開先很清楚自己險惡的處境，在同都甲的談話中，一點也不敢大意，正襟危坐，神情專注。那樣子，讓人想起一個手段老辣的棋手因爲疏忽輸了棋，在關鍵的一局中的最後一搏。對方出了當頭炮，趕緊來個馬來跳。

都甲在重彈了一番「日中兩國同文同種」、「日中提攜」、「共創大東亞繁榮」的老調，表示日方希望儘快同蔣介石冰釋前嫌、締結和平的願望後，問吳開先知不知重慶方面現在可有停戰和談的誠意。

「有。」吳開先是個職業老黨棍，爲了求生，他這次發揮得相當有水準，似乎他不是日本方面的俘虜，而是蔣介石派來與日本方面秘密談判的代表。

「都甲先生，你應該知道！」他說，「蔣委員長從抗戰一開始就是被迫的，他定的國策『攘外必先安內』，就是最好的證明。這一點，用不著我作過多的解釋。蔣委員長不願意抗日卻又發動領導了抗日，看起來是個悖論，實際上是因國際國內複雜的政治力量所逼而致！」說到這裏，他以攻爲守，巧妙地打起了日本的屁股板子，「遺憾的是，貴國國內政局發生了變化，特別是貴國的近衛聲明，不僅關上了和談的大門，而且是逼委員長抗日。需知，在今天的中國，能真正左右中國局勢者，除蔣先生外沒有第二人。

「令人可喜的是，貴國首相東條英機最近發表聲明，決心檢討過去對華的外交失誤，調整政策，以期儘快實現、締結中日和平。我們相信貴國政府的誠意。」說時出語鏗鏘，用了不容置疑的語氣，「貴國需按一九三七年戰爭初期提出的和平條件為基礎，明確認定蔣委員長為談判對手。只有這樣，中日之間方有實現和平的可能。」

都甲沉默了一會兒，說：「好，我可以即刻將吳先生的話轉告大本營。不過，這中間需要一個過程，請吳先生安心休息，等待一段時間。」

「好。」吳開先喜之不禁，這正是他希望的。

都甲看來還心存幻想，以為他們這個專事汪精衛的「梅機關」只要搶先一步，拿下了吳開先就可以立功，他現在暫時負責的「梅機關」就可以起死回生。他說：「蘇州這一趟我沒有白來。吳先生願為日中和平努力，我很高興，也很敬佩。我們雙方都可以靜待一段時間。這期間，吳先生的安全，我可以保證，請放心。」

談話結束，吳開先離去時都甲竟同他握了手。

吳開先被連夜「押」回去，一直靜候的李士群、汪曼雲得知談話結果後也都喜不自禁。一時，吳開先在蘇州特工站簡直成了紅人。大小特務爭著巴結他、討好他，向他大獻殷勤。汪曼雲在蘇州待了兩天。李士群為了感謝這個智多星，破天荒地陪著汪曼雲遊了蘇州一些名勝古跡。

中秋節到了。吳開先很會做人，他拿錢讓小特務去蘇州前街味軒酒店包了兩桌席，遍請蘇州站大小特務，過後又買了好些蘇式月餅送大家吃。李士群也是投桃報李，人情做到底。他派人去上海把老開的妻子夏潄芳接來，讓他們夫妻團聚。

那天，吳開先和他的妻子夏漱芳正百無聊賴地在屋裏看一本《麻衣相術》，李士群興沖沖而來說：「開先，告訴你一個好消息。日本國內政局複雜，都甲他們的『梅機關』還沒有垮，看來，你們那天的談話，都甲報告上去，還真是引起了走投無路的日本上層的重視。現在，日本人爲表示和談誠意，馬上要你回重慶！」說著兩手一拍，「『吉人自有天相』這話一點不假！」

「全靠你和曼雲！」吳開先沒有忘記恭維李士群和汪曼雲，「我如果能回重慶，一定把兩位仁兄的貢獻報告委員長。」這一說讓李士群越發高興。

吳開先問李士群：「你們什麼時候放我走？」

「什麼我們？」李士群一笑，「見外了不是？如果能做得了主，我巴不得馬上就放你走，現在你什麼時候走，還是日本人說了算。時間雖然還沒有確定，但肯定快了，而且，事情是千真萬確的。」

「開先，我們終於苦盡甘來，可以回重慶了！」在一邊聽到這個好消息的夏漱芳說時，高興得依偎在丈夫肩上。多少天來，愁容不展的她，這會兒心裏高興得像一朵玫瑰忽然開放了。

李士群爲了巴結吳開先，把萬里浪月前在他家抄的田契、房產、金磅、股票等東西全部還給了他，完了還讓吳開先公開點數。

「你我之間還有什麼清點不清點的！」吳開先收斂了一段時間的派頭出來了。

「還有你那輛雪佛萊小轎車，萬里浪雖然給你弄到蘇州來了，可我一直不准他們用，一直保管得好好的！」李士群討好地說，「開先，你看，我是不是派人開回上海你的家去？你們回重慶前，是一定要先回上海一趟的吧？屆時我給你掛個專列。」

吳開先說好，一副受之無愧的神態。

兩天後，吳開先夫婦要回上海了。李士群在蘇州飯店爲他們舉行盛大的歡送宴會，邀請蘇州有頭有臉的人物出席作陪。之後真的掛個專列，親自把吳開先夫婦送回上海。

就在前一天晚上，吳開先把李士群找到自己家裏作了一番密談。

「我明天回重慶，行動自然是秘密的。」吳開先不無得意，「就連我乘坐的飛機，也是周佛海同戴笠秘密聯繫後，親自指派的。回去後，我自然會時常銜命在上海、南京和重慶間飛來飛去。這些，我和都甲以及周佛海談得比較多，以後仰仗士群你的地方也多。另外，你我之間還可以做些美金倒賣方面的生意，這方面大有賺頭。我走了，我的老娘還在上海，夏漱芳也暫時不跟我走。請士群兄多多關照她們。老頭子（蔣介石）那邊，你們不說，我也會給你們作解釋的……」李士群頻頻點頭，感激涕零。

就在吳開先乘周佛海專門調給他的專機，還在天上飛時，在重慶的大街小巷，賣報的小販已經揚著手中還散發著油墨清香的報紙沿街叫賣，將這樁見不得人的事情抖露了出來。當天山城百萬人民爲此事議論紛紛，一片譁然！吳開先這樁事情雖然做得秘密，卻被中共上海地下組織弄得清清楚楚，公開揭露，引起了爆炸性的反響！

「娘希匹！」當蔣介石從《新華日報》上看到這則消息時，大發雷霆，氣得摔碎了他桌上那只裝滿了白開水的玻璃杯。

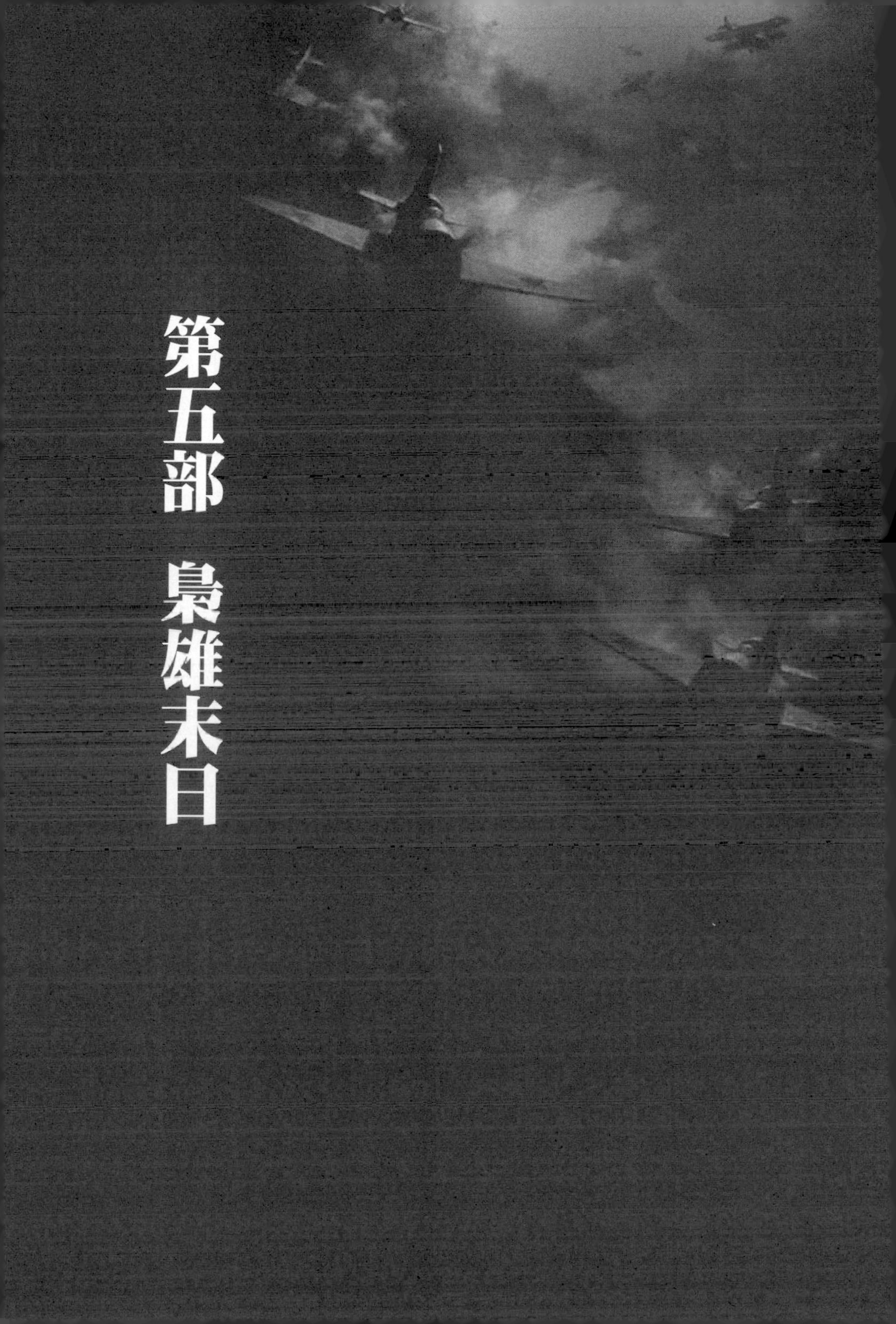

第五部　梟雄末日

第二十章 狗咬狗，大特務李士群慘死

周佛海書房的辦公桌上，一盞自由女神台燈亮著。一束柔和的乳白色燈光中，周佛海正在伏案披閱公文。過度的憂慮勞累，使他過早地衰老了。寬大灰白的臉上添了一絲病容，頭髮染霜，鏡片後往昔很有光彩的眼睛有些浮腫……恍然一看，坐在一堆高高文件中，他就像是把自己困在了墓穴裏。其實，許多工作他是可以交給下屬辦的，可是，他是一個權力欲很重的人，他不放心，而是事必躬親。

這會兒，他正在審看一份由最高法院送呈的檢控公文。公文以無可辯駁的事實檢控了糧食部長顧寶衡、次長周乃群勾結中央調查統計部部長李士群將政府嚴格控制的軍需物資，如大米、棉花等囤積居奇；甚至用來與重慶方面做生意，更嚴重的是就近同蘇北的新四軍交易以謀取暴利。在這份檢控文件的最後部分，有這樣一段文字，讓周佛海感到相當震驚：「日本大本營都已經知道了這些事實，甚爲重視、震怒，日前已派出特使遷政信前來督促、處理。日本特使到了蘇州後，命日本憲兵隊將顧、周二人秘密逮捕。經審問，他二人對所犯事實供認不諱。根據刑法有關條文，最高法院判處顧寶衡、周乃群死刑，請予核准！」

周佛海放下公文，將身子仰靠在高靠背椅上，木然地凝視著台燈光。糧食部長顧寶衡和次長周乃群都是他的親信，雖然這件事同他周佛海扯不到一起，但他心中卻不是個滋味。人頭不是韭菜，割了又會長起來！還有，日本人越俎代皰不把他放在眼裏倒還在其次，讓他擔心、憤怒的是，他的政敵必然借此對他進行攻擊，說他利用手中職權結黨營私，貪污……其實，這類問題，在汪精衛集團中比比皆是，問題是，顧寶衡和周乃群被人抓住了把柄，而且一下捅到日本人那裏去了！事情到了這步就麻煩了，縱然他周佛海有救他們的心，也沒有了這個力。他知道，這事的背後，操刀者必然是李士群，而李士群的真正目的是要打倒他周佛海。想到李士群，他就恨得牙癢癢。近年來的情形，走馬燈似地在腦海中一一閃現出來。李士群牢牢巴結上了日本人，根本就不把他周佛海放在眼裏，私下胡作非為，坑、蒙、拐、騙、哄、嚇、榨，無所不用其極。不說別的，李士群從他周佛海手上就挖去了二千萬元鉅款。最高法院為什麼就不敢追查李士群？最高法院是「半夜吃桃子，按粑的捏？」他覺得，手中這份判決書，簡直就是對他的挑戰書，他覺得李士群就躲在黑暗處陰笑。想到這些，他怒火中燒，拍案而起：老子要刀下留人。日本人又能把老子怎麼的？你們既然讓老子坐上了這個位置，手中有權，就要用！權權權，命相連，有權不用，過期作廢。老子又不是傻子，老子就不信這個邪。想到這裏，他抓起一枝粗大的紅鉛筆，在最高法院送呈的公文上作了一段冠冕堂皇的批示：「國民政府念顧寶衡、周乃群參加和平運動有功，且是初犯，予以特赦，改判為無期徒刑！」

批完擲筆，他靠在椅背上出了一口長氣。

這時，桌上的電話響起，他拿起電話。「周先生！」話筒中傳來女秘書甜甜的聲音，「日本特使求見。」周佛海故作謙虛，他在什麼地方都要求下屬稱呼他為先生。

「誰？」周佛海一驚。

「日本特使遷政信。」

「好。」周佛海很快鎮定下來，看了看腕上金錶，夜光錶指著晚上十時，對女秘書說，「我馬上下來。」他早就聽說過遷政信這個人。日本大本營派來的遷政信還很年輕，是個天才，很受首相東條英機賞識。無事不登三寶殿！日本特使這個時候登門，不用說，一定有重大的事情，是什麼事呢？周佛海就這樣一路猜想著，來到樓下客廳。

客廳的門敞開著，周佛海沒有忙著進去，而是在門外稍微佇立一會，看清了先聲奪人的日本特使。特使佩少將軍銜，中等身材，人很精幹，在沙發上正襟危坐，顯出日本軍人固有的武士道精神。遷政信不像一般常見的日本軍人——又黑又胖又矮，木樁似的。他有些斯文，五官端正，膚色似乎有些病態地蒼白，面容顯出一絲愁蹙。然而在黑黑的、向上微微挑起的劍眉下，眼神很是犀利，這就暴露了其人性格的陰森。略顯清瘦的身上著黃呢軍服，然而沒有束武裝帶，更沒有佩劍挎槍；腳上也不是蹬黑皮靴，頭上戴頂軟呢軍帽。這身穿著顯得不夠正規，唯其如此，顯示出了他地位的優越和特殊性。這會兒，遷政信筆挺地坐在那兒，似乎在沉思著什麼——他是個軍人，卻像個穿著軍裝的哲人。

周佛海走進客廳。他們互致敬意，握手時，周佛海感到他的手握得很輕，點了一下縮了回去。這一點，讓周佛海想起了汪精衛，汪精衛同人握手常常就是這樣的。

雙方落座，幾句寒暄。周佛海這是第一次同遷政信打交道，發現這位還不到四十歲的特使少言寡語，遣詞用句簡潔得像拍電報似的，一雙眼睛很詭異，同他說話時，眼睛迅速地審視著他，就像X光，要將他徹裏徹外徹頭徹尾作一番透視似的。

「不知遷特使夤夜來訪，有何見教？」周佛海說話也不繞彎，直接問。

「大本營專門派我來爲你們割除毒瘤。」

「毒瘤？」周佛海一驚。他雖然不明白遷政信話中具體所指，但清楚所謂的「毒瘤」不過是一個比喻，日本人向來做事總是鬼頭鬼腦的！

「這個毒瘤就是李士群！」

「啊?!」遷政信的回答大大出乎周佛海的意外，一雙眼睛在眼鏡後瞪得大大的。他心跳如鼓，定定地看著日本特使，想弄清遷政信話中真正的含義。在汪精衛政權中，最受日本人青睞的是李士群。怎麼忽然間，日本方面派出特使來專門清除李士群？儘管周佛海是情報總管，但迄今為止也還沒有聽到李士群犯下了何種讓日本人非殺不可的事情？剛才他看了最高法院送呈的檢控後，還在為顧寶衡、周乃群鳴不平，認為最高法院包庇李士群！現在乍聽到日本人要殺李士群，簡直不敢相信自己的耳朵了。

「請問特使，李士群犯有何罪？這些年，我雖說是李士群的上司，他卻根本沒有把我放在眼裏，背著我做的一些事，我毫不知情。」周佛海這一番話，說的是實情，把自己的責任推得乾乾淨淨。內中蘊含的怨尤是明顯的。

「李士群膽大包天，罪該萬死！」遷政信也是一個中國通，用一口漂亮的北平官話將李士群的罪狀一一抖落出來，「為了謀取暴利，他竟敢私下將我軍需物資倒賣給敵對方重慶、甚至蘇北共軍！」日本特使說得咬牙切齒，「不僅如此，還有更危險的，李士群竟與重慶方面的軍統頭目戴笠暗中勾結，私設電台。日前，在我上海日本憲兵追捕重慶軍統人員余祥琴時，他竟敢動用他手中的特工力量同我作對，掩護余祥琴，讓他安然逃脫了我的追捕……」

「啊?!」周佛海又是訝然一聲，不過這次沒有作戲的成分，他是真吃驚了。這樣的事，他真不知道，也是萬萬沒有想到的。

「李士群這個毒瘤已到了非剷除不可的時候了，現在我們就來商量細節！」遷政信說時，將手從上往下一劈，那是一個砍頭的姿勢。看得周佛海有些發愣。從內心講，他對李士群恨之入骨，然而，當日本特使銜命而來，要殺李士群時，他心中又有些不是滋味，有種兔死狐悲感。他明白，李士群、還有他周佛海，甚至汪精衛都是日本人手中的牽線木偶，呼之則來，揮之則去。說不定我周佛海哪天惹惱了日本人，也是這樣的下場呢！想到此，他有些不寒而慄。

日本特使的話說完了，該他表態了，他很快醒悟過來，在日本特使面前表現得義憤填膺，義正辭嚴地說：「李士群雖說歸我管，我卻管不住，過去一直是貴方『梅機關』在管，我不好過多地插手。這些事，我一直是蒙在鼓裏。現在既然到了這樣嚴重的地步，就決不能再拖下去了！特使的指示，我堅決照辦。不過，我不知特使要我從何著手，是先將他停職反省？」

「不用！」遷政信將手一揮，「你們拿他是沒有辦法的，他手中有槍，勢力盤根錯節，弄不好，會出事。我只不過是向你們通報情況。清除李士群這顆毒瘤，全部由我們來處理。」說完，就站了起來。周佛海也隨即起身，禮數周到地將日本特使送出門，一直送上車。

日本特使去後，幽靜的胡同又恢復了寂靜。夜幕沉沉，通往庭院縱深的花木扶疏的碎石小道兩邊，飄來花的香味和泥土的潮濕氣息。他一直在想著遷政信這個人，遷政信確實是有些傳奇性的，這人長相斯文，做事卻刀截斧砍，工於心計。當然，這會兒他不會想到，就是這個遷政信在以後爆發的太平洋戰爭後期還有一段傳奇故事：當日本政府在一九四五年八月八日宣佈向盟軍無條件投降時，遷政信正在緬甸從事特務活動。見大局已去，遷政信竟化裝成和尚潛逃，重新返回中國內地。他長途跋涉三千多里，經千難萬險到了南京，給剛剛班師回朝的蔣介石貢獻反共方略。然而，蔣介石根本不領他的情，遷政信不僅連蔣介石的面都沒有見到，反而被抓了起來，遣返日本。回到國內的遷政信寫了一本書叫《潛行三千里》，說的就是這件事情。書中，他怪蔣介石不見他的面不聽他的妙計，如果當初蔣介石禮賢下士，採納了他對付共產黨的錦囊妙計，中國何致於「變色」，遠東何致於「赤禍漫延」云云。這本書轟動一時，在西方非常暢銷。據說，一九五〇年，美軍在朝鮮仁川登陸，麥克亞瑟將軍就是採納了遷政信獻的計。遷政信後來成為戰後日本第一個以出身軍旅當選議員的人……

日本特使遷政信的到來，以及他們緊鑼密鼓地準備對李士群不利的消息為汪曼雲獲得。他不敢怠慢，立刻趕去蘇州向李士群報信，這一天是一九四三年九月六日。在這樣的緊急關頭，向來將蘇州視為自己老巢的李士群卻到上海極司斐爾路「七十六」號的特工總部檢查工作去了。急得汪胖子又腳跟腳趕到上海。李士群卻又不在，回到了他位於愚園路一一三六弄三號的花園洋房了。汪胖子立馬追風似地趕到李士群的家裏。

來到李士群家門前，兩扇像花蝴蝶翅膀般的鐵柵欄大門緊閉，連看門人都不知道跑到哪裏去了。金粉粉的陽光下，庭院深處，鮮花綠樹中露出法式主樓建築的一角，尖頂閣窗，微風中隱隱傳來琴聲，汪胖子急得用拳頭在鐵門上捶得山響，在心中用醜話罵著李士群：「你當的什麼特務頭子，日本人把刀都舉到你頭上了，你卻渾然不知，弄得老子從南京跑到蘇州，又跑到上海來為你報信！」

「刀殺起來了嗎？」猛然，鐵門裏傳出一聲惱怒的暴喝。隨即，鐵門上的窺視孔「叭嗒」一聲開了，露出一雙鼓鼓的眼睛。

「啊，是汪先生！」裏面的聲音變得溫柔了，汪曼雲是李士群的把兄弟，雙方常來常往，李家的人都認得他。說著，開了門，「請進！」站在面前的是老郎，對汪曼雲將手一比，恭謹得就像上海大飯店中那些訓練有素的僕人。見到汪曼雲，老郎彎腰的姿勢，特別是說話的聲音都發生了奇跡般的變化，彷彿由一隻人見人怕的惡狗變成了搖尾乞憐的哈巴狗。

汪曼雲問明李士群在家，趕快趕去。走到樓上，正遇上李家丫寰小芬，得知李士群又不在。「遇到鬼了嗎？又不在？」汪曼雲發作了，「這麼熱的天，我從南京趕到蘇州，又一路趕到上海，還是不見人？他到哪裏去了？」

看一向脾氣很好的汪胖子大發脾氣，小芬趕緊說：「李部長剛才都還在，午飯後說出去一會就回來，不知爲什麼現在還沒有回來，估計走不遠。我家太太在！」

「那快帶我上樓去見你家太太！」汪曼雲急得一個勁地跺腳。

小芬帶著心急火燎的汪曼雲上了樓，進了客廳坐下，給他送上了茶點，遞上一條濕毛巾，讓他擦臉揩汗。然後下樓去請李士群的夫人葉吉卿。

「啊，是曼雲，是什麼風把你吹來了？」很瘦的葉吉卿一邊說著客氣話，一邊坐在他對面，打量著汪曼雲的神情。葉吉卿時年四十二歲，長李士群四歲，穿一件淡黃色的絲質旗袍。上了些歲數的葉吉卿本來人就乾瘦，穿上旗袍，不僅不好看，反而將缺點暴露得更充分了。但葉吉卿厲害，有心計，連李士群都不得不讓她三分。

葉吉卿問汪曼雲急匆匆趕來找士群是不是有急事，汪曼雲說：「我今天一早，從南京趕到蘇州，又從蘇州趕到上海找士群。而士群就好像在同我捉迷藏似的，越急越是找不到人。士群到哪裏去了？」

「在你來之前士群剛剛才走，夏仲明陪他到上海日本憲兵隊去了，說是找他去商量什麼要事。」

「糟了！」汪曼雲哭喪著臉，拍了一下自己的大腿。

「怎麼啦？」葉吉卿問，她並沒有意識到問題的嚴重性，說了句趣話，「人說胖子做事慢，不料曼雲你做事卻是這麼急。什麼事，天垮了嗎？天垮了有長杆子頂著。」葉吉卿說時，伸出塗了紅寇丹的尖尖瘦手，從果盤裏拈起一隻又紅又大的山東煙台蘋果。左手執蘋果，右手執水果刀，飛快地削起果皮。蘋果在她手上飛轉，像變魔術似地，果皮不斷地打著旋轉落到手下的一個空盤裏。頃刻間，她隔著茶几將削好的蘋果遞到汪曼雲手裏。

汪曼雲接過蘋果，咬了一大口。邊吃邊說小聲問葉吉卿，樣子顯得很鬼祟：「你知不知道日本憲兵隊找士群幹什麼去了？能不能想辦法讓士群趕快回來？」

葉吉卿開始注意了，她說：「聽說日本憲兵隊找他去調和與熊劍東的關係。士群這個人的脾氣你是知道的，熊劍東最近在日本人面前走紅，不聽士群的，他很生氣，兩個人的關係鬧得很僵。日本憲兵隊長崗村今天特意找他們去調解。」

熊劍東，汪曼雲太了解這個人了。熊劍東面孔黑紅，是個大塊頭，四十來歲，性格執拗，有野心，愛記仇。戰前，是湖北夏超部十一師的一名隨從副官。抗戰前夕，開了小差，竄到上海，靠上了青幫頭子張錦樹，搞了些綁架、搶劫勾當。抗戰起始，搖身一變，成了國民黨上海淞滬區特遣支隊司令，受戴笠指揮。一九三八年他被日軍捕獲，隨即投敵，供日本人驅使，做了不少壞事。一九四〇年，熊劍東為日本大特務土肥原看中，送日本受訓。回國後在武漢組織起一支規模不大的為日本人服務的黃衛軍。汪精衛政權成立後，黃衛軍應歸汪精衛政權管轄，但熊劍東不從。為此，汪精衛不惜屈尊就駕，親自找熊劍東談話，答應以後給黃衛軍待遇從優，仍是由他熊劍東指揮，只不過在名義上隸屬「中央」而已。自恃有日本人撐腰的熊劍東根本沒有把汪精衛放在眼裏，桀驁不馴地說：「我們這支黃衛軍是經過天皇親自批准建立的，怎麼能說撤就撤呢？」最後乾脆耍橫，「關於我們這支黃衛軍的事，請你直接找日本人談，日本人說怎麼辦我就怎麼辦，決沒有二話。」

汪精衛沒有辦法，最後還是費了好大的勁，通過日本駐華軍總司令出面，諭請日本軍部，才將一支小小的黃衛軍改編成隸屬汪精衛政權的「中央陸軍第廿九師」。汪精衛給了熊劍東一個肥缺，讓他當中央稅警團第二總團團長。稅警部隊的待遇高，裝備好，實際上是首都南京的禁衛軍。直接管理這支部隊的周佛海知道熊劍東的厲害、手段和背景，想方設法將熊劍東緊緊抓在了手裏。因爲利害關係也因爲性格使然，熊劍東很快就成了周佛海的「鐵拳頭」，成了李士群的死對頭。

李士群是個殺人不眨眼的魔王，曾幾次暗殺熊劍東，卻都沒有成功。一次，熊劍東在上海趕火車時，人群中有個殺手悄悄向他走來，這個職業殺手穿身風衣，戴在頭上的一頂禮帽壓得很低，遮住了半邊臉。職業的敏感讓他注意到了異常。就當殺手從風衣下掏槍時，熊劍東將頭一低，從人群中躍上了火車。「砰！」地一聲，殺手開槍了，子彈從熊劍東頭上掠過，打穿了頭上的巴拿馬草帽。殺手當即被執勤的日本憲兵和軍警拿獲，經審訊，殺手供稱他是受楊傑指使。楊傑也是李士群的親信，剛剛擔任了中央統計部次長。日本人對此事不想深究，推說殺手口說無憑，最後息事寧人，將殺手槍斃，不了了之。事情的由來，熊劍東當然是心知肚明，這樣，兩人的冤仇越結越深……

葉吉卿警覺起來了，看了看汪曼雲，說：「曼雲你急急趕來找士群，是不是有什麼對士群不利的消息？」汪曼雲正要說什麼，只聽門外李士群一聲，「曼雲，我回來了，讓你好等！」

汪曼雲不禁站起身來，看著進來的李士群，沒事人一般，一時有些發愣。

「士群，你怎麼才回來？」葉吉卿帶著責備的語氣，「人家曼雲爲了你，從南京趕到蘇州，又從蘇州趕到上海！」

「啊，曼兄，有什麼事嗎，這麼急？」李士群坐在了汪曼雲對面。

「你先說，日本憲兵隊找你幹什麼去了？」汪曼雲問。

「日本憲兵隊隊長岡村找我去，還不是爲了與熊劍東的過節。這個傢伙今天被我俘虜了！」李士群說時，一副喜不自禁的神情。

見汪曼雲、葉吉卿不勝驚愕，李士群越發像個得勝回朝的將軍，壓抑不住滿腔的興奮，直往下說，「我與熊劍東以往的過節，今天經崗村隊長拉攏說合，不僅完全冰釋，而且成了朋友。在崗村隊長家裏見到熊劍東時，我首先承認，過去有些事我做得是過火了些，有些純係誤會，責任由我負。我們之間並沒有什麼不可調解的深仇大恨。若是今天化干戈爲玉帛，從此攜手合作，一定大有可爲。若是對峙下去，則是兩敗俱傷。熊劍東爲人也爽直，當即表態說，憑崗村隊長的面子，你老兄又一番解釋，一再道歉，還有什麼說的？我感到很不好意思。從今天起，過去的事一筆勾銷，也就是從今天起，我們是朋友了……」

「士群！」葉吉卿皺了一下柳葉眉，打斷了丈夫的話，「曼雲兄有事找你。這一天，他特意從南京趕到蘇州，又從蘇州趕到上海，馬不停蹄，你先聽完曼雲兄的話再說其他的。」

「好，曼雲兄請講。」李士群冷靜了些，打量了一下汪曼雲的神情，發現有些不對，這就對妻子說，「吉卿！你是不是去吩咐大師傅給曼雲兄做幾個他愛吃的菜，然後叫小芬送上來，我陪曼雲兄邊吃邊談！」他想把妻子支開。「也好。」葉吉卿去了。

汪曼雲這就將他探聽到的不利於李士群的消息，盡可能詳盡地說了。李士群卻不以爲然地說：「如果日本人真要對我下手，我今天還回得來嗎？」汪曼雲想想也是，不過他提醒李士群小心些，可是，李士群仍然不信，認爲這個消息，肯定是黔驢計窮的周佛海散佈出來嚇唬他的！

說時，葉吉卿打發小芬過來請他們下樓吃飯。飯間，汪曼雲看李士群有說有笑的樣子，信心百倍，也覺得是自己多慮了。

飯後，汪曼雲要趕回南京，李士群不要他走，說是知道曼雲愛看京劇，而且最喜歡看《羅成叫關》這一齣，上海大戲院就有這一齣，上戲的又都是些名角，晚上陪他去看。

汪曼雲就在上海李士群家留了一晚上。

第二天一早，李士群剛把汪曼雲送走，接到日本憲兵隊隊長崗村來的電話，請他去百老匯赴一個約。日本憲兵隊隊長的邀請，他不能不去。但李士群畢竟是個訓練有素的職業特務，加上昨天汪曼雲一番提醒，不禁提高了警惕。

李士群去百老匯前作了準備：悄悄在腰帶上別了一把上了膛的左輪手槍和一把鋒利無比的瑞士匕首。為了預防萬一，他將電話打進「七十六」號，讓他的心腹夏仲明立刻帶上幾個能幹的弟兄驅車來他家會齊。

早晨的太陽剛剛升起，蛛網般縱橫穿梭的大街上還氤氳著最後一絲夜幕。鱗次櫛比的高樓華廈上閃爍了一夜的霓虹燈正逐次熄滅。「叮叮噹噹！」一列電車沿著長長的鐵軌而來，轉彎時，車頂上聳立的兩根電杆與電線摩擦發出天藍色的火花，在空中劈劈啪啪地飛濺而下。一下子，人來車往，熙熙嚷嚷——遠東最大的城市、號稱「冒險家樂園」的上海的一天就這樣開始了。

一輛有「七十六」號標記的、「克拉克」防彈轎車，輕快地駛過蘇州河，往百老匯方向而去。坐在駕駛員身旁的李士群從反光鏡中往後看去，夏仲明他們那輛車緊貼在後面，他放心了。

「你們記好了。」跟在李士群後面那輛車體加長的「福特」牌轎車上，夏仲明正在對手下幾個兄弟佈置任務。他三十來歲，穿一套西服，戴一頂鴨舌帽，寡骨臉上有一雙靈動的小眼睛。

「大劉、小李，一會到百老匯後，『老闆』上了樓，你們不要跟上去，就在樓下遊動……老馬、大朱跟我上去，如果『老闆』進去多久都沒有出來，你們就跟我衝進去，到時看我的臉色行事，嗯？」幾個特務都會意地點了點頭。夏仲明帶去的幾個特務可都是擒拿格鬥、短兵相接的高手。

李士群的轎車來到聳入碧霄的百老匯門前停下時，夏仲明他們的車也到了。李士群下了車，注意打量了一下周圍的環境。時間還早，進出的客人寥寥無幾，周圍也沒有什麼異樣。李士群帶著夏仲明首先走了進去。他們乘電梯到了廿二層，下了電梯，身穿紅制服的僕歐迎上前去，將他們帶到第十二號房間。在房門前站定，李士群示意夏仲明按響電鈴。門開了，迎出來的是一位身著華麗和服的日本中年婦女，待他們說明來意時，她深鞠一躬，手一比，說：「請進。」

屋子完全日式佈置，推位門，榻榻米，窗明几淨，很是簡潔。身著和服的日本中年婦女，足踏木屐邁著碎步上前，替他們拉開了通往裏面一間屋子的門。李士群一眼就看見了，崗村已經盤腿在榻榻米上等了。素常總是著一身黃呢軍服，陰著臉不苟言笑，像是一個猙獰惡鬼的日本憲兵隊長崗村，這會兒身著和服正襟危坐。

崗村點了點頭，示意他們座。他們在崗村面前盤腿坐了下來。剛坐下，熊劍東也進來了，向他們點了點頭，也盤腿坐在榻榻米上，擺起了一副談判的架勢。

這是怎麼回事，我們不是已經和解了嗎?李士群看了看崗村，意思是全有了，只不過沒有把話說出口而已。

崗村沒有說話，只是抬眼看了看夏仲明，一副不滿的神情。

「這是我的副官。」李士群解釋，「我是帶他出來辦事的。」

「嗯。」崗村鼻子裏哼了一聲，也不趕夏仲明走，只是將手一揮。

那衣著華麗的日本中年婦女給他們送來了茶水、點心。

「請隨便用點我們的清茶和點心。」崗村說。

看李士群一副莫名其妙的樣子，熊劍東對崗村討好地一笑，用手指著旁邊那衣著華麗的中年婦女介紹：「這位是崗村隊長的太太。點心、清茶都是崗村夫人親手做的，相當不錯的。」

李士群感到很奇怪，想這崗村叫我來也不說做什麼，就叫我喝茶，吃點心，而且還是他的太太親自出面，會不會這些茶點裏有毒？這會兒，他相當警覺，根本不動崗村太太送來的這些茶點，看他們要幹什麼，連煙也抽自己帶來的。寒暄幾句後，他直接問了：「不知崗村隊長召我來有什麼事情要交辦的？」

「也沒有什麼事。」崗村說，「看你和熊劍東昨天和好了，我很高興，特約你們來這裏聚一聚，讓內人給你們做點日式點心嘗嘗。」說時，想做出些笑意，寡骨臉上的皮一扯，比哭還難看。

「士群兄，你這是怎麼回事？」熊劍東說，「在崗村隊長的調和下，昨天晚上我們不是和好了嗎？怎麼今天又是這個樣子？茶也不喝一口，點心也不吃？」

「說到哪裏去了！」李士群故作一笑解釋，「劍東你多心了。昨晚我打麻將上癮，幾乎通宵未睡，今早接到崗村隊長召喚，就急著趕來了，什麼都不想吃。」

崗村笑了說：「隨意，隨意。」熊劍東卻不依不饒，神情顯得有些激奮：「士群兄！昨晚上你老兄高姿態，一番推心置腹的話讓我深受感動。今天這個約會是我提出來的，請崗村隊長轉寰，原說是我作東，可崗村隊長說是由他太太做些日式點心請我們，這樣有種家庭的氣氛。請你來，我是想把過去的誤會給你老兄說清楚。我這個人頭腦簡單，過去多次得罪你，說起來都是受人挑撥唆使。」

「這些就不用解釋了。」李士群很大度地將手一揮，做出一副大人不記小人過的樣子。今天上演的這樣一齣，還有，這樣的場面、氣氛也令他懷疑，他只想在不得罪崗村的前提下，儘快安全告退。

「周佛海這個人我算看透了。」然而，熊劍東糾著他不放，他知道李士群最煩最恨周佛海，就糾著這個話題東拉西扯的，「南京城裏的傾軋也太使人頭痛了。實話告訴老兄，我這個不大不小的官也不想幹了，今天我請你來，也含有向你告別的意思。我想去開闢浙東。」

熊劍東這話有點實際意義，李士群看了看崗村隊長，問：「劍東，你那麼重要一個官，說去就能去得了嗎？」

「這要感謝崗村隊長，是崗村隊長搭了援手，不然我哪能說去就去。」

「好呀，俗話說寧為雞頭不作鳳尾，祝老兄此去鵬程遠大，前途萬里。」

「真人面前不說假話！」熊劍東說到這裏有些扭捏，「我去開闢浙東急需一筆錢，我想向老兄借一筆錢。」聽熊劍東這樣一說，李士群一顆懸起來的心這才咚地一聲落進了胸腔裏。原來如此，李士群想，他將我編到這裏來，是想向我借錢的！

「好，我答應你。」李士群很爽快地說，「你要多少錢？」他想來個蝕錢免災。

「五萬塊。」

「這錢我送你，也不要說借了。以後到了我揭不開鍋的時候，到浙東去找你給一碗吃。」李士群這時說話顯出風趣，話也說得很好聽，「我們是兄弟，互相幫助是應該的。不瞞老兄，錢這些年我是找了些，我對錢也看得淡，生不帶來，死不帶去。五萬元，如果不夠，還可以多些。你什麼時候要，去找江蘇省府財政廳廳長黃敬齋要就是，回頭我給他打個招呼。你隨時要可以隨時提，沒有半點問題。」

李士群這樣大方，讓熊劍東眉開眼笑，素來不苟言笑的崗村也向李士群伸了伸大拇指。熊劍東激動地從榻榻米上站起身來，上前緊緊握著李士群的手說：「老兄真慷慨！老兄的脾氣像我，真是相見恨晚！」

崗村平素很陰的眼睛注滿了興奮，不無欣慰地說：「你們兩位都是我的朋友，且年輕有為，前程遠大。今天看我的薄面，你們終於做了好朋友，我很高興。今後兩位有什麼事要我幫助的，說一聲，只要我力所能及，無不樂意幫助！」聽了這話，李士群高興起來，對夏仲明使了個眼色，說：「仲明，你下樓去一趟，幫我把放在車上的那條三五牌香煙拿上來。」

「這裏不是有煙嗎？」熊劍東說。

「我抽慣了三五牌。」

崗村只是笑著，不說話。

夏仲明會意，下了樓，向處於高度戒備狀態的大劉他們宣佈解除戒備。當夏仲明拿著一條三五牌香煙再上來時，屋裏的氣氛已與先前大不一樣。他們不僅相互遞煙遞茶，李士群也開始喝起日本清茶。這時，崗村夫人走進屋來，手中端著一個凝如羊脂的描金小瓷盤，盤裏盛著兩塊炸得黃酥酥、香噴噴的牛肉餅。腳蹬木屐的她，碎步來到李士群面前，深鞠一躬，輕聲說：「李先生是貴客，這是我特意爲你做的一點粗東西，請務必嘗嘗，實在不好意思！」

「你是第一次到這我裏來。」崗村用手指著放在李士群面前的牛肉餅，笑吟吟地說，「這是我太太親手爲你做的牛肉餅，請李先生務必嘗嘗。」李士群尚未徹底放下戒心，這盤崗村太太專做的牛肉餅，他是堅決不會吃的。

李士群順手將那盤牛肉餅往熊劍東面前一推，很警惕地說：「我不餓，真的不想吃東西，劍東你吃了吧！」

熊劍東又將盤子推回來，說：「我怎麼好意思，還是你先請！」

李士群正要說什麼，只見崗村太太手中端著一個大托盤顛顛進來，裏面盛著三小盤牛肉餅，每盤兩個。她依次將牛肉餅送到熊劍東、崗村和夏仲明面前，然後，退了出去。

崗村從盤中拈起一塊牛肉餅，說聲「杜查（請）！」率先一大口咬了下去。看熊劍東、夏仲明也吃起來，李士群再不吃，崗村就會多心。他猶猶豫豫地從盤子中拿起一塊牛肉餅，咬了一口，嚼了嚼卻並不吞下肚去，一邊觀察著崗村的反應，一邊放下了手中的餅。

崗村、熊劍東根本不看他，只顧埋著頭吃牛肉餅。吃完了，崗村手一拍，抬起頭，看著李士群、熊劍東說：「咱們今天就到這裏吧！」李士群如蒙大赦，趕緊從榻榻米上站起身來向崗村告辭，又禮數周到地同熊劍東握手告別，帶著夏仲明下樓。

下了樓的李士群並不急著上車回去，而是直奔洗手間，要夏仲明給他在門外望風。他一下撲到水池邊，「哇！」地一聲，將剛才吃進嘴裏的那口牛肉餅吐了個乾乾淨淨。這才放心大膽地帶著夏仲明等人，上車回去了。受過專門訓練的李士群有這樣的本領，即使東西吃下肚去，也可以在一兩個小時內，將吃進肚去的東西吐得一乾二淨。

一夜無事。為了躲開鬼氣森森的上海憲兵隊長崗村，第二天一早，李士群就帶著他的夫人葉吉卿驅車離開上海，回他的老巢蘇州去了。回蘇州後，他哪裏都沒有去，也不會什麼人，好像擔著什麼心。葉吉卿看出來了，笑著問他：「士群，你是不是擔心日本人下毒，你昨天吃了一口日本人的牛肉餅？」

李士群陰凄凄地笑了笑：「這倒也不怕，無論他日本人在牛肉餅中放了什麼毒，我都吐出來了。」葉吉卿說：「就是。」然而，睡覺時，李士群卻突然上吐下瀉。

這是怎麼回事？葉吉卿驚了，暗自思忖原因。家中的廚師等跟了他們多年，都是信得過人，而且晚飯還是她下廚監督著做的，絕對不可能有人下毒。那可能就是李士群不慎吃了什麼不乾淨的東西，或是因為精神過於緊張所致。她親手服侍丈夫吃了點驅邪扶正的中成藥。可是，根本沒有用，李士群一個勁地吐、瀉，簡直就像黃河決了口似的，無法收拾。葉吉卿和聞訊趕來的蘇州特工站站長楊傑都慌了手腳，商量了一下，忙派人驅車連夜去南京請江蘇省醫院院長儲麟蓀。儲麟蓀是他們信得過的人，不僅醫術好，同李士群關係也好。可是不巧得很，儲院長有事到上海去了。這時，李士群已經極度虛弱，說不出話來。楊傑徵求了葉吉卿的意見後，在電話中命令手下立即驅車去上海，務必儘快將儲院長在天亮前接到蘇州。葉吉卿慌了，不顧三七二十一，連夜趕到日軍駐蘇州師團小林中將師團長家裏，又哭又鬧地將李士群病危的前因後果告訴了小林中將。小林中將同李士群關係向來不錯，聽完葉吉卿的述說，略為沉吟，安慰了好幾句，急忙帶著軍中一位名醫並華中鐵道醫院一位經驗豐富的醫生一起，驅車趕到李士群家中。

此時，李士群已處於休克狀態。

一縷寒霜似的燈光下，癱睡在床上的李士群簡直變了形，面如土灰。縮在床檔頭，一個勁「嘔、嘔」地吐。可是，什麼都吐不出來了，神情痛苦之極。

小林帶來的兩個日本醫生，上前蹲在地上，掀開李士群的衣服，在他的胸膛上聽診。可是，極度虛弱的李士群卻似乎要把兩個醫生掀開去。

「士群，士群，你看誰來了?」形容憔悴的葉吉卿走上前去，蹲在臭氣哄哄的床前，伸出手去，抓著丈夫發燙的手，哽咽著說，「小林師團長帶著醫生來看你來了……」

李士群在妻子的呼喚中吃力地睜開眼睛，猛然間，燒得發紅的臉上，一雙眼睛裏閃射出仇恨的光芒，他緊緊盯著小林中將，嚇得小林中將不由得向後退了一步。慘白色的光線中，李士群哆哆嗦嗦地舉起手來，指著小林中將和兩個日本醫生，竭力嘶聲地說道：「出去，你們給我滾出去，我不要你們的假仁假義!」

身著將校黃呢軍服的小林中將，下意識地握了握腰上挎著的軍刀，皺了皺一副短拙拙的黑眉毛，問葉吉卿：「李——你丈夫，是不是神智出了問題？」語氣顯然是不滿的。蹲在地上握著丈夫手的葉吉卿，現在心中已經明白，丈夫雖然精明，但還是沒有逃過崗村的魔掌——他中了毒，中了劇毒。雖然她不明白，什麼毒如此厲害，僅沾了一下，就無藥可救，但她明白，丈夫現在是遷怒於小林中將，在他心中，日本人都是害他的魔鬼！

「士群，你看清楚，站在你面前的是師團長小林中將。」葉吉卿這話是說給丈夫聽的，也是說給已經有了些慍怒的小林中將聽的，「小林中將一聽說你生病，趕緊帶著兩個好醫生來給你看病……」李士群這時神智清楚了些，在妻子的百般勸慰下，讓兩個日本醫生給他會診。會診後，兩位日本醫生一致認定：食物中毒！需打針急救！可是李士群無論如何不肯打針！葉吉卿只好謝過小林中將，請他帶著兩名醫生回去了……

「噹、噹、噹！」高牆外打起了三更。金屬沙沙的顫音和著更夫蒼老的聲音，在高牆外響起來：「小心——火燭！」這個夜顯得無比孤苦和淒清。這時李士群的嘴唇開始發烏發青，氣息越來越弱，渾身的痙攣一陣緊過一陣，嚴重縮水的他，身軀縮小了好些。因爲太痛苦，他左手緊緊攥著床單，右手抖抖索索地從枕頭下摸出一支可爾提手槍，一下對準了自己的太陽穴，要自殺。楊傑手快，一下奪去了他的槍，安慰道：「部長，你要挺著。江蘇省醫院院長儲麟蓀就要來了，儲院長來了就好了。」

李士群無言，閉著眼睛搖了搖頭。好一會，他睜開眼睛，看了看站在面前的親信蘇州特工站站長楊傑。楊傑知道他有話要說，趕緊俯下身去，「叫他們來！」李士群的聲音細若遊絲。

楊傑知道他這是什麼意思，趕緊說：「他們早就來了，一直在外面替部長你擔著心。太太怕他們影響你，沒有讓他們進來。」說著將手一揮，門簾掀動，李士群的親信馬嘯天、萬里浪等依次進來，環列在他身邊。一個個心情沉重，呆若木雞。李士群用呆滯的目光環顧了一下部下，喘息著說：「不料我做了一世特工，結果還是栽在崗村這個特務手裏……」

「士群，儲院長來了！」隨著門外葉吉卿一聲驚喜的叫聲，門簾一掀，披著滿身夜色的江蘇省醫院院長儲麟蓀風似地進來。眾人一喜，讓開了些。個子高高、手腳麻利的儲院長趕快讓助手打開藥箱取針，作好輸液的準備。儲院長用聽診器給李士群聽完診後，從助手手中接過裝了藥的針頭，親自扎針。可是，怎麼也扎不進去，李士群的靜脈血管已經硬化。

「奇怪，當了這麼多年醫生，我可是從來沒有遇見過，醫藥文獻上也從未見過這樣的病例！」留過洋的儲麟蓀醫術很好，但是忙了一陣後，計窮力竭，一頭的汗直往地下滴。他看著葉吉卿、楊傑搖了搖頭。滿屋的人面面相覷，驚詫莫名。他們哪裏知道，日本人這次在李士群身上施用的細菌是日本人的最新發明，是世界上絕無僅有的細菌——日本軍醫取了患了霍亂的老鼠的尿，培養出一種劇毒的阿尾巴菌。人只要吞進去一點點，就會在人體內以每分鐘一倍的速度繁殖遞增，三十六小時後突然總爆發。在這之前，病人毫無中毒跡象。而一旦發作，則如決堤洪水，上吐下瀉必死無疑。

已是黎明前最黑暗的時分。李士群的生命也到了最後時分，他的身體在可怕地收縮，頭髮被冷汗浸濕，臉上流露出極為痛苦的表情；他用一雙哀苦無助的死魚似的眼睛一動不動地盯住葉吉卿。

「士群！」葉吉卿哭著奔上前去，跪在他的面前，淚眼婆娑地等著他的遺言。

李士群的喉頭艱難地喘動了一下，眼睛又轉向在床面前環列的部下。馬嘯天、萬里浪等趕緊上前去，俯身向著他那張已經發烏發紫的嘴唇。

「你們……要……替我……報仇！」李士群掙扎著，用細若遊絲的聲音說完這句話後，眼睛中最後一絲火光熄滅了。在透進窗櫺的第一線微茫天光中，經山洪暴發似連續不斷地吐瀉，身體中水分幾乎完全喪盡的李士群，死後整個軀體縮小得只有一隻死狗般大小。

自以爲不可一世的李士群死了，汪僞特工集團的鼎盛時期結束了，開始走下坡路。

李家當即擺上了靈堂，靈堂正中是一張李士群的標準相，靈堂下是一具黑漆楠木棺材。葉吉卿、楊傑、馬嘯天、萬里浪等身穿孝服，在棺材前向李士群致哀。

葉吉卿撲在棺材上嗚嗚地哭泣：「士群，你死得慘呀，死得冤枉呀……」她在一邊呼天愴地，楊傑、馬嘯天、萬里浪這些李士群生前器重的特務頭子看著靈堂上李士群的遺相，心情沉重，呆若木雞。那張遺相，是李士群生前最喜歡的一張照片。那還是他作爲共產黨人時，被送到蘇聯專門學校學習特工技巧時在聖彼德堡拍攝的。他穿著一身米黃色的風衣，手枕著伏爾加河前面的玉石欄杆，背襯著紅牆綠瓦巍峨莊嚴的冬宮，一副志得意滿的神情。一縷明亮的冬陽，透過頭上的一抹綠蔭，斜斜地照在他的臉上，於是，他的臉一半罩在陽光中，一半籠在黑暗裏。光線正剛好從他的鼻樑骨當中分開。李士群的臉是方的，五官整體看，沒有太多的特點，唯有那雙眼睛鷂鷹似地閃著一種攫取的光。他籠在黑暗中的半邊臉顯出陰森，罩在冬陽中的半邊臉顯出一種變幻莫測的詭異——這些，恰似他的性格和生平。

突然，李家的靈堂大門被「砰！」地一聲撞開。葉吉卿、楊傑等人惱怒地回頭看時，不由大吃一驚——一群荷槍實彈的日本憲兵跑步而入，將他們團團包圍，氣勢洶洶。眾人正驚愕間，身材矮胖、腰挎東洋戰刀、腳蹬馬靴的日本蘇州憲兵隊隊長龜田大步走上前來。他用一雙戴著白手套的手將腰間的東洋戰刀拄在地上，挺胸收腹，看著葉吉卿、楊傑等人，以不容置疑的威脅口吻宣佈：「李士群的死，是純粹的自然病死。我們，也哀痛！」他機械地點了一下頭，隨即聲調變得惡狠狠的，

「誰知，竟有人造謠，說李士群的死，是我們日本人害死的。這種謠言，不僅是對我們大日本皇軍的誣衊，也是對我大日本天皇的不敬！」說到這裏，他猛然提高了聲音，唰地抽出了寒光閃閃的東洋戰刀，用獰厲的目光盯著葉吉卿等人，「李士群是怎麼死的，你們，都是當事人，說！」他突然舉起寒光閃閃的戰刀，分別指向葉吉卿和儲麟蓀，「你們兩人亂搞，姦情敗露，是你們兩人合夥害死了李士群！」

哎呀！在場的人一聽這話面面相覷，心中都明白日本人這是嫁禍，但都不敢吭聲。被指爲姦夫淫婦的儲麟蓀、葉吉卿氣得渾身打抖。龜田見在場的人都不敢吭聲，用刀指著葉吉卿和儲麟蓀，命令手下：「爲了弄明真相，先將他二人逮捕。」

「龜田隊長！」楊傑站了出來，他明白日本人是要封他們的嘴。如果在場的人不表個態，龜田將葉吉卿和儲麟蓀二人抓去，殺人滅口是完全可能的。

「說日本友人謀害李士群，純係造謠誣衊，我們在場的都是證人，李士群純係自然病死。在這裏，我可以代表中央調查統計部鄭重聲明，李士群之死與友邦絕無干係。」

馬嘯天、萬里浪等也一齊站出來表示附議，早已嚇得面容失色，喪魂落魄的葉吉卿、儲麟蓀二人也表示事情確是這樣的，請求太君開恩。

「唻嘎！」龜田的臉色這才好了些，讓部下將葉吉卿、儲麟蓀二人放了。收刀入鞘時說，「既然你們都這樣認定，那就好，不過要一一簽名。」說著，從軍服口袋裏掏出一張早就草擬好了的有關李士群之死的「證明」，遞給身邊的楊傑。楊傑接在手中一看，日本人真是煞費苦心。「證明」列印在一張雪白的道林紙上：「茲證明李士群是突患重病，醫治不及，自然而死！」以下是簽名者。

楊傑無奈，只得將這份「證明」攤在桌上，從衣服口袋上掏出派克金筆，在證明人欄中第一個簽了名。然後，遞給在旁的萬里浪。待在場的所有人都簽過名後，楊傑將這一份「證明」還給龜田。龜田一一核對了在場人員的簽名後，才放心地將「證明」揣進軍服口袋裏。臨走，龜田還說了一番威脅性的話：「在場的都是說話有分量的人，尤其在李士群這個問題上。今天，你們證明了李士群之死的真相，謠言就不攻自破了。這份『證明』我們是要登報的。不愉快的事，雖然發生了，但看在死去的李部長的和在場你們大家的面上，就不追究了，以免家醜外揚，給死去的李部長臉上抹灰……」龜田說完這一通冠冕堂皇的話後，帶著他的憲兵隊去了。

當天晚上帶著日本軍醫趕去爲李士群治病的日軍駐蘇州小林軍團長，和他帶去的兩個軍醫，因爲龜田向日本軍部作了報告，都受到了處分；小林師團長處分最重，被軍部就地免職，押解回國。

事後，汪精衛特意叫汪曼雲、葉吉卿先後去詢問。弄清事情真相後，汪精衛不由得兩眼流淚，淒然道：「日本人如此不講信義、如此殘忍、如此欺人太甚，實在是沒有想到的！」大有兔死狐悲感，但他也只能是說說而已。悲痛之餘，汪精衛特撥五萬元爲李士群治喪，並派他的內侄、行政院秘書長陳春圃代表他前去致祭，還帶去了他爲李士群親筆撰寫的《墓碑銘》。汪精衛在《墓碑銘》中稱讚嘆惜李士群「才足以濟世，而天不永其年！」

第二十一章　聲色犬馬顯敗相

一九四三年十月七日，這是一個重陽節。夜來下著瀟瀟細雨。

即將前去東京出席「大東亞會議」的汪精衛孤坐燈前，閉著眼睛，似在思索，又似在傾聽院中那落得沙沙響的夜雨。寬大的辦公桌上，一盞自由女神台燈灑出來的雪白的光，罩著桌前的一方天地。坐在高靠背真皮轉椅上的汪精衛和寬大華麗的書房中的一切，在夜幕中影影綽綽，顯得似乎不夠真實。

猛地，汪精衛想起了什麼，從抽屜裏摸出一本相片簿，放在桌上，翻了開來，目光停留在一張八寸黑白照片上不動了。那是日前——五月四日，他六十歲生日那天在主席府後花園讓一位著名日本攝影師拍攝的。那天天氣很好，照片也拍得很好。照片上可以看出，茂密的樹木花草中，有金箔似的陽光斑點在跳動。一條用五彩斑斕的雨花石砌就的曲徑在花木中，婉延曲折地伸向遠方的湖泊。湖上，橫跨著一座很中國式的紅柱綠瓦的漢白玉拱背橋，一座迴廊在波光瀲灩的湖面上延伸而去。

在這樣的美景中，他身著一套法國高檔雪白西服，雙手疊抱胸前，瀟灑地斜靠在一株桂花樹前——照片就這樣定格。細看照片上的自己，完全不像一個年滿花甲的人。照片上的他顯得比實際年齡小許多，身肢依然筆挺，容貌仍然漂亮。鼻樑挺直，五官俊秀，眼睛很亮。只是頭髮白得太多，混在一頭黑髮中，像是叢生蔓延的雜草，讓人感到世事的滄桑和一絲蒼涼。在攝影師按下快門的瞬間，攝影師要他笑一笑。他笑了。但是現在看來，笑得很勉強，透露出內心的哀苦無告和悲涼。

他從相片簿中取下一張同樣大小的黑白照片，攤在桌上與這張照片進行比較。那是一九三七年「七七」事變的第二天，他上廬山前，在同樣的花園裏照的。但那個攝影師是美國人，背景是一處花壇，花壇上盛開的花姹紫嫣紅。他正對著鏡頭，滿頭烏髮，長身玉立，眼睛又黑又亮充滿激情，充滿憧憬，很有大丈夫雄飛之氣概。怎麼僅僅才過了五六年，自己竟衰老如此，心情頹喪如此?!喟然長歎中，汪精衛無力地靠在椅背上，目光透過窗子望出去。不知什麼時候，雨停了，月亮出來了。月白風清中，竹梢搖動，落葉敲窗，他心中有種說不出來的無奈和惆悵。

又要去日本了。自一九三八年底，他冒險逃離重慶，在南京另組國民政府以來，曾兩次去日本。第一次去，因爲是赤手空拳，受盡冷遇。第二次，因爲他手上有了個小朝廷，受到了盛情接待，規格、規模都讓他吃驚，連天皇都出來接見了他，讓他受寵若驚。前後對比是如此鮮明、強烈！日本人真是勢利啊！他最記得，那是「還都」南京後的一九四一年六月十四日。他率周佛海、林柏生等乘船離滬赴日。十六日在神戶登陸，沿途受到熱烈歡迎。十七日一行人抵東京，受到再次擔任日本首相的近衛迎接，當天，被安排在國賓館裏。十八日上午十時，驅車進入皇宮，天皇裕仁攜皇后在宮前階降相迎，並將他接進鳳凰閣行接見禮。中午，天皇在豐明殿爲他舉行國宴，並拿出了一八七八年珍藏的櫻花美酒請他，這是難得的殊榮。十九日，他以國家元首的身分，在下榻的國賓館接見了前來拜會的首相近衛、陸相東條英機、海相及川古志郎、外相松岡洋石、藏相河田烈、海軍軍令部總長永野修身、參謀部總長杉山元、樞密院議長原嘉道等一干要員。

接見完一干日本要員之後，他在國賓館後面一片綠絨似的草地上徘徊。夕陽西下時分，天際間色彩繽紛，地上層林盡染。一群歸巢的白鶴，姿態瀟灑地掠過暗藍色的天空，隱沒在身後那片濃墨似的森林中。國賓館具有濃厚的中國盛唐時期風韻。看那蓊郁樹木花草中矗立的牌樓，看那些建築物上的飛簷斗拱、紅柱綠瓦。風過處，挑在飛簷上的風鈴噹噹鳴響。這一切，撞動著他悠遠的思緒。

當年，追隨先總理孫中山在日本從事反清的「丙午七人」，而今只剩下了他一人。想到這裏，不禁思緒萬千，塡得《金縷曲》一闋，並吟哦開來：

故人各了平生志，早一抔黃土，嶽麓心魂相倚。如問當者存者幾？落落一人而已……又華髮星星如此！剩水殘山嗟月，便相逢勿下新亭淚。為投筆，歌斷指！

然而，就在他逗留日本期間，世界局勢發生了急劇變化。廿三日，他與近衛首相聯合發表了《共同宣言》，同日結束訪日。廿五日，他率代表團匆匆離東京去大阪，廿六日返回上海。此行，他最大的收獲是日本政府答應貸款三億日元爲其購買武器，同時日本軍部贈給了他一架「海鶼」號海軍運輸機作爲私人禮物……

同年十二月八日，日軍偷襲美國珍珠港成功，同時趁勢擴大戰果，發動了對東南亞各地的侵略戰爭。太平洋戰爭爆發英美措手不及，戰爭初始相當被動。他見有利可圖，便要求參戰，可是日本內閣不准。

一九四二年底，戰局發生了有利於以中美英蘇爲首的同盟國的明顯轉化。一九四三年一月七日，日本新任首相、鷹派代表人物東條英機要日本駐南京全權大使重光葵帶話給他，要他參戰。二月九日，他召開中央政治委員會臨時會議，通過了「對英美處於戰爭狀態」，發表了「對英美直接宣戰告」，聲稱：「自今日起，對英美處於戰爭狀態，當悉其全力，與友邦日本協力……以期共同建設以道義爲基礎之東亞新秩序。」

以後，形勢越趨嚴峻。在太平洋上進行的一系列慘烈無比的爭奪戰中，美軍取得了瓜爾卡納島戰役的勝利後，日本敗局已定，美軍飛機開始轟炸日本本土！這時，曾經不可一世的日本好似是一艘千瘡百孔，正迅速沉沒的軍艦。顯然，即將在東京舉行的「大東亞會議」上，日本當局會竭盡所能，作最後的補救。但是，大局已定，所有的努力都將是徒勞的。他，汪精衛，註定會是日本的殉葬品！

想到這裏，汪精衛愁腸百結。

「心比天高，命比紙薄」、「機關算盡太聰明，反誤了卿卿性命」……那些飽含哲理的中國詩句，在飽讀詩書，自認才高八斗的他——汪精衛腦海中走得一撥一撥的。窗外的天氣也像他此刻的心情變化萬端，好好的月亮又進去了，雨又下起來了。淅淅瀝瀝的小雨，好似有人在嚶嚶哭泣。瞻望前景，不寒而慄。他情不自禁地將六十歲生日那天拍攝的照片翻過來看，上面有一首他當天晚上題的詩——《六十自述》：

六十年無一事成，
不須悲慨不須驚。
但存一息人間世，
種種還如今日生！

夜已深了。汪精衛憂思綿綿，長長地歎了口氣，順手從筆架上提起一支小楷狼毫毛筆，飽蘸墨汁，在梅花箋上塡了一首詞，這是他一生中塡的最後一首詞：

城樓百尺倚空巷，雁背正低翔。滿地瀟瀟落葉，黃花留住斜陽。

闌干拍遍，心頭塊壘，眼底風光。為問青山綠水，能禁幾度興亡？

寫完擲筆，看時間不待，他站起身來，思索當前迫切要做的政事：赴日期間，他決定由陳公博代理他的主席職務，主持中央日常工作。他還考慮明天要向陳公博交代哪些要事。

天氣悶熱。

連黃埔江邊早晨也沒有一絲風。天上擠滿灰褐色的雲塊，呆滯不動。看來，天還要熱下去，往昔熱鬧的南京路一帶，這天也比平時安靜了許多。太陽出來了，整個南京路在濃稠膩人的黃暈暈的光線中熱得無精打采。到了九點鐘左右，街上仍然人車寥寥，唯有街道兩邊行道樹的團團綠蔭中，「知了」有一聲無一聲地拖長聲音叫著。就在這時，一輛一九三〇年產的「福特」牌小轎車，頂著驕陽從南京路向外灘方向駛去。

車內端坐著一男一女。男的中年人，已經發福，西裝革履，戴副眼鏡，五官也還端正，討厭的是那雙眼睛，在鏡片後轉來轉去，一看就知是個狡猾的人。坐在他身邊的是一位妙齡少女，看起來也就是十八九歲，長相很好，皮膚白嫩，發育得很豐滿，高高的個子，身段勻稱。她叫李鳳，是上海大學英語系二年級的學生。坐在她身邊的是她的父親——上海市政府副秘書長李珉。父親這是帶她去見陳公博。在大學生李鳳眼中，陳公博可是個大人物，是個值得崇拜的偉人。父親能帶她去見陳公博，自然是喜之不禁。本來，她穿的是校服，可父親讓她換了一身旗袍，說旗袍是中國的國粹，身為中央國民政府副主席兼上海市市長的陳公博最喜歡青年人，也最喜歡國粹。陳主席一看你穿旗袍，會認爲你愛國，對你印象好。陳主席是留學美國的高材生，英語很好，鳳兒你也是學英語的，正好與陳主席會會英語。說不定，陳主席一高興，讓你去給他當秘書也說不定……

李鳳歡天喜地換上了旗袍。旗袍的款式、顏色也是父親參謀過的。淡青色的旗袍，很樸素，也很雅致，與她的年齡、身分、相貌很般配，越發顯得朝氣勃勃。車窗兩邊的窗簾都拉了下來遮住了陽光，車上放著一個圓鐵筒，裏面放著冰塊降溫，這是學日本公園裏夏天對付暑熱的方式。因此車內並不很熱，很舒適。看得出來，李鳳因爲就要見到偉人了，俊俏的臉上有種壓抑不住的興奮。一雙黑葡萄似的眼睛裏充滿了憧憬。李珉看看女兒，想像著一會兒好色的陳公博見到女兒時的驚喜。

食色，性也！這是我們的老祖宗孔子留下的一句千古名言。西方哲語也說，女人的漂亮就是女人的資本！可見，從古至今，女人容貌的美麗及香腮、隆乳細腰與豐臀是男人的迷魂酒和墳墓。上至皇帝，下至凡夫俗子，縱然就是閹割了的宦官，也都無一例外地喜歡年輕漂亮、豐滿可人的女人。他一直想當上海市的秘書長，可總是擠不上去。要知道，當官不帶長，打屁都不響。別看都是秘書長，但正與副，待遇、權力卻是有天壤之別。捨不得孩子套不著狼！爲了爭得上海市的秘書長，他決定，趁陳公博到上海期間，用自己漂亮的女兒，將陳公博套牢。對這點，他有絕對的把握。陳公博不僅好色，而且深受西方美學影響，不喜歡那種中國古典式的、病態的小家碧玉式的姑娘，而是喜歡女兒這種年輕豐滿、朝霞似火的現代女郎。想到這裏，昨天的一幕不禁在腦海中湧過。

李珉因爲是從青紅幫中的染缸中出來的，喜歡吸一口鴉片煙。昨天午後，他在家中穿一身寬鬆的綢緞衣褲，躺在煙榻上對著一盞煙燈正在吸著煙，體會著吸大煙帶來的快感，身邊「哼！」地一聲，他很不情願地睜開了眼睛，只見太太一張大粉臉慍怒地臉站在面前。他不禁一驚坐了起來。他有些懼內，不僅因為太太是個出了名的河東吼獅，而且因為他能混到今天也是離不了她的。她早年當舞女時，同上海灘上的青紅幫頭目們都有勾扯，他是她一手拱出來的。

他趕緊將手中的煙槍遞給太太，他知道，太太也是好這一口的。以往，只要他高掛免戰牌，順著太太的毛摸，如果沒有什麼大事，「河東吼獅」也就會停止咆哮。她喜歡小殷勤。然而，今天不行！「河東吼獅」將他送過去的龍鬚煙槍用手一擋，指著他咆哮道：「你不要整天在這裏躺屍，百事不管，你那女兒再不管，就等著吃『掛落』吧！」

他心中一驚，上海話中的「掛落」就是打私娃子。

「鳳兒怎麼了？」他小心翼翼地問。

「怎麼了？你沒有看她這一連好多個晚上半夜才回家。問她原因，她不是說到哪個同學家去復習功課去了，就是說回家趕脫車了！」李珉把女兒看成是掌上明珠，很是珍惜。怕她在外面學壞，怕她在外面受到勾引，才沒有讓她住校，而是住在家裏。聽「河東吼獅」這樣一說，他不禁怔怔地看著太太，聽她數落下去。

「昨天下午，我回家就發現她一直躲在房間裏，出來兩次也都是鬼鬼祟祟的樣子。一進屋就趕緊反手將門關上，深怕誰進去。我起了疑心，去敲門，她不開，我就緊敲。她問『誰？』我說你媽，她這才開了門，門也是半開半合的。我就撞了進去，你猜我看到了什麼？」

「看到了什麼？」李珉緊張地問。

「看到屋裏她的床上坐著個大學生模樣的男生。這男生臉頰發紅，眼睛發亮，頭髮亂糟糟的，頭髮尖尖上都有汗水。見到我，他神情慌張地站起來，叫了聲伯母。兩個人神情都不自然。」

「呵，那還得了！」李珉的頭不由得嗡地一聲，厲聲喝問，「那傢伙是幹麼的？」

「小聲點！」太太瞪他一眼，瞟了瞟門外，「你就不怕別人聽見笑話？那小子是鳳兒的同學，家裏是開『味之腴』點心鋪的。」說著嘴一比，一副不屑的神氣，「我早就對你說過，女大不中留，何況鳳兒又是那樣的惹眼招人，你總不信，這下好了……」

「不要說了！」李珉聽到這裏，猶如做生意蝕了老本，打斷了太太的囉嗦，焦急地在屋子裏轉開了圈子。「河東吼獅」將腳在地上一跺，鼻子一哼，負氣走了出去。

李珉焦躁地在屋裏踱來踱去。他怨恨的不僅是女兒目光短淺，更是女兒太不懂得自身價值。他想，我出那麼多錢送你上大學，還不是希望你以後有個好的前途，找個有權有勢有錢的好丈夫。現在你卻被一個窮學生、一個小小的開糖果鋪的小開弄到了手，真是三文不當二五地賤賣了自己的千金玉體……就在他惱怒失望之際，一個念頭電光石火般從腦海中閃過：既然女兒都這樣了，還不如將她獻給陳公博！想到這裏，他的臉色平和了，氣也消了。他一掀門簾，走進內屋，嘻皮笑臉地對太太說：「玉婉，我有個事要同你商量。」

「看你那副鬼鬼祟祟的樣子，就知道不會有什麼好事！」

李珉將太太誆到煙榻上，給她拈了一個煙泡。看太太瞇起眼睛，一副騰雲駕霧的樣子，李珉小聲地對太太說：「陳公博明天就要到上海來了，我得利用這個機會，把騎在我頭上的趙胖子拱下去，取而代之。你要知道，當了秘書長，薪資要長一大截，好處多得不得了！」

「我又不是三歲小孩，這些事情還要你教？」太太睜開大白臉上那雙很鼓的眼睛，瞟了他一下，復又閉上，很愜意地抽她的煙，想想說，「趙胖子不是你想拱下去就拱得下去的，你又想到了什麼歪點子要老娘幫忙的，說！」

「你是知道的，陳公博好色，不僅妻妾多，還搞金屋藏嬌那一套。明天去見陳公博時，我想把鳳兒帶去。」

「怎麼，你是想把鳳兒給陳公博做小？」太太睜開了眼睛，蹙起眉頭似在凝想，卻沒有反對。

「這有什麼不可以？陳公博那麼大的官，鳳兒能傍上他，是鳳兒的福氣，不比嫁給那個臭癟三強一萬倍?!」

太太略爲沉吟：「陳公博多大年紀了？」

「五十一歲，不過看起來年輕些。」

「五十一歲倒不算大。但陳公博身邊有好幾個妻妾了。」太太搬起指頭細算開來，「李麗莊、何大小姐、何三小姐姊妹。聽說不久前又網了個年輕貌美的莫國康，你將鳳兒拿去使美人計，不怕偷雞不成蝕把米？」

「不會，不會！」李珉將一顆大頭搖得撥浪鼓似的，「陳公博這人我了解。他在上層人物中算是正派的，正直、講義氣、知恩必報，是中央中唯一有君子風度的……」

「你說他那樣好？」太太一聲恥笑，頂了他一句，「那他還討那麼多女人？」

「嗯，這是兩回事。」李珉像吞下了一顆苦果似的皺了皺眉，「陳公博就是好色，可是話說回來，那些中央要人哪個又不好色？男人不好色，就猶如貓見了魚不抓，不成了問題？」

「喲，這樣說來，你也是背著老娘在外面找女人了，找了哪些，你坦白招來？」太太一邊抽煙，一邊拿一雙貓眼在他臉上掃來掃去。

「我這不過打個比喻，你想到哪裏去了！」李珉做出一副苦不堪言的樣子，搖了搖頭，繼續著先前的話題說下去，「汪精衛被陳璧君管得那樣緊，也在上海金屋藏嬌。周佛海就更不要說了。他利用自己兼財政部長職的便利，把人家一位剛大學畢業，號稱『部花』的張小姐的肚子都搞大了。結果還是楊淑惠出面，給了張小姐十萬元，並逼著周佛海將張小姐調離財政部，才割斷了他們的關係……」

看丈夫越說越粗俗，越說越得意，越說越有趣，「河東吼獅」不耐煩地打斷了丈夫的話頭，一句話點睛：「反正是你的女兒，你看著辦吧。」

李珉一喜，趕緊給太太拈好一個煙泡，殷勤地遞到煙槍上去。

「你呀你！」太太用指頭頂了一下他的額頭，罵了聲「賊烏龜！」就又閉上眼睛吞雲吐霧起來。

陳公博在上海愚園路的家，是幢很漂亮的花園洋房。這時，他穿一身寬鬆舒適的綢緞便服，腳上趿拉著拖鞋，坐在書房中的一張泰國柚木椅上，很閒散地欣賞著對面壁上的一幅裝在鏡框裏的大照片。

他的書房在二樓。一縷明淨的陽光從窗外一叢肥大的綠油油的芭蕉葉上透過，從落地玻璃窗中灑進來。這間書房相當寬大舒適，具有中國作派。對著落地玻璃窗，牆邊排著一溜高及屋頂雕龍刻鳳的中式書櫃。明光閃閃的玻璃窗裏排列著的書，除了中國的經史子集這些線裝書外，還有不少燙金的大部頭的英文書籍。馬克思的《資本論》和《共產黨宣言》也都赫然其間。靠窗處是一間碩大的辦公桌。博古架上擺設的都是價值連城的古玩玉器，有清宮乾隆年間燒製的長頸薄胎綠底灑金花瓶，袁世凱用過的悲翠鼻煙壺等等。總之，陳公博的這間書房，絕對的舒適、典雅。

距他不遠處，一隻水綠色無頭玉蟾蜍蹲著，口吐一縷淡淡的幽香。

陳公博坐在沙發上，頭微微仰起，神情專注地打量著對面壁上那幅畫若有所思。不，那是一張碩大的照片，是他當年在美國哥倫比亞讀研究生時，暑期同女友外出遊玩時自拍的，幾乎占了半堵牆壁，最爲他珍愛。真是神差鬼使！陳公博不是一個愛拍照的人，也不是一個會拍照的人。然而這幅照片竟拍得如此令人叫絕！照片上，不僅延伸出了綠化得很好的美國西部風光的廣袤、遼闊、美麗，更是展現了他陳公博年輕時的風采，以及紀錄了直到現在仍有書信來往的他的第一個異國戀人——美國同學、女友，美麗的露絲的倩影。

看著這幅照片，那已然消逝，可是十分令人珍惜回味的往事就如在眼前，栩栩如生。

那是他在美國哥倫比亞大學研究生院，以一篇研究共產黨和共產主義學說的論文獲得博士學位後，和女友露絲去廣袤的西部旅遊時拍攝的。敞篷汽車停在一棵碩大的濃蔭匝地的橡樹下。湛藍的晴空下，一望無垠的綠絨似的茵茵草地直向天際伸去。他和露絲靠在粗大的橡樹上，說著笑著，憧憬著未來，談著他們即將收獲的愛情。

他們都很年輕，年輕總是美好的，總是令人豔羨的。特別是當一個人在人生的道路上經過長長的跋涉後，驀然回首，想到自己年輕時的華彩、絢麗的愛情，總是令人感慨的。但是，人在年輕時，對如花的歲月，轉眼即去的機會總是不知道珍惜，總是覺得人生的道路很長很長，美好的一切似乎俯拾皆是。然而，當一個人知道什麼叫後悔、什麼叫珍惜時，卻已經遲了。這時，人的一生即將蓋棺定論，許多事情都沒有機會了。看著壁上這幅照片，最近一段時間總是浮起在陳公博腦海中的這些情緒，今天尤其強烈。

照片上的他，穿的是一件襯衣，身子靠在粗大的橡樹上。有風，風將他一頭黑髮吹得飄起來。朗朗的笑聲似乎從一口雪白的牙齒中流瀉出來。他的一雙典型的東方人的眼睛，又黑又深又亮。

露絲那曲線豐滿的高挑身子雖然也靠在粗大的橡樹上，頭卻靠在他的肩上，甜甜地笑著。她上身穿的是一件很短的藍色牛仔服，下身穿著裙子。仔細看，她那一頭金黃的頭髮紮成了兩根辮子，襯在好看的粉臉的兩邊，一雙絨絨睫毛後的眼睛亮晶晶的。露絲的眉毛像東方人，又黑又細又長，給人遠山的聯想。風正和她開著玩笑，要把她的短裙揭起來。她咯咯笑著，用右手去壓被風吹得半開的短裙。這樣，顯露出她那高挺、結實豐滿的胸脯，細細的腰，圓滾滾的臀以及被風掀得半開的雪白豐腴的腿、修長的手臂——照片把美國女郎那種健康、開朗、樂觀、熱情的種種特徵展示得淋漓盡致。

要不是為了理想回國，那麼，照片上可愛的美國女郎——現在做了教授的露絲，就是他陳公博的妻子了。他陳公博的人生道路，就是另一回事了！吁歎間，陳公博下意識地看了看腕上的金錶，上海市市長的副秘書長李珉就要來了。

離約見的時間還有一刻鐘，他站起身來，踱到辦公桌前坐下，從抽屜裏拿出一本《寒山集》翻看起來。這是一本他準備出版的書，收集了他從一九三三年到一九四三年間所寫的文章和詩詞，真實地記錄了在這段大起大落的歷史時期的思想轉變和內心隱秘。其中，特別細緻地記述了他在國民黨政府當實業部長，及至抗戰初期任大本營（軍委會）第五部（國際宣傳部）和以後如何接受汪精衛召喚，違心地從成都輾轉至河內、南京，最後脫離重慶跟汪精衛在南京另組國民黨中央政府的曲折歷程。不經意地一翻，竟掉出一張照片。那是他當年同墨索里尼的女婿齊亞諾的一張合影，是他準備在書中作插頁用的。照片上，他和齊亞諾站在網球場上，都穿著運動衣褲，頭戴白色遮陽帽，手中拿著網球拍，肩並肩，對著鏡頭笑——那是一九三七年十月。有一天，最高統帥蔣介石突然把他找去，很客氣地說：「陳部長，我知道，意（大利）國元首墨索里尼的女婿是你留美時的同學、好朋友。現在，義大利與日本有結盟的可能。這兩個國家結盟，對我們的威脅就更大了。你以我的特派員的名義去一趟義大利，調動你與齊亞諾的關係，讓齊亞諾去遊說、影響他的岳父墨索里尼，設法阻止這兩個國家結盟……」

這根本是不可能的事，但往往不可能的事只要努力，或許也可能出現轉機。況且，蔣介石說一不二的脾氣，他也是知道的，便當即接受了這個任務，但特別說明，此去可能性很小。蔣介石嗯嗯了兩聲，表示同意。結果是可想而知的，他飄洋過海萬里迢迢走了一遭，回來才發現其實是中了蔣介石的調虎離山計──他前腳一走，實業部長這個肥缺，就給了蔣介石的親信。他氣得不行，當即就要去找蔣介石理論。結果還是被汪精衛勸住，說小不忍則亂大謀，老蔣現在是大權在握。不要說你，我都凡事讓他三分。老蔣這事明說是針對的你，其實是衝著我來的──他把你看成是我的人，要剪除我的羽翼。如今，最好的辦法就是韜光養晦，等待時機。古人不是有這樣的哲語：龍在淺水被魚戲，虎落平陽被犬欺。我們得忍受。汪精衛說到這裏，咬了咬牙，再三強調：時機、時機，我們正在創造時機，等待時機！過後，汪精衛為他謀到了一個國民黨四川省政府黨部主任委員一職，讓他到成都潛伏去了……

「院長！」隔簾報告的秘書打斷了他對往事的回憶，說是李珉副秘書長來了。

「請他進來。」陳公博說時，將放在桌上的《寒山集》放進抽屜。這時，門簾一掀，李珉父女進來了。陡地，陳公博的眼睛亮了，指著李鳳問：「這位小姐是──」

「我的女兒李鳳，在上海大學英語系念書。」李珉注意觀察著陳公博的神情，臉上不禁浮起一絲奇貨可居的神情，調頭吩咐女兒，「鳳兒，這就是你想見的陳市長。」

「陳市長！」李鳳雙眸秋波一閃，屈了屈細細的腰肢，禮貌地向陳公博點了點頭，因為見到了心目中的偉人，有種無名的激動，白嫩的俏臉上飛起一片桃花般的紅暈。

「快請坐、快請坐！」陳公博從辦公桌前站了起來，比了比手，又按了一個桌下的電鈴。

立刻，一位衣著整潔的中年女傭應聲而進。

「王媽！」陳公博今天顯得特別客氣，對女傭說，「這是上海市李副秘書長和李副秘書長的千金。」

「李副秘書長好，李小姐好。」女傭胖胖的臉上堆著職業的微笑，一邊問候，一邊向他們父女屈了屈身。就在王媽準備爲李珉父女送來茶點時，陳公博又專門吩咐，茶、點心、水果都上最好的。王媽送來了茶點、水果、香煙，放到玻晶茶几上，便輕步而退，輕輕掩好門。

陳公博從茶几上拈起一聽美國罐裝三五牌香煙，給李珉做了個請煙的姿勢。李珉趕緊欠起身來，卻不接煙，手幾擺，說：「謝謝主席，屬下是不抽煙的。」其實，李珉是個老煙鬼，之所以如此說，是因爲知道陳公博不太喜歡抽煙的人。

「好好好，不抽煙好，吸煙危害健康！」陳公博說時，將注意力自然而然地轉向了李鳳，說，「吃糖，吃糖，這糖是美國的。」儘管他已做了日本人的傀儡，但心目中還是認爲什麼都是美國的好。就如同汪精衛在法國生活久了，天天都離不開法國的牛角麵包一樣，他也是離不了美國生活品的。陳公博說時，從盤中花花綠綠的美國糖中拈起一顆椰子奶糖，剝了糖紙，親自遞到李鳳手裏，態度殷勤。

李鳳笑瞇瞇地接過糖來，吃進嘴裏。

「看陳主席對你們青年人是多麼愛護，還不快快謝過主席！」陳公博對自己女兒的態度，是李珉意料中的事，他看在眼裏，喜在心中。

些。」

「不要叫我陳主席。」陳公博搖著手謙虛地說，「就叫我陳市長，你們是上海人，叫市長親熱

「昨天鳳兒聽說市長回來了，又聽說市長肯撥冗見屬下，高興極了，纏著我，要我帶她來看一看市長。我說市長日理萬機，你去幹什麼？她說，一是瞻仰市長手采，二是向市長學幾句真資格的美國英語。我被她纏得沒有辦法，只好帶她來了，你看，這有多幼稚？」李珉說時露出一臉無奈，陳公博卻哈哈笑了：「好嘛，我喜歡青年人，喜歡同青年人交朋友……」陳公博一邊說，一邊注意打量坐在對面的李鳳。這真是個尤物！他心想。剛才，李鳳一進屋，他的心就猛地跳了起來。上海漂亮的姑娘他見得多了，但這個李鳳確實出眾。她身量高高，細細的腰肢，高高的胸脯，圓圓的豐臀。一時，他甚至覺得，坐在對面的李鳳，就是他在美國讀研究生時的戀人——漂亮性感的美國女郎露絲。陳公博一時有些神情恍惚，心旌搖盪。

「李副秘書長，你不說是有事，急於要向我彙報嗎？」陳公博竭力收著神思，問坐在對面的李珉。

「陳市長公務很忙，時間很緊，我就長話短說吧，剩下的時間，鳳兒還想向市長學幾句美國英語。」李珉說著又一笑，「有什麼辦法呢，我就這個女兒，已經被寵壞了。」

陳公博微笑著點了點頭。李珉心想有門，這就做出一副很委屈的樣子，說市長你不在上海期間，好多工作都是我做的，可趙秘書長貪天之功，總是壓我一頭，像他這個樣子，我也不知哪天才是出頭之日……李珉的話就說到這裏，做出一副哀苦無告的樣子看著陳公博。久經宦海的陳公博看了看李珉父女，心下什麼都明白了。

「好吧！」陳公博倒也直接了當，「趙秘書長的問題，不止你一個人有反映。你做的工作，也

是大家看到的。我可以讓你當上海市的秘書長，你回去吧，反正我在上海要住一段時間。你的任命，我就在下周宣佈吧！」

「謝謝，謝謝陳市長！謝謝陳主席！」李珉的心狂跳起來，他竭力壓抑著心中的興奮，知趣地站起身來告辭，一個勁說謝謝。

「那麼，我還得趕回去將工作做些交代。」李珉懂事地說，「反正鳳兒今天也不上課，就在這裏聽聽市長的教誨吧。市長什麼時候不高興了，趕她走就是。」

「好好！」陳公博站起身來，不假思索地對李珉說，「我看千金確實是個人才，我也沒有帶秘書來，如果可能，我在上海期間，想留千金在身邊做做秘書工作。當然上海大學那邊，我會打招呼的，就是千金以後的工作，我也是可以解決的，你看如何？」

「那太好了，太好了！」李珉頻頻點頭，臨走時裝模作樣地囑咐女兒，要她珍惜在市長身邊工作的機會。想了想，問了陳公博一句，「今晚不知可不可以讓鳳兒回一趟家？可能有些東西，她還得回家拿。」

「可以，當然可以。」陳公博大度地說。

李珉當晚回家很晚。

回來就小聲問妻子：「鳳兒回來沒有？」

剛從鄰居家打完牌回來的「河東吼獅」，也不回答他的問話，只是一手叉在腰上，一隻手伸出一根蘭花指，在他額頭上用勁一頂，輕輕罵了一聲「賊烏龜」！

他不理她，立刻趕到女兒房間。女兒顯然在她的寢室裏，門沒有關死，門縫裏流瀉出一線燈光。

他輕輕乾咳一聲，推開門，走了進去。女兒坐在梳粧檯前，對著一面橢圓形的梳妝鏡出神。鏡子中的鳳兒，臉兒緋紅，一雙波光盈盈的眼睛裏，有幾分驚喜，又有幾分懷疑，像在做夢似的。看到父親，她咯地一笑，隨即伏在梳粧檯上，用手掩住了臉。

夜風吹進窗來，把一道淺網綠色窗簾吹得飄飄的。站在女兒身邊的李珉，看著夜風吹拂著女兒一頭蓬鬆的黑髮，露出雪白的後頸。注意到她換上了一套蓬蓬鬆鬆的大腳綢緞燈籠衣褲，他撫摸著女兒的頭，輕輕問：「今晚不回去了麼？」

「不回去了。」

「陳市長同意麼？」

「同意，他說他明天一早派車來接我。」他注意到，女兒口中一口一個的陳市長，已經變成了「他」。同時，手中撫弄著一個小小的粉紅色的首飾匣子。

「是他今天送你的？」

女兒也沒有說話，只是隨手「叭！」地一聲彈開了粉紅色的首飾匣子。只見紅絲絨中躺著一顆由純金、翡翠鑲嵌交織的大克拉鑽石戒指。他俯下身去，用手輕輕地拈起鑽石戒指，就著燈光看去。鑽石、黃金、翡翠在燈光下各放異彩──毫無疑問，這枚鑽石戒指價值昂貴。

「是他送你的？」他又問。

「是。」女兒又是淺淺一笑。

他不想同女兒再談下去，再談下去，沒有城府的女兒說出來的話做出的事情，可能就會使他難堪了。

「鳳兒，快點睡吧，跟著他是再好沒有了的。」他將那枚大克拉鑽石戒放回首飾盒裏，咔啦一聲關好，拍拍女兒渾圓的肩膀，又上前去替女兒關上了窗戶，躡手躡手地出了門。

莫國康穿著一雙繡花拖鞋，從樓梯上輕步走下來。樓梯上鋪著地毯，走在上面根本不會出聲，但她還是儘量將腳步放輕，一副探頭探腦的樣子，像是要去捕捉什麼秘密似的。

她是一所名牌大學畢業的大學生，身量高，豐滿合度，三十來歲。這會兒，她穿一身淡綠的睡衣，腰上繫一條寬寬的綢帶，更顯出了她的身姿。她的頭髮是剪短後又燙了的——是當時最流行的髮式。她有一張好看的瓜子臉，鼻子棱棱，五官分佈也很均勻，只是一雙眼睛，顯得太大了些似的。大學畢業後，她到立法院裏謀到了職，陳公博恰好又是立法院長。陳公博看上了她，就如《詩經》中所說：「投我以木瓜，報之以瓊琚」——她對陳院長投桃報李。陳公博愛的是她的年輕美貌，又是一個大學畢業生。她看上的是陳院長的名譽地位，當然，陳院長的年齡也還不算老。因爲陳公博的提攜，莫國康很自然地在謀到了立法委員一職。她很開通，雖然陳公博和她沒有締結正式的婚姻關係，但在不少公開場合，她和陳公博在一起，是以夫妻身分出現的。在立法院，她的權力很大，也有相當的手腕。在公開場合，大家稱她「莫委員」，私下則稱她「二院長」。

她是昨天聞訊後，下午從南京趕來的。一路上，都在心裏咒罵、詰問陳公博。雖然她沒有權利，也沒有膽量責問陳公博。爲人自詡開通，與他有了事實婚姻的她，得知陳公博在上海又有了新歡，心裏還是不是滋味。及至到了上海，見到陳公博，一路在心中縈繞、蘊積的對他的詰問卻一句也說不出來。陳公博對她態度顯得很冷，問她來上海幹什麼？她卻不得不做出討好的樣子，說：「我來看看你。」

「你要看什麼就看吧！」陳公博陰陽怪氣地這麼一句，將她丟在家裏，自己驅車去了上海市政府辦公，很晚了才回家。以爲他不會到自己的臥室來的，可是，他還是來了。就像什麼事也沒有過一樣，有一搭沒一搭地找話說。問她吃飯沒有？這次來對上海的印象如何？說著說著，就將手搭在她手上。男人怎麼都是這樣，她心中喜歡，但嘴裏假意推託說：「我身體不適，你有的是女人，換一個吧！」話都給他遞到嘴上來了，如果當時他對她的疑慮解釋一番，或者假意誆一下，甚至乾脆不管三七二十一地給她撲上身去，她也就在與他的魚水交歡中滿天烏雲散去。不意，她就這樣一說，假意一推，陳公博就真的來了個趁勢下徐州。收了手，說：「是的，你一路辛苦，我就不打攪你了，好好睡吧，我走了！」他真的走了，氣得她哭了半夜。

知道他今天沒有走，就在家裏。可是，這會兒書房裏沒有人，他到哪裏去了呢？她就像一個偵探一樣，輕手輕腳下樓來到大客廳，沒有人。她又順著走廊，輕手輕腳來在小客廳。兩杯茶都還擺在茶几上，顯然剛才他們還都在這裏。她站在客廳裏發了一會兒怔，忽聽得旁邊似有窸窸窣窣的寬衣解帶聲。她的心跳了起來，警惕地順著響聲，側過頭去，才注意到旁邊還有一道門，門是關著的。

就在這裏面了！哼，陳公博竟敢在裏面「偷嘴」！怒從心頭起，她不管三七二十一，走上前去「砰砰砰！」地伸手拍門。就在門開時，莫國康閃身而進，意欲捉賊拿贓，捉姦捉雙。與此同時，她幾乎與開門的一個瘦得乾柴棒似的女人撞在了一起。

「喲，是莫委員，有啥急事嗎？」站在她面前的女人她是認得的，叫韓玉全，是上海市政府的一個機要秘書，簡直長得不像個樣子，又高又瘦又黑，還戴副度數很深鏡片厚如瓶底的眼鏡。這樣的女人，陳公博都看得起？她站在韓玉全面前一怔，沒有說話，只顧想自己的心事。再往裏看去，坐在沙發上作假正經看文件的不是陳公博是誰？

「我好奇！」莫國康放心了，卻話中有話地說，「這個地方我還是第一次來。房子一間接一間，簡直就像布迷魂陣一樣。我看你們這外面的小客廳裏泡著茶，分明是才坐過人，怎麼旁邊房子裏又傳出聲音。推開門一看，才知道是你們在這裏，而且裏面都還有門，連環套似的……」

陳公博聽著莫國康這一番話中話，也不調過頭來，只是臉上泛起一絲冷笑。他知道莫國康對他不滿，從早晨起就在跟蹤他。雖然他和她當初苟合時，雙方言明，約法三章，不干涉對方的私事，但事到臨頭哪有那麼容易甩得開的？這會兒莫國康簡直變了個人。看得出來，她雖然竭力隱忍著，但閃閃的眸子裏燃燒著怒火，一口雪白的珠貝似的細牙簡直要撲上來咬人。平時表面上雍容大度，很見過些世面的莫國康吃起醋來也是這麼可怕！不過，見事已至此，陳公博心想，我就乾脆給你攤明。你莫國康再厲害，還厲害得過經過我手的何氏姐妹？我和你之間沒有任何一點婚約關係，純粹是相互利用，不過如《三國演義》中的周瑜打黃蓋，一個願打一個願挨而已。如果你要耍潑，我就乾脆同你一刀兩斷，決不再藕斷絲連。

他這就抬起頭來，對莫國康說：「國康，你不要走，你說得一點不錯，這房子裏還有一個人，你不妨進去同她認識認識。」說著站起身來，替她把門掀開一條縫。莫國康不解地看了看他，他笑著，一副莫測高深的樣子。

她走進去，門又關上了。

這又是一間很雅致的臥室，一扇落地窗半開著，陣陣清風吹進來，不時將拉得嚴嚴的淺綠色窗簾吹得飄起。地板是一色的紅豆木。屋子中央擺一張進口的西洋大銅床，床上罩著雪白的蟬翼似的蚊帳，蚊帳敞開的一面正對著梳粧檯。梳粧檯上那面瑩潔的橢圓形義大利梳妝鏡上，反射著在床上熟睡中的年輕姑娘。她不聲不響，駐步看去。姑娘身上蓋著一床薄薄的暗花綢被，眼睛闔著絨絨的睫毛，像是一朵睡海棠。她很美，皮膚很好，臉上帶著淺淺的笑意。一陣陣的風，將薄薄的暗花綢被刮起，露出一雙修長豐腴雪白的腿。就在莫國康站在床前看得怔怔的時候，年輕的姑娘醒了。她一下看見了站在她面前的陌生人莫國康。

「誰，你是誰？」床上的姑娘猛地坐了起來，下意識地將暗花薄被擁著自己豐滿的胸脯。

「你不要怕，我叫莫國康，我是來看看你！」莫國康大大方方地說，「看來，在我們這個家庭中，又增添了一個新成員。」就這一會兒，莫國康心中什麼都清楚了，也想明白了。不用說，陳公博的新歡，就是睡在這兒的雛兒。這樣的小姑娘她見多了，雖然年輕、漂亮、性感，但她相信，要不了多久，陳公博就會玩厭，丟到一邊去的——這樣的雛兒對於像陳公博這樣的中年男人、尤其是搞政治的男人，是絕不會長久的。因爲，最終能吸引男人的女人，得有頭腦，最少要有共同的話題，而不是性。性只是一時之快，是過渡的橋。過了渡，橋往往不是被拆去，就是遭遺棄。因此，這會兒她在心裏暗笑，我還以爲陳公博找了個什麼了不起的，原來是個黃嘴雛兒，如此而已！

「你是怎麼進來的？」床上以被掩胸的姑娘，用一雙黑葡萄似的亮眼睛看著莫國康。

「是陳公博，啊，不，」莫國康說著笑，「是你們的陳市長讓我進來看看你的，你叫什麼名字？」

「李鳳。」

「還是個大學生吧？」

「嗯。」姑娘將頭一埋，似乎不願意就這個話題多說下去。

這時，陳公博進來了，他注意地看了看二人的神情，不無欣慰地說：「你們已經認識了？啊，我很高興！」

早晨，一輛掛上海市政府牌照的黑色轎車，過了白渡橋，沿著江邊柏油馬路急駛。坐在汽車裏的市府機要秘書韓玉全，手中拿著一個黑皮包，臉上神情顯得有些焦急。她要去上海國際大廈見陳公博，有緊要事情報告。莫國康到上海已經幾天了，也不走。而陳公博正玩李鳳在興頭上，對於在身邊礙手礙腳的莫國康，他感到討厭，乾脆「逃」似地悄悄在上海國際大廈包了一個總統間，和李鳳沒日沒夜地廝混。

車上南京路，因為人多車多，車速不由得減慢下來。朝車窗外看去，韓玉全不由得皺了皺眉，又怎麼了？街上那些維持秩序穿一身黑制服，就像黑烏鴉似的員警明顯比平時多了許多，被攔成一團團的人群躁動不安。就在這時，她聽見有尖厲的警哨聲吹起，有幾個員警手中揮著警棒在追著什麼人？忽然車窗外有傳單飄灑。抬頭一看，紛紛揚揚的傳單是從一幢聳入碧霄的高樓上撒下來的。一張傳單飄進車來，她正好接在手中。一看，不禁大驚失色。巴掌大的一張傳單上有一行標語：「日本帝國主義和他們的走狗汪精衛偽政權的末日就要到了。」署名是中共上海市委。好厲害！她想，以往中共地下組織搞的種種活動，還只能在晚上偷偷進行，現在大白天也敢幹，聯想到現在變得越發嚴峻的局勢，她的心不覺直往下沉。

她隨手關好窗子，朝前看去，上海國際大廈已遙遙在望了。

韓秘書在上海國際大廈前泊好車，囑咐司機兩句，下了車，進入金碧輝煌的底層大廳，上了電梯。在二十層下後，順著走廊裏的紅色地毯，來到櫃檯前，對坐在櫃檯後的一位紅衣小先生說：「我要見住在十八號總統套間房的客人」。說著遞過去自己的名片。

「對不起！」身穿紅制服的小先生說，「住在十八號總統套間房的客人不是隨便可以見的。」

「是。」韓秘書用指頭指了一下自己遞過去的名片上的職位，意思是很明顯的，並補充一句，「是客人通知我來見他的，我們事先通了電話。」

「要見住在十八號總統套間房的客人，需要批准。」小先生看了看她，略爲沉吟，說，「那你跟我來吧。」說著在前領路，把她帶進了一間休息室。休息室裏，靠窗的沙發上坐著一位身穿黑色香雲衫，頭戴博士帽的大漢，嘴上抽著煙，挎著盒子炮，兩手抱在胸前。不用說，這是「七十六」號派出的保衛陳公博的人。韓秘書對這個大漢說了要見客人的種種來由。大漢愛理不理地將她從上朝下看了一遍，又看了她的名片。抄起電話向陳公博作了報告。

大漢放下電話，將她送到房間門口，嘴一努說：「進去吧！」

韓秘書一推門，門是虛掩著的。

她進去了。這是韓秘書第一次見識總統套房。進門順著鋪有波斯紅地毯的一條窄窄的巷道過了洗漱間，眼前頓時一亮，她不禁停下步來。面前是一間客廳，華貴而寬敞。穿一身白色綢緞休閒服的陳公博坐在正對面的沙發上，正在摸一個女人的腿。女人披一副大白毛巾，偎在他身邊，正在用一隻手理頭髮——顯然，她剛洗完澡。看見有人進來，女人一閃進裏屋去了。

見韓秘書坐也不是站也不是，一副尷尬的樣子，陳公博一笑，從容地說：「還是她。」說著一聲喚，「鳳兒，你出來！」

李鳳出來了，笑吟吟地。她已換上一件質地鬆軟的睡袍，用一根寬大的白絲帶束腰。她站在他們面前，側著頭，手中拿著一條雪白的毛巾擦著濕漉漉的頭髮。她那高聳的乳房，隨著她的步伐，小兔似地在睡袍下跳躍。鵝蛋形的小臉上紅撲撲的，一雙眼睛亮晶晶的。

「怎麼樣，鳳兒這些天更是豐滿漂亮了吧？」陳公博打著哈哈問韓秘書。

韓秘書只是嗯了一聲，坐了下來，亮出手中的黑皮公事包。

陳公博這就隨手在李鳳豐腴的屁股上拍了一下，說：「進去吧！」

「啊唷！」李鳳作態地嬌叫一聲，扭著屁股進裏屋去了。

「真不要臉！」韓秘書看著扭著屁股進裏屋去的李鳳，心想，李珉就是這樣靠女兒賣身當上了上海市政府的秘書長。

「韓秘書你找我，不是說有什麼急事嗎？」

韓秘書「唰！」地一聲拉開公文皮包，拿出一份加急電報，欠起身來遞上去：「這是汪主席要國民政府文官長拍給你的電報。汪主席即日要去東京出席『大東亞會議』，請你即刻趕回南京，汪主席不在期間，由你全面主持中央工作……」

「啊?!」陳公博趕緊將加急電報接在手中，急急地看了下去。

第二十二章　油盡燈枯，汪精衛客死東瀛

「海鷗」號專機飛上了八千米高空。

汪精衛將身子斜靠在金絲絨軟背椅上，注視著窗外的風景。團團銀棉似的白雲在機翼舷艙裏下翻滾。天，那麼藍，纖塵不染。太陽，那麼明、那麼亮！他突然覺得自己不知身在何處，要去什麼地方？他多麼想讓時光靜止，就這樣一直飛、飛、飛上太虛幻境。他是詩人，詩人的聖殿與世界上正在發生的爭鬥、吶喊、流血、戰爭等俗事，可謂風馬牛不相及。現在，他覺得自己大有逃脫之感，心靈從來沒有過如此清淨、舒坦、安詳，多麼難得啊！他微微閉上了眼睛，享受少有的寧靜。

「四哥——」坐在身邊的陳璧君在輕輕喚他，他不情願地睜開了眼睛。

「你看——」順著夫人手指的方向看去，原來飛機已經降低了飛行高度，視線中出現了熟悉的日本列島景觀，漸次映進眼簾的是金屑似的沙灘，綿長的海岸線，濃蔭覆蓋中煙村點點，還有披綠的山巒……接著，東京在望了。鱗次櫛比的聳入雲霄的大廈間，條條平坦如砥的街道上，穿梭的車輛甲殼蟲一般……

汪精衛不禁坐直了身子。

經過兩個多小時的空中飛行後，「海鷗」號專機安全、平穩地降落在東京機場。

艙門開了，汪精衛率先走出機艙，東京眩目的陽光陡然潑灑而來，讓他不習慣。他用手遮住陽

光，往下一看，這才注意到，日本首相東條英機率所有內閣要員都在機場上迎接他。他趕緊快步走下舷梯，同大步迎上來的東條英機緊緊握手。

他這是第二次同東條英機見面。他一邊握手一邊仔細打量這個將把整個大和民族引向滅頂之災的鐵腕人物。東條原是一個在日本三軍中最有影響的陸軍中的鷹派將領。現在當上了首相的他，仍戎裝筆挺，標準的軍人姿態。他的身量要比一般所見的日本人高些，體格魁梧勻稱，頭上破例地沒有戴軍帽，剪一頭短髮。他們相互鞠躬。東條握手很有力，似乎想要把汪精衛拉近些、要用他那雙犀利的目光看清他在想些什麼。

接著，汪精衛將他的隨員陳璧君、周佛海、周隆庠等一一介紹給東條英機，並同日本內閣大員們和大本營的將軍們並一一握手。

機場上，軍樂隊高奏兩國國歌。

當「三民主義，吾黨所宗……」的樂聲奏起，一面青天白日滿地紅旗幟冉冉升起時，他們注視著這面升起的旗幟。

在東條英機陪同下，汪精衛檢閱了三軍儀仗隊。走在紅地毯上，向行禮如儀的日本三軍儀仗隊頻頻還禮的汪精衛，感到有一種說不出的榮耀、滿足和內心的熨貼。他是一個政治家，政治家把政治待遇看得高於一切。

汪精衛當天下午去皇宮拜謁了裕仁天皇。第二天出席「大東亞會議」。金碧輝煌又極富民族特色的會議大廳中央擺著一張碩大的橢圓形的會議桌。當汪精衛踏著紅地毯，走進大廳入坐時，頓時感到很大的滿足。因爲他看出他的地位僅僅次於主人——日本首相東條英機。在他之下，依次坐著的是來自中國東北的滿洲國總理張景惠、泰國國王混瓦塔雅昆、菲律賓總統馬雷爾、緬甸國王巴莫等。而且，只有他和東條英機面前才有麥克風。日本民族真是一個精於算計，講究實力和功利的民族啊！他在躊躇滿志的同時，心中不由感慨萬端。

麥克風響起來了，東道主、會議的主持者東條英機開始講話、致詞。他虛應兩句後，很快進入正題，說：「第二次世界大戰已到關鍵時刻，儘管目前在歐洲戰場上友軍遇到了些困難，在亞洲看起來美軍也得逞於一時！然而，」說到這裏，東條的眼睛閃著霍霍冷光，聲音也變得粗濁而急躁起來，話題也拓展了開去，「大日本皇軍是不可戰勝的……值此艱危時期，我大和民族視死如歸，寧為玉碎，不為瓦全。我有無數熱血男兒自願參加神風敢死隊、駕駛戰機去撞擊美軍軍艦，與敵人同歸於盡。在琉球（沖繩）拉劇戰中，有不少島嶼上的男人為天皇全部戰死，婦女兒童蹈海自盡……在這樣偉大的民族面前，有什麼樣的艱危不能渡過、有什麼樣的奇跡不能創造呢？」說到這裏，東條環視了一下與會者的表情，語氣緩和下來，「今天，我們之所以召開這個大東亞會議，就是要商討如何同舟共濟、集各國之財力、物力，同仇敵愾反敗為勝，以完成大東亞共榮圈之偉業！」東條的話說完之後，恭請各位發表「高見」。

汪精衛當即發言，聲明他是抱著「與友邦日本休戚相關、安危相共之情」來參加會議的，「決心與友邦日本同心協力，同安危共生死……」會議上，汪精衛出盡了風頭。

在一班大小傀儡們紛紛表態後，大東亞會議宣佈結束。會後發表公告稱：「……大東亞會議得到泰、緬、菲三國參加及印度臨時主席列席，共榮圈的範圍更加擴大了……」

汪精衛隨後接受日本國會邀請去演講。站在他熟悉的講壇上，面對衣冠楚楚的議員們，他風度優雅、聲音清脆。他的演講用語生動，邏輯嚴密，富有磁性的聲音緊緊地吸引著國會大廈內的每一個議員。

站在講壇上，他回顧了三十多年前，在日本留學期間，追隨先總理孫中山，在日本友人的幫助下，進行反清鬥爭的歷程。他對當時日本友人的積極支持深表謝意。接著，他列舉了這些年來中日間親密合作的戰鬥情誼。他保證「要爲建設大東亞並確保安全起見，互相緊密協力，儘量援助」。他唯恐「友邦」不了解他的良苦用心，進一步用詩一般的語言表白道：「兆銘雖有同甘共苦之意，然對於大東亞戰爭所能貢獻者，正恐力不從心。因此，日夜鞭策自己正多！」國會大廳裏爆發出經久不息的掌聲，議員們激動地站了起來，向他表示謝意和敬意。

汪精衛哽咽了，熱淚泉湧。

忽然，汪精衛雙眉緊蹙，臉色蒼白，豆大的汗珠從他的臉頰上滴下來。他痛苦地伸出雙手，捧著肚子，身子向前佝僂，漸漸地倒在了地上，全場大驚。由於激動，汪精衛身上的陳年槍傷猝然發作，他被緊急送往東京日本陸軍總醫院施治後，疼痛很快消失。於是，他率團離開東京，餘事由留日的中執委、宣傳部代部長林柏生辦理。

誰知幾個月後的一九四三年十二月十九日，汪精衛的槍傷再度復發，而且空前嚴重，他住進了南京的日本陸軍醫院醫治。院長後藤是世界著名傷外科專家，親自爲汪精衛施行手術。他知道汪精衛護痛，在施行手術時，先行麻醉，並要助手用塊白布隔斷汪精衛的視線，再讓陳璧君坐在他身邊，陪著他說話，分散他的注意力。

當一切準備好後，後藤雙手戴上了經過嚴格消毒的一直拉至肘部的透明膠皮套，站在了汪精衛面前。後藤示意下，簇擁在他身邊的助手們井然有序地協助他開始了手術。

陳璧君伴坐在汪精衛身邊，手中拿著一本線裝的《唐詩宋詞選》，她給他念他喜歡的范仲淹的名篇《岳陽樓記》：

「慶曆四年春，滕子京謫守巴陵郡。越明年，政通人和，百廢俱興……予觀夫巴陵勝狀，在洞庭一湖。銜遠山，吞長江，浩浩湯湯，橫無際涯……」

陳璧君念得抑揚頓挫，言詞鏗鏘，汪精衛聽得如醉如癡。當汪精衛問夫人，爲什麼不再念下去時，陳璧君一笑說：「後藤院長給你的手術已經做完了，不痛吧？」

「不痛。」汪精衛高興地說，「一點感覺都沒有，後藤院長的技術真是天下第一。」

只聽瓷盤裏匡啷一聲，陳璧君激動地說：「四哥，你身上的兩顆子彈頭取出來了。」

後藤讓助手將擋在汪精衛面前的那塊帳篷似的白布揭去，再端著一個四四方方的白瓷盤走到他的跟前。後藤一副圓圓的眼鏡後面雙目充滿得意，指著盛在瓷盤裏的兩顆子彈頭說：「汪先生，你看！」

汪精衛調頭一看——白瓷盤裏盛著從他身上取出的兩顆手槍子彈頭，彈頭上有點點綠色的鏽斑。汪精衛伸手拈起一個彈頭，喃喃道：「已經整整十四年、十四年了啊！」話音中不無欣喜和傷感。

汪精衛次日出院，移往環境幽靜的北極閣靜養，病情漸漸好轉。然而一九四四年元旦剛過，汪精衛的病情突然發作，而且來勢洶湧：高燒時斷時續，不可控制；繼而下肢出現痲痹，不能動彈；進而痛創大起，日夜糾纏……汪精衛自知生命已到危急關頭，聽從了日本人勸告，去日治療。

三月二日，他讓夫人將陳公博、周佛海請到病榻前流淚囑託，說在他去日本治療期間，大政由他們主持。國民政府主席、中央政治委員會主席、軍事委員會委員長一職由陳公博代行。周佛海代行政院院長兼經濟委員會委員長。二人接受下來，向他辭行時，汪精衛流了淚，對他們囑託再三。

三月三日，汪精衛在妻陳璧君和女兒、女婿陪同護送下，從南京乘「海鶼」號專機直飛日本名古屋，當日住進帝國大學醫學部。東條英機指示，要不惜代價治癒汪精衛。帝國大學立即組成了由第一流名醫們參加的代號爲「梅」的救治組進行診治。經名醫、專家們會診，認定汪精衛的病變是由於槍傷過重，且彈頭埋在體內過久，現在已影響到脊髓神經等要害區，深及肋骨神經引起一連串惡性連瑣反應，急需動手術。

四日上午十時，由帝國大學教授、世界著名神經外科專家齋藤真親自爲汪精衛主刀，施行了「椎弓切除術」。無影燈下，刀剪傳遞間，齋藤真在汪精衛背部準確進刀，很快就從前胸取出了有病變的胸骨三片，手術相當成功。

手術後，汪精衛的病情看似有所好轉，實際上他已是病入膏肓了，延至深秋，十一月六日上午，汪精衛的病情突然發作，再次住進帝國大學醫學部接受治療。在日本政府專門組織的、以齋藤真爲首的「梅」搶救組同死神進行的爭分奪秒的拉鋸戰間隙，汪精衛在病榻上寫出了他生命中的最後一首詩——絕命詩：

憂患滔滔到枕邊，心光鐙影照難眠。
夢回龍戰玄黃地，坐曉雞鳴風雨天。
不盡波瀾思往事，如今瓦石愧前賢。
郊原仍作青春色，酖毒山川亦可憐。

寫完擲筆。日已暮，疏枝橫斜，一彎冷月掛在天空，一縷慘白的月光瀉進窗來。陳璧君對丈夫的絕命詩捧讀再三，淚如雨下。

「嗚——」忽然，一聲長長的警報聲淒厲地響起，無數的探照燈將名古屋的夜空照得通明。美國轟炸機出現在夜空中，黑壓壓一片。高射炮「轟！轟！」地響起來了。無數道彈道劃過天空，織成了一道道火網。美國轟炸機丟下的照明彈定在空中，將地上的一切照得異常清楚，如同白晝。飛機開始俯衝、投彈。隨著震耳欲聾的爆炸聲，沖天的大火濃煙、房屋的倒塌聲、慘絕人寰的呼叫聲，越來越逼近汪精衛所住的帝國大學醫學部主樓。雖然有擊落的飛機像流星迅速掠過夜空，但轟炸機委實太多了，像大海的怒濤，一浪緊接著一浪沖來。許多高射炮被擊中打啞，而在高空中爆炸得的炮彈越來越少，美國轟炸機扔下的炸彈卻鋪天蓋地，轟轟的爆炸聲掀起的氣浪簡直要把大樓掀翻……

「快快快！」越來越緊急，幾位醫生、護士搶進汪精衛病房。他們迅速地將汪精衛從病床上移到擔架上，一位護士小姐將掛在病床前輸液架上的輸液瓶取下來，提在手中，他們抬起擔架，匆匆下樓，剛剛鑽進黑黝黝的地下防空洞，就聽「轟！」地一聲巨響，汪精衛方才待的那幢主樓被一顆重磅炸彈擊中，塌了！

「四哥、四哥！」極度的恐怖和混亂中，汪精衛身前的醫護人員都跑光了。陳璧君伏在汪精衛的擔架前，跪在冰冷的地上，借著防空洞內一線微弱的燈光，握著丈夫冰冷的手，焦急地呼喚著已經昏厥過去的汪精衛。

汪精衛睜開眼睛，見拱圓形的防空洞內，身邊只有陳璧君一個人，好不慘然！

汪精衛蒼白的嘴唇翕動了一下。陳璧君知道他冷，趕緊脫下自己身上穿的一件薄呢短大衣蓋在他的被面上，頭湊到他眼前，握著他的手，忍淚道：「四哥，你要挺著！」

汪精衛已經說話困難，搖了搖頭，慘然一笑，喘息著說：「趁我還在，我……我說……你……你記下來！」

「不，不要這樣！」陳璧君哽咽著，淚水奪眶而出。

「不！」汪精衛神情痛苦而又堅定，聲音低微，「你記，記！不……不然，我死後，許多事，你……你說不清！」

陳璧君只好摸出帶在身上的一本拍紙簿和鋼筆，伏在他面前。

「題目——《最後之心情》。」汪精衛的目光變得有些呆滯，他用微弱的聲音掙扎著說下去，「……銘蓋毀其人格，置四十年來為國家奮鬥之歷史於不顧，亦以此為歷史所未有之非常時期，計非出此險局危策，不足以延國脈於一線……」在美機一浪更比一浪猛烈的轟炸中，一九四四年十一月十日夜，汪精衛死在日本名古屋帝國大學醫學部的一間地下防空洞裏，時年六十一歲。

兩天後的下午五時，「海鶼」號專機運送汪精衛遺體飛回南京。陳公博、周佛海等率一干大員到南京機場迎接。機場上天低雲暗，哀樂低迴。專機平穩降落、停下，艙門開處，陳璧君身著黑色素服戴孝，率子、女、女婿護汪精衛靈柩緩緩走下舷梯。

陳公博、周佛海等率百官在機場上舉行了迎柩式後，護靈回南京。長長的車隊，披著蕭蕭的秋風，碾著一路的瑟瑟落葉徐徐開進南京城。

國府門前，半旗低垂。汪精衛靈堂裏，花圈簇簇，白絮飄飄，哀樂聲聲，燭光閃閃。以陳公博、周佛海為首的百官依次上前，向身上覆蓋著一面改良過的國民黨黨旗的汪精衛遺體告別。祭奠儀式之後，按照汪精衛的遺言，陳公博在百官們面前宣誓就任代主席。他身著民國大禮服——藍袍黑褂，胸前戴一朵大紅花，竭力裝得振作，但目光迷離。他對著汪精衛的遺體三鞠躬後，站在講壇上，面向大家，紅腫著眼睛，用沉痛的聲音宣讀了他的《就職宣誓詞》：

「值此國勢艱危非常時期，公博遵從汪先生遺願，勉為其難擔任國民政府代理主席。公博決心遵從汪主席遺志，恪盡職守，以延國脈於一線……」讀著讀著，他忍不住哽咽起來，在場的大員們也個個呆若木雞。一陣風吹進來，吹得靈堂裏的一排大紅蠟燭閃閃忽忽的，一派陰風慘慘。幸好司儀見機行事，高喊一聲「禮畢、退場！」官員們一個個如蒙大赦，腳上擦了油似地趕快出了會場，匆匆忙忙如同一群喪家之犬。

第二十三章 壽終正寢，代主席逃亡日本

一九四五年八月十六日上午十時，一列從上海開來的火車，徐徐進了南京站。車剛停穩，「國民黨」軍委會上海行動總指揮周佛海，帶著兩個衛兵下了車，迎候他的南京稅警隊隊長周鎬趕快迎上前去，「啪！」地一聲立正給周佛海敬了個軍禮。周佛海也不停步，惶急地向來接他的那輛「福特」牌轎車走去時，向陪在身邊的周鎬壓低聲音問：「都準備好了？」

「準備好了。」周鎬說，「我現在接你去國府開會。你一離開，我就指揮稅警部隊在南京全城動手，該抓的抓，該關的關。」

「嗯，重點是陳公博！」周佛海情不自禁地停了一下腳步，特別看了看走在身邊的這個人，豎起一根拇指強調，「千萬不要放走陳公博，這是一條大魚，是我們獻給重慶的一份厚禮！」

「是！」周鎬回答時，挺了挺胸，一副英姿颯爽的樣子——他三十來歲，個子高高，體態勻稱，隆準黑髮，身著一套合體的黃呢美式卡克軍服，腰上挎一條子彈帶，上斜插一把左輪手槍，簡直就是從電影上走下來的。周佛海放心地點了點頭。南京稅警隊，可以說是周佛海精心籌組的一支私人武裝，有五六百人，裝備精良，訓練有素，在目前的情況下，可說是南京城裏的一支御林軍。而名爲「國府」代主席的陳公博可說是沒有一兵一卒，抓他如「甕中捉鱉」。

汽車來了，周鎬親自爲周佛海拉開車門。在周佛海彎腰進車時，他一手拉著車門，伸出另一隻

手懸空護著，深怕撞了周佛海的頭，表現得極爲忠誠。可是，周佛海哪裏知道，就是這位周鎬，早就秘密地加入了共產黨，暗中給共產黨幫了不少大忙，以後在建立新中國的戰鬥上英勇地獻出了生命。

周佛海在周鎬的保護下，驅車往國府而去。從車窗中望出去，長街兩邊鱗次櫛比的仿古建築物如店鋪、飯館、戲樓、電影院什麼的，全都關門抵戶……整個南京城瑟縮在即將來到的恐怖中。真是「樹倒猢猻散」啊！日前，汪精衛死在日本，意味著汪精衛政權的末日！局勢是再清楚不過了，也是再危急不過了。日本天皇已經宣佈向以美英爲首的同盟國投降。「覆巢之下安有完卵」？靠日本人刺刀扶持起來的汪精衛政權中的要人們，人人惶惶似喪家之犬，各找各的生路。而他周佛海早就通過戴笠的關係安排了後路。他就像一根柔韌的青藤，在汪精衛政權中一邊做著舉足輕重的大官，一邊背著汪精衛，向蔣委員長這棵大樹繞了上去。月前，他得到戴笠遞來的話，要他將功補過——盡可能地保全汪精衛政權控制的所有一切，最重要的是南京、上海等沿海大城市不要被新四軍拿去；爲了給國人一個交代，更要將代主席陳公博拿住，作爲汪精衛的替罪羊……

爲此，他特意去上海作了些佈置，今天趕回南京捉拿陳公博。

車到國府停下。周佛海舉目四顧，九級漢白玉台階上，大門前兩根擎天柱般的圓柱前，往日手持雪亮刺刀的中央警衛團的衛兵沒有了。屋頂上豎立的那面有兩根「豬尾巴」的青天白日旗也沒有了，只剩下一根光禿禿的旗杆。官員們進進出出、絡繹不絕的場面也沒有了——國府今天已是門可羅雀。

周佛海歎了口氣，拾級上了九級漢白玉台階，進了沒有衛兵把守的大門。只見各處的辦公室都敞開著門，到處都是散亂一地的文件和文件被燒毀後留下的灰燼，一片狼藉。迎面遇到幾個身穿長袍，臉上戴一副鴿蛋般大小銅邊眼鏡的師爺類文官和身穿黃呢軍服的高級軍官，無不神色驚惶。看到周佛海也不鞠躬了，也不敬禮了，甚至連招呼都不打了。

然而，在國府會議廳裏，代主席陳公博還要舉行最後一次會議。

周佛海步入了國大會議廳。偌大的會議廳裏，一扇落地玻璃窗不知什麼時候打碎了，撒了一地的玻璃渣。風灌進來，將一副厚重的金絲絨窗簾刮得亂飄。正中那幅汪精衛油頭粉面的標準相吹落在地，交叉斜掛在汪精衛標準相上面的帶有「豬尾巴」的青天白日旗也被吹落一面在地，上面還有腳踏過的痕跡……

小會議廳門前，站著兩名持槍的中央軍校的學生。不用說，陳公博主持召開的最後一次中央常委會，改在小會議廳裏了。周佛海走進小會議廳時，站崗的兩名面容稚嫩的中央軍校的學生向他行了持槍禮。進了門，一眼就看到正對著大門、坐在橢圓形會議桌上方的陳公博。他身著民國大禮服——藍袍黑馬褂。陳公博向他招了招手，說：「啊，來了？就在等你，我們就開會吧！」

周佛海點了點頭，在陳公博旁邊的座位上坐下。舉眼一看，參加今天這個會議的人一個個面容憂戚，挨個數起，除陳公博和他周佛海外，僅有梅思平、林柏生、陳群、王克敏、梁鴻志等寥寥幾人。橢圓形會議桌上不要說沒有像往常一樣擺有鮮花、糖果、點心、茶水，就連雪白的桌布也沒有鋪，完全是一副要散夥的樣子。

待周佛海坐定後，陳公博清了清喉嚨，開口了，話說得一字一頓，也不知是因爲沒有水喝，嗓子發乾，還是心中難受所致。

「諸位，這是中央政治局會議舉行的最後一次會議。本次會議的議題是，解散國民政府事宜。」陳公博的話完了，他看了看在座的各位，「請諸位各抒高見。」

周佛海立即接過話去：「事已至此，還有什麼好說的？」他頤指氣使的神氣與頹唐的陳公博完全不同，眼鏡片後閃灼的光芒中隱藏著一股陰森、一股霸氣。他坐姿筆直，微蹙雙眉，一張大臉盤上，顯出一種剛戾、自信、冷漠與專橫。

「現在！」周佛海用凌厲的目光橫掃了一下坐在他身邊的人，用發佈命令似的語氣說下去，「只需發表一篇宣言，宣告我國民政府已完成了歷史使命，從即日起解散，並將此宣言見諸報端就行了。其他問題，一概免談，談了也是白談，徒然浪費時間而已！」

作為中央政府秘書長的梅思平，見周佛海發言後，沒有人接話，這就用瘦手從皮包裏掏出一份早已擬好的政府解散宣言稿，讀了一遍，內容同周佛海的意思大同小異。不過用辭要考究委婉得多，對「國民政府」經年來的成績也是褒獎了一番。梅思平念完了，無人提出異議。林柏生、陳群、王克敏、梁鴻志等幾個人坐在那裏，形同擺設。很明顯，他們都在想自己的心事。

「那麼，這就通過了。」陳公博說著看了看坐在旁邊的周佛海，不放心地問，「但政府那麼多人，如何善後，總得管管吧？」陳公博這話是對周佛海說的。他雖說是汪精衛身前最信任的人，是「國民政府」代主席，但實權都被周佛海抓在手裏。此刻，只有周佛海才能解決這些人的出路問題，他很想周佛海在這方面能拿出一些高招。周佛海的為人、性格，他陳公博當然是知道的——其人就像戲中的奸雄白臉曹操，霸道、貪權、詭計多端。對這個人他向來沒有好感，但他萬萬沒有想到，作為堅決反共、堅決反對抗日而將汪精衛一手推進「火坑」的始作俑者和真正的獲利者周佛海，竟能在汪精衛政權倒台之時重新投入重慶當權者的懷抱。到頭來，一開始並不贊成汪精衛叛離重慶，在南京另立中央政府，到後來因見「汪先生在火坑裏，」覺得「自己不能站在岸上置之不理」，出於俠肝義膽的君子風才下了水的他——陳公博，則被推上前去當替罪羊、作祭品。

周佛海冷著臉慢慢站了起來說：「現在中央政府都解散了，還有什麼可談的。城門失火，殃及魚池，我周佛海也不能手板心裏煎魚吃！」他那張奸雄似的臉上，浮起的是一絲嘲諷。周佛海說完就走了。

一時，陳公博只覺得頭嗡嗡響，木然端坐在那裏，睜大一雙絕望的眼睛。浮現在他眼前的是一派白茫茫的霧靄，是大海上一艘觸礁的船，是落水者無助的哀哭……當他清醒過來時，國府小會議廳裏只剩下了他一個人。

「都走了，我也該走了。」他喃喃自語，木然地站起身來，朝外走去。

陳公博召開的中央政治局最後一次會議剛剛結束，南京城裏就槍聲大作。按照原定的計畫，周鎬帶領他的稅警隊在全城進行了武裝暴動，並搜捕要人。他們將南京市長周學昌逮捕後，周鎬又親自帶領一支稅警隊衝進了陸軍總部。

「放下武器！」陸軍部長蕭叔萱應聲而出。沒有戴軍帽然而戎裝筆挺的他，滿頭銀髮，威風凜凜，對衝上前來的稅警們大喝一聲，「你們要造反嗎？」

稅警們被他的威勢鎮住了，一個個往後縮。

「蕭叔萱，你已經死到臨頭了，還擺什麼臭威風！」周鎬嗖地一下掣槍在手中，大聲喝道，「南京僞政權已經宣佈解散。現在，我奉南京先遣軍司令任援道的命令前來接管陸軍部！」

「什麼、什麼？」蕭叔萱驚訝地眨了眨眼睛，不解地問，「任援道，南京先遣軍司令？」

「還在做你的黃粱美夢吧？」周鎬不屑地哼了一聲，「任援道早就同重慶接上了關係！」看蕭叔萱萎了下去，周鎬向稅警們揮了揮手中的左輪手槍，示了示意，「把蕭叔萱的槍下了！」兩個稅警應聲而上，去繳槍，蕭叔萱卻拒不繳械，退後一步，就要掏槍。

「砰、砰！」周鎬手疾眼快，扣動板機，蕭叔萱倒在了血泊中。

而另一路稅警在進攻國府時卻遇到了麻煩。因為陳公博平時頗能迷惑人。就在負責保衛國府的警衛排鳥獸散時，有一百多名中央軍校的學生自動地前去保衛國府，保衛陳公博，他們在國府門外築起沙包作掩體。國府門外爆發了激烈的槍戰。周鎬率援兵趕到後，雖再三喊話，無奈這一百多名中央軍校的學生相當頑固，不僅拒不投降，也不撤走。周鎬只得調兵遣將，準備合力猛攻。

當三顆紅色的信號彈升上天空，周鎬指揮稅警部隊就要作最後的猛攻時，腳下傳來一陣地震似的抖動，一長列日軍的坦克車、裝甲車從鼓樓方向風馳電掣而來，停在國府前面，將戰鬥的雙方隔離開來。

一輛輛坦克車、裝甲車上的鐵蓋迅速掀了開來，下餃子似地跳下一個個全副武裝的日軍，足有一營。他們彈上膛刀出鞘，以絕對優勢逼視著周鎬率領的稅警部隊，大有將稅警部隊生吞活剝之勢。

日軍中閃出一位腰挎戰刀，佩少將軍銜的高級軍官，腳上釘有鐵刺的馬靴觸地，發出格格的響聲。這不是老牌特務、前「梅機關」長影佐的副手、後搖身一變成了日本侵華軍總司令部副參謀長的今井武夫嗎？周鎬看著這個老牌特務，心中不由有些吃驚、狐疑，也有些著急。這個今井武夫怎麼會出現在這裏？本來是計算好了的，在這裏逮陳公博十拿九穩，怎麼這時會有日本軍隊給陳公博保駕？日本天皇不是已經下令所有日軍放下武器，向當地駐軍投降嗎，這支日本軍隊怎麼竟敢跳出來?!

今井武夫是認識周鎬的。他來到周鎬面前站定，胸脯一挺，擺出一副虎死不倒威的架勢宣佈：「頃接重慶蔣委員長命令，要我們在重慶接收力量到來之前，維護南京的安定與秩序！」說著，今井硬起頸項，喊操似地一字一頓，「各派武裝力量不得爭奪地盤、肇事等等，否則，武裝鎮壓！」就在今井武夫對周鎬擺出一副公開尋釁架勢時，陳公博由日軍參謀小笠原保護著匆匆出了國府，鑽進一輛裝甲車開走了。

萬不料因爲日本人的出現救了陳公博。沒有辦法，周鎬心中罵著該死的日本人，下令稅警部隊從國府撤離。

陳公博由日本軍隊保護了起來。

當天晚上，南京中央電台播發了《國民政府解散宣言》——從一九四〇年三月三十日由汪精衛等一手締造，至一九四五年八月十六日宣告解散，歷時五年四個月的汪記南京國民政府僞政權，就這樣刻在了歷史的恥辱柱上。

八月以來一直晴朗的天氣突然變了，陰雨綿綿，陰霾低垂。八月廿五日上午九時，一架日本MC型軍用小飛機在南京機場上強行起飛。飛機飛上五千米高空後，保持高度調頭向東飛去。身著民國大禮服的陳公博端坐在舷窗前，面色愁苦地往外望去。舷窗外糟糕的天氣同他的心情一樣陰暗和哀愁。這架飛機上，除了他，還坐了七人，爲了減輕機載重量，全都是席地而坐，有：南京僞中央政府軍事顧問日本人小川哲雄、僞中央宣傳部部長兼安徽省省長林柏生、中央軍校教育長何炳賢、實業部長陳君慧、中央政府文官長周隆庠。另外還有陳公博之妻李麗莊、外室莫國康。

MC型軍用小飛機逃不脫雲層的糾纏，很是顛簸。

陳公博雖是泥雕木塑般端坐在窗前，內心卻在翻江倒海，大有劫後餘生之感。腳下就是一片混亂的南京，能逃出南京，堪稱不幸中的萬幸。他想像得出沒有來得及逃走的陳璧君、梅思平這些人的命運。他們此刻一定是作了周佛海的階下囚，再被周佛海作爲向老東家蔣介石邀功的替罪羊送上祭壇。倏忽間，腦海中突然閃現出他同考試院長陳群的一席談話。

陳群，可謂鼎鼎有名。他是福建人，早年留學日本，畢業於明治大學。一九二七年，蔣介石發動針對共產黨人的「四一二」政變時，在國民黨內身居要職的陳群在上海，同楊虎一起對共產黨大開殺戒，時有「虎狼成群」一說。一九三二年，陳群當南京首都員警廳長時，因看不慣蔣介石的專橫而最終同蔣介石鬧得不可開交，本來是要受到處分的，幸好他同杜月笙私交很好，關鍵時刻得到杜月笙庇護，才躲過那一劫。過後，他與杜月笙、黃金榮等青紅幫頭領結爲兄弟，在幫會中排行老八，被稱爲陳老八、陳八爺。

抗戰初期，陳群夥同梁鴻志等最先降日，當了漢奸，在南京維新政府中相繼擔任了內政部長等要職。他與同時擔任了綏靖部長要職的任援道一起，是維新政府中的關鍵人物。在汪精衛政權取代、接收了維新政府後，他又入閣做了汪僞政權中的考試院長、中執委等要職。陳老八喜歡談詩說文、嗜好藏書，在自家的住所斥鉅資修建了一所古色古香的藏書樓，名「存澤」書屋，藏書頗豐，並發誓待天下太平之後，要將他的「存澤」書屋弄得超過浙江寧波的有天下第一藏書樓之稱的「天一閣」。

陳老八同陳公博很談得來。就在陳公博去日本前夜，天上下著淒淒小雨，陳公博一人正在書房中思前慮後、繞室徘徨時，陳老八青衫一襲飄然而來。

「人鶴！」陳公博苦著臉問陳群，「你是智多星，知識淵博，而今大局混沌，局勢撲朔迷離，不知你對此有何見解？」

「抗戰是勝利了。」陳群坐在沙發上，蹺起一隻腿來，悠然點起一隻香煙，緩聲說道，「然而，國內問題並沒有解決。可笑周佛海等人自以爲聰明絕頂，不惜以我等作祭品去討好蔣介石，老蔣也以爲天下就是他老蔣的了，其實不然！」說到這裏，陳老八抽了口煙，聲音愈發低沉，「殊不知蔣介石這個人，志大才疏，剛愎自用。在我看來，共產黨、毛澤東要比國民黨、蔣介石厲害得多。論文才武略，蔣介石哪是毛澤東的對手？別看現在老蔣有美國人撐腰，號稱四大國領袖之一。中國的天下，遲早是共產黨、毛澤東的！」說到這裏，陳群的眼神有些呆滯，握煙的手也有些發抖，「老夫今年已經五十有五，對於中國的明天，我已經完全絕望。現在是共產黨來，放不過我，國民黨來也饒不過我。而要我坐牢，我是絕不肯的。士可殺而不可辱。公博，我今晚來，不是要求你帶我走，而是向你訣別的。」說完這話，用指頭彈去煙頭上燒成了慘白的一段煙灰，再也無言。二人相對無言，只用一雙倦於審視人生的眼睛來傾訴心中無盡的悲哀。

接著停電了，陳公博要下人進來點上一隻紅蠟燭。燭光幽微，更顯得他們神思恍惚。陳群站起身來道別。他送陳群出門，別時互道珍重。第二天早晨聞訊，陳群已於當晚在家中服毒身亡，讓他不勝唏噓。求生的欲望迫使他即刻去找了今井武夫。

「我願意接受重慶方面的審判，屆時我也自有話說。」陳公博對今井武夫陳述他的觀點，委婉地表明了他希望趕緊逃亡日本，「可是，我不願這樣不明不白地死在亂軍之中……」

「爲陳代主席的安全計，當然是去日本，越快越好。」今井武夫憂愁地說，「問題是，現在日本已經投降，一切行動都要經佔領軍總司令美軍麥克亞瑟將軍同意、批准。此事，我已請示過駐華日軍總司令岡村寧次將軍，將軍命令我不得違令。」略爲沉吟，又說：「我立即將陳代主席的意願報告大本營，最後決定取決於大營！」翌日，日本東京大本營秘密回電：同意陳公博一行秘密飛日。

計畫是，陳公博一行飛到青島轉乘海輪赴日。然而，負責陪同陳公博去日的小川哲雄慮事周密，在陳公博一行乘坐一架MC軍用小運輸機從南京起飛後，對陳公博分析，青島方面的情況瞬息萬變，去那裏很可能會自投羅網。不如就這樣直飛日本，雖然這樣有些冒險……

陳公博同意了小川哲雄的建議，一行人乘坐MC軍用小運輸機直飛日本。

MC軍用小運輸機飛到了公海上。陳公博蹙緊眉頭往舷窗外望去，天低雲暗，狂風咆哮，簡直就要一把將這只竭力掙扎著的小飛機捏碎，扔到黑浪連天的大海中去。小飛機在烏雲與大海間艱難地爬行，轟轟的馬達聲顯得力不從心。飛機進入了一團比烏賊吐出的汁液還要黑還要濃的烏雲。立刻，舷窗內外都變得一團漆黑，顫抖著的小飛機似乎正在向著處處埋伏著兇險的不可知處飛去。轟隆一聲，隨著一聲炸雷響起，一道驚蛇似的閃電從烏雲中劃出一道裂口。接著，聲聲霹靂將飛機震得越發顛簸劇烈，風也趁機逞兇拚命地拉拉拽拽，MC軍用小運輸機變得像一隻失去控制的陀螺，直往下墜……

就在陳公博閉上眼睛聽天由命，席地而坐的隨員們發出驚叫聲時，頑強的MC軍用小運輸機又拉了起來向前飛行。可是，它始終逃脫不了羈絆，被強大的氣流、團團的烏雲、道道閃電、陣陣雷擊包圍著、撕扯著、威脅著……飛機馬達發出陣陣駭人的怪叫！陳公博覺得自己的心被一隻怪手捏著、難受得喘不過氣，他彎下腰去，想癱到艙板上。可是，他坐在當中唯一的一把椅子上，腰上還束著一根保險帶，不能像席地而坐的周隆庠、莫國康等人一樣在艙板上亂滾。他們中，有的人吐了，有的衣服弄髒了，撕破了……

就在陳公博感到情況越來越不妙，在心中默念著遺囑時，眼前突然出現了一個嶄新的天地。剛才的一切彷彿只是一個噩夢。出現在眼前的天空高遠、湛藍，太陽紅豔，下面的太平洋像是一匹可愛的綠色綢緞。陳公博從心底深深地吐了一口長氣，「山窮水盡疑無路，柳暗花明又一村」、「大難不死，必有後福」。他想，如果我的生活能像剛才經過的惡劣天氣一樣，那該有多好啊！

下午四時，因為燃料不夠，陳公博等人乘坐的MC軍用小運輸機在日本山陰縣米子機場降落。

負責護送陳公博的日本顧問小川在米子機場同東京的外務省聯繫後，陳公博一行在山陰縣小住了兩日。第三天，日本軍部派車將他們一行接到京都，秘密安置在濃蔭環繞、風景幽美、民族建築風格濃郁的金閣寺裏。

第二十四章　淒風苦雨，鐘山東望又黃昏

「號外、號外！看何應欽向日本政府提出抗議，日本答應近期遣返大漢奸陳公博回國！」

「看《中央日報》最新消息，因民怨沸騰，蔣委員長不得不命令戴笠將『變色龍』周佛海押回重慶審訊！」

……

一大早，在國民政府即將還都的南京鼓樓大街、中華門外……賣報的小販們手中揚著剛剛出版的報紙，邊跑邊吆喝。人們紛紛駐足，爭相購買。

與此同時，一輛輛美式十輪大卡車上滿載著頭戴鋼盔，手持美式卡賓槍的中央軍，在南京的大街上碾過，刮起一陣風。南京的機場、碼頭更爲繁忙。隨著一架架大肚子美軍運輸機和一艘艘大輪船在南京機場、碼頭降落靠岸，吐出的是蝗蟲般的蔣介石的中央軍精銳部隊、是衣冠楚楚的接收大員和跟在他們身後的衣著時髦、手中抱著哈巴狗的太太、小姐。

南京鼓樓前偌大的廣場上人山人海，人們正裏三層外三層地觀看日軍投降。廣場中央，日軍已經交出的槍械、彈藥堆積如山。在國民黨軍隊三步一崗五步一哨的森嚴戒備中，足有一營的日軍列隊緩緩而來，依次走到廣場中央放下武器，乖得龜孫子似的，往日的不可一世蕩然無存。

看著這些鼓舞人心的熱鬧場面，好些市民交頭接耳紛紛相互問詢，你們知道陳公博、周佛海們

嗎？國民政府對這些大漢奸是怎樣處置的？

民怨沸騰中，重慶方面起先並不知陳公博已經逃亡到日本。進入南京的先遣軍奉命在城裏搜捕陳公博。先前擔任國民黨軍政部長兼全軍參謀總長要職的何應欽，因為一直在和蔣委員長以及委員長的學生、愛將陳誠明裏暗裏較著勁，抗戰結束後，蔣介石將陳誠和何應欽的職務來了個顛倒。表面上軍職還是一樣大小，其實，權力的天平已大大向陳誠傾斜。身為國民黨陸軍總司令的何應欽，負責到南京接受日軍投降，並為國民政府還都打前站，得知陳公博逃亡日本，義憤填膺，請准國民政府，立即向日本方面提出最強烈的抗議。

身在日本的陳公博聞訊後，做出一副正義凜然的君子相，立即給何應欽發了一篇長長的電文：稱他當初之離開南京，是不願意死在亂軍之中，他願意回國接受國民政府的審判；說在他離開南京前夕，曾寫過一封長信，交給日軍在南京負責同重慶方面接洽的聯絡官——侵華日軍司令部顧問岡田，要他務必將信轉重慶方面……在這封電文中，他陳公博特別表明：「去日本是迫不得已，一俟中央有令，立即回國接受審訊」云云。

何應欽接到陳公博這封長長的電文，立刻責問岡村寧次，要他查明此事。事情很快就查明了，陳公博所說確有其事。負責轉信的岡田參謀，一時疏忽，將陳公博的信擱置在了一個普通檔案內，忘在了腦後。弄清緣由後，一九四五年九月十九日，原日本侵華軍總司令岡村寧次大將親自將這一份被遺忘的信件送到何應欽手上，再三謝罪；並正式告訴何應欽，日本政府答應儘快引渡陳公博一行。何應欽這才哼了一聲，答應放岡村寧次一馬，不再給他罪上加罪。

與陳公博相比，善於鑽營的周佛海命運截然不同。一夜之間，他不僅百罪俱無，而且又成了重慶方面的新貴、紅人。八月十九日，周佛海竟在報上發表公開聲明，與汪偽斷絕一切干係，宣佈就任國民黨上海市行動總隊總司令，以戴笠派來的程克祥爲行動總隊秘書長兼宣傳處長，以劣跡斑斑、臭名遠揚的羅君強、熊劍東爲副總司令，負責責維持非常時期的寧、滬等地的安全秩序。他宣佈在上海、南京、杭州分設三個指揮部，利用手中掌握的武裝力量控制京滬線，嚴禁寧、滬、杭等地人民群眾集會遊行……不用說，這是蔣介石爲了防止沿海一線及寧、滬、杭等重要城市不致落入共產黨之手，而採取的措施。在全民抗議聲中，蔣介石我行我素，讓周佛海招搖過市、發號施令、耀武揚威，儼然從民族罪人變成了民族英雄。

十月二日，日本京都郊外那座具有唐代風韻的金閣寺，一早就被憲兵團團包圍了。寺內，一間窗明几淨的靜室裏，身著一襲青布長衫，面容消瘦，在榻榻米上正襟危坐的陳公博，正在與近衛晤談。就是這個曾經兩次身任日本首相，決定了他和汪精衛等人命運的近衛，此刻臉上滿是憂戚。也是正襟危坐，被美軍監視的近衛，是藉口到金閣寺爲母親做佛事來爲老朋友陳公博送行的。

一時相對無言。明亮的陽光透過一扇玻璃窗照進屋來，在他們身上閃爍。窗紙上疏枝橫斜，四周沉入了海一般的空寂。

「陳君，我對不起你和汪先生！」突然，近衛向他伏地謝罪，哽咽著說，「當初，汪先生冒險離開重慶，致力於和平運動，是對我提出的日中提攜和平三原則的贊成。然而，我雖兩次身任首相，卻未能左右日本政局，讓政治上近視短見好戰的鷹派人物東條英機最終左右了大和民族的命運，竟致不可收拾的地步，給我們民族也給你們帶來了滅頂之災……日本戰敗了，和平運動失敗了。我對不起天皇，對不起你們！」說著伏地不起，唏噓不已。

「近衛君請起！」陳公博用兩手將近衛扶起，他的聲音很平靜，態度也很溫和，「近衛君請不要自責。公博深信，中日兩國一衣帶水，源遠流長。一場浩劫之後，中日兩個偉大的民族最終會攜起手來，和睦相處──這是孫中山先生畢生所期望，也是必然會實現的，不過要期以時日而已！」他安慰了近衛，又以悵惘的心情談起，汪精衛確實是對近衛寄予了很大希望，他又是如何違背理性，屈從感情，跟著汪先生從事和平運動的……

耳中隱隱傳來了寺中和尙們做法事的抑揚有致的誦經聲。窗外遠處的後園，如墨的樹冠中，一隻隻翩躚飛去的白鶴，姿態飄逸，輾轉啁啾，長鳴不已，越發增添了一種哀痛氣氛。近衛站了起來，向陳公博告辭。陳公博將他送到門邊，端起手來一揖到底。

近衛不忍，轉過身來，只問：「君何時能再到日本？」

陳公博慘然一笑：「一切皆出於緣！」

對於他們這次晤談，陪著近衛去了金閣寺的今井武夫事後在他的《回憶錄》中這樣記述：「戰敗的日華兩國領導人，丟棄了生死之念。他們談了些什麼，約定了些什麼，只有他們兩人知道，對於我們，是永遠無法詳細知道的了。但無疑的是，他們一定在心底裏有彼此相通之處……」

迫於壓力，陳公博一行被日本憲兵押解到京都機場回國。當陳公博即將由日本憲兵押著登上那架停在停機坪上的塗有中國青天白日旗徽的美製E14飛機時，轉過身來，見機場上憲兵林立，氣氛肅穆，如臨大敵。前來爲他送行的小川、近衛等人已等候多時。近衛步履有些踉蹌，來到陳公博面前，彎下腰去，三行鞠躬後，伏跪在地，再三表示歉意，淚如泉湧。

就在陳公博將近衛扶起時，一輛敞篷美式吉普風馳電掣開到飛機前嘎地一聲停下。車上下來了幾位身材高大，動作靈敏，身穿藏青色西服的中年男子──他們是戴笠派來專門押解陳公博一行回國的軍統高級特務。

陳公博自知最後的時刻到了，對前來送別的近衛等人慘然一笑，說：「值此惜別之際，心情難以表達。送你們一首詩，留作紀念吧！」說著，口中吟誦開來。向來豔羨中國文化的近衛、小川等人深知陳公博詩文以沉雄有力著稱，趕緊作了記錄。只聽陳公博一字一頓，朗朗有聲：

烽火縱橫遍隱憂，抽刀空欲斷江流。
東南無幸山河在，一笑飛回作楚囚。

念完轉過身去，大步走上舷梯。周隆庠、林柏生、陳君慧、莫國康等在他之後，如一根線上的螞蚱，魚貫而上。只有陳公博的夫人李麗莊要求滯留日本，得到批准，沒有同機押回。

艙門轟然一聲關上了。美製E14飛機開始在跑道上滑行、加速、起飛。

三個多小時後，飛機飛抵南京上空。端坐在舷窗前的陳公博往下望去，六朝故都南京的山山水水，名勝古跡已然歷歷在目。茫茫大江如同一條白練，由西而來，向東而去。陳公博一時百感交集，在飛機上寫下了他生命中的最後的一首詩：

獵獵西風冷北門，鐘山東望又黃昏。
只期國土酬知己，萬劫歸來不顧身。

第二十五章 黑幕沉沉垂落

南京夫子廟監獄。

「匡啷！」一聲，獄卒鐵門打開時，一襲長衫，個子不高，面容清癯的梅思平走了進來。

「梅先生，歡迎、歡迎！」上了年紀的獄友溥侗和李聖五迎了上去，雙手打拱。

「有緣，有緣！哈哈！」梅思平向他們打拱還禮後再向各位致意。這是一間上等監房，關了五六個人，都是高級政治犯。地板擦得亮堂堂的，都有床，一扇窗，開得很高，窗櫺上鑲著拇指粗的鐵條。高高的天花板上白天都亮著燈，電壓不穩，燈光黃暈暈的。梅思平找到自己的床位，剛剛坐下去，白髯飄飄、年逾古稀的溥侗就坐在他身前訴起苦來。他是僞滿洲國皇帝——愛新覺羅．溥儀的堂兄，是個著名的京劇表演藝術家，擅長書畫詩詞，因同汪精衛有詩詞交往，在汪精衛時代掛了個國府委員虛銜，僅此被關進了監獄。溥侗被關進監獄後既委屈又緊張，見到梅思平，也不管人家的心情怎樣，坐上前來絮絮不休大倒苦水，那麼大年紀了，竟像個受了委屈的孩子。

「還有天理沒有？」溥侗憤憤地問，「周佛海這樣的賣國奸雄，才真該坐牢。然而人家現在外面吃香喝辣，作威作福，倒把我這個什麼也不是的糟老頭子，抓進來關起，而且還不知明天要怎樣！」說著竟痛苦失聲。

「溥老先生！」梅思平對溥侗竭力安慰道，「你放心，他們不會關你多久的。他們要的是像我梅思平這樣搞和平運動的『首義』之人！」說著一聲苦笑，「我想，他們弄清你的情況後，是會放你出去的，你就權當陪我們幾天吧。」

「梅先生說得在理，有學問的人就是不一樣。」說話的是坐在對面床上的張永福，也是一位古稀老人，臉黑眼窩深身材瘦小，很會說話。他是一個南洋富商，孫中山的老朋友，同汪精衛也熟悉。當年汪精衛追隨孫中山去南洋鼓吹革命時，得到過張永福的資助，因此在汪僞時期，張永福也給掛了個國府委員銜，被抓了進來。張永福雖然個子瘦小，但做派大氣。他用一隻瘦手梳理著頷下一綹山羊鬍，緩聲說道：「溥翁，你要相信，如果我們這樣的人老蔣都饒不過，被他抓來墊背，而該抓的不抓。那麼，這樣的政權斷然是短命的。因爲天理不容！」

「我信，我信！」溥侗是個怕事的人，說時豎起一根指頭，示意張永福說話小聲些，話也不要說得過激。他怕張永福說出些更出格的話，警覺地站起身來，回到自己的床上去了。

到了午飯時間，伙食也還勉強可以，討厭的是室中有一位癮居子，不時煙癮發作，鬼哭狼嚎，從床上絆到地板上，鼻涕口水的。梅思平第一次領教了什麼叫囚犯，什麼叫監獄，儘管他住的是高級監獄。晚上是最難熬的時間，他們頭一落到枕頭上，木板床上嗜血的小動物紛紛出來吮他們身上的血。養尊處優慣了的他們，哪裏受過這樣的罪？一個個大呼小叫，半夜三更起來捉臭蟲，狼狽至極。後來，他們乾脆睡到地板上，好在監獄對他們還是網開一面，允許家裏人每天給他們送來好酒好菜。

「溥先生、張先生，好消息！」一個星期後的一個早晨，岑廣德手中搖著一張報紙，吊二郎當地來他們牢房中串門——這是前清兩廣總督岑春煊的三公子。岑廣德三十來歲，儘管在獄中但因爲有錢，也捨得對獄卒們花錢，行動很自由，想到哪個牢房串門都可以；有報紙看，衣著整潔，油頭粉面的。

梅思平笑道：「岑三公子，什麼事這麼春風滿面的，要出獄了嗎？」

「出獄還不是早晚的事。」岑三公子說著將手中的報紙拍在梅思平床上，說，「來看、來看，大家看！報上登了，不僅當局宣佈溥翁、張（永福）公將從即日起釋放，脫離縲絏。而且，周佛海這些大漢奸也終於籠起了！」說著，用手在報紙上用力一拍。

大家一湧而上，看到報上除將溥侗、張永福獲釋的消息放在報紙頭版顯要位置外，還以通欄大標題刊出了一則《不倒翁周佛海倒了》，副題是《丁默邨、羅君強、熊劍東亦被逮捕，蔣委員長嚴飭押回重慶公審》的重要消息。梅思平看完這則消息暗想，周佛海這些人雖然法術使盡，對重慶百般巴結，但最終落得這般下場，這是全國人民不答應，蔣介石不得已而為之！

一時，牢房中人心大快，大家議論紛紛。梅思平喜滋滋地揚了揚手中的報紙，說：「走，不要只是我們樂，去把這大好消息告訴所有的難友們！」大家一致贊成，這就走出高級牢房，四處竄門，奔相走告去了。

夜幕籠罩了夫子廟監獄。

不管是一般牢房還是高級牢房，入夜以後是嚴禁喧嘩的，因而整座監獄寂如墳場。梅思平和衣躺在床上，雙手枕著頭，長久地盯著掛在高高天花板上那盞孤零零的電燈，往事一幕幕從眼前閃過。他感到人生無常，感到自己孤苦無依，感到胸中冒起一種可怕的嗚咽，簡直就要把胸膛撕裂了！

「嚓、嚓、嚓」是誰在向這間高級牢房走來，腳步聲由遠而近，是這麼熟悉而又陌生？是他？梅思平猛地吃了一驚，在床上一骨碌坐起時，陳公博走了進來。

「公博，怎麼是你，你怎麼來了？」梅思平一躍而起時，陳公博上前握著了他的手，坐在他對面的那間空床上——下午，宣佈獲釋的溥侗、張永福慌不迭地收拾好東西出了獄，現在這間高級牢房中就梅思平一個人。

「我給你做伴來了。」陳公博抬眼看了看周圍，慘然一笑說，「這裏很清靜，很好。以往，我們都在為和平運動忙，見面時間少，這下我們正好可以好好談談了。」他們扳起拇指將當初跟定汪精衛搞「和平運動的首義」的人算了算，這些人是死的死，收監的收監。

「怎麼就沒有聽到汪曼雲的消息呢？」陳公博說，「人人都說汪胖子是個福將，難道他又滑了過去？」

「還真是滑了過去。」梅思平說，「這個滑頭早就在『黨皇帝』吳開先身上下夠了功夫。現在，吳開先又抖了起來，當上了重慶派回上海的接收大員。吳開先一到上海，就將汪曼雲從監獄中保了出去，待為上賓……」

二人睡到床上還在談，一直談到深夜，陳公博睡去。朦朦朧朧地，梅思平也進了睡鄉。

「思平、思平！」半夜，梅思平突然被陳公博喚醒，微弱的燈光下，只見陳公博滿臉恐懼，雙腿盤坐在對面床上，將一床被子從頭上圍到腳下，只留出一雙膽怯的眼睛。這與陳公博平時那種文雅坦然，敢說敢當，上刀山下火海只等閒的大丈夫樣判若兩人。順著陳公博驚恐不安的眼睛看去，只見在他床前陰影中有隻碩鼠在逡巡。如此而已！梅思平不禁啞然一笑，心想，原來天不怕地不怕的陳公博居然很怕老鼠！

梅思平憋著笑，也不言語，輕手輕腳抓起床上那只冬瓜枕頭，猛地擲去——「嘰！」枕頭正好打在鼠頭上，老鼠一聲慘叫在地上蹬了幾下腿，死了。

陳公博嚇得訝然失聲，身子直往後縮，那樣子，如果地上有個洞，他都要鑽進去。

「哈哈哈！」梅思平終於忍俊不禁，爆發出一陣大笑。他翻身下床，滿不在乎從地上拈起死鼠，走出門去扔進垃圾箱中。回到屋裏，這才見陳公博緩過神來，揭開了被子。

「公博，我沒有想到你對一隻小小的老鼠竟害怕到如此程度！」梅思平坐到床上，說著感歎，「一個經歷過無數次大風大浪的政治家，一個連死都不怕的人，會如此害怕一隻老鼠？」

陳公博神情赧然，點頭承認：「我平生什麼都不怕，就怕這些小動物。」

兩人又睡下了，因爲出了這個小插曲，他們一時都沒有了睡意，往深處閒聊開來。

「公博。」梅思平看著天花板上那盞忽幽忽明的電燈思索著說，「我有個疑問，一直沒有弄明白，趁這個機會想問問你。」

「請講。」

「抗戰勝利前夕，汪先生到日本治病去了，你大權在握。犯了貪污罪的糧食部長顧寶衡、周乃文二人向我求情，我又來求你放過他們。你同意了，說比他們貪污多，罪大的人多得是。過後你卻又食言，讓他們落入重慶之手，結果二人被判了無期陡刑，這不像你的爲人。你不是經常說，爲人應言必行，行必果嗎？這是爲什麼？」

「思平，你這就是只知其一，不知其二了。感謝你還知道、相信我的爲人！」陳公博說到這裏，歎了一口氣，「我在你面前答應赦免顧寶衡、周乃文二人，是兌了現的。我立即下了手令，要特別法庭放了他們，讓他們恢復自由。不巧得很，當日南京城裏大亂，周鎬率領他的稅警部隊暴亂……」

長夜難熬，他們二人在高級牢房中聊著顧寶衡、周乃文二人的命運。他們哪裏知道，這顧寶衡、周乃文二人，在獄中一直關了三個時代——汪精衛時代，蔣介石時代和新中國成立後的人民政府時代。周乃文一直在獄中關死，顧寶衡命長，最後被人民政府寬大釋放定居成都，並當上了四川省人民政府參事室參事，一九七六年病逝，時年八十二歲。

獄中的日子如一條渾濁的河，就這樣波瀾不驚地向前流去，很快到了一九四六年春。因爲南京尙未成立高等法院，陳公博、陳璧君、褚民誼、梅思平等汪僞要犯被轉移到了蘇州提籃橋監獄，接受蘇州高等法院審訊。

報春的燕子在簷前往來翻飛，空氣中充滿了牠們呢喃的絮叫聲。上午時分，被單獨關在二樓一間優待室裏的陳公博步出屋子，憑欄觀察著獄中初春的景象。後院的操壩上已長出了蓬蓬綠草。看到這一方天地，他心中感到有一種熨貼。整個冬天，他一直待在優待室裏，足不出戶寫了一篇洋洋數萬言的文章，名《八年的回憶》。文中，他詳細地記述了汪精衛對他的關心、恩情、他們之間的感情，以及他後來如何爲報恩，義無反顧地「跳進火坑」的原因、過程……自知必死，每一天都是賺來的，現在，平生要做的最後一件事終於做完了，他感到輕鬆和釋然。

一九四六年四月，陳公博以「通敵叛國罪」被判以死刑，轉往蘇州獅子口江蘇第三監獄關押。六月八日，行刑前，他提出並得到批准，去同關在同一監獄的陳璧君告別。

「夫人，我就先走一步了，我去那面陪伴先生（汪精衛）去了。牢中別無長物，我把這個小茶壺送您，權當留個紀念吧！」陳公博說著，當著獄警的面，站起身來，將一直帶在身邊的一個很精巧的彎嘴小茶壺捧在手中，恭恭敬敬捧給陳璧君。陳璧君接過手中，痛哭失聲。然後，陳公博被獄警押走。當天下午，趁著生命中最後的一點時間，他給他的兒女們寫了封信，然後給蔣介石寫信，可寫了一半，長歎一聲作罷，將信紙撕碎，丟入紙簍。當夜，陳公博被執行了死刑，時年五十四歲。他的屍體葬於上海公墓。

接著，汪僞的要員們經蘇州高等法院審訊後，紛紛下達了判決書。

大塊頭褚民誼接到死刑下達書時，嚇破了膽。他在牢房中又哭又鬧，聲嘶力竭，申訴書一封接一封交上去，卻全然無用。大塊頭情急智生，竟給蔣介石寫了一封信，交給監獄，並鄭重聲明，這是他要向最高領袖獻寶，請務必交上去，這對繁榮黨國是一樁大事。見大塊頭褚民誼煞有其事，監獄不敢大意，立即用飛機將大塊頭的密信火速送往重慶。

重慶上清寺。躊躇滿志正在忙著準備返都南京的蔣介石，看了不遠千里專門從蘇州提藍橋監獄送呈的，褚民誼所謂的「密信」後暴跳如雷，一把將手上的信撕得粉碎！原來，大塊頭褚民誼呈送給最高領袖的「密信」，說的是，孫中山入殮進入水晶棺材時，醫生為長久保存孫中山的遺體挖出的一副肝臟，被他「偷」了去，他願獻出來免死。僅此一項，就是莫大的罪！

蔣介石盛怒之下，立刻下達命令，處決褚民誼。

陳璧君的身分特殊一些，一九四六年四月十六日，蘇州高等法院以「判國罪」公開起訴審判她。全國各界對此極為注意，是日，中外記者雲集蘇州高等法庭。法庭上，陳璧君拒不認罪。她強調她丈夫所做的一切都出自愛國愛民的動機，推行的「和平運動」，是出自當時國內國際環境，為反共、保存國家利益的最佳選擇和有效途徑，是明智之舉……她一一例舉了汪精衛歷史上對國家的貢獻，不承認汪精衛有任何過錯，當然亦不承認法庭指證他們夫婦都是賣國賊。陳璧君在一九四六年四月廿三日被判為終身監禁，在蘇州服刑。

一九四九年，中國大陸解放，新中國成立，關在獄中的陳璧君因為始終拒絕認罪，繼續監禁。曾經與她一起參加過辛亥革命，而且被稱為「巾幗英雄」的孫中山先生的夫人、國家副主席宋慶齡和何香凝也都去監獄中看過她。過後，宋慶齡和何香凝將此事給毛主席提起，毛主席寬宏大量，說是只要陳璧君寫一紙認罪書就可出獄。可是，她就是不寫，頑固到底。一九五九年六月，陳璧君五十八歲時，在獄中因病醫治無效而死。陳璧君的遺體被火化以後，骨灰由上海運往廣州存放。陳璧君和汪精衛有五個孩子，兩男三女，全都在國外，其中有一個是終生未婚的天主教修女。一九六〇年，人民政府應她在海外的兒女們的請求，將陳璧君的骨灰移送香港，由她的兒女將其骨灰撒入了大海。

梅思平是一九四七年國民黨在南京成立了高等法院後，第一個被判處死刑的。梅思平不服上訴，被駁回。行刑是在一個秋日的下午。

帶著最初一線寒意的暮色朦朧地走近。梅思平被提了出來，他特意換上了一件新的灰布長衫，腳下蹬的一雙朝圓白底直貢呢布鞋，也是新的。走過一間間牢房時，他強作鎮靜，同大家一一低聲道別。一刻鐘後，監獄後面的小院裏響起了槍聲，梅思平死了。事後據當事人講，梅思平死時態度也還鎮靜。他是自己走上刑場去的，在一棵桂花樹下站定，轉過身來。子彈從他的前額進，後腦出，他是緩緩倒在樹下死的。

林柏生死時，卻是驚慌失措，挨了兩槍才死，但他也是自己走上刑場去的。

最窩囊的是特務頭子丁默邨，被槍斃時，同褚民誼簡直一個樣子。一副煙鬼樣的他，一下癱在地上，渾身哆嗦，不能站立。最後是由兩個法警架上刑場，像死狗樣癱倒在地被槍斃的。

接著被執行槍決的有汪偽大漢奸梁鴻志、王揖唐、蘇成德、葉蓬等人。王克敏在獄中畏罪服毒自殺的。

周佛海是最後一個。他機關算盡，自以爲又躲過一劫。不意一九四六年，他的靠山、在國民黨中央呼風喚雨，權力很大的軍統特務頭子戴笠機撞南京郊外的戴山殞命，周佛海失去了庇護。加上全國人民要求嚴懲汪偽漢奸的呼聲強烈，沒有人敢於出面保護他。本來，蔣介石爲順應民情，是要判處周佛海死刑的，周佛海的妻子楊淑惠聞訊後，不僅四處活動，托關係找門子，挽救丈夫；最後竟親自闖進蔣介石住處，撲咚一聲下跪，抱著蔣介石的腿，叩頭求委員長免他丈夫一死。她一把鼻涕一把淚地訴說她丈夫如何早在暗中反正，替黨國做了不少事。強調雖然現在與丈夫一直保持著聯繫的「戴（笠）局長已去」，但事情是存在的，她還拿出了不少有關方面的證據……

蔣介石最後免去了周佛海一死。

周佛海也是最後一個關進蘇州提藍橋監獄的汪僞要員。他進獄後，始終擺出一副頤指氣使的樣子，強調自己不在剛剛公佈的《懲治漢奸條例》之列。法庭上，當法官起訴他有「謀敵叛國，圖謀反抗本國」罪時，他卻反唇相譏，很受屈地反駁說：「……當初，如果我周某不是爲了黨國利益，只爲自己，我只要一句話，東南半壁就姓共而不姓蔣了……」他舉例作了大量類似有利黨國的事實後，竟得出這樣的結論，「法官指訴我『謀敵叛國，圖謀反抗本國』罪不實，應爲『通謀本國，圖謀反抗敵國』才對！」法官說不過他，偃旗息鼓敗下陣來，周佛海的囂張氣焰，引起場上一陣不滿的噓聲。

周佛海一副官相，長得高大，臉盤方正。年齡漸長，發了福，又飽經宦海沉浮，遇事沉著，少有發氣，人稱「笑面菩薩」。可是入獄後，他自知罪孽深重，難逃一死，對生活沒有了信心卻又覺得蔣介石過河折橋，心中窩火得慌。久而久之，脾氣變得很大，而且越漸古怪，時而暴躁，時而軟弱怕死。法庭給他送去紙筆，要他供錄平生罪行；而他卻完全是文過飾非，竭力爲自己開脫罪責，評功擺好。他有大煙癮，在獄中發作時，痛苦得尋死覓活地撞牆，鬧得不知所以，獄中也不管他，任他鬧去。好在他煙癮不深，時間一久，竟然熬了過去，也不發了。他不時去一間間受優待的獄中串門，訴說苦衷，也不管人家歡不歡迎。

哲人說，世界上一切東西都怕時間。人是會變的。這些話很對。周佛海，過去那麼一個唯我獨尊、精明強幹的人，隨著時間的推移、折磨，慢慢變得孤僻起來，最後神態顯出呆滯。常常一個人坐在他那間優待室裏發呆，口中喃喃有詞。時序到了一九四七年早春二月，周佛海在一個有些寒冷的晚上突然發生心絞痛，因獄醫來不及搶救猝死。

在盧英、羅君強、陳春圃、江亢虎這些汪僞要員被南京高等法院判處無期徒刑後，一個在中國政治舞台上上演了長達五年多久的一齣鬧劇、醜劇的沉沉黑幕終於落垂！

尾聲

一九四六年一月廿一日夜，寬闊的長江江面上橫掃過來的寒風，在六朝古都金陵南京城的上空呼嘯、掃蕩。瑟縮在寒夜裏的南京正在沉睡。猛然間，「轟轟！」幾聲猛烈的爆炸在中華門一帶響起，將這一帶的居民從睡夢中驚醒。飽受戰亂的人們，第一個反應就是敏捷地躲在床下去避槍子。可是，驚天動地的轟轟幾聲過後，一切又歸於平靜，似乎什麼事情都沒有發生。居民們睜大驚愕的眼睛，望了望沉沉的暗夜，又睡了過去。

事不關己，高高掛起。只要不危及自己的生命，平民百姓哪有那麼多閒心去管外面發生的事。爲生計忙碌奔波了一天的人們，睏極了，天一亮，他們又得去奔自己一家老小的營生。

而這時，在夜幕的掩護下，中山陵旁邊的梅花山上，有一群人影在晃動，顯得非常鬼祟——他們是一支正在完成特殊任務的國民黨工兵部隊。他們先用炸藥炸開了一個靈柩外面堅硬無比的硬殼，接著撬開了大理石砌就的內槨。一群人鑽進墳墓的心臟部位。

在挑起的火把和電筒照耀下，兵士們小心翼翼地揭開了一口保存完好、四周邊上走有金線的黑色楠木棺材的蓋子。躺在棺材中的是個身材頎長的中年男子，面容如初，眉清目秀，氣宇非凡。細看這男子有六十來歲，穿一身嶄新的民國大禮服，腳上蹬一雙黑直貢呢白底朝圓布鞋，胸前佩一朵紅綢折迭而成的大紅花，一條寬寬的紅綢帶斜斜地從他的胸前滾過去，從右肩跨過背，結於左側腰際。他那輪廓分明的臉上，雙目微閉，似乎剛剛才睡了過去，卻又雙眉微蹙，似有無限憂怨……

士兵們在長官的指揮下對死者作了細細搜查。結果，一無所獲，既沒有搜到一文錢，更不要說金銀財寶了。只是在他貼胸的衣袋裏搜出了一張質地很好的白色銅版紙條，上面寫有一行字跡娟秀的楷書鋼筆字：「魂兮歸來。妻陳璧君輓。」進行搜索的士兵們，大都是目不識丁的文盲。他們認不得這些字，即使認識也弄不清這死者是誰，輓者又是誰；只是按照長官的命令，然後將死者從描金楠木棺材中抬出來，扔上汽車，拉到附近的涼山上一把火焚之。

一個星期後，位於南京紫金山第二峰茅山南麓的中山陵戒備森嚴。剛剛還都的蔣介石、宋美齡夫婦，在何應欽等一大批軍政高級官員的陪同下，緩步登上一級級漢白玉台階。他們夫婦名為祭奠先總理孫中山而來。

今天穿一身青色綢緞長袍、腳蹬一雙黑直貢呢輕便皮鞋的蔣介石，精神氣色都很好。五十多歲的他，長身玉立，行動健捷，右手挽根拐杖。都知道，他手中握的那根拐杖是他身分的象徵。身為最高領袖，也曾經留學過日本的蔣介石，始終是個守成不變很傳統的中國人。就像平時他們夫婦出現在大庭廣眾中一樣，縱然是在爬山，蔣介石也是保持著一副傳統的中國紳士模樣——左手挽著他的「達令」——宋美齡。宋美齡穿件黑絲絨旗袍，肩上披一條刺繡白色披巾，豐茂光潔的黑髮在腦後挽成一個髻，與她明亮端正的臉龐相映襯。宋美齡臉上總是帶著微笑，她的皮膚很好，又白又紅，不由令人想起民間流傳她是素常用牛奶洗澡的軼聞。她的身量不高不矮，很勻稱，看起來比實際年齡年輕許多。她不像一般達官貴人的夫人那樣珠光寶氣，淡淡妝天然樣，只是耳輪上墜有一副綠得非常可愛的翡翠耳環，在風中滴溜溜的，在她身上平添了一分典雅、一分高貴、一分美麗、一分大氣。

蔣介石挽著他的「達令」，就要踏上中山陵時，突然停下步來，轉過身去，用手中握著的拐杖，指著眼前的梅山問：「嗯，這個這個，就是那邊？」

緊跟在他身後的新任陸軍總司令何應欽快步跟上，向他輕聲報告說：「是的，委座，就是那邊。爲迎接委員長還都，我已下命令把汪精衛的墳墓整個都炸了……」蔣介石沒有說話，只是將拐杖端在手中，瞇起眼睛傲慢地斜睨著那邊——雨後的梅山。

雨後天晴，梅山郁郁蔥蔥，秀麗而壯麗。目光收回來一些，就在對面，那一片被炸毀的汪精衛的墳墓廢墟上，已然建起了一座很有中國特色的八角小亭。紅柱綠瓦、簷角飛翹。清風徐來，將掛在簷角上的只只黃銅風鈴撞擊出嫋嫋清韻，在漫山遍野中久久迴蕩。山上那一片片的梅花，紅的似火，白的似雪……正在漸次開放。

看著這熟悉的景致，看著這好容易重新到手的江山，蔣介石咧開嘴笑了笑，說：「好的。」就在蔣介石要轉身繼續向中山陵走去時，不意「達令」宋美齡卻挽著他，指著天邊要他看。

蔣介石再次駐步，先是仔細看了看他手中的達令——她那張木蘭花瓣般白淨的瓜子臉上，一雙又大又黑的眼睛，像是熠熠生輝的玉髓。只有一副微微有些挑起的遠山似的眉宇間有一絲憂蹙。這是怎麼了？一時，看著自己的「達令」，蔣介石有些發怔。

從小在美國長大，並在美國名牌大學畢業的「達令」，不僅人長得美麗，氣質高貴，而且很有才華。她精通六國語言。在「西安事變」中，現在柔馴得像隻綿羊的何應欽，那時卻是蔣介石的政敵且是手握大權的軍政部長。在汪精衛等人的鼓動挑唆下，爲了得到自己的私利，何應欽竟不管不顧他的安危，準備提調全中國的海陸空三軍，向張學良、楊虎城和他們的東北軍、西北軍大肆撻伐，派飛機轟炸西安。如果這樣，他蔣委員長的命可能就沒有了！

關鍵時刻，是「達令」挺身而出，她不僅制止了心懷叵測的何應欽，而且帶上她的私人顧問瑞士人端納冒險去西安看他。是他的「達令」救了他。「西安事變」和平解決後，「達令」又出面為他專門組織了一個對外的宣傳機構，起的作用不小。不止於此，抗戰中，「達令」在空軍的建設中，建立了殊勳，是一個沒有授銜的空軍司令。現在她佩戴在胸前的那枚鑲有寶石的空軍大扣花，就是她對這段不平凡日子的紀念。在抗戰中和抗戰後，她曾兩次赴美爭取美國援助，特別是在抗戰期間那次赴美，她在國會山演說震動全美。她的風姿綽約，她的博學，她為了祖國和她丈夫的事業赴湯蹈火的精神，不僅引吸引了全美的目光，而且吸引了全世界的目光。還有抗戰期間，在埃及開羅召開的一次有中、美、蘇、英四大國首腦參加的會議上，英國首相邱吉爾曾經私下對人說：「對蔣介石，我沒有什麼印象。而有關中國種種，我之所以能有那麼深刻的印象，卻全在於他能幹的夫人……」

蔣介石也曾經在公開和私下場合多次說過：「夫人的力量要超過我手中的六個精銳師！」……

「你看——」他的思索被夫人打斷，循聲望去，原來夫人要他看天。順著夫人手指的方向看去，在這春寒料峭的季節瞬間又是風雲變幻。剛才好好的天，這會兒又變了，一團烏雲從茫茫一派的大江上湧起來，騰地升上天際，又要下雨了。

「走吧！」蔣介石不敢再停留，緊緊挽著夫人的手，拾最後幾級漢白玉台階向中山陵登去。

蔣介石、汪精衛的大恩怨

作者：田聞一
發行人：陳曉林
出版所：風雲時代出版股份有限公司
地址：105台北市民生東路五段178號7樓之3
風雲書網：http://www.eastbooks.com.tw
官方部落格：http://eastbooks.pixnet.net/blog
Facebook：http://www.facebook.com/h7560949
信箱：h7560949@ms15.hinet.net
郵撥帳號：12043291
服務專線：(02)27560949
傳真專線：(02)27653799
執行主編：劉宇青
美術編輯：許芷姍
法律顧問：永然法律事務所 李永然律師
北辰著作權事務所 蕭雄淋律師

初版日期：2014年4月
ISBN：978-986-5803-92-6

總經銷：成信文化事業股份有限公司
地　址：新北市新店區中正路四維巷二弄2號4樓
電　話：(02)2219-2080

行政院新聞局局版台業字第3595號 營利事業統一編號22759935

國家圖書館出版品預行編目資料

蔣介石、汪精衛的大恩怨／田聞一 著.--
臺北市：風雲時代，2014.03 -- 面；公分

ISBN 978-986-5803-92-6（平裝）

1. 蔣中正　2. 汪精衛　3. 傳記　4. 中華民國史

628.594　　103001295

定價：340元